L'ORPHÉON

DES

ÉCOLES PRIMAIRES

Paris. — Soc. d'imp. PAUL DUPONT. (Cl).

L'ORPHÉON

DES

ÉCOLES PRIMAIRES

CHOIX

DE

MORCEAUX DE CHANT

A DEUX, TROIS ET QUATRE PARTIES

AVEC ACCOMPAGNEMENT

PRÉCÉDÉ

D'UN TRAITÉ ÉLÉMENTAIRE DE MUSIQUE

PAR

F.-J.-L. LANGLET

— NEUVIÈME ÉDITION —

Ouvrage approuvé par les Académies de Bordeaux, Rennes Lyon, Nancy, etc.

PARIS

SOCIÉTÉ D'IMPRIMERIE ET LIBRAIRIE ADMINISTRATIVES ET CLASSIQUES

PAUL DUPONT, Éditeur

41, RUE JEAN-JACQUES-ROUSSEAU (HÔTEL DES FERMES)

—

1884

AVANT-PROPOS

La musique est sans contredit la plus agréable des récréations. — Mais pourquoi est-elle si négligée en France? — Est-ce parce que cette science, ou plutôt cet art, ne fait pas partie des matières obligatoires enseignées dans nos écoles primaires?

Évidemment non, car s'il fallait répondre affirmativement à cette question, on serait conduit à dire que personne ne doit suivre l'inspiration de son cœur, et que tout le bien possible, tout le bien réalisable, doit être formulé en article de loi.

La musique est un grand moyen de moralisation qu'on peut employer avec fruit dans les campagnes. Les enfants aiment à chanter, parce que cet art s'apprend sans effort, sans qu'on s'en aperçoive.

Ne vaut-il pas mieux alors leur donner les principes de

la musique et leur apprendre des morceaux religieux, moraux et récréatifs, que de les laisser suivre les inspirations de leur imagination, et prendre le goût de ces chansons obscènes, dégoûtantes quelquefois, qu'on entend hurler dans les cabarets, dans les rues ou dans tous autres lieux publics, les dimanches et les jours de fêtes.

Une fois qu'ils auront de bons principes, que beaucoup de maximes morales auront été placées dans leur mémoire par le chant, ils se laisseront plus difficilement aller au mal. Ils rougiront plus vite lorsque des mots grossiers, pour ne pas dire autrement, viendront à leurs oreilles Et puis, ne peut-on pas utiliser encore cet art en le faisant tourner au profit de la religion?

Il est peu de paroisses où quelques demoiselles ne chantent des cantiques dans certaines parties du service divin. Alors rien ne s'oppose à ce qu'on instruise les enfants et qu'on leur fasse chanter les refrains; les offices n'en seront que plus solennels et plus intéressants.

Quoi de plus beau, en effet, que d'entendre ces petites voix s'élever en chœur et adresser leurs prières au Tout-Puissant : partout où elles manquent, le service est monotone; on s'y ennuie quelquefois, quelquefois même on oublie pourquoi on est là.... En de tels moments, il suffit d'un morceau bien exécuté pour rappeler les fidèles à la piété, et leur faire penser qu'ils sont dans le lieu saint, non pour s'occuper de leurs intérêts matériels, mais de choses plus sûres et plus durables.

Dans les villages, la musique vocale peut et doit jouer le même rôle que l'orgue dans les villes, et l'on ne peut pas plus se passer de celle-là que de celui-ci.

On fera peut-être observer que nous ne trouverons pas en France toutes les conditions désirables pour faire de bons musiciens des enfants de nos campagnes. C'est vrai, nous n'avons pas dans notre pays une aptitude et un goût aussi marqués pour cette partie qu'en Allemagne, où chaque individu est musicien de naissance; mais ce qui est très-vrai aussi, c'est : 1° qu'on ne peut pas posséder une science sans l'avoir apprise ; 2° qeu les enfants de nos campagnes ne manquent pas tellement de dispositions pour qu'on ne puisse, avec quelques soins et un peu de temps, arriver à des progrès sensibles.

Une chose essentielle qui manque à l'enseignement primaire, ce sont des recueils de morceaux de chants moraux et religieux tirés de bons auteurs, à une, deux, trois ou quatre voix, avec solos et refrains d'une exécution facile. Il existe bien quelques ouvrages dans lesquels on pourrait trouver facilement de quoi s'exercer; mais, outre qu'ils sont d'un prix trop élevé pour que les instituteurs puissent en faire l'acquisition, ils renferment trop de morceaux qu'on n'arriverait jamais à exécuter dans les écoles rurales;

d'autres, sont d'un prix moins élevé, mais renferment des morceaux trop enfantins pour remplir le but précité.

Le but de notre recueil ressort de cet exposé. Il est divisé en deux parties : la première comprend les principes élémentaires de la musique à l'aide desquels un enfant peut, en quelques jours, apprendre cet art presque seul et sans beaucoup de peine; la seconde comprend une série de beaux morceaux de chants moraux et religieux à plusieurs parties, d'une exécution très-facile. Cet ouvrage sera, je l'espère, accueilli avec sympathie; cependant, si, comme tant d'autres, il reste dans l'oubli, je me consolerai en me rendant ce témoignage, que ma première pensée a été d'être utile.

F.-J.-L. LANGLET.

THÉORIE

NOTIONS ÉLÉMENTAIRES
DE MUSIQUE.

PREMIÈRE LEÇON.

De la Musique. — Origine de la Musique. — Son en général. Sons musicaux. — Musique vocale et instrumentale.

1. La *musique* est une science qui traite du rapport et de l'accord des sons. On peut encore la définir : l'Art de combiner les sons d'une manière agréable à l'oreille.

2. La musique est aussi ancienne que le monde : nous voyons dans l'Ancien Testament qu'un des enfants de Caïn, Jubal, inventa les instruments de musique, et, 2,980 ans plus tard, le saint roi David devenir un habile harpiste. Nous savons aussi que tous les peuples l'ont vénérée et associée à tout ce qu'ils avaient de plus sacré : au culte de leur Dieu, à la mémoire de leurs grands hommes ; que les ministres des différentes religions, les législateurs, les philosophes, l'ont cultivée et admise au nombre des sciences utiles ; et enfin que, de tout temps, on a reconnu son influence morale et la nécessité de l'introduire dans l'éducation de la jeunesse. On prétend que c'est en Égypte que l'on commença à faire de la musique une science qui fut dans la suite tres-popularisée.

3. Généralement parlant, on appelle *son* tout ce qui frappe l'oreille. Une succession de sons confus ne procure que du bruit.

---

1. Qu'est-ce que la musique ? — Comment peut-on encore la définir ? — 2. Connaît-on l'origine de la musique ? — 3. Qu'appelle-t-on son en général ? Que procure une succession de sons confus ?

4. On appelle *sons musicaux* les sons que la voix peut suivre et imiter en chantant; une suite de sons musicaux produit de la *musique*.

5. On divise la musique: 1° en *musique vocale*, ou simplement *chant*, qui est composée spécialement pour les *voix* ou exécutée par des *voix*; et 2° en *musique instrumentale*, qui est composée pour les *instruments* ou exécutée par des *instruments*.

6. La musique vocale est, sous plusieurs rapports, bien préférable à la musique instrumentale, car, à quelque degré de perfectionnement que les instruments aient été portés, pas un seul ne peut atteindre le timbre de la voix humaine. Cette inimitable faveur accordée à l'homme est une libéralité du Créateur, qui veut le comparer aux esprits célestes, afin qu'il puisse, comme eux, chanter ses louanges.

7. Pour étudier la musique vocale, on procède par trois exercices différents, qui sont : *solfier, vocaliser* et *chanter*.

8. *Solfier*, c'est donner à chaque son musical le nom propre qui lui convient, comme :

Ut ou do, re, mi, fa, sol, la, si, do.

9. *Vocaliser*, c'est proférer tous les sons musicaux sur une même voyelle, comme :

A, a, a, a, a, *etc.*

---

64. Comment une gamme majeure devient-elle mineure ?

10. *Chanter*, c'est exprimer les sons musicaux en pro-
nonçant des paroles, comme :

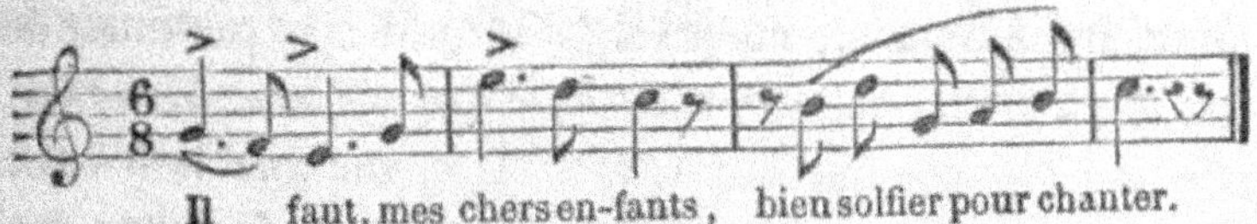

DEUXIÈME LEÇON.

Des figures de Notes et de Silences. — Portée.

11. La *notation* est la réunion de tous les signes de
musique.

11ᵇⁱˢ. On appelle *notes* les caractères dont on se sert
pour *écrire la musique*; il y en a sept, savoir :

Ut ou do (1), re, mi, fa, sol, la, si.

12. On entend par *figures de notes* des caractères qui
servent à marquer la durée ou le temps de chaque note.

13. Les figures de notes sont : la *ronde* ( ), la
blanche ( ), la *noire* ( ), la *croche* ( ), la
double croche ( ), la *triple croche* ( ) et la *quadruple croche* (; cette dernière est très-rarement
employée. Chaque figure, en descendant dans son ordre

---

10. Qu'est-ce que chanter ? *Nota :* Le professeur devra bien
s'assurer si les leçons ont été bien comprises. — 11. Qu'est-ce que la
notation ? — 11ᵇⁱˢ. Qu'appelle-t-on notes ? — Combien y en a-t-il ? —
12. Qu'entend-on par figures de notes ? — 13. Quelles sont-elles ?

(1) Autrefois les Français, en solfiant, disaient *ut;* il est mieux de solfier
comme les Italiens et prononcer *do :* cette syllabe est plus douce.

respectif, vaut moitié de celle qui précède ; ainsi : la *ronde* vaut *deux blanches* ; la *blanche*, *deux noires* ; la *noire*, *deux croches*, etc., ce qui signifie qu'il faut continuer le son aussi longtemps sur *une ronde* que sur *deux blanches*, sur *une blanche* que sur *deux noires*, sur *une noire* que sur *deux croches*, etc. (Voyez le tableau ci-contre des figures de notes et de silences).

14. Les *silences* sont des signes employés pour remplacer les notes, quand la voix ou l'instrument doit se taire ou s'interrompre.

15. Les *figures de silences* ou simplement *silences* sont : la *pause* ( ), la *demi-pause* ( ), le *soupir* ( ), le *demi-soupir* ( ), le *quart de soupir* ( ), le *huitième de soupir* ( ) et le *seizième de soupir* ( ) ; ce dernier silence est, comme la quadruple croche, très-rarement employé.

16. Il y a, comme on va le voir, correspondance entre les *figures de notes* et les *silences* :

La ronde............		correspond à la	pause.
La blanche		d° la	demi-pause
La noire		d° au	soupir.
La croche..........		d° au	demi-soupir.
La double croche ...		d° au	quart de soupir.
La triple croche		d° au	huitième de soupir.
La quadruple croche		d° au	seizième de soupir.

14. Qu'est-ce que les silences ? — 15. Quelles sont les figures de silences ? — 16. Faites correspondre les figures de notes avec les silences ?

17. Une *portée* est la réunion de cinq lignes parallèles horizontales, sur et entre lesquelles on pose les notes. Les lignes de la portée se comptent de bas en haut.

EXEMPLE :

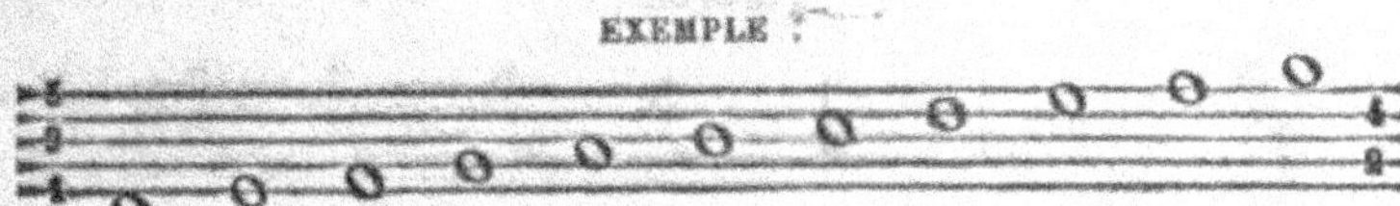

18. Lorsque la voix ou l'instrument s'étend au delà des sons que peut contenir la portée, on y ajoute des fragments de lignes appelées *lignes supplémentaires* ou *lignes additionnelles*. Ces petites lignes se mettent où besoin l'exige, soit dessus, soit dessous la portée.

EXEMPLE :

TROISIÈME LEÇON.

Des Clefs.

19. On appelle *clef* le signe ou caractère qui se met au commencement d'une portée pour indiquer le degré d'élévation ou de gravité des notes qui y sont placées, et le genre de voix ou d'instruments auquel ces voix appartiennent.

20. Il y a trois sortes de clefs dans la musique : la clef de *sol*, la clef d'*ut* et la clef de *fa*.

---

17. Qu'est-ce qu'une portée ? Comment se comptent les lignes de la portée ? — 18. Qu'appelle-t-on lignes supplémentaires ? — 19. Qu'appelle-t-on clefs ? — 20. Combien y en a-t-il de sortes ?

21. La *clef de sol* est celle dont l'*anneau* du milieu, entourant la deuxième ligne, donne le nom de *sol* à toutes les notes traversées par elle.

EXEMPLE :

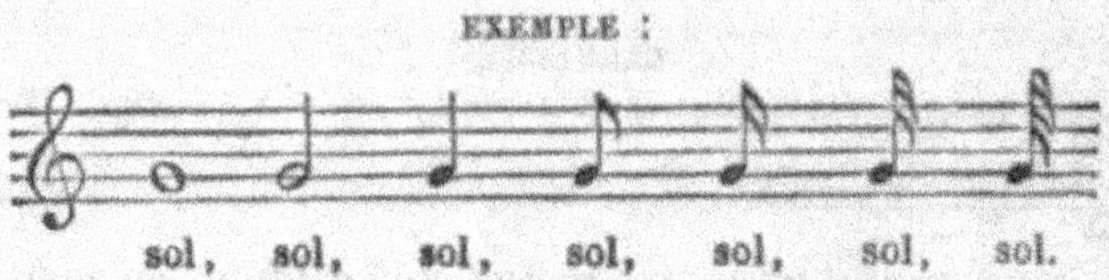

— La clef de sol ne prend qu'une seule position.

22. La *clef d'ut* est celle qui indique que toutes les notes traversées par la ligne qui passe entre les deux *doubles barres horizontales* de ladite clef s'appellent *ut* ou *do*.

EXEMPLE :

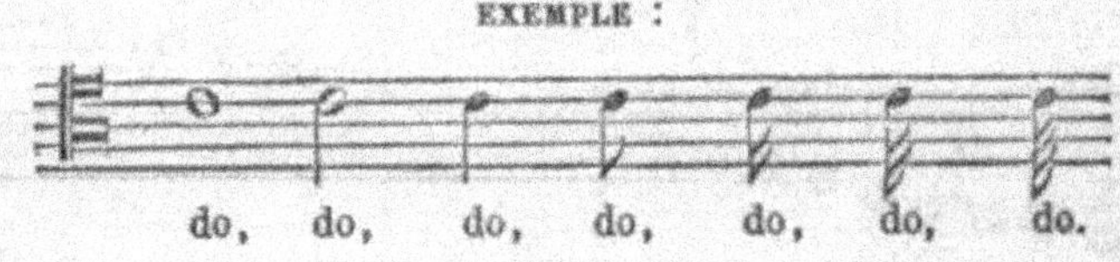

— La clef d'*ut* prend quatre positions différentes, et se place sur la première, la deuxième, la troisième et la quatrième ligne. Les notes prennent des noms différents sur chacune de ces clefs. La clef d'ut est surtout employée dans le plain-chant.

EXEMPLE :

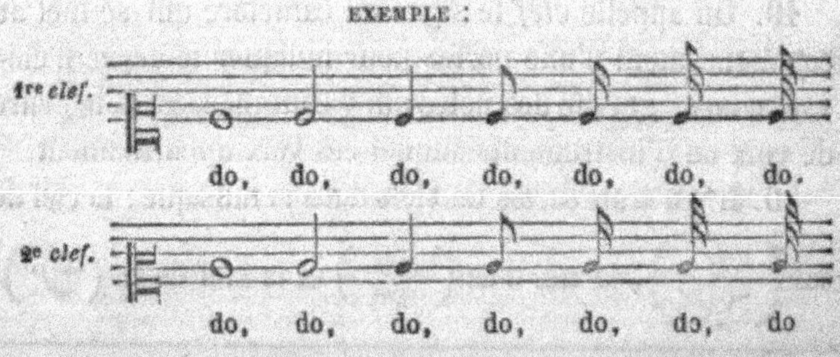

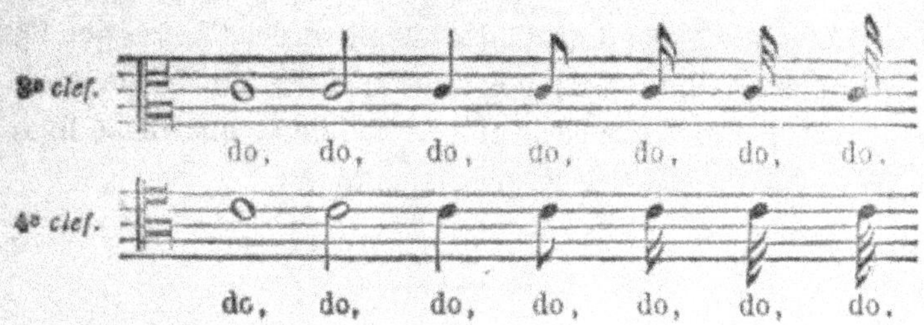

23 La *clef de fa* est celle qui indique que toutes les notes traversées par la ligne qui passe entre les deux *points verticaux* de ladite clef se nomment *fa*.

EXEMPLE :

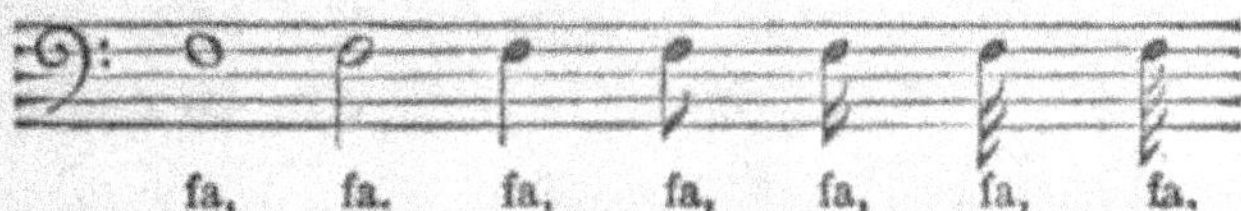

— La clef de fa prend deux positions et se place sur la troisième et sur la quatrième ligne. La première position n'est guère usitée que dans le plain-chant.

EXEMPLE :

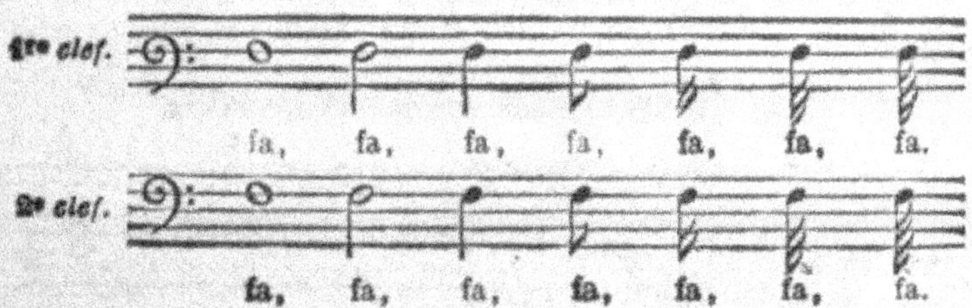

24. Cette multiplicité de clefs est un reste de barbarie qui heureusement s'efface de jour en jour. Plusieurs sont tombées

---

23. Qu'est-ce que la clef de *fa?* Combien prend-elle de positions ?
— 24. Parmi cette multiplicité de clefs, quelles sont celles qui sont le plus fréquemment employées ?

en désuétude depuis plus d'un siècle ; il en est d'autres que l'on a abandonnées plus récemment. Les clefs le plus fréquemment employées sont : la clef de sol, la clef de fa quatrième ligne, et la clef d'ut troisième et quatrième lignes.

QUATRIÈME LEÇON.

Des Gammes.

25. On appelle *gamme* la suite des sept notes dont on a parlé avec la répétition de la première. La gamme se nomme encore *échelle diatonique*.

26. On distingue deux sortes de gammes : 1° la *gamme diatonique*, qui procède par tons consécutifs ; et 2° la *gamme chromatique*, qui procède par demi-tons consécutifs. Il est quelquefois parlé d'une troisième gamme qui procède par quarts de tons : elle se nomme *gamme euharmonique*.

GAMMES DIATONIQUES SUR TOUTES LES CLEFS.

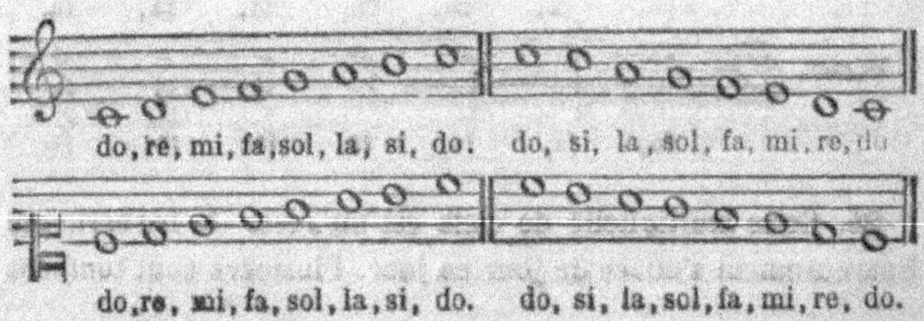

---

25. Qu'appelle-t-on gamme? Comment se nomme encore la gamme? — 26. Combien distingue-t-on de sortes de gammes? Quelles sont-elles?

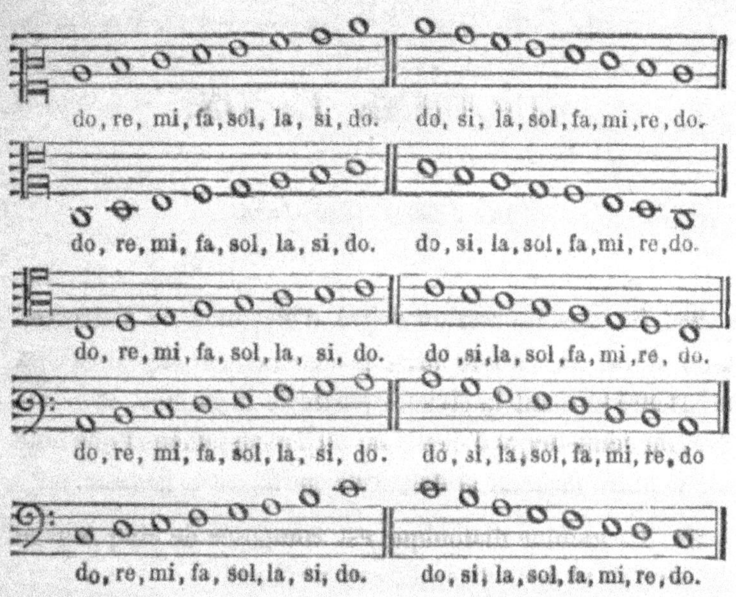

27. Puisque chaque clef donne son nom à la note placée sur la ligne qu'elle occupe dans la portée, il est facile de trouver le nom propre de chaque note. Il faut, pour cela, partir de la ligne dont on vient de parler pour nommer les notes qui se trouvent au-dessus et au-dessous, en gardant l'ordre de l'échelle diatonique jusqu'à la note cherchée.

EXEMPLE :

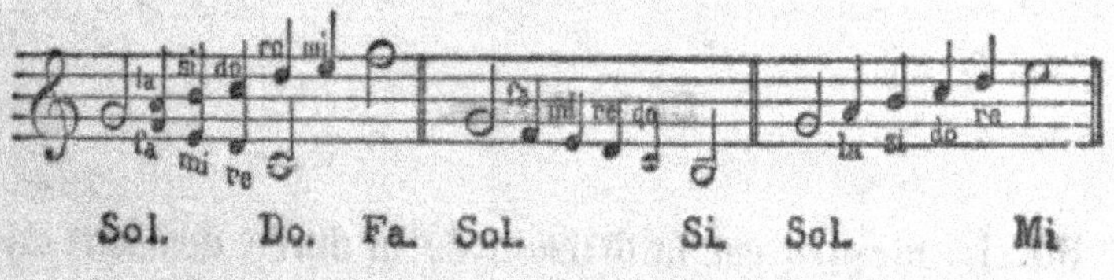

— De même pour toutes les notes à toutes les clefs.

---

27. Comment trouve-t-on le nom propre d'une note donnée ?

CINQUIÈME LEÇON.

Des Tons et Demi-Tons.

28. On appelle *ton* un degré d'élévation ou d'abaissement d'une note à une autre prochainement supérieure ou inférieure formant la sixième partie de la gamme, et *demi-ton*, un demi-degré d'élévation ou d'abaissement d'une note à une autre formant la douzième partie de la gamme.

29. La gamme diatonique est composée de cinq tons et de deux demi-tons disposés comme il suit :

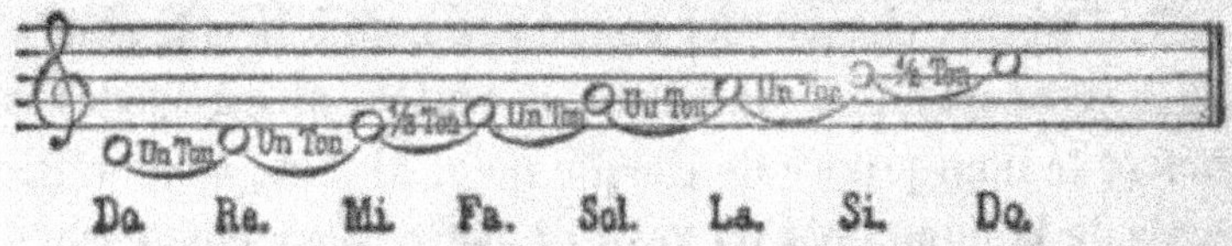

SIXIÈME LEÇON.

De la Mesure.

30. La *mesure* est la division de la durée des sons en

---

28. Qu'appelle-t-on ton ? Demi-ton ? — 29. De combien de tons et de demi-tons la gamme diatonique est-elle composée ? — 30. Qu'est-ce que la mesure ? Comment la définit-on encore ?

parties égales. On nomme encore *mesure* l'espace formé par deux petites barres verticales, entre lesquelles on place les diverses valeurs de la mesure indiquée à la clef.

31. Il y a trois espèces de mesures : la mesure à *deux temps*, la mesure à *trois temps* et la mesure à *quatre temps*. Elles se divisent en *mesures simples* et en *mesures composées*.

EXEMPLE :

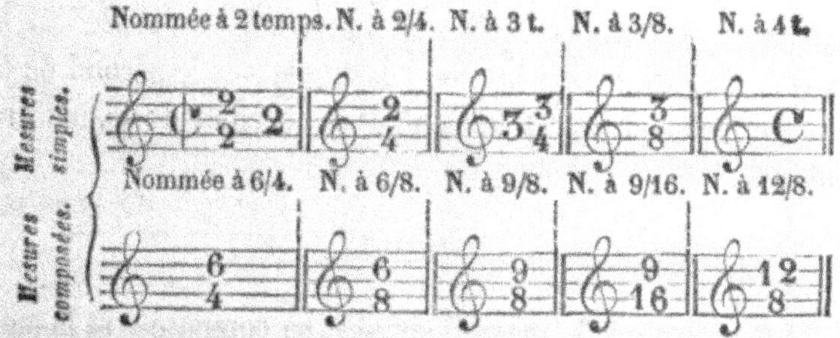

32. Les mesures *simples* s'indiquent par un ou deux chiffres; celles qui se marquent par deux chiffres sont faciles à comprendre : le premier chiffre (ou numérateur) signifie la quantité de valeur, et le second (ou dénominateur) la division de la ronde. Le second, s'il représente un 1, c'est l'entier ou la ronde; si c'est un 2, la moitié de la ronde ou la blanche; si c'est un 4, le quart de la ronde ou la noire; si c'est un 8, le huitième de la ronde ou la croche; si c'est 16, le seizième de la ronde ou la double croche, etc.

33. La mesure à $\frac{2}{4}$, deux fois le quart de la ronde, ce qui veut dire deux noires dans la mesure; celle à $\frac{3}{4}$, trois

---

fois le quart de la ronde, ce qui veut dire trois noires dans la mesure; celle à $\frac{6}{8}$, six fois le huitième de la ronde, ce qui veut dire six croches, etc. On voit que le dénominateur indique en combien de parties la ronde est divisée, et que le numérateur marque combien la mesure contient de ces parties.

34. Les *mesures composées* s'indiquent par de doubles chiffres; le premier chiffre de la mesure composée est le triple du premier de la mesure simple, et le second de la mesure composée est le double du second de la mesure simple.

EXEMPLE .

La mesure à $\frac{3}{8}$, mesure simple; sa composée est la mesure à $\frac{9 \text{ triple de } 3.}{16 \text{ double de } 8.}$

35. Lorsque, dans la mesure, le premier chiffre est impair, la mesure est à trois temps.

36. Lorsque les chiffres sont pairs, la mesure est à deux temps. Il n'y a que les exceptions de $\frac{12}{8}$ et $\frac{4}{4}$ qui soient à quatre temps.

Chaque temps de la mesure composée a, de plus, la moitié en sus de la mesure simple.

EXEMPLE

Mesures simples.
Mesures composées.
Mesures à 2 temps.
Mesures simples.
Mesures composées.
Mesures simples.
Mesures composées.
Mesures à 3 temps
Mesures simples.
Mesures composées.

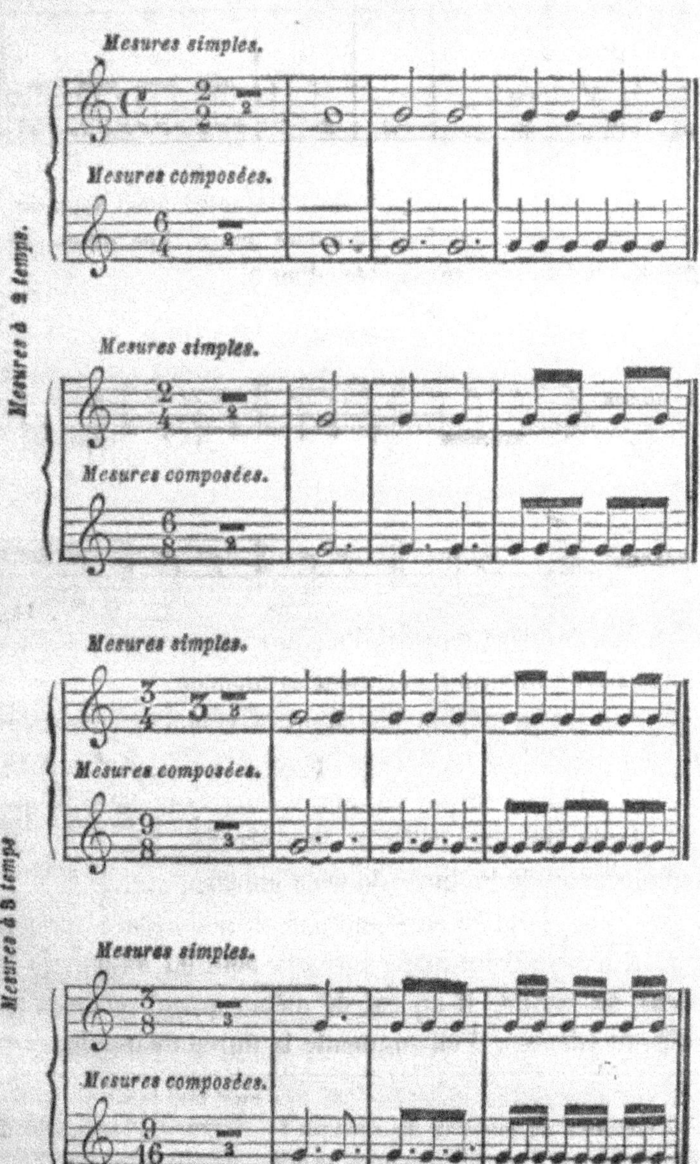

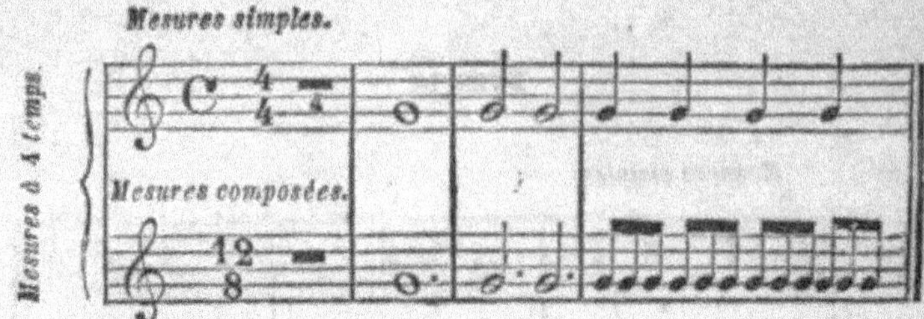

37. Un *triolet* est l'emploi de trois notes pour deux de la même valeur et qui se font en même temps. Les notes groupées en triolets sont surmontées d'un 3.

EXEMPLE :

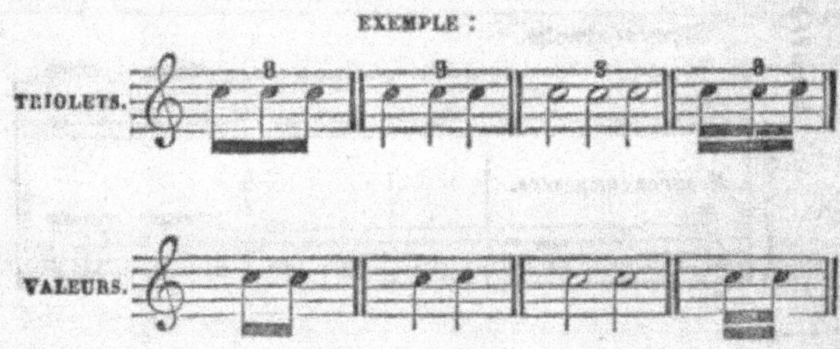

38. La dernière mesure d'un morceau est suivie d'une double barre verticale fortement prononcée.

38bis. Il y a en musique un signe qui réunit deux notes en un seul son, c'est la *liaison* ou *coulé*. Ex. . Ainsi placée, la liaison forme un son de la valeur de trois noires ; placée sur une noire et une croche, Ex. , elle donne un son de la durée de trois croches, etc.

38ter. On simplifie ce signe par un point placé après la note. Ainsi un point placé après la note en *augmente la valeur de moitié*. Il en est de même quand on le place après un silence : il en augmente la durée de moitié.

---

37. Qu'est-ce qu'un triolet ? — 38. Par quoi termine-t-on la dernière mesure d'un morceau de musique ? — 38bis. Qu'est-ce que la liaison ou coulé ? — 38ter. Par quoi peut-on simplifier ce signe ?

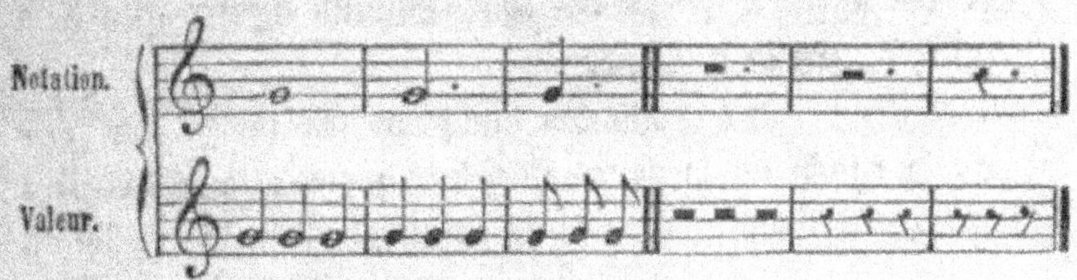

38quat. On appelle *syncope* l'effet produit par une note dont la première moitié appartient à un temps et la seconde au temps suivant; si la syncope s'établit d'une mesure à une autre, elle se divise également en deux parties. Dans les deux cas, la syncope est indiquée par une ligne courbe qui réunit les notes; la seconde se soutient et ne se répète pas. Ce signe de liaison sert encore lorsqu'on veut prolonger une note pendant plusieurs mesures sans la répéter.

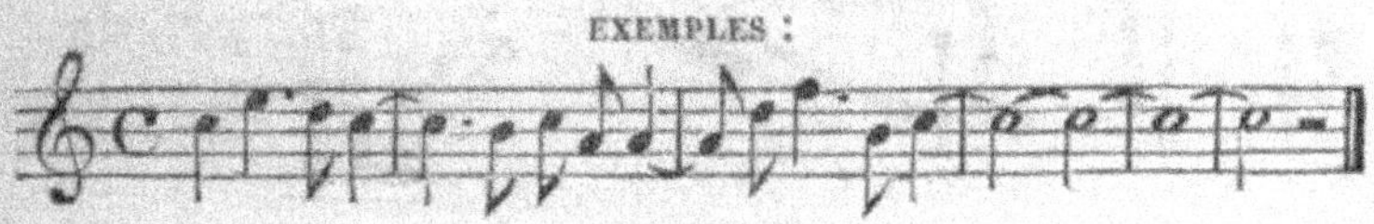

SEPTIÈME LEÇON.

De la Mesure. (Suite.)

39. *Battre la mesure*, c'est faire, en solfiant ou en chantant, des mouvements égaux du pied ou de la main, pour mesurer exactement la durée des notes et des silences.

40. Lorsqu'on bat la mesure, il faut que chaque temps soit marqué franchement, carrément, sans que la main traîne, ou vacille, ce qui n'a lieu qu'aux dépens d'une valeur, et que tous les temps soient d'une égalité parfaite depuis le commencement jusqu'à la fin du morceau.

38quat. Qu'appelle-t-on syncope? — 39. Qu'est-ce que battre la mesure? — 40. Qu'y a-t-il à observer lorsqu'on bat la mesure?

41. On appelle *temps* les mouvements égaux que l'on fait pour battre la mesure.

42. Les notes et les silences indiquent les temps par leur forme : la ronde ou la pause en valent quatre ; la blanche ou la demi-pause, deux ; la noire ou le soupir, un ; la croche ou le demi-soupir, un demi ; la double croche (1) ou le quart de soupir, un quart ; la triple croche ou le huitième de soupir, un huitième, et la quadruple croche ou le seizième de soupir, un seizième.

43. Voici la manière de battre les mesures :

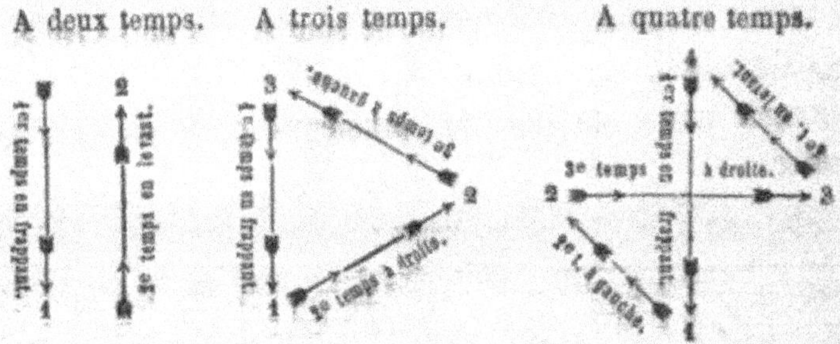

HUITIÈME LEÇON.

Des signes accidentels.

44. On entend par *signes accidentels* des signes qui servent à indiquer, dans la musique, l'élévation ou l'abaissement d'un demi-ton exercé sur la note placée après ces signes.

---

41. Qu'appelle-t-on temps ? — 42. Comment les notes et les silences indiquent-ils les temps ? — 43. Donnez la manière de battre les mesures ? — 44 Qu'entend-on par signes accidentels ?

(1) Il est à remarquer que les noms de double, de triple et de quadruple croche expriment précisément le contraire de l'idée qu'on y attache ; car loin de doubler, de tripler et de quadrupler la valeur de la croche, elles n'en indiquent que des fractions. On devrait dire : demi-croche, quart de croche, huitième de croche.

45. Il y a deux signes accidentels : 1° le *dièse* (♯), qui élève l'intonation d'un demi-ton, et 2° le *bémol* (♭), qui baisse d'un demi-ton la note devant laquelle il est placé.

46. Il y a encore le *double dièse* (𝄪) qui hausse la note de deux demi-tons ; et le *double bémol* (♭♭), qui la baisse de deux demi-tons

47. Les notes affectées d'un dièse se nomment *notes diésées ;* celles affectées d'un bémol se nomment *notes bémolisées.*

48. Pour détruire l'effet du dièse et du bémol, on emploie un signe appelé *bécarre* (♮).

EXEMPLE :

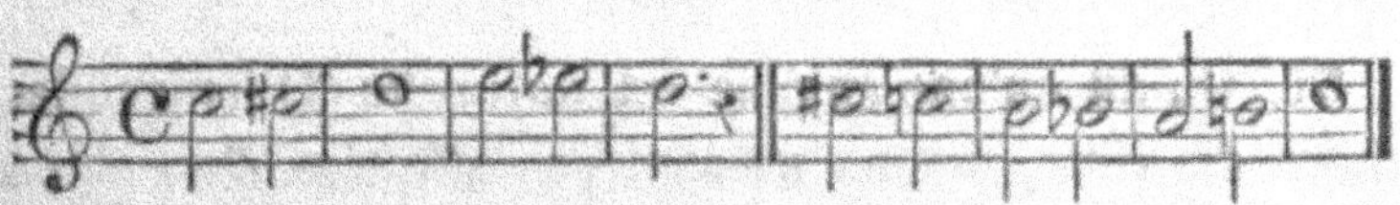

Gamme chromatique par dièses :

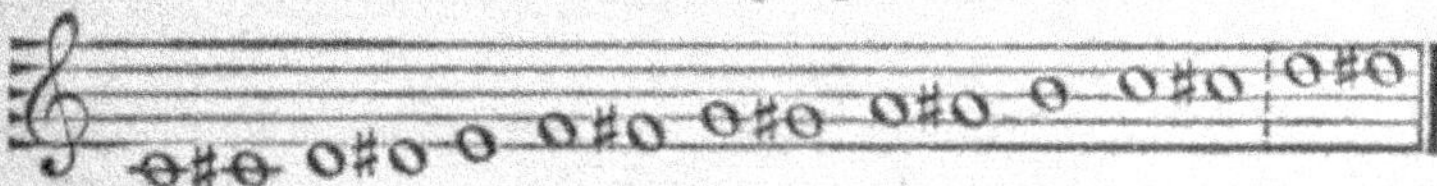

Gamme chromatique par bémols :

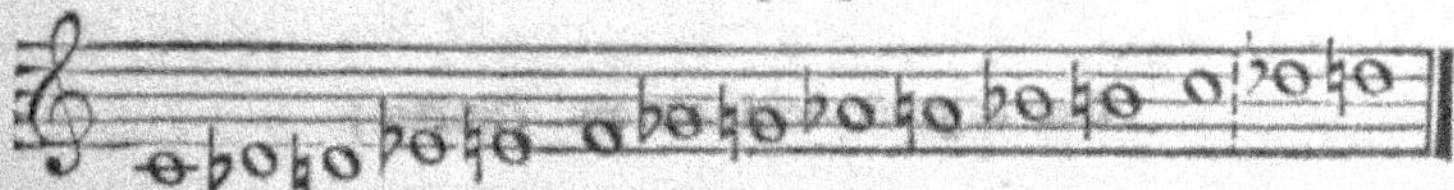

49. Le dièse et le bémol divisent à un neuvième près le ton en deux parties égales. Le dièse hausse la note qu'il affecte de cinq parties (le ton étant divisé en neuf parties), et le bémol

---

45. Combien y en a-t-il ? — 46. N'y en a-t-il pas encore d autres ? — 47. Comment nomme-t-on les notes affectées des signes accidentels ? — 48. Quel signe emploie-t-on pour détruire l'effet du dièse et du bémol? — 49. Comment le dièse et le bémol divisent-ils le ton?

baisse la note qu'il affecte de cinq neuvièmes. Il résulte de cette différence que la note diésée est plus près de celle vers laquelle elle monte, et la note bémolisée plus voisine de celle sur laquelle elle descend. La différence qui existe entre un *do* ♯ et un *re* ♭, par exemple, est de 2/9 de ton.

50. Il est d'usage d'écrire la gamme chromatique avec des dièses en montant et avec des bémols en descendant.

EXEMPLE :

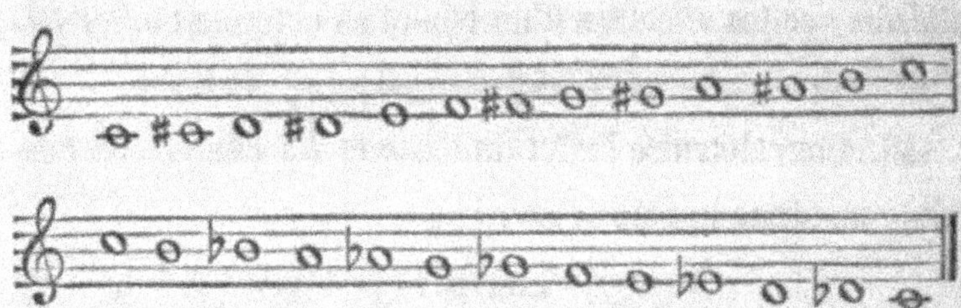

51. On dit qu'une gamme est *naturelle* (1) lorsque les notes de cette gamme ne sont pas affectées d'un signe qui en altère l'intonation.

NEUVIÈME LEÇON.

Des Signes accidentels. (Suite.)

52. Les dièses et les bémols s'appellent *constitutifs*;

50. Comment écrit-on la gamme chromatique ? — 51. Quand une gamme est-elle naturelle ? — 52. Quand les dièses et les bémols s'appellent-ils constitutifs ? Comment se placent-ils ?

---

(1) Cette expression est inexacte : car les sons que donnent le *do* ♯, le *re* ♯, le *fa* ♯, etc., sont tout aussi naturels (ou dans la nature) que ceux qu'on appelle simplement *do*, *re*, *fa*, etc.

quand ils font partie intégrante d'une gamme pour déter-
miner ou constituer le ton. Les dièses et les bémols constitutifs se placent en tête du morceau, immédiatement après
la clef qu'ils arment; et les signes de l'armure agissent sur
toutes les notes et les octaves qu'ils affectent.

EXEMPLE :

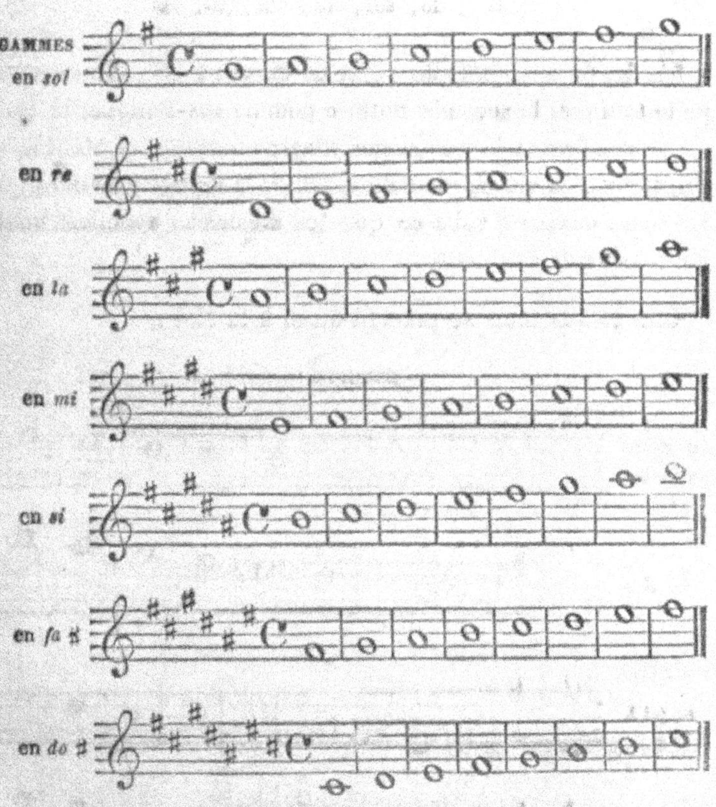

53. On voit, d'après ce qui précède, que les dièses se
placent ainsi : *fa, do, sol, re, la, mi, si,* c'est-à-dire de

---

53. Quel est l'ordre des dièses placés sur la portée ?

cinq notes en cinq notes en montant, et de quatre notes en buatre notes en descendant.

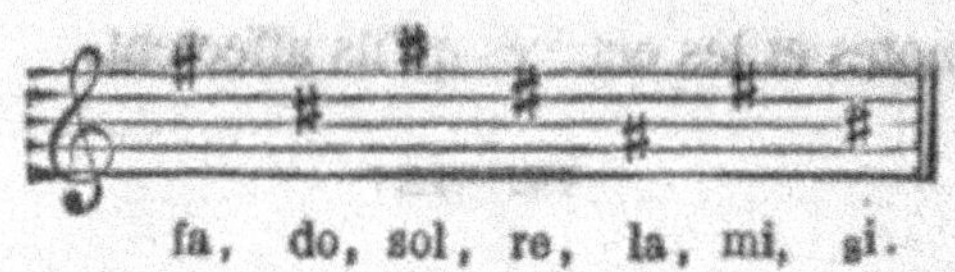

54. La note qui sert de point de départ à une gamme s'appelle *tonique*; la seconde note se nomme *sus-tonique*; la troisième *médiante*; la quatrième *sous-dominante*; la cinquième *dominante*; la sixième *sus-dominante*; la septième *sensible*; la huitième *octave* : voilà ce que les musiciens appellent *noms génériques de la gamme.*

55. Les bémols se placent aussi à la clef :

EXEMPLE :

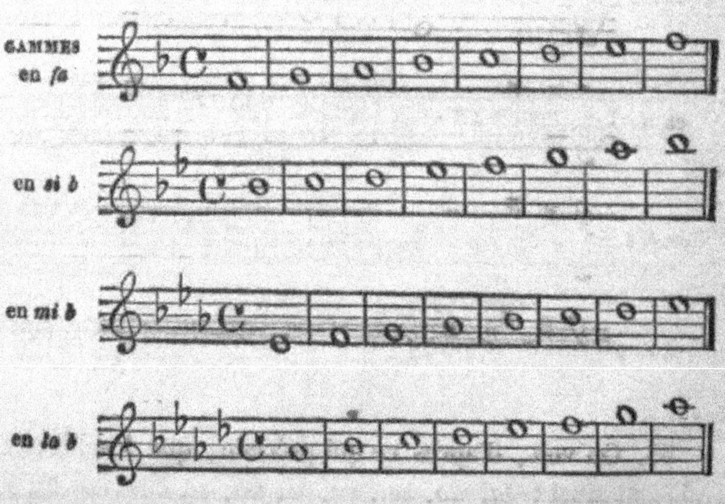

---

54. Quels sont les noms génériques de la gamme ? — 55. Comment se placent les bémols ?

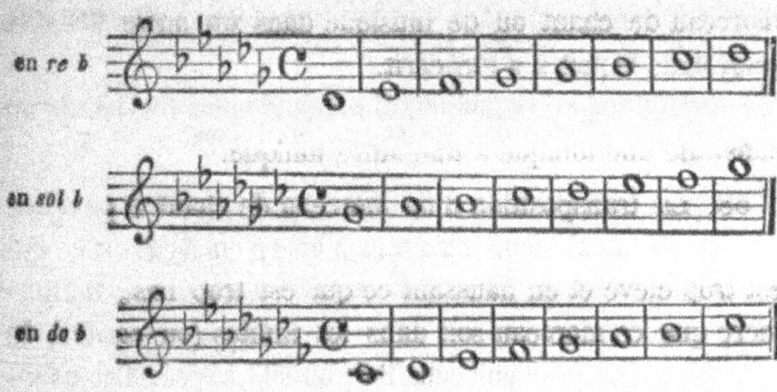

56. On voit, d'après ce qui précède, que les bémols se placent ainsi : *si, mi, la, re, sol, do, fa*, c'est-à-dire de cinq notes en cinq notes en descendant, et de quatre notes en quatre notes en montant.

EXEMPLE RÉSUMANT TOUS LES BÉMOLS

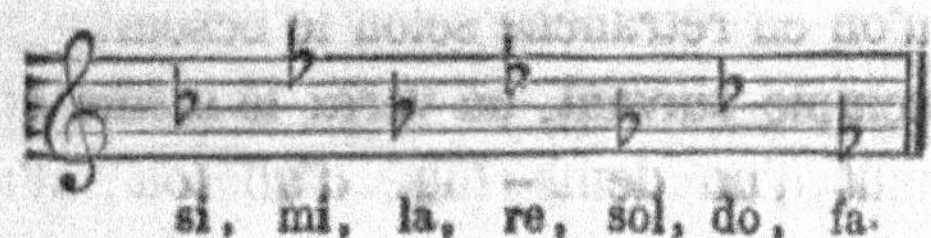

La classification des bémols est opposée à celle des dièses, et réciproquement.

DIXIÈME LEÇON.

De la Transposition.

57. La *transposition* est l'art d'exécuter ou de noter un

---

morceau de chant ou de musique dans un autre ton que celui dans lequel il a été écrit.

On peut encore la définir. Un changement par lequel on substitue une tonique à une autre tonique.

58. La transposition d'un morceau de chant a pour but de mettre le chanteur plus à son aise, en baissant ce qui est trop élevé et en haussant ce qui est trop bas, de manière que ce morceau soit dans les limites (ou *cordes*) de sa voix, sans que pour cela l'air en soit altéré. Cet exercice offre quelques difficultés et exige beaucoup de pratique.

59. Il faut observer, dans la transposition, l'ordre des tons et des demi-tons et conserver leur place suivant le rang qu'ils occupent dans le morceau que l'on transpose. On a alors recours aux signes accidentels, qu'on ajoute à la clef ou qu'on en retranche selon le besoin.

Dans l'exemple suivant, on verra le même chant élevé successivement d'un demi-ton, d'un ton, d'un ton et demi, etc.

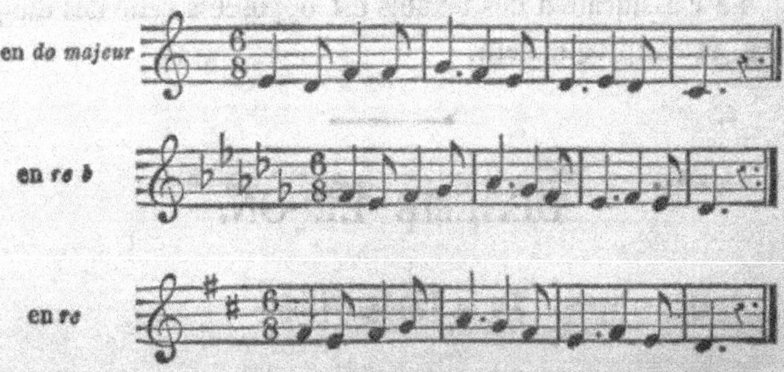

---

58. Qu'a pour but la transposition d'un morceau de chant ?
— 59. Que faut-il observer en transposant un morceau de chant ?
— Qu'emploie-t-on à cet effet ?

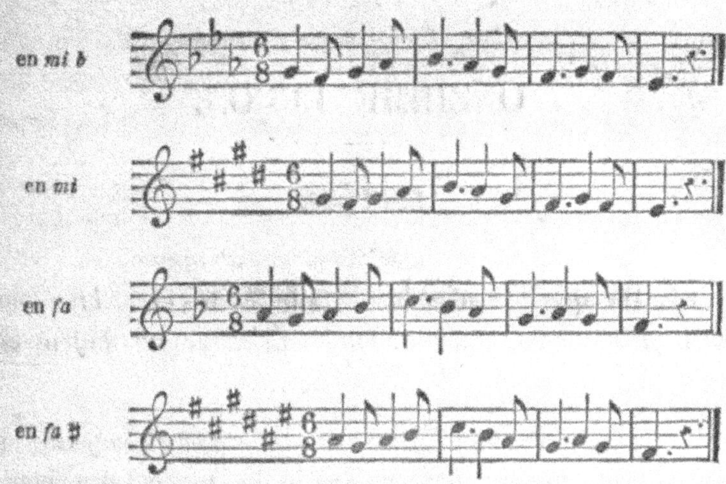

Dans l'exemple suivant on verra le même chant baissé successivement d'un demi-ton, d'un ton, etc.

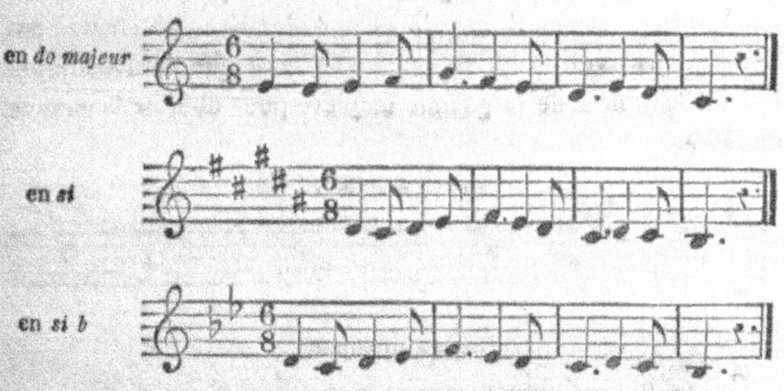

60. La transposition instantanée est l'ouvrage d'un habile musicien.

---

60. De qui la transposition instantanée est-elle l'ouvrage?

ONZIÈME LEÇON.

Des Modes.

61. On appelle *modes* les deux différents caractères que peut posséder une gamme. On les distingue en *majeur* et *mineur*.

62. La différence qui existe entre une *gamme majeure* et une *gamme mineure* consiste dans le déplacement des demi-tons. Dans la gamme majeure, les demi-tons se trouvent placés entre le troisième et le quatrième degré et entre le septième et le huitième; tandis que, dans la gamme mineure, le premier demi-ton descend d'un degré, il se trouve placé entre le second et le troisième degré: le second demi-ton ne change pas de place. On voit qu'il ne suffit d'abaisser que d'un demi-ton la troisième note de la gamme majeure pour obtenir la gamme mineure.

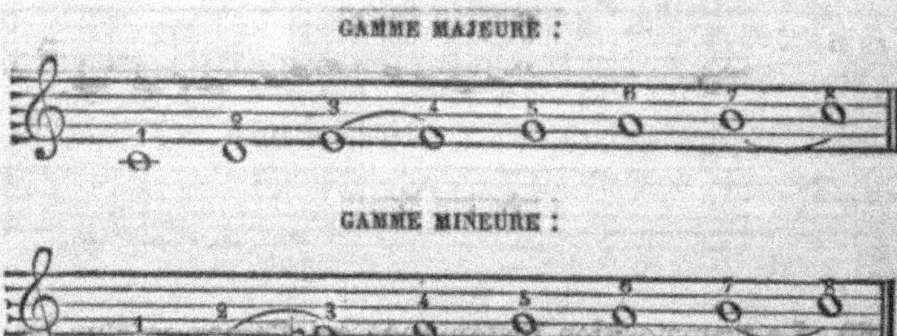

63 Chaque *ton majeur* possède un *ton mineur* qui lui est

---

61. Qu'appelle-t-on modes ? Combien y en a-t-il ? — 62. Quelle différence existe-t-il entre une gamme majeure et une gamme mineure ? — 63. Qu'appelle-t-on ton relatif ?

relatif; il est toujours facile de reconnaître cette relation, en ce que le ton majeur et le ton mineur sont désignés à la clef par la même quantité de dièses ou de bémols. Le ton de *do majeur* fait exception, car, n'ayant ni dièse et ni bémol à la clef, son relatif est par conséquent sans dièse ni bémol.

TABLEAU PRÉSENTANT TOUS LES TONS MAJEURS AVEC LEURS TONS MINEURS RELATIFS :

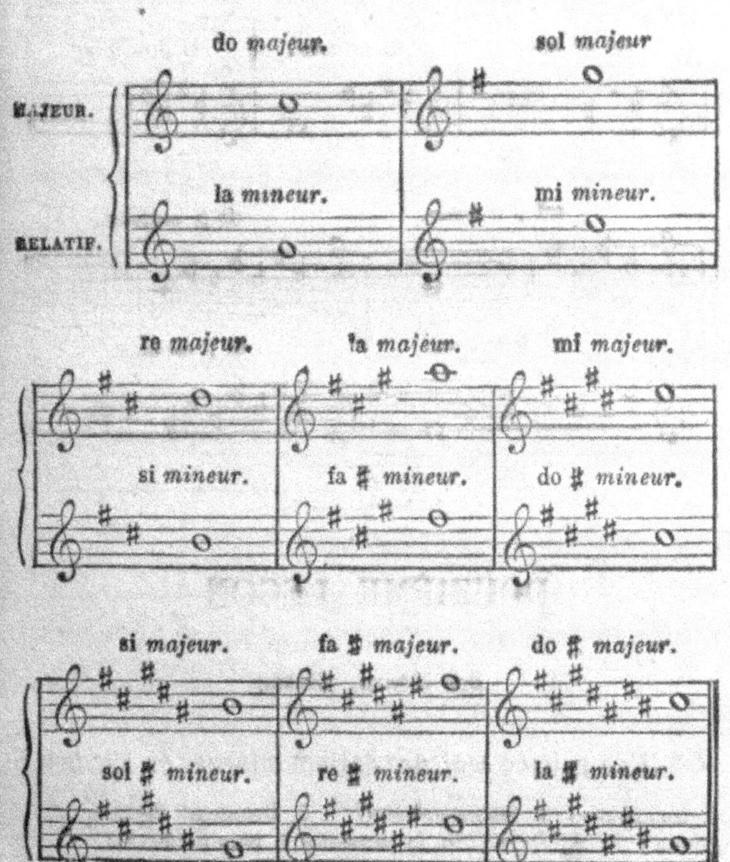

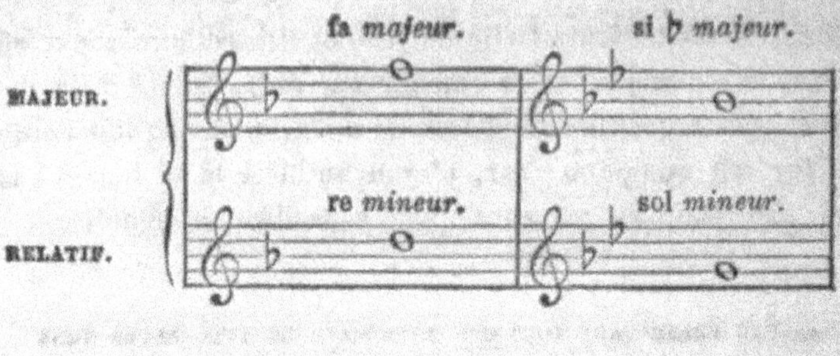

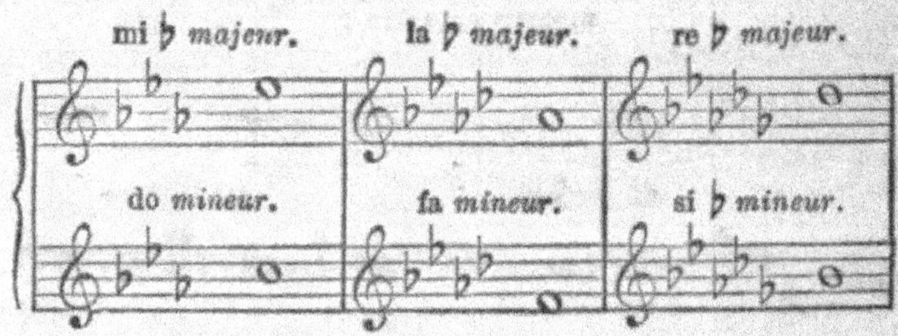

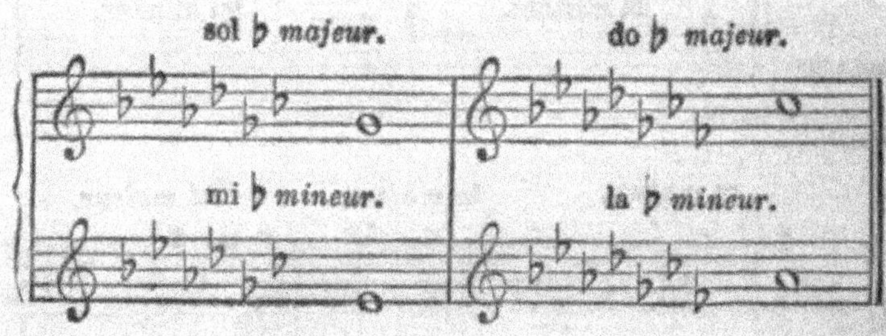

DOUZIÈME LEÇON

Des Modes. (Suite.)

64. Une gamme *majeure* devient *mineure* en ajoutant à

4. Qu'appelle-t-on sons musicaux? — 5. Comment divise-t-on la musique? — 6. Quelle est la musique la plus préférable? — 7. Comment procède-t-on pour étudier la musique? — 8. Qu'est-ce que solfier? — 9. Qu'est-ce que vocaliser?

la clef *trois bémols* ou l'équivalent, c'est-à-dire, s'il y a
un dièse, en supprimant ce *dièse* et ajoutant *deux bémols;* s'il y a *quatre dièses*, en en supprimant *trois*, etc.

EXEMPLES :

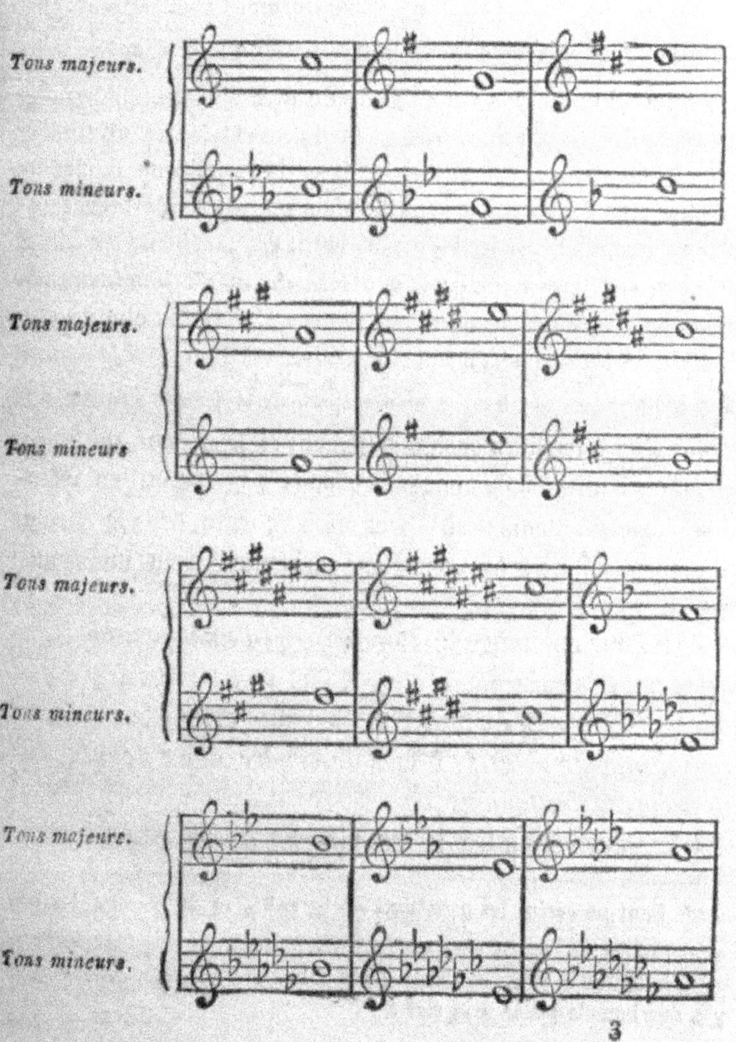

Tons majeurs.

Tons mineurs.

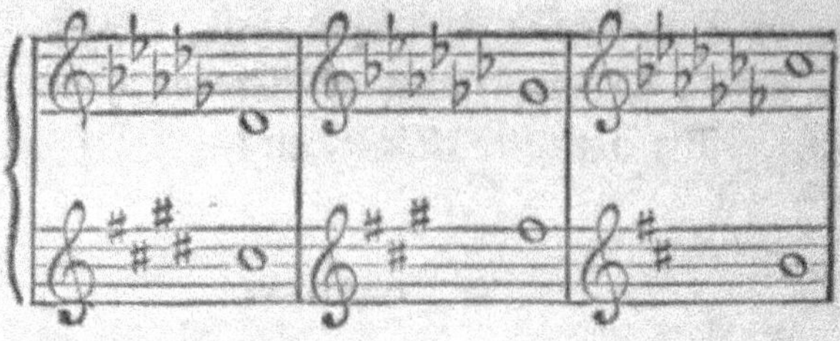

65. On ne peut écrire les trois derniers tons mineurs *re* ♭, *sol* ♭ et *do* ♭ avec des bémols, parce que les sept bémols ont déjà été employés dans l'exemple précédent. Pour le *re* ♭ *mineur*, il eût fallu un *huitième* bémol, c'est-à-dire un *double bémol* ou *si*, etc., ce qui ne peut se faire puisque la clef ne s'arme jamais de *double bémol*. Mais on peut très-bien remplacer, comme il est indiqué plus haut, *re* ♭ *mineur* par *do* ♯ *mineur*, *sol* ♭ *mineur* par *fa* ♯ *mineur*, et *do* ♭ *mineur* par *si mineur*; ou encore, on se contentera d'armer la clef de *sept bémols*, et l'on se servira accidentellement d'un *double bémol*. Ainsi, pour le ton de *re* ♭ *mineur*, on mettra *sept bémols* à la clef et l'on introduira accidentellement *si* ♭♭; pour *sol* ♭ *mineur*, on mettra également *sept bémols* à la clef et l'on introduira accidentellement *si* ♭♭ et *mi* ♭♭; enfin, dans le dernier exemple, *si*, *mi*, *la* prendront accidentellement un *double bémol*.

66. Pour connaître le *ton majeur d'une gamme lorsqu'il y a des dièses à la clef*, il faut *monter un degré au-dessus du dernier dièse* posé à ladite clef. Pour trouver le *ton mineur relatif*, il faut *descendre deux degrés au-dessous du ton majeur*.

67. Pour connaître le *ton majeur d'une gamme lors-*

---

qu'il y a des bémols à la clef, il faut *monter cinq degrés au-dessus du dernier bémol* posé à ladite clef. Pour trouver le *ton mineur relatif*, il faut, comme pour les dièses, *descendre deux degrés au-dessous du ton majeur.*

N. B. Lorsqu'il y a, par exemple, six dièses à la clef, le ton majeur est *fa* # et le ton mineur relatif est *re* #, parce que le *fa* et le *re* sont diésés à la clef. De même pour les bémols.

TREIZIÈME LEÇON.

Des Intervalles.

68. On nomme *intervalle*, en musique, la distance qui existe d'un ton à un autre ton. En effet, *re* est plus élevé que *do* et *mi*, encore plus distant de *do* que *re*; c'est cet éloignement plus ou moins grand existant entre deux tons qui constitue l'intervalle.

69. Il y a sept espèces d'intervalles, c'est-à-dire autant que de notes; savoir : les intervalles de *seconde*, de *tierce*, de *quarte*, de *quinte*, de *sixte*, de *septième* et d'*octave*.

70. On appelle *unisson* deux ou plusieurs notes posées sur le même degré.

---

68. Que nomme-t-on intervalle? — 69. Combien y en a-t-il d'espèces? — 70. Qu'appelle-t-on unisson?

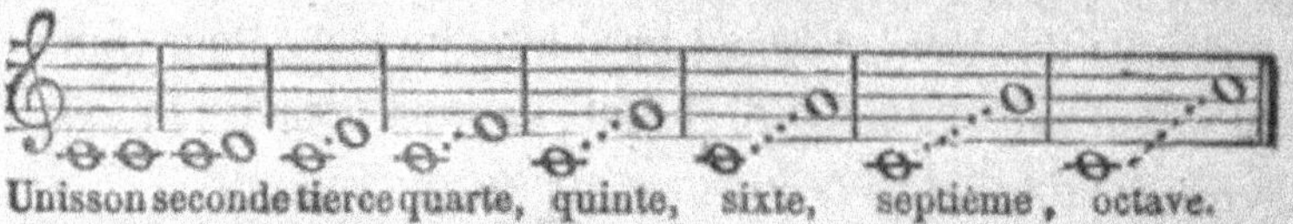

71. Ces dénominations d'intervalles indiquent les degrés dont ils se composent, c'est-à-dire qu'une *seconde* comprend *deux degrés*, une *tierce trois degrés*, une *quarte quatre degrés*, une *quinte cinq degrés*, une *sixte six degrés*, une *septième sept degrés*, une *octave huit degrés*.

72. Comme dans la gamme, il y a des tons et des demi-tons : tous les intervalles de *seconde*, de *tierce*, de *quarte*, de *quinte*, de *sixte*, de *septième* et d'*octave* ne conservent pas une valeur fixe et ne renferment pas toujours la même somme de tons et de demi-tons. Par exemple, la *quarte do*, *fa* n'est pas égale à la *quarte fa, si* : la première est composée de *deux tons et demi*, la seconde de *trois tons*. Cette dernière quarte est donc plus grande : pour cette raison, on l'appelle *majeure;* la première se nomme *mineure.*

EXEMPLE :

Quarte mineure.   Quarte majeure.

On voit, d'après ce qui précède, que les intervalles *mineurs* sont d'un *demi-ton* plus petits que les intervalles *majeurs.*

73. Outre les intervalles majeurs et mineurs, il en existe

---

71. Qu'indiquent ces dénominations d'intervalles? — 72. Les intervalles conservent-ils une valeur fixe ? — 73. Qu'appelle-t-on intervalles augmentés, diminués ?

d'autres appelés *intervalles augmentés* ou *diminués*, résultant de l'influence que les dièses, bémols ou bécarres exercent sur eux. Ces signes peuvent les rendre plus grandes, et alors on les appelle *intervalles augmentés*; ou plus petits, ce qui les fait appeler *intervalles diminués*: enfin, on les nomme *intervalles justes* quand ils ne sont ni augmentés ni diminués.

EXEMPLES :

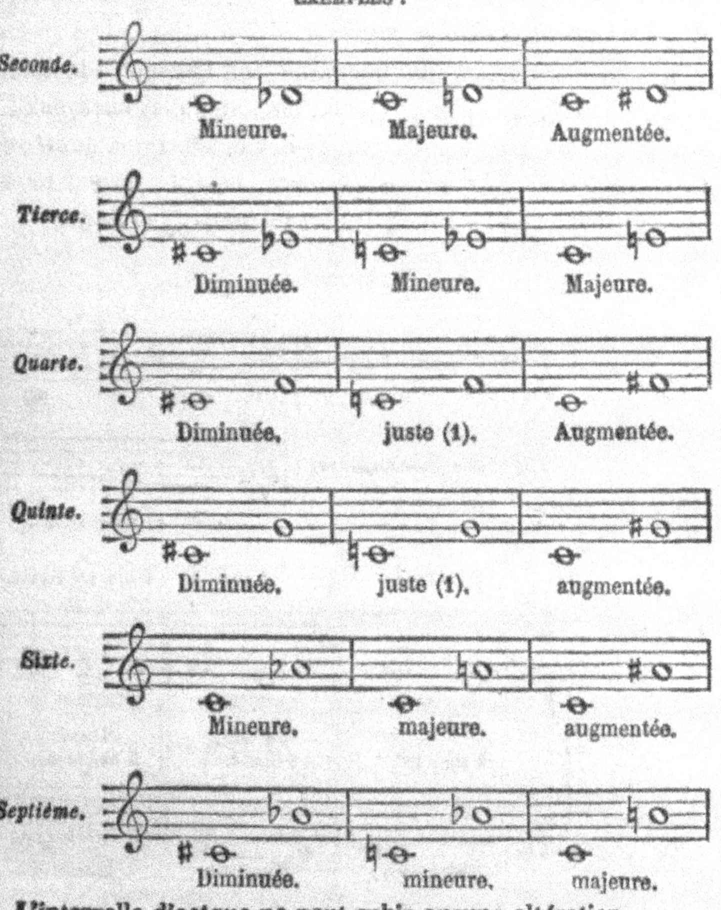

L'intervalle d'*octave* ne peut subir aucune altération.

(1) Tous les intervalles inaltérés se nomment *majeurs*, à l'exception de la *quarte* et de la *quinte*, qu'on appelle ordinairement *justes*.

QUATORZIÈME LEÇON.

Renversement des Intervalles.

74. On appelle *renversement* d'un intervalle le déplacement des deux tons qui le composent.

75. Pour renverser un intervalle, on transporte la note la plus grave à la plus aiguë; par là, les intervalles changent : la *seconde* devient *septième*, la *tierce* devient *sixte*, la *quarte* devient *quinte*, la *quinte* devient *quarte*, la *sixte* devient *tierce*, la *septième* devient *seconde* et l'octave devient *unisson*.

EXEMPLES :

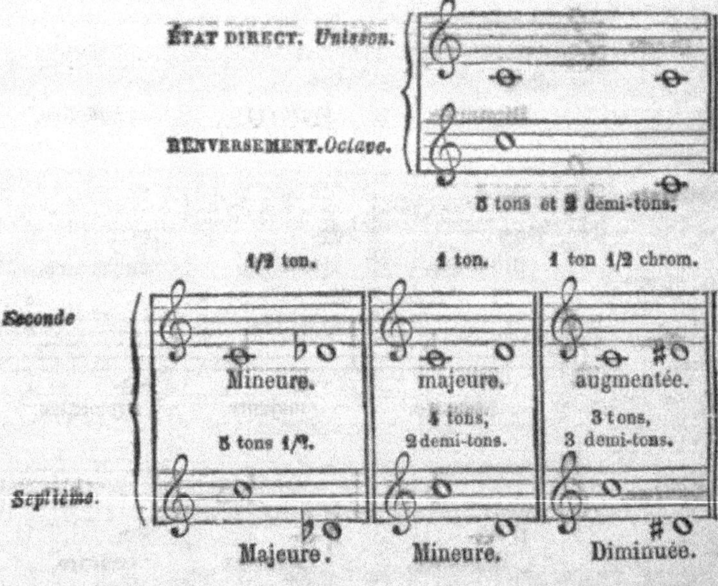

74. Qu'appelle-t-on renversement d'un intervalle ? — 75. Comment renverse-t-on un intervalle? Que deviennent la *seconde*, la *tierce*, la *quarte*, la *quinte*, la *sixte* etc.

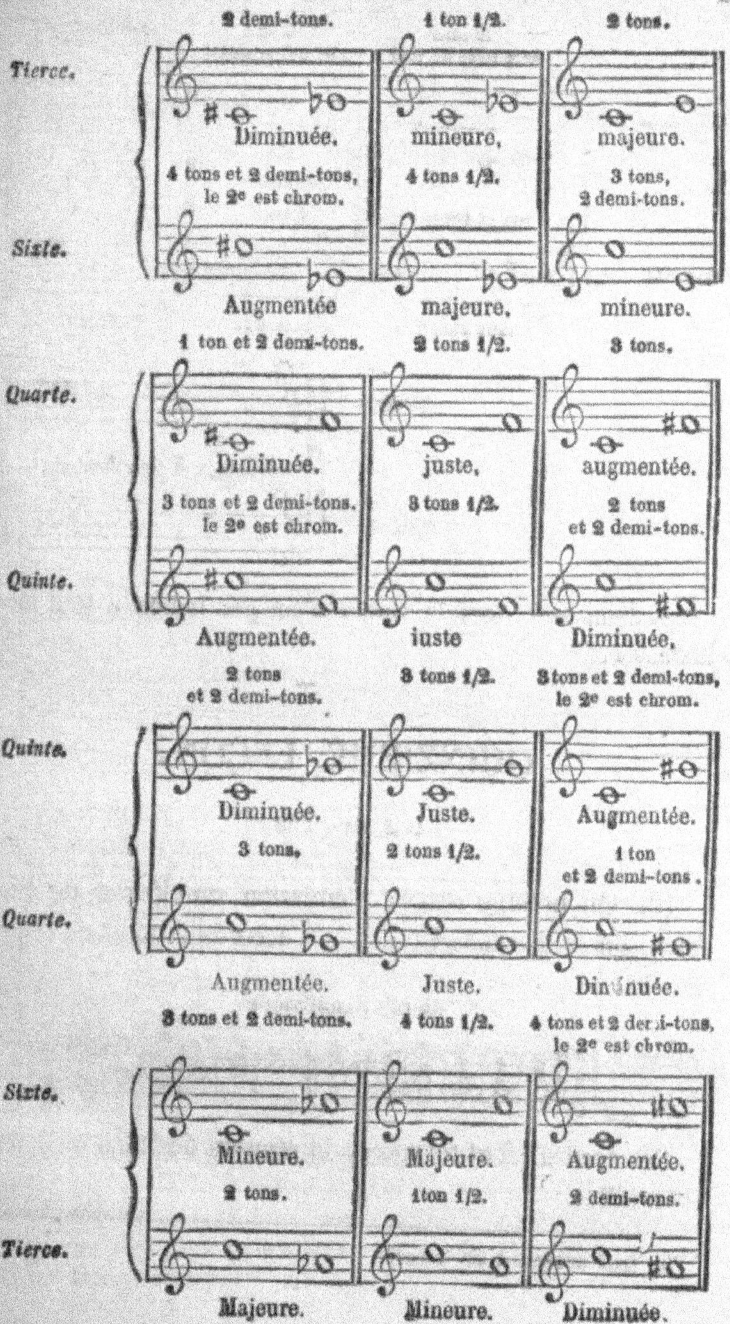
2 demi-tons.
1 ton 1/2.
2 tons.
Tierce.
Diminuée.
4 tons et 2 demi-tons,
le 2e est chrom.
mineure,
4 tons 1/2.
majeure.
3 tons,
2 demi-tons.
Sixte.
Augmentée
majeure.
mineure.
1 ton et 2 demi-tons.
2 tons 1/2.
3 tons.
Quarte.
Diminuée.
3 tons et 2 demi-tons,
le 2e est chrom.
juste,
3 tons 1/2.
augmentée.
2 tons
et 2 demi-tons.
Quinte.
Augmentée.
juste
Diminuée,
2 tons
et 2 demi-tons.
3 tons 1/2.
3 tons et 2 demi-tons,
le 2e est chrom.
Quinte.
Diminuée.
3 tons,
Juste.
2 tons 1/2.
Augmentée.
1 ton
et 2 demi-tons.
Quarte.
Augmentée.
Juste.
Diminuée.
3 tons et 2 demi-tons.
4 tons 1/2.
4 tons et 2 demi-tons,
le 2e est chrom.
Sixte.
Mineure.
2 tons.
Majeure.
1 ton 1/2.
Augmentée.
2 demi-tons.
Tierce.
Majeure.
Mineure.
Diminuée.

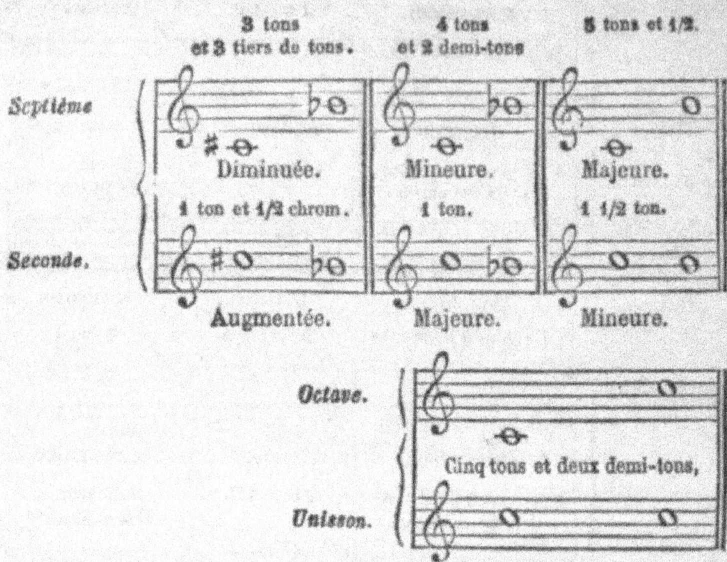

Les demi-tons dont la nature n'est pas indiquée sont tons diatoniques.

QUINZIÈME LEÇON.

Des Accords.

76. On nomme *accord* l'émission simultanée de certains sons musicaux. Une suite d'accords produit de l'*harmonie*.

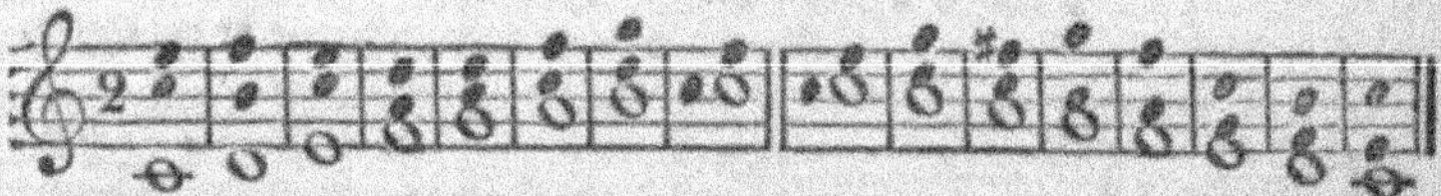

Ces accords sont formés de la réunion des tons de divers intervalles.

---

76. Que nomme-t-on accord?

77. L'accord qui satisfait le plus l'oreille, et qui sert de base et de conclusion à toute idée musicale, est la réunion des intervalles de la tonique, de la tierce et de la quinte. On le nomme *accord parfait*.

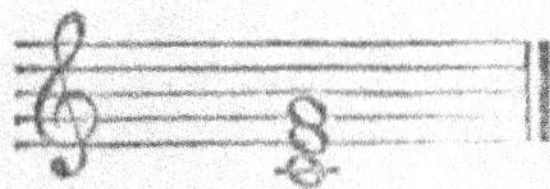

78. Les accords peuvent être exécutés par les instruments à cordes, comme le violon, le piano, etc., et quelques instruments à lames ou à tuyaux, comme l'accordéon, l'harmonium, l'orgue, etc.

79. La voix ne peut émettre qu'un seul son. Quand on voit plusieurs notes, dans un morceau de chant, écrites sur une même portée, c'est qu'il y a différentes voix ou différentes parties. Cette manière économique d'écrire la musique n'est guère usitée que dans les partitions.

EXEMPLE :

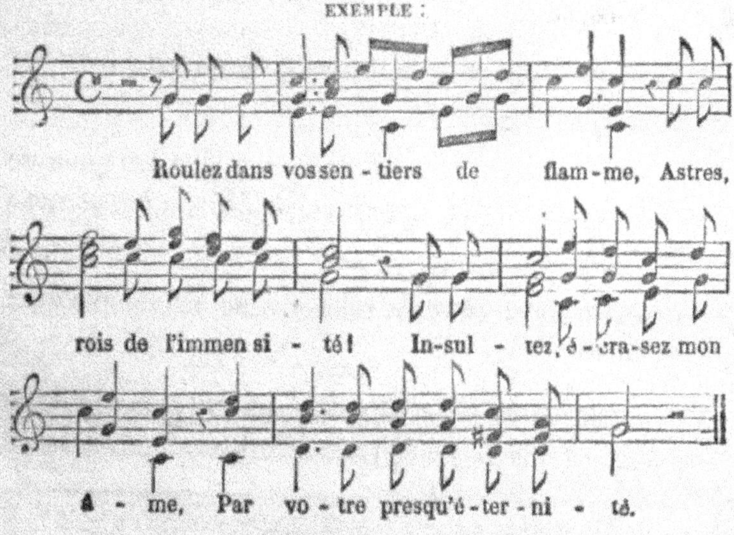

77. Qu'appelle-t-on accord parfait ? — **78.** Par quels instruments les accords peuvent-ils être exécutés ? — **79.** Combien la voix émet-elle de sons ?

80. On appelle *mélodie* une succession de sons qui, sans former des accords, offre un sens musical agréable à l'oreille.

EXEMPLE

81. Un *solo* est une pièce ou un morceau de musique qui doit être chanté par une seule voix ou exécuté par un seul instrument.

82. Un *duo* est un morceau de musique à deux voix ou à deux parties.

83. Un *trio* est un morceau de musique à trois voix ou à trois parties.

84. Un *quatuor* est un morceau de musique à quatre voix ou à quatre parties.

85. Un *chœur* est un morceau de musique harmonicale à quatre parties au plus qui sont chantées à la fois par tous les exécutants.

86. On nomme *choriste* celui qui ne chante que dans les chœurs.

87. On nomme *chef d'attaque* celui qui, dans chaque partie, est chargé de conduire les choristes.

---

80. Qu'appelle-t-on mélodie? — 81. Qu'est-ce qu'un solo? — 82. Qu'est-ce qu'un duo? — 83. Qu'est-ce qu'un trio? — 84. Qu'est-ce qu'un quatuor? — 85. Qu'est-ce qu'un chœur? — 86. Que nomme-t-on choriste? — 87. Que nomme-t-on chef d'attaque?

88. On appelle *coryphée* celui qui, après avoir exécuté les solos qui se rencontrent dans les chœurs, se joint ensuite aux simples choristes.

89. *Attaquer*, c'est commencer l'exécution d'une partie musicale ou la reprendre après un silence.

SEIZIÈME LEÇON.

Des Ornements musicaux.

90. On appelle *ornements*, en musique, certains embellissements ajoutés à quelques notes dans le but de rehausser l'éclat d'une pièce de musique, afin de prévenir la monotonie qui pourrait résulter d'une trop grande simplicité.

91. Les ornements s'indiquent ou par de petites notes appelées *notes d'agrément* ou par des *signes*.

92. Les principaux ornements musicaux sont : l'*appogiature*, le *port de voix*, le *groupe* (*gruppetto*), le *trille* et le *point d'orgue*.

93. On appelle *appogiature* une petite note sur laquelle

---

88. Qu'appelle-t-on coryphée ? — 89. Qu'est-ce qu'attaquer ? — 90. Qu'appelle-t-on ornements en musique ? — 91. Comment s'indiquent-ils ? — 92. Quels sont les principaux ornements ? — 93. Qu'appelle-t-on appogiature ?

on appuie avant de couler sur la note ordinaire qui la suit.

Règle d'exécution. Il faut donner à l'appogiature la moitié de la valeur de la note qui la suit, et les deux tiers si c'est une note pointée ; on prononce le nom de la note principale en formant seulement le son de la petite note.

EXEMPLE :

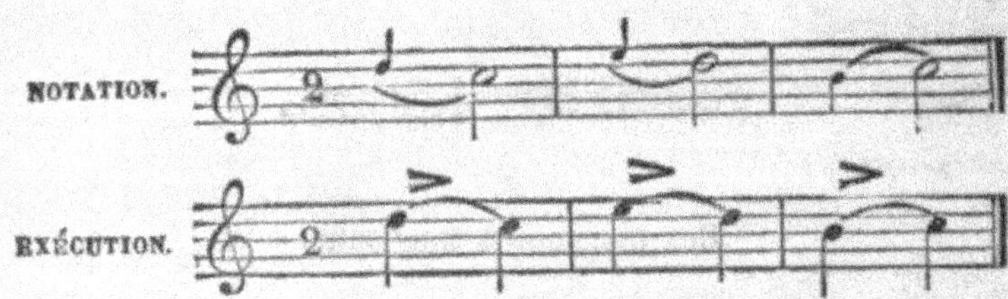

94. Le *port de voix* est aussi une note d'agrément placée ordinairement après la note principale ; sa valeur se prend sur la note qui la précède.

95. Le *groupe* ou *gruppetto* est la réunion de plusieurs petites notes (généralement trois) qui se coulent toujours avec la note placée à leur droite. Il est représenté quelquefois par ce signe ∿.

EXEMPLE :

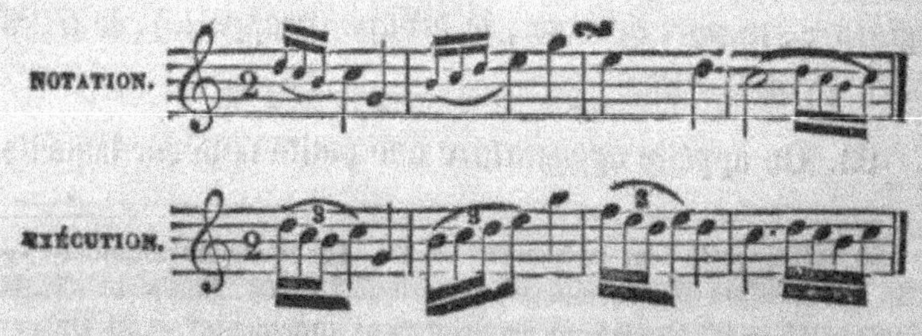

94. Qu'est-ce que le port de voix ? — 95. Qu'est-ce que le groupe

96. Le *trille*, appelé autrefois *cadence*, est sans contredit le plus bel ornement musical, et heureusement le plus fréquemment employé. Il se fait par le moyen de deux notes que l'on fait entendre successivement ; le battement de ces deux notes prend ordinairement son appui sur la pénultième note d'une phrase musicale. Il s'exprime par les deux lettres *tr.*, placées au-dessus de la note qui doit être trillée.

EXEMPLE :

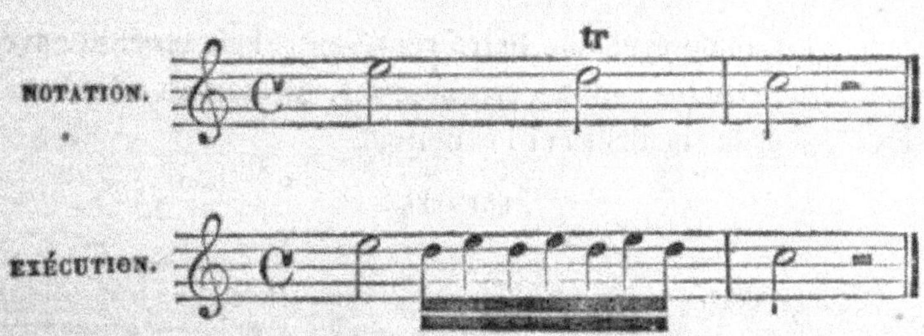

97. Le *point d'orgue*, que l'on nomme aussi *fermat* ou *point d'arrêt*, est un repos que l'on fait plus ou moins long selon l'élégance du chant. Pendant ce repos, la partie récitante (s'il y a en a une) a quelquefois le loisir de faire différents passages à sa volonté. Dans d'autres cas, le point d'orgue est un repos général.

EXEMPLE :

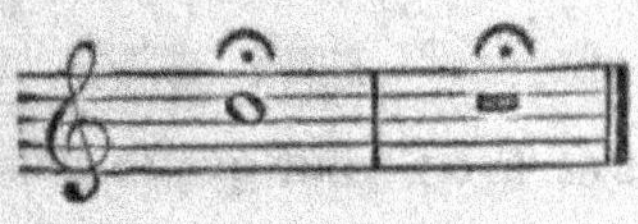

---

96. Qu'est-ce que le trille ? — **97.** Qu'est-ce que le point d'orgue ?

DIX-SEPTIÈME · LEÇON.

Des Signes d'abréviations et de quelques autres Signes.

98. Les *signes d'abréviation* se composent de barres inclinées de droite à gauche, qui se placent sur une ronde, sur la queue d'une blanche, etc., et qui servent à abréger la notation.

99. La ronde avec une barre représente huit croches, avec deux barres seize doubles croches, etc. On fait un calcul analogue pour les blanches et les noires.

EXEMPLE :

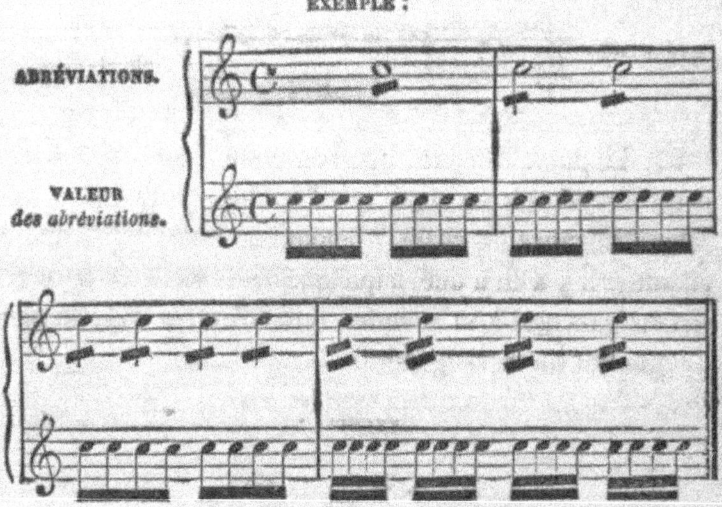

100. Le triolet et le six pour quatre s'abrégent aussi par la note barrée.

---

98. Qu'est-ce que les signes abréviatifs ? — 99. Que représentent les notes avec une barre ? — 100-101. Quelles sont les notes qui s'abrégent encore ?

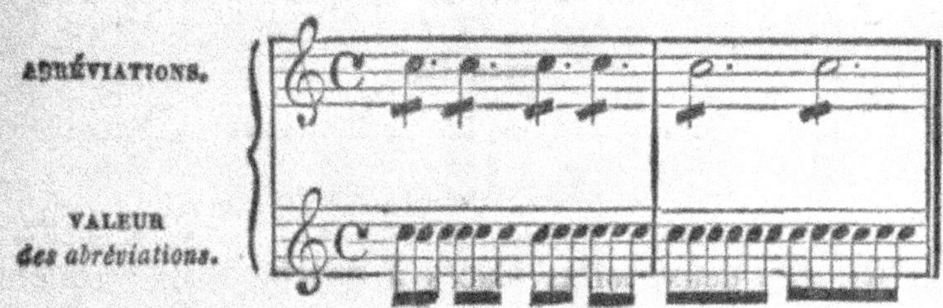

101. Les groupes de blanches, de noires, de croches, de doubles croches, etc., s'abrégent aussi.

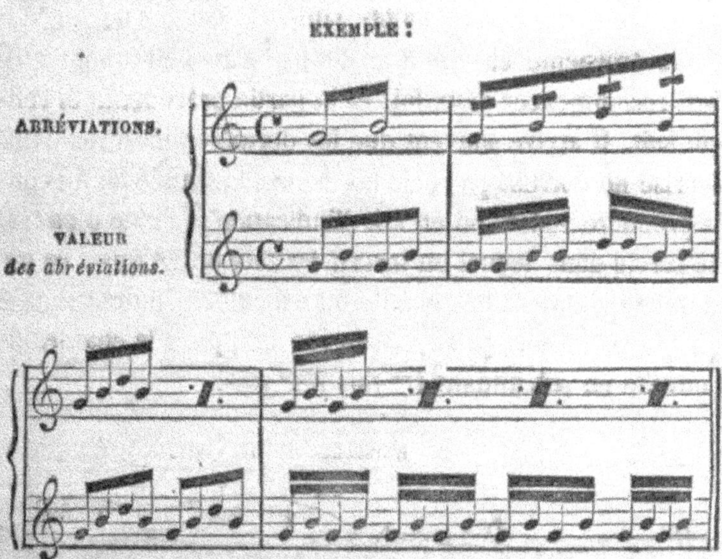

Reprises. — Renvoi.

102. On entend par *reprise* une partie d'un air qui, sans être écrite deux fois, doit être recommencée. Les reprises

---

102. Qu'entend-on par reprise ?

se marquent par une double barre perpendiculaire avec
deux points en dehors ou en dedans.

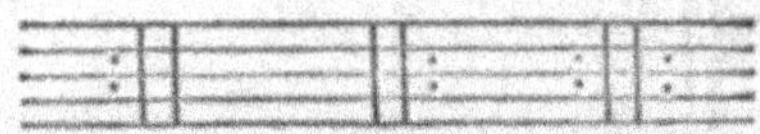

103. Les deux points placés à gauche de la première
double barre indiquent qu'il faut recommencer la musique
qui précède ces points; les deux points à droite de la
deuxième double barre indiquent la répétition de ce qui
suit; enfin les quatre points situés à gauche ou à droite
de la troisième et dernière double barre marquent qu'il
faut recommencer deux fois et la partie précédente et celle
qui suit. Il arrive souvent que les dernières mesures d'une
reprise ne doivent pas être les mêmes la deuxième fois que
la première; alors on en fait l'indication à l'aide d'un arc
de cercle dans lequel on inscrit 1re *fois* ou 2e *fois*, ce qui
signifie qu'après avoir chanté ou exécuté le morceau jusqu'à la dernière reprise, on le reprend pour le chanter de
nouveau en substituant 1re *fois* à 2e *fois*.

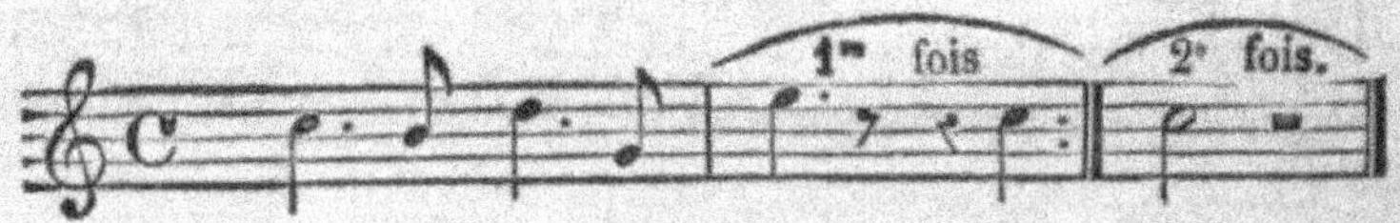

104. Le *renvoi* est un signe qui, à la fin d'un morceau,
indique que l'on doit retourner au pareil signe placé au
commencement ou à quelque reprise dudit morceau et con-

---

103. Qu'indiquent les deux points placés près des doubles barres ?
— 104. Qu'est-ce que le renvoi ?

tinuer jusqu'au mot *fin* ; Il est fait ainsi : 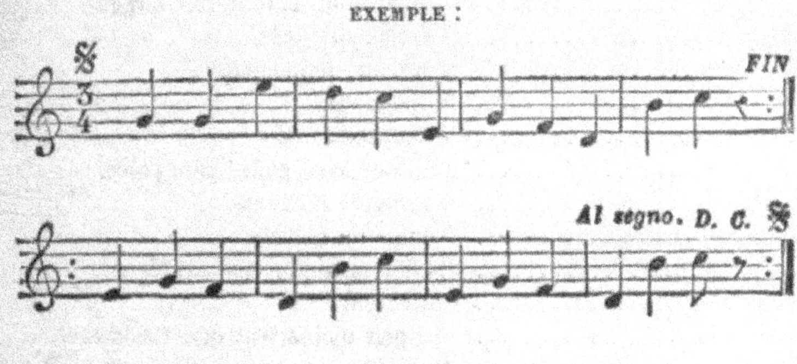 . Les mots *da capo* ou *d. c.* ou *al segno* ne marquent rien autre chose que le renvoi.

EXEMPLE :

DIX-HUITIÈME LEÇON.

Des Mouvements.

105. On nomme *mouvement* le degré de lenteur ou de vitesse que l'on donne à la mesure et dans lequel on exécute un morceau de musique.

106. Ces mouvements, qui nous viennent des Italiens, sont désignés par un grand nombre de termes qu'on peut ranger en trois classes : mouvements *lent*, *modéré*, *vif* ; *lento*, *moderato*, *allegro*.

107. Néanmoins, l'auteur a cru devoir décrire ceux qui sont le plus généralement employés.

---

105. Qu'appelle-t-on mouvements ? — 106. Quels sont ces mouvements ? — 107. Quels sont ceux qui sont encore employés ?

TERMES ITALIENS :	SIGNIFICATION '
Grave	Le plus lent de tous les mouvements.
Largo	Large, sévère.
Lento	Lent.
Larghetto	Large, moin sévère que *Largo*.
Adagio	Lentement, posément.
Sostenuto	Soutenu, lentement.
Maestoso	Majestueux.
Affettuoso	Affectueux.
Cantabile	Chanter avec goût, avec grâce.
Tempo di menuetto	Temps de menuet.
Tempo di marcia	Temps de marche.
Tempo giusto	Temps modéré, convenable
Andante	Posément.
Andantino	Un peu moins lent que l'*Andante*.
Grazioso	Gracieux.
Allegretto *ou* All^{tto}	D'une vivacité modérée.
Amoroso	Avec amour, sentiment.
Allegro *ou* All^o	Gai, vif.
Presto	Vif, animé, rapide.
Prestissimo	Très-vif, impétueux.

TERMES AJOUTÉS AUX INDICATIONS DE MOUVEMENT

Doloroso	Douloureux.
Con espressione	Avec expression.
Moderato	Modéré.
Comodo	Commode.
Non troppo	Pas trop.
Quasi	Presque.
Con brio	Brillant, avec feu.
Brioso	Vif, agile.
Agitato	Agité.
Scherzando	Gai, léger, en badinant.
Mosso	Animé.
Con moto	Avec mouvement.
Molto	Beaucoup.
Assai	d°

Certains passages doivent être exécutés sans égard à la mesure; on en est averti par les mots *ad libitum* ou *a piacer* (comme on veut). Les mots *a tempo* indiquent que le chant redevient mesuré.

DIX-NEUVIÈME LEÇON.

Des Mouvements. (Suite.)

DU MÉTRONOME (1).

108. Les termes italiens dont on se sert pour distinguer les différents mouvements ont l'inconvénient d'être vagues et de ne pas nous apprendre précisément quelle durée il faut donner à chaque mesure. *Largo* indique bien un mouvement lent, *allegro* un mouvement vif ; mais un mouvement peut être plus ou moins lent, plus ou moins vif. Le *largo* d'un compositeur ne sera pas le *largo* d'un autre ; comme aussi deux exécutants ne donneront pas au *largo* exactement le même mouvement.

109. On remédie à cet inconvénient au moyen d'un instrument inventé, il y a une quarantaine d'années, par M. Maelzel, et que l'on nomme *métronome*, indicateur, régulateur de la mesure. Un balancier fait entendre des battements que l'on peut rendre à volonté plus ou moins fréquents ; chacun des battements représentera une *ronde*, une *blanche*, une *noire*, une *croche*, suivant l'intention du compositeur. Pour que ces battements se succèdent plus ou moins vite, il y a une échelle

---

108. Les termes italiens qui représentent les mouvements ont-ils une durée fixe ? — 109. Comment remédie-t-on à cet inconvénient ?

(1) Cet article est emprunté à l'excellent traité de musique de M. Quicherat.

graduée qui porte des chiffres, sur lesquels on arrête un contre-
poids. Le chiffre le plus bas est 40. ce chiffre donne les oscil-
lations les plus lentes. Le mouvement sera d'autant plus accé-
léré qu'on aura pris un numéro plus élevé. Le *métronome*
donne 39 mouvements différents. En changeant la valeur musicale affectée à chaque oscillation, c'est-à-dire en prenant
tel battement pour une *blanche*, ou pour une *noire*, ou pour
une *croche*, etc., d'autres fois même pour une *mesure* entière,
on obtient une série de près de deux cents mouvements qui
servent à exprimer toutes les nuances perceptibles à l'oreille
la plus délicate.

110. Maintenant les compositeurs ont presque toujours la
précaution d'indiquer en tête d'un morceau le numéro du *métronome* qui doit faire connaître le mouvement. Cette indication
a lieu de la manière suivante :

Métr. = 80.

Métr. = 80.

Métr. = 100.

Dans le premier cas, on met le contre-poids sur le nᵒ 80, et
chaque battement de balancier représente une *blanche*. Les
mêmes battements représentent une *noire* dans le deuxième
exemple. Dans le troisième chaque oscillation donne une
croche.

A l'aide de ce procédé ingénieux, le compositeur peut être
sûr que sa musique sera exécutée, dans tous les pays, précisément avec le mouvement qu'il veut qu'on lui donne, et il trans-
mettra à la postérité cette précieuse indication.

---

110. Comment les compositeurs modernes font-ils connaître le
mouvement précis qu'ils veulent donner à la musique ?

VINGTIÈME LEÇON.

Des Nuances de Goût et d'Expression.

111. On entend par *nuances de goût* ou *d'expression* une différence délicate dans la manière de rendre les sons qui ajoute à la beauté et à l'expression du chant. Elles sont représentées par des termes qui nous viennent des Italiens.

TERMES ITALIENS :	ABRÉVIATIONS :	SIGNIFICATIONS :
Piano	*ou* p	Faible , doux.
Pianissimo	*ou* pp	Très-faible, très-doux.
Dolce	Dol.	Doux.
Forte	F.	Fort.
Fortissimo	FF.	Très-fort.
Mezzoforte	mfz.	Demi-fort.
Sforzato	sfz.	Forcé subitement.
Rinforzando	rinf.	En renforçant.
Crescendo	cres. *ou*	En augmentant de force.
Diminuendo *ou* Decrescendo	dim. *ou* >	En diminuant de force.
Smorzando	Smorz.	En mourant, éteindre.
Morendo	Moren.	d°
Legato	Leg.	Lié.
Staccato	Stacc.	Détaché.
Portamento	Portam.	Porté.
Ritardando	Ritard.	En retardant
Rallentando	Rall.	En ralentissant.
Ritenuto	Rit.	Retenu.
Accelerando	Accel.	En accélérant.
Stringendo	String.	En serrant.
Espressivo	Espress.	Expressif.
Leggiero	Legg.	Léger.

---

111. Qu'entend-on par nuances de goût ou d'expression ?

TERMES ITALIENS :	SIGNIFICATIONS :
A Tempo *ou* Tempo 1°......	Premier mouvement.
Con anima................	Avec âme.
Con spirito	Avec chaleur.
Con grazia...............	Avec grâce.
Con gusto................	Avec goût.
Con delicatezza...........	Avec délicatesse.
Con allegrezza............	Avec joie, allégresse.
Con fuoco................	Avec feu.
Calendo	En échauffant l'exécution.
Con calore...............	Avec chaleur.
Con forza................	Avec force.
Animato	Animé.
Ben marcato	Bien marqué.
Ad libitum...............	A volonté.
A piacer.................	A plaisir.
Poco a poco..............	Peu à peu.
Un poco	Un peu.

112. On entend par *mise de voix* l'émission entière de la voix sur une même note en filant le son : le signe de la mise de voix est ⟨◇⟩; ce signe est la réunion du *crescendo* et du *decrescendo*.

113. Une *liaison* couronnant plusieurs notes différentes marque qu'elles doivent être *liées* ou *coulées*.

EXEMPLE :

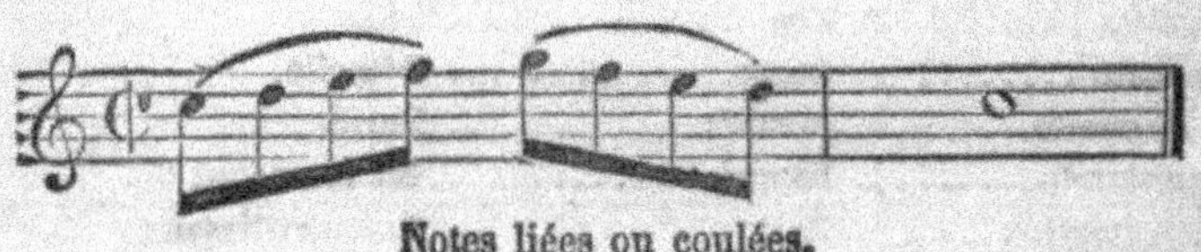

Notes liées ou coulées.

Lorsqu'une suite de notes doit être liée, on se contente d'écrire sur la première liaison le mot *legato* ou simplement

---

leg. (c'est-à-dire *lié*), afin de ne pas répéter ce signe à chaque groupe.

114. Les notes ont quelquefois besoin d'être *détachées*, alors elles doivent être surmontées d'un point ordinaire ou d'un point allongé.

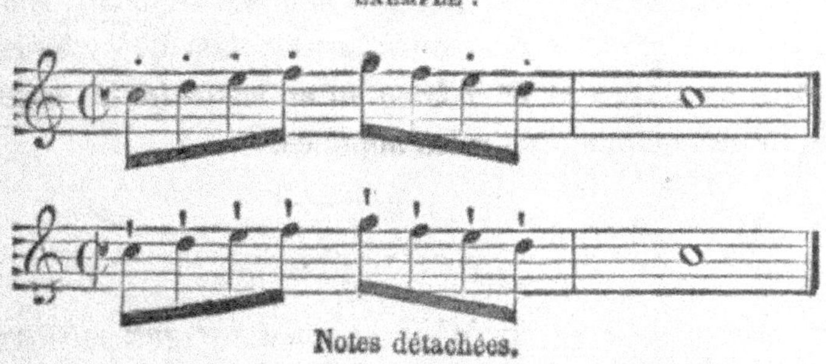

Notes détachées.

LEÇON SUPPLÉMENTAIRE.

Des différentes sortes de voix.

115. Lorsque plusieurs personnes chantent ensemble le même air, une différence entre les voix se fait bientôt apercevoir; de là trois sortes de voix principales, savoir :

1° Le *soprano* ou *dessus*, voix aiguë de femmes ou d'enfants,

2° Le *tenor* ou *taille*, voix aiguë pour les hommes ;

Et 3° le *basso* ou *basse*, voix grave pour les hommes.

---

114. Qu'est-ce que les notes détachées ? — 115. Quelles sont les différentes sortes de voix ?

116. Outre ces voix principales, il existe des voix intermédiaires ou relatives, telles sont : 1° *soprano secundo* ou *mezzo soprano* ou *second dessus* (voix particulière aux femmes), qui monte moins que le premier dessus, mais descend davantage ; 2° le *contralto* (1), entre le tenor et le soprano, pour les femmes et les enfants ; 3° le *haut-tenor* ou *haute-contre*, un peu plus haut que le tenor, pour les hommes ; 4° la *basse-contre*, au-dessous de la basse, pour les hommes ; et 5° le *baryton* ou *basse-taille*, entre la basse et le chœur, pour les hommes.

———

Nous croyons être agréable aux élèves et aux maîtres en leur donnant, à la fin de ces simples notions de musique, quelques conseils relatifs à la bonne exécution d'un morceau de chant.

Le chanteur doit attaquer le son franchement et avec justesse, sans y arriver par aucune traînée ; il doit éviter de reprendre haleine entre chaque son ; de solfier par saccades et de respirer trop fortement.

Lorsqu'on chante un morceau à plusieurs parties, il faut se guider sur la mesure qui doit être battue par tous les exécutants, ayant soin, en cela, de se baser sur celle du chef d'*orchestre* ; il faut, en outre, donner à chaque figure de note et à chaque silence le temps qui lui est propre.

———

116. Outre ces voix principales, existe-t-il des voix intermédiaires ou relatives ?

(1) Il faut prononcer *contralte*.

Qu'une partie ne cherche jamais à dominer sur une autre, car les accords perdraient leur charme, le goût d'expression disparaîtrait, et la confusion prendrait bientôt la place de l'harmonie.

Le chanteur doit, dès le commencement, s'habituer à un maintien naturel. Que sa bouche soit souriante et médiocrement ouverte ; qu'il ne laisse pas prendre à sa physionomie un caractère sombre ; qu'il évite de faire aucune grimace, et qu'il cherche à produire un son de voix pur et mélodieux ; qu'il ne marque pas la mesure trop ostensiblement avec la main ou le pied, et encore moins par le balancement ridicule de la tête ou du corps, surtout lorsqu'il a y un chef d'orchestre (1).

---

(1) Le maître s'attachera à rendre la leçon de chant aussi attrayante que possible ; qu'elle ne dure pas trop longtemps et que *rien* ne s'y ressente de la contrainte ; une certaine liberté décente sied bien à tous les arts. La beauté sans fard est toujours attrayante. C'est à la bonté du maître de gagner la tendre jeunesse, qui l'écoutera avec docilité. Le beau est la splendeur du vrai, a dit un auteur ; ce qui est vraiment beau, le méchant ne le sentira jamais. Écoutons plutôt le poëte :

> Ici l'on chante : Ami, ralentissons nos pas ;
> Si c'étaient des méchants, ils ne chanteraient pas !

Pour arriver à des progrès prompts et satisfaisants, le maître chantera un ton de moyenne élévation, comme celui de *sol*, sur la syllabe *la*, et il ne passera outre qu'après bon résultat. Il procédera de la même manière pour d'autres tons, en conservant toujours la syllabe *la*. Après avoir ainsi éprouvé l'oreille de ses élèves, le maître leur fera connaître les notes et les signes musicaux, puis il passera immédiatement aux exercices. On chantera d'abord les notes, puis on procédera à leur vocalisation ; puis au chant des paroles placées au-dessous des notes (comme ces dernières sont en même temps une explication et un exercice, le précepte et l'exemple resteront mieux gravés dans la mémoire, et l'enseignement aura ainsi un singulier attrait pour les enfants); ensuite on attaquera la partie pratique de cet ouvrage, en commençant par les morceaux les plus simples pour continuer progressivement.

FIN DES NOTIONS DE MUSIQUE.

PRATIQUE

CHANT

A LA JEUNESSE FRANÇAISE

DES DEUX SEXES

Paroles de Morel-Vindé.　　　　Musique de F.-J.-L. Langlet.

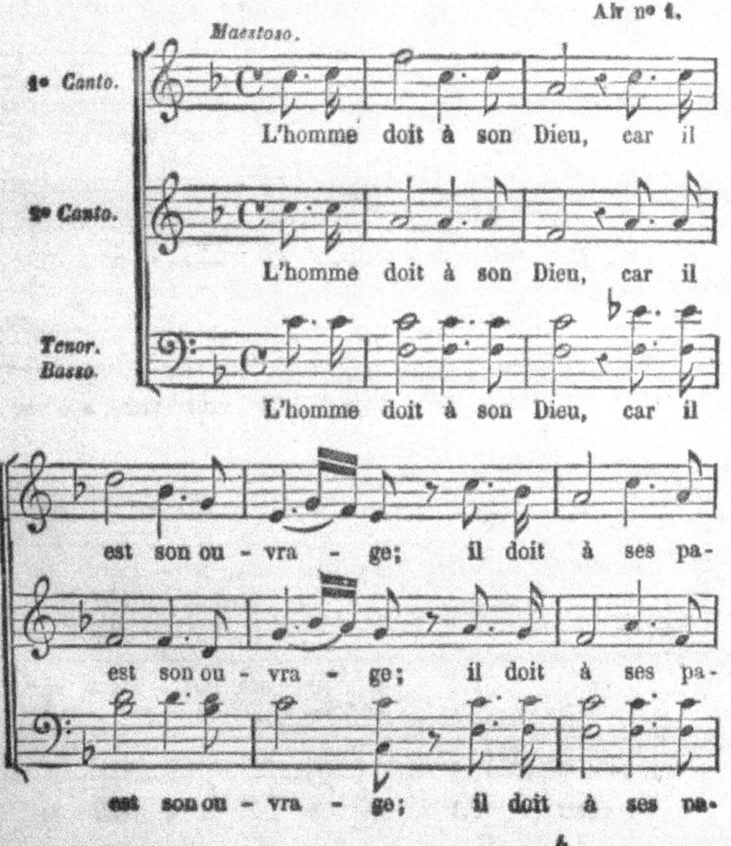

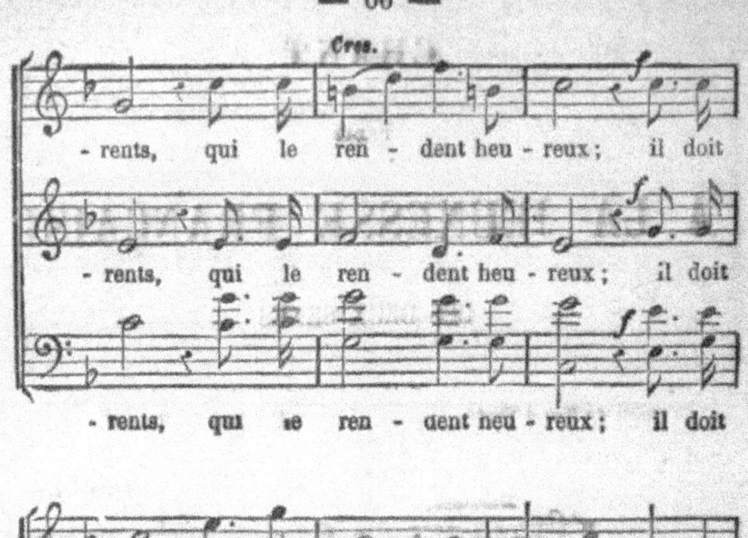
Cres.
- rents, qui le ren - dent heu - reux ; il doit
- rents, qui le ren - dent heu - reux ; il doit
- rents, qui se ren - dent heu - reux ; il doit

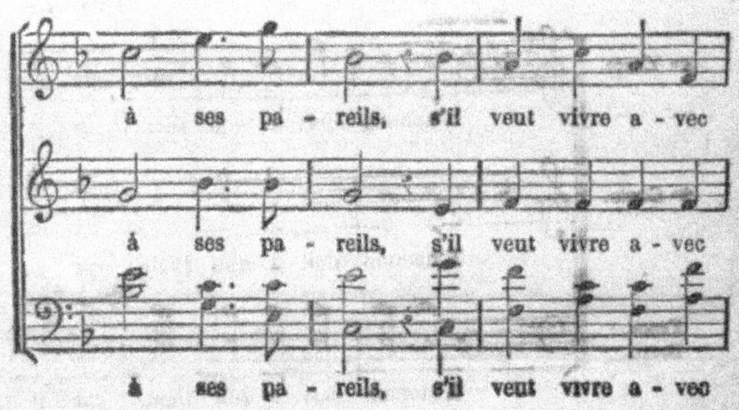
à ses pa - reils, s'il veut vivre a - vec
à ses pa - reils, s'il veut vivre a - vec
à ses pa - reils, s'il veut vivre a - vec

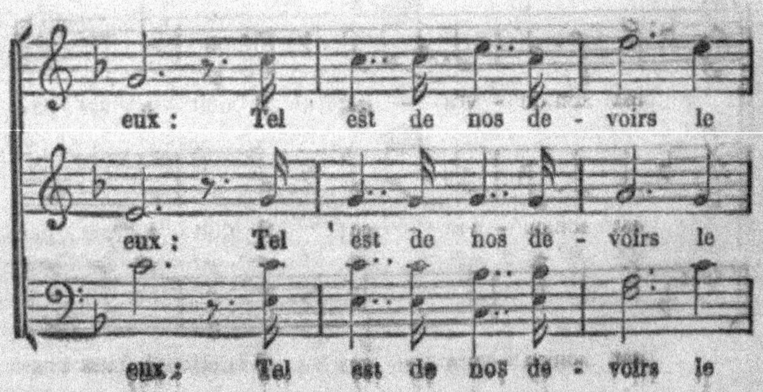
eux : Tel est de nos de - voirs le
eux : Tel est de nos de - voirs le
eux : Tel est de nos de - voirs le

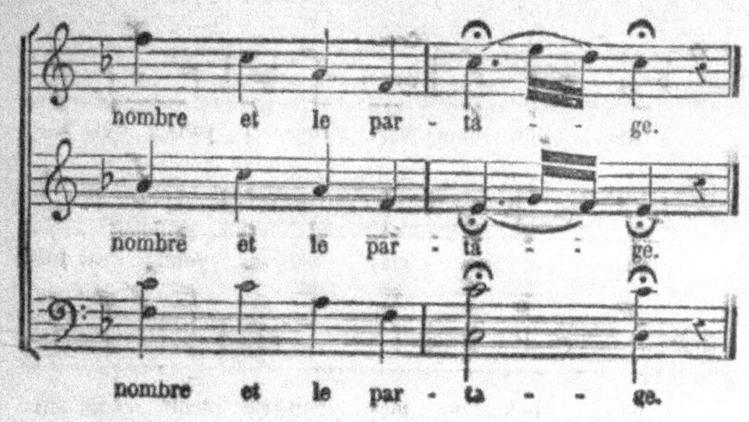

DEVOIRS ENVERS DIEU.

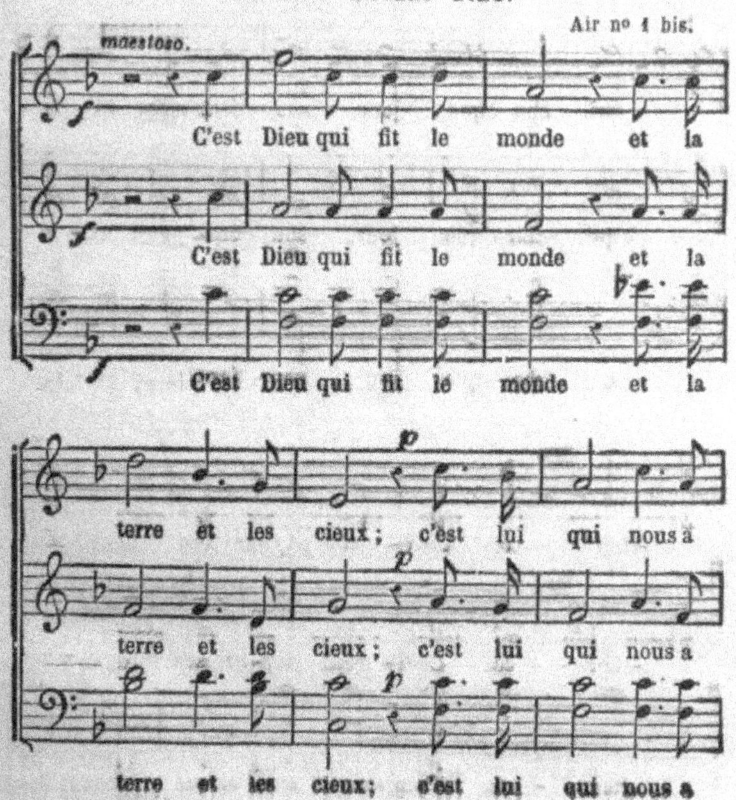

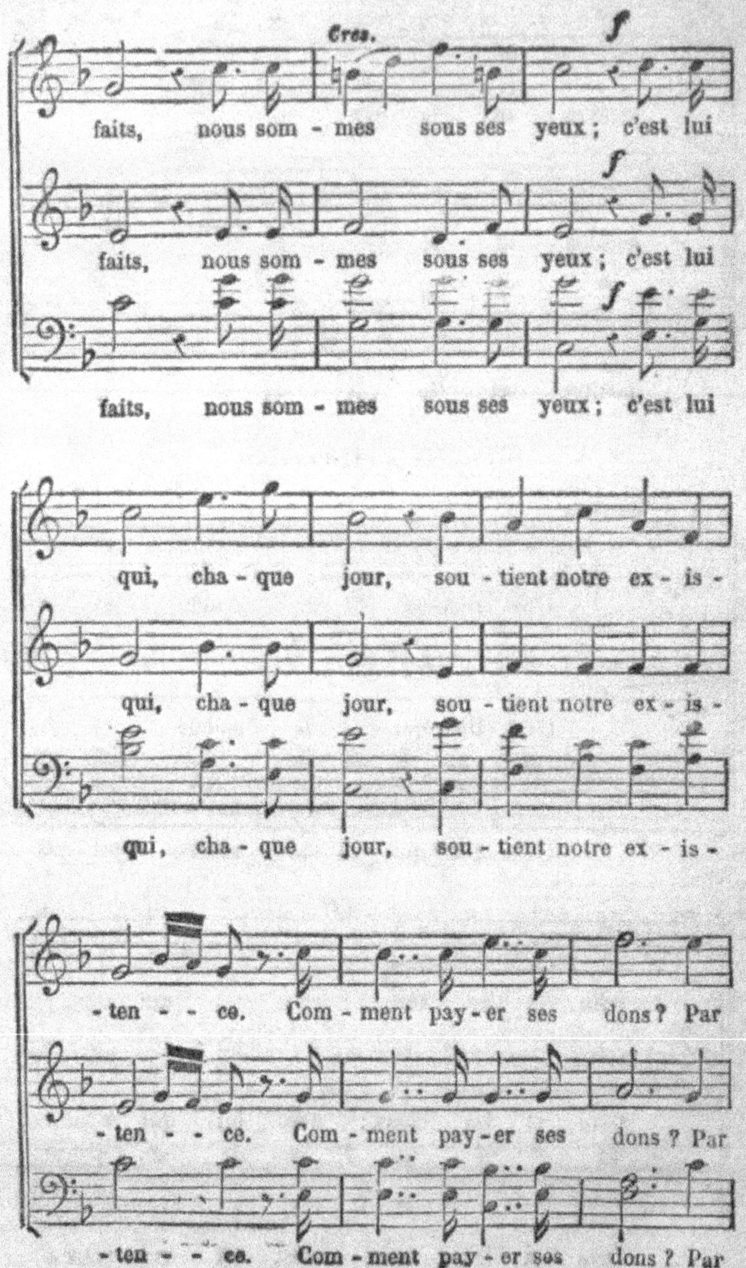
Cres.
faits, nous som - mes sous ses yeux; c'est lui
faits, nous som - mes sous ses yeux; c'est lui
faits, nous som - mes sous ses yeux; c'est lui
qui, cha - que jour, sou - tient notre ex - is -
qui, cha - que jour, sou - tient notre ex - is -
qui, cha - que jour, sou - tient notre ex - is -
-ten - - ce. Com - ment pay - er ses dons? Par
-ten - - ce. Com - ment pay - er ses dons? Par
-ten - - ce. Com - ment pay - er ses dons? Par

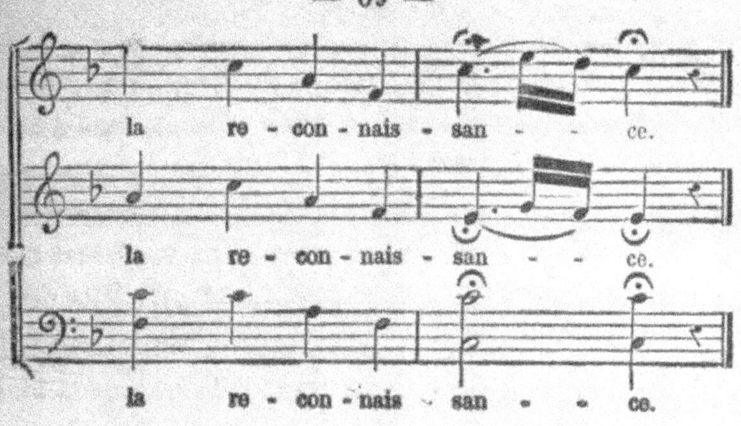
la re - con - nais - san - - ce.
la re - con - nais - san - - ce.
la re - con - nais - san - - ce.

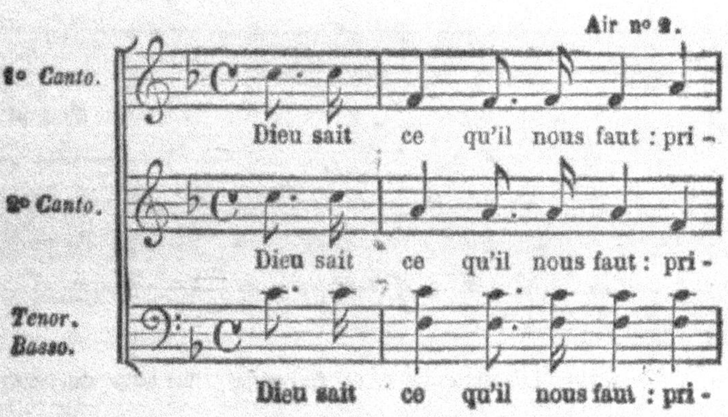
Air n° 2.
1° Canto.
2° Canto.
Tenor.
Basso.
Dieu sait ce qu'il nous faut : pri -
Dieu sait ce qu'il nous faut : pri -
Dieu sait ce qu'il nous faut : pri -

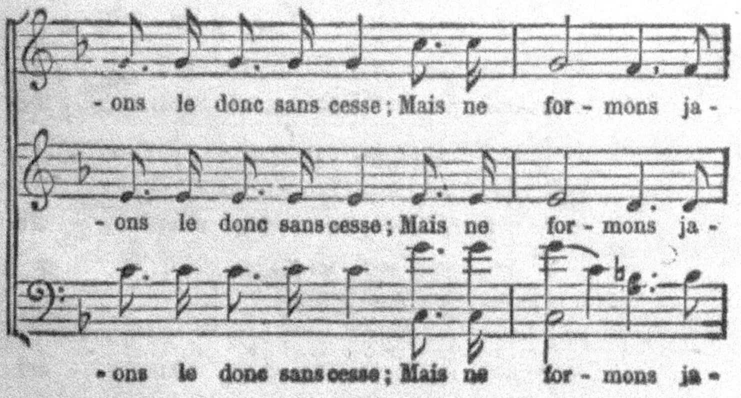
- ons le donc sans cesse ; Mais ne for - mons ja -
- ons le donc sans cesse ; Mais ne for - mons ja -
- ons le donc sans cesse ; Mais ne for - mons ja -

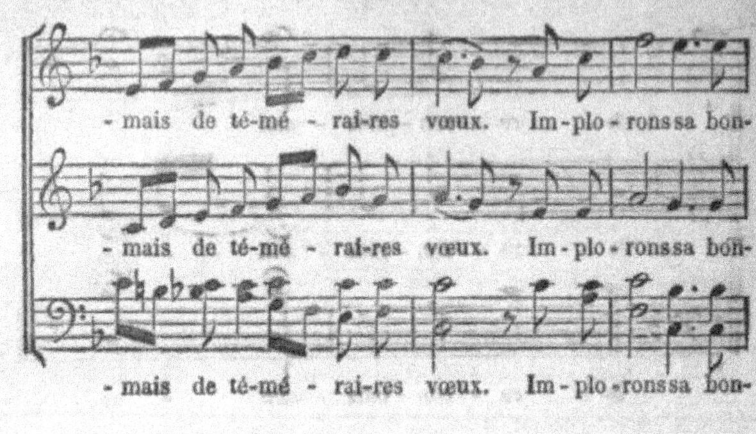
- mais de té-mé - rai-res vœux. Im-plo-rons sa bon-
- mais de té-mé - rai-res vœux. Im-plo-rons sa bon-
- mais de té-mé - rai-res vœux. Im-plo-rons sa bon-

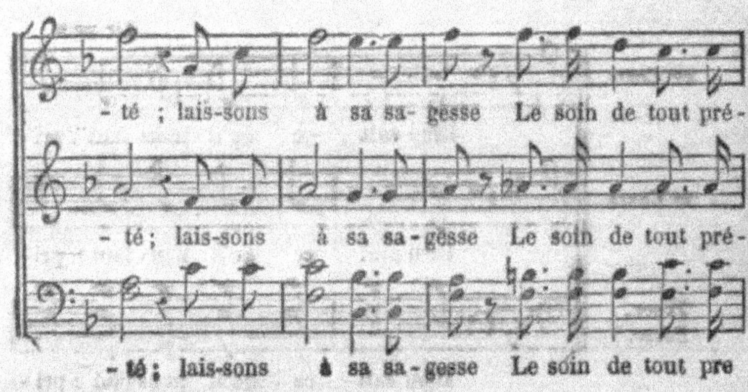
- té ; lais-sons à sa sa-gesse Le soin de tout pré-
- té ; lais-sons à sa sa-gesse Le soin de tout pré-
- té ; lais-sons à sa sa-gesse Le soin de tout pre

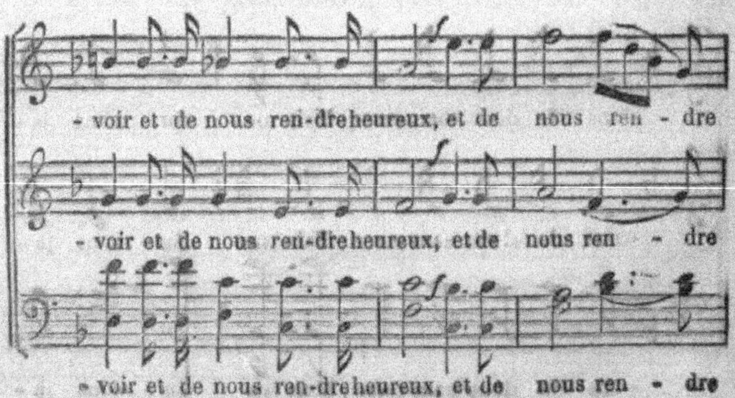
- voir et de nous ren-dre heureux, et de nous ren - dre
- voir et de nous ren-dre heureux, et de nous ren - dre
- voir et de nous ren-dre heureux, et de nous ren - dre

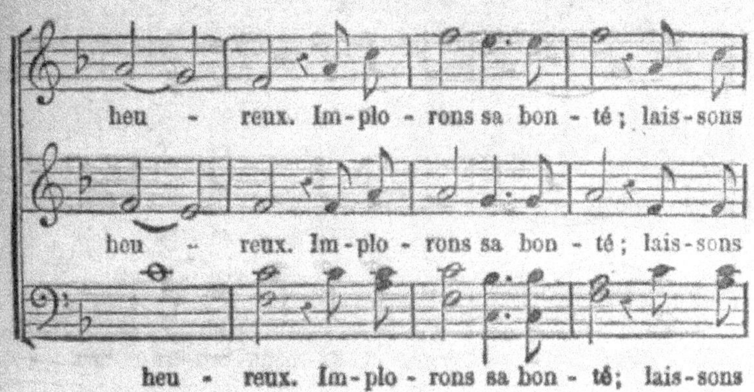
heu - reux. Im-plo - rons sa bon - té ; lais-sons
heu - reux. Im-plo - rons sa bon - té ; lais-sons
heu - reux. Im-plo - rons sa bon - té ; lais-sons

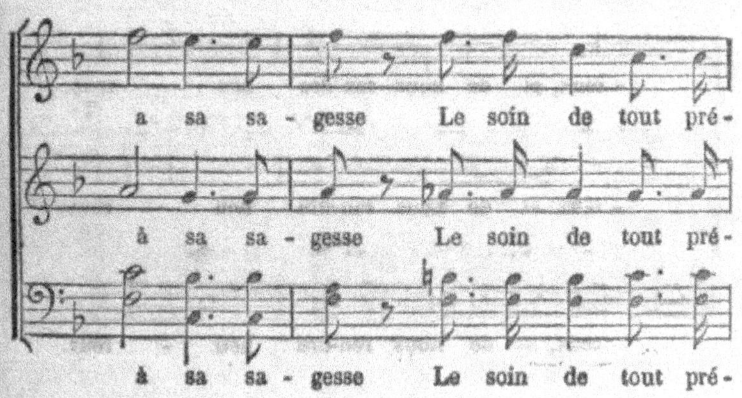
à sa sa - gesse Le soin de tout pré-
à sa sa - gesse Le soin de tout pré-
à sa sa - gesse Le soin de tout pré-

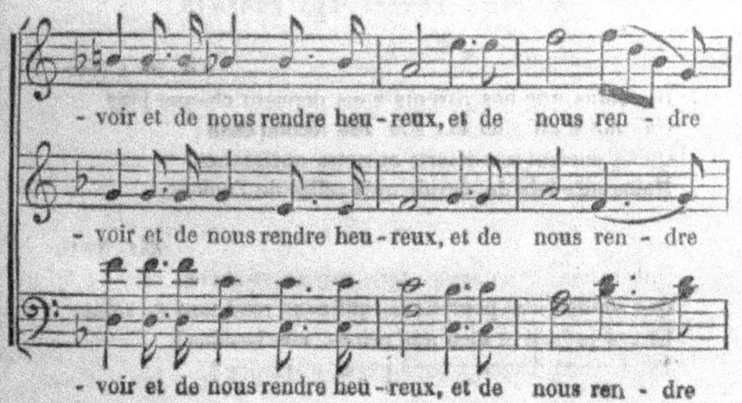
- voir et de nous rendre heu - reux, et de nous ren - dre
- voir et de nous rendre heu - reux, et de nous ren - dre
- voir et de nous rendre heu - reux, et de nous ren - dre

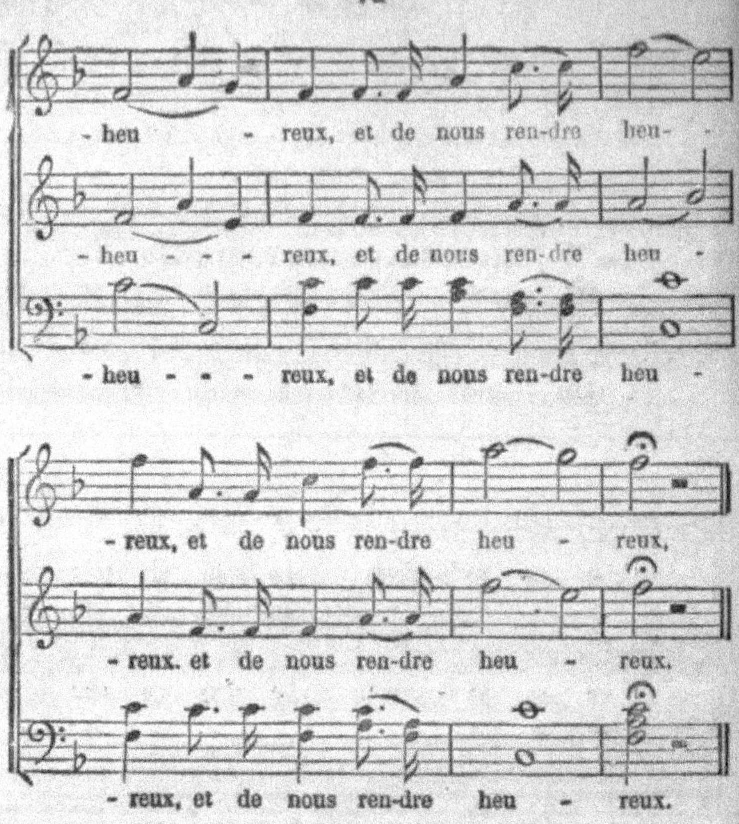

DEVOIRS ENVERS LES PARENTS.

Air Nº 1 (*bis*).

Des soins que nos parents nous donnent chaque jour
Que notre attachement soit une récompense ;
Qu'ils doivent nos efforts et notre obéissance
Moins aux lois du devoir qu'à celles de l'amour.

Air Nº 2.

Que nous devons aimer cette maman si chère,
Qui souffrit tant pour nous, qui nous rend tant de soins,
Et qui prévoit si bien nos peines, nos besoins !
Est-il assez d'amour pour payer une mère ?

Air N° 1 (*bis*).

Combien on doit aimer ses frères et ses sœurs !
Ces compagnons joyeux de notre heureuse enfance,
Unis par les devoirs, unis par la naissance
Où trouver des amis et plus sûrs et meilleurs ?

DEVOIRS ENVERS NOS SEMBLABLES.

Air N° 1.

Si nous vivions tout seuls, faibles comme nous sommes,
Qui pourrait nous sauver des dangers, des besoins ?
C'est la nécessité qui, rassemblant les hommes,
Les force à se donner de réciproques soins.

Air N° 2.

Il faut, autant qu'on peut, obliger tout le monde ;
On a souvent besoin d'un plus petit que soi.
Reçoit-on un bienfait, qu'un bienfait y réponde !
Il se faut entr'aider, c'est la commune loi

Air N° 1.

Le méchant se complaît dans le malheur des autres ;
Et par lui leur bonheur est toujours envié.
Ne lui ressemblons point : si nous n'avons pitié
Des peines du prochain, qui donc plaindra les nôtres ?

Air N° 2.

Médire, c'est d'autrui révéler les défauts .
On doit les excuser, ou, pour le moins, les taire.
Il faut cacher le mal, et, dans tous les propos,
Ne parler que du bien que le prochain peut faire

DEVOIRS ENVERS LES INSTITUTEURS.

Air N° 1 (*bis*).

Aimons et respectons tous ces maîtres si bons,
Qui veulent bien sans cesse instruire notre enfance.
Que de peines, de soins ! Ah ! pour leur récompense,
Mettons bien à profit leurs utiles leçons.

Air N° 2.

Tous ces maîtres, pour prix des leçons qu'ils nous donnent,
Ne demandent de nous que bonne volonté ;
Pour faire des progrès, faisons ce qu'ils ordonnent,
Avec attention, zèle et docilité.

DEVOIRS ENVERS NOUS-MÊMES.

Air N° 1 (bis).

Le travail seul conduit à la prospérité ;
N'allons pas, nous flattant d'une espérance vaine,
Attendre des succès sans travail et sans peine :
On n'obtient jamais rien sans l'avoir mérité.

Air N° 2.

N'aimons point le plaisir avec un fol excès,
Et que l'amour du jeu jamais ne nous emporte :
Que l'ardeur du travail soit chez nous la plus forte.
Le devoir avant tout, et le plaisir après.

Air N° 1.

Il faut dans son travail ordre exact et méthode ;
Mettons-y de la suite, afin de faire bien.
Changer souvent d'objet peut paraître commode,
Mais c'est travailler fort et ne produire rien.

Air N° 2.

Il faut n'avoir jamais rien à se reprocher,
Alors on est en paix avec sa conscience :
Et le mal qu'on nous fait ne saurait nous toucher,
Quand nous aurons pour nous au moins notre innocence.

De Morel-Vindé.

PREMIÈRE PARTIE.

CHANTS MORAUX ET RÉCRÉATIFS.

Nº 1.

AUX MONTAGNES !

Paroles de Delasso.   Mélodie populaire suisse par P. Gross.

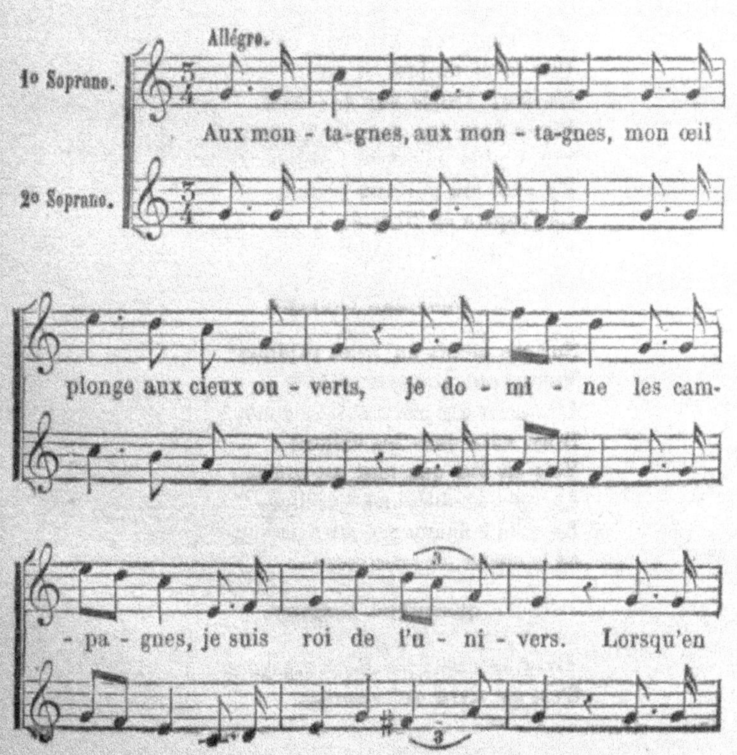

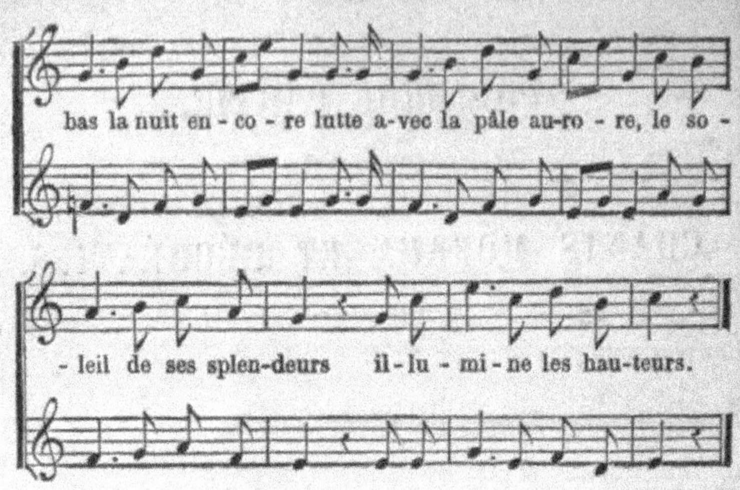

DEUXIÈME COUPLET.

Vois, amis, ces blanches crêtes
Que revet un jour si pur :
Là-haut, l'aigle sur nos têtes
Plane dans les champs d'azur ;
D'une plus puissante haleine
J'y sens ma poitrine pleine,
Là j'aspire en liberté
Et la force et la gaîté.

TROISIÈME COUPLET.

Sur ces monts au front sublime
Viens, ami, courons, volons :
L'homme est géant à leur cime,
Il est nain dans les vallons.
Vois en bas que tout est grêle,
La tour semble une tourelle,
Le grand fleuve est un ruisseau
Et le chêne un arbrisseau.

QUATRIÈME COUPLET.

Vivre au creux de ces campagnes
C'est ne vivre qu'à moitié.

Si la joie est aux montagnes,
La tristesse est à leur pied.
Ah ! laissons au fond des plaines
Et leur brumes et leurs peines ;
Sur les pics audacieux
L'homme est plus voisin des cieux.

N° 2.

CHANT DU SOIR.

Paroles de H. Demolière.   Musique de J. Mainzer.

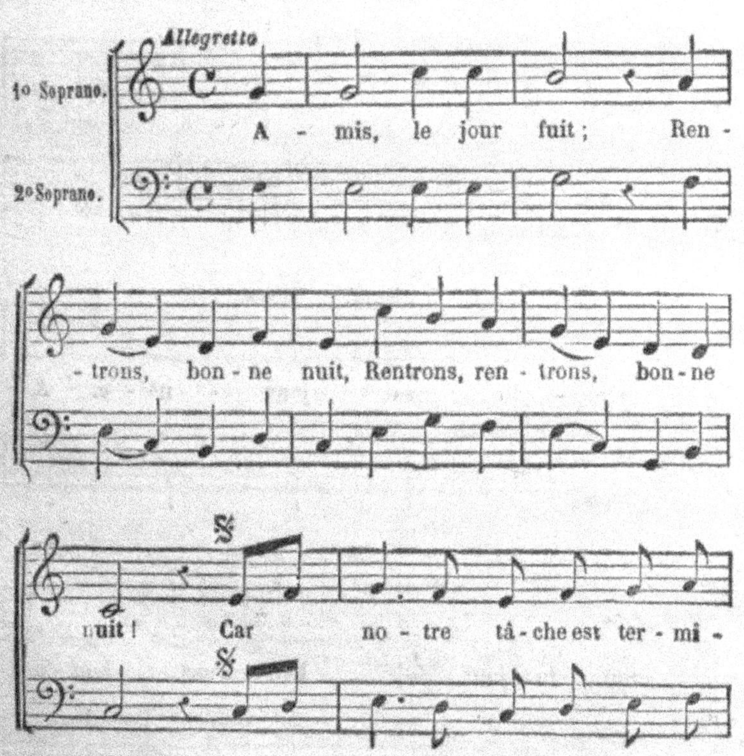

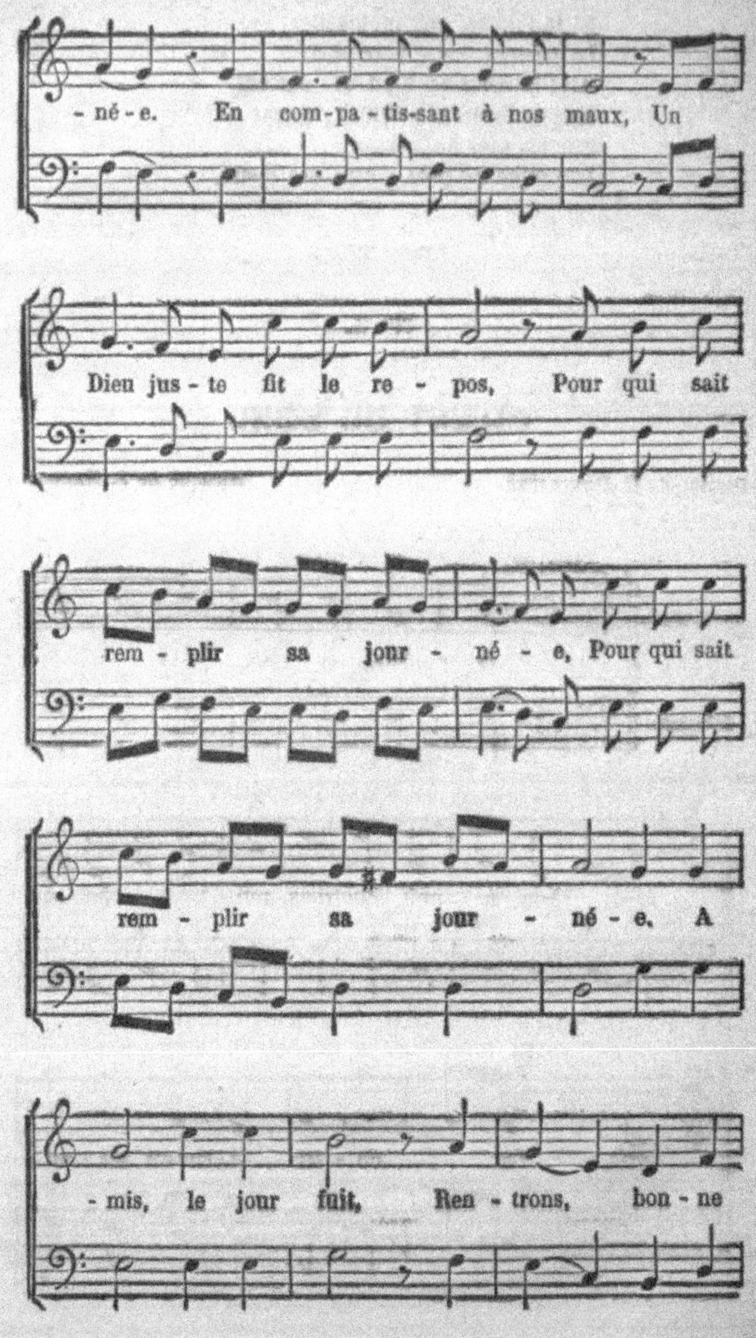
- né - e. En com-pa -tis-sant à nos maux, Un
Dieu jus - te fit le re - pos, Pour qui sait
rem - plir sa jonr - né - e, Pour qui sait
rem - plir sa jour - né - e. A
- mis, le jour fuit, Ren - trons, bon - ne

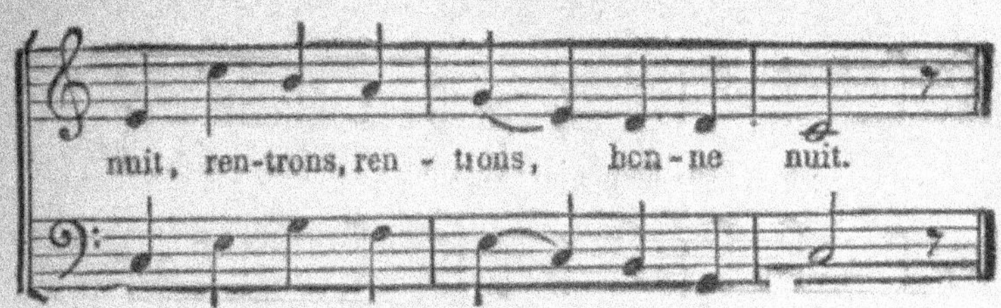

DEUXIÈME COUPLET.

Lune, viens verser ta lumière
Sur la couche du malheureu
Qui, toute la nuit soucieux,
Ne fermera point sa paupière. (*bis*)
Amis, etc.

TROISIÈME COUPLET.

Calme ton esprit et sommeille,
Dans ton avenir reprends foi,
Et sur nous, là-haut, souviens-toi,
Qu'il est un père, un Dieu, qui veille, (*bis*)
Amis, etc.

QUATRIÈME COUPLET

Quand, nous appelant à l'ouvrage,
L'aurore demain renaîtra,
Dans nos cœurs c'est lui qui mettra
Persévérance avec courage. (*bis*)
Amis, le jour fuit,
Rentrons, bonne nuit. (*bis.*)

Nᵒ 3.

CHANT DU FORGERON.

Paroles de H. DEMOLIÈRE.   Musique de J. MAINZER.

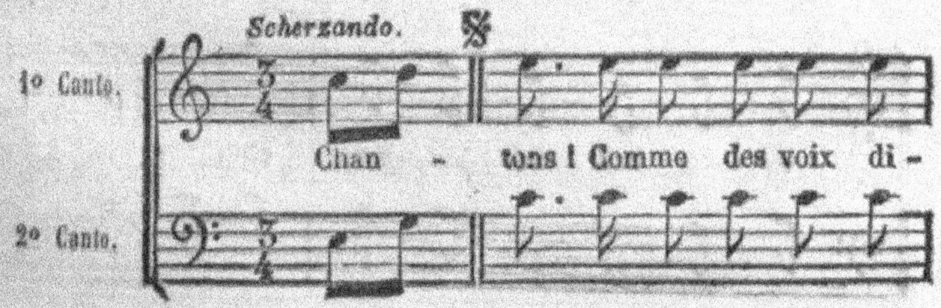

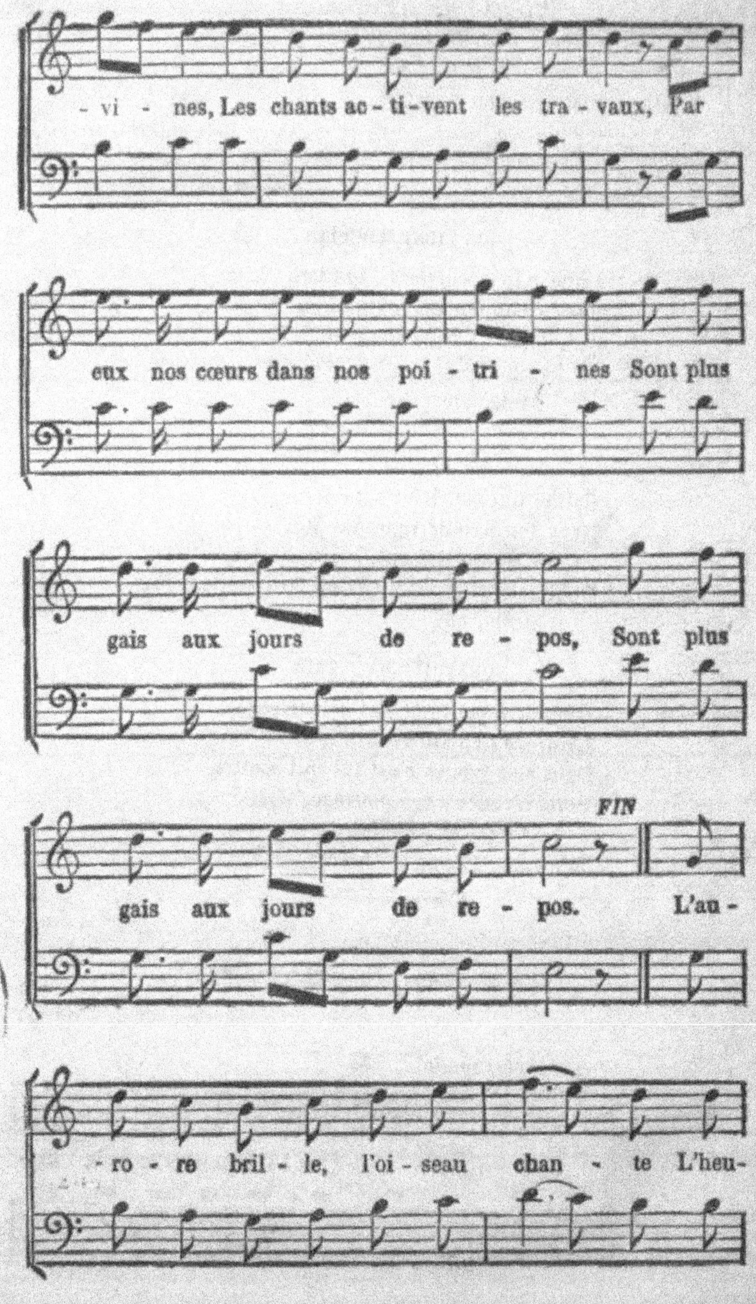
- vi - nes, Les chants ac - ti-vent les tra - vaux, Par
eux nos cœurs dans nos poi - tri - nes Sont plus
gais aux jours de re - pos, Sont plus
gais aux jours de re - pos. L'au-
FIN
- ro - re bril - le, l'oi - seau chan - te L'heu-

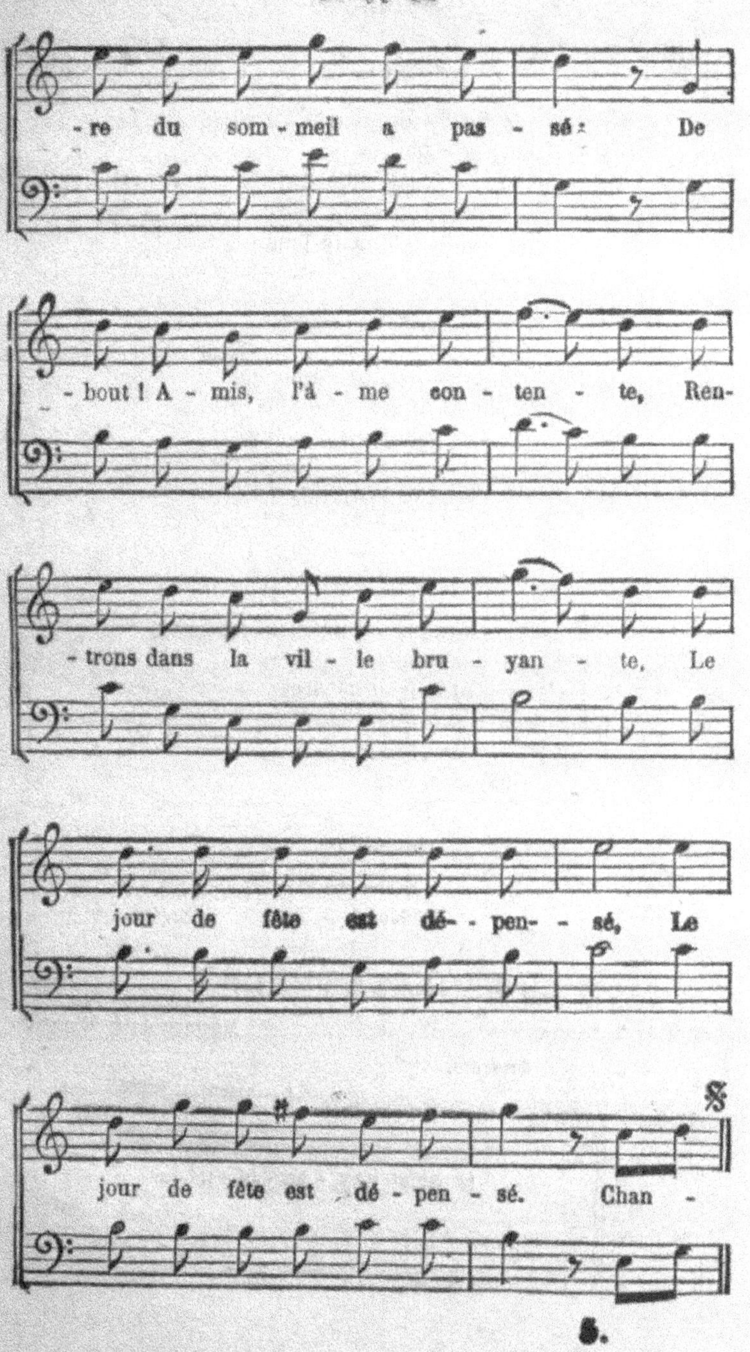
-re du som - meil a pas - sé: De
- bout ! A - mis, l'â - me con - ten - te, Ren-
- trons dans la vil - le bru - yan - te, Le
jour de fête est dé- -pen - -sé, Le
jour de fête est dé - pen - sé. Chan -
6.

DEUXIÈME COUPLET

Qu'au bruit du travail tout s'éveille ;
Frappons et chantons tour à tour ;
Sans nous, encor las de la veille
L'oisif ennuyé qui sommeille
Dormirait tout le long du jour.
    Chantons, etc.

TROISIÈME COUPLET.

L'air siffle, le charbon s'allume,
Le fer rougi sort des brasiers,
Et comme un soleil sur l'enclume,
Dans l'atelier noir qui s'enfume,
Lance des rayons par milliers.
    Chantons, etc.

QUATRIÈME COUPLET.

Frappons, chantons, frappons... ô France,
Soutiens ton peuple d'ouvriers
En guerre tu dois ta défense,
En paix tu dois ton abondance
Au fer qui sort des ateliers.
    Chantons, etc.

N° 4.

LES MOISSONNEURS.

Paroles de J. LANET.   Musique de J. MAINZER.

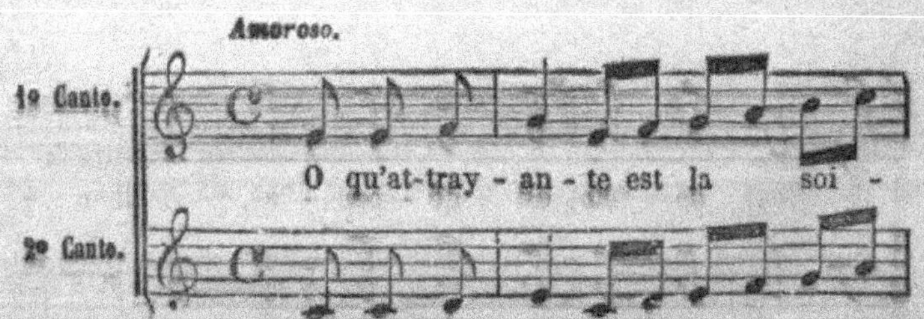

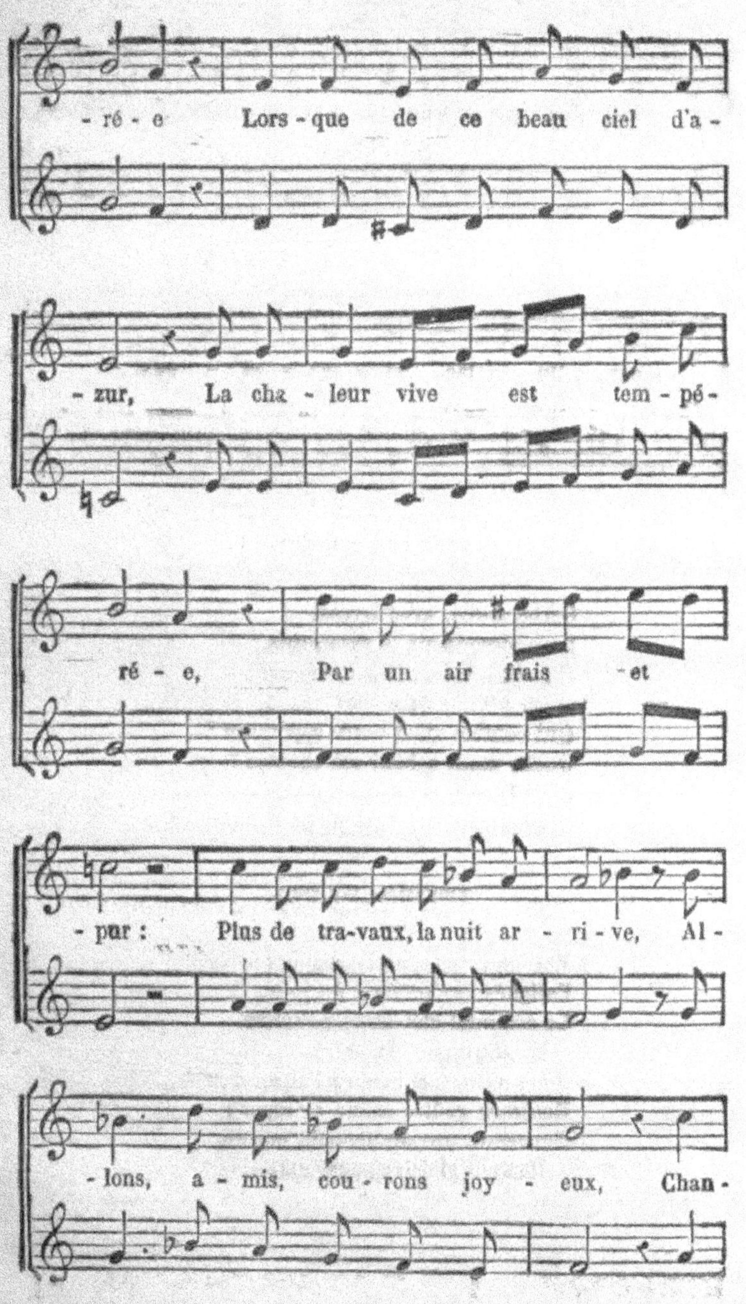
- ré - e Lors - que de ce beau ciel d'a -
- zur, La cha - leur vive est tem - pé -
ré - e, Par un air frais - et
- par : Plus de tra - vaux, la nuit ar - ri - ve, Al -
- lons, a - mis, cou - rons joy - eux, Chan -

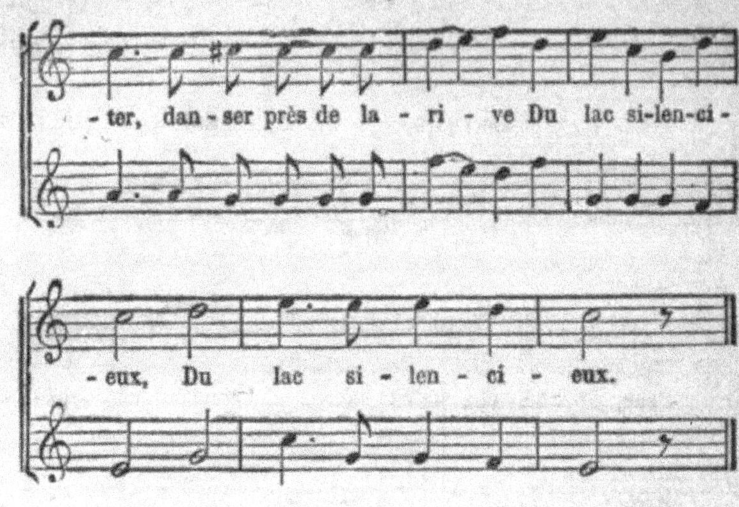

DEUXIÈME COUPLET.

Gerbe dorée, avec ivresse
Le moissonneur te rassembla,
Et, sous le faix de ta richesse,
   Plus d'une fois plia.
Qui comble ainsi notre espérance ?
Quelle main a béni ces champs ?
C'est Dieu qui fit cette abondance,
   Que pour Dieu soient nos chants.

TROISIÈME COUPLET

Mais notre vie, amis, s'altère ;
Fatigués des travaux du jour,
Le sommeil clôt notre paupière
   Et notre pas est lourd.
Sous notre toit jusqu'à l'aurore,
Rentrons goûter calme et repos ;
Nouveaux travaux demain encore,
   Demain plaisirs nouveaux.

N° 5.

LE DÉPART.

Paroles de A. Demolière   Musique de J. Mainzer.

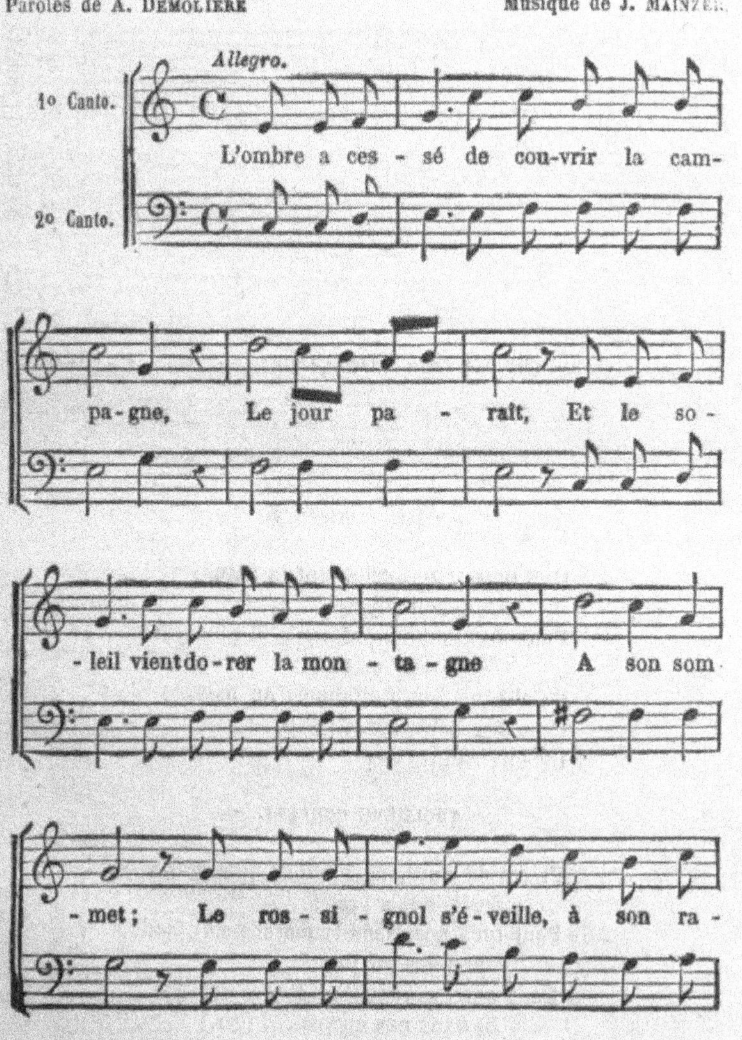

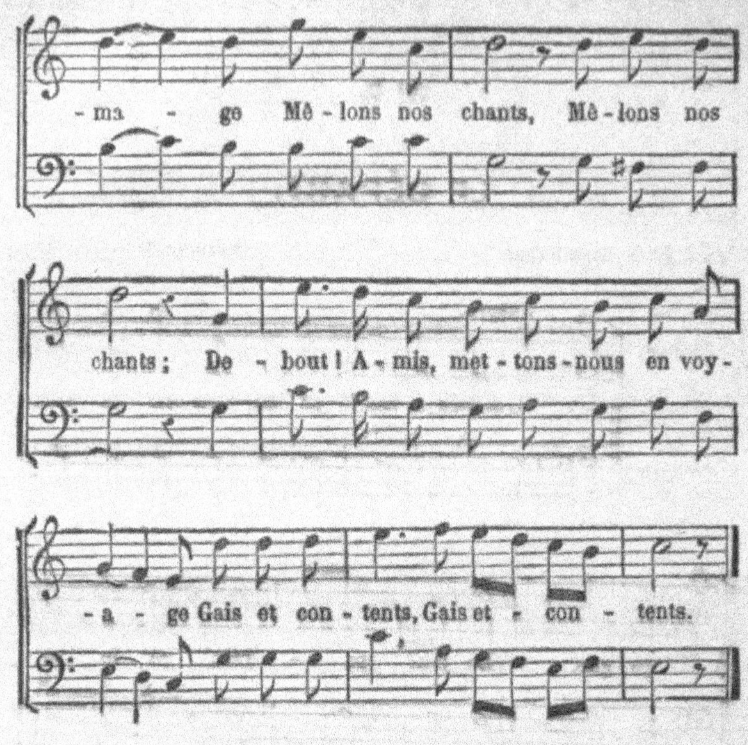

DEUXIÈME COUPLET.

Que notre voix, célébrant la nature
    En chœur joyeux,
Pour arriver plus puissante et plus pure
    S'élève aux cieux !
De chaque bourg étonnons au passage
    Les habitants..... (*bis.*)
Debout ! amis, etc.

TROISIÈME COUPLET.

Frères de cœur, ne formons qu'une file,
    Serrons nos bras ;
Pour qu'à nos pieds la marche soit facile,
    Marchons au pas ;
Dans nos regards qu'on lise le courage,
    Et dans nos chants..... (*bis.*)

Nº 6.

LE BON ÉCOLIER.

Paroles de X.....   Musique de Ad. ADAM.

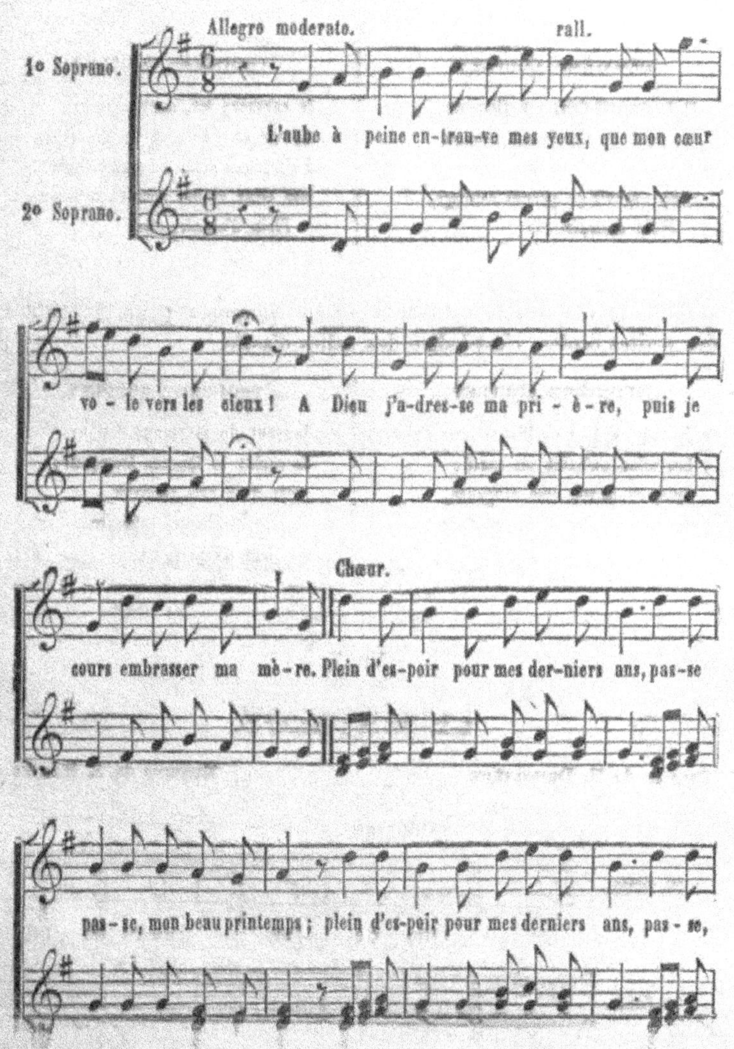

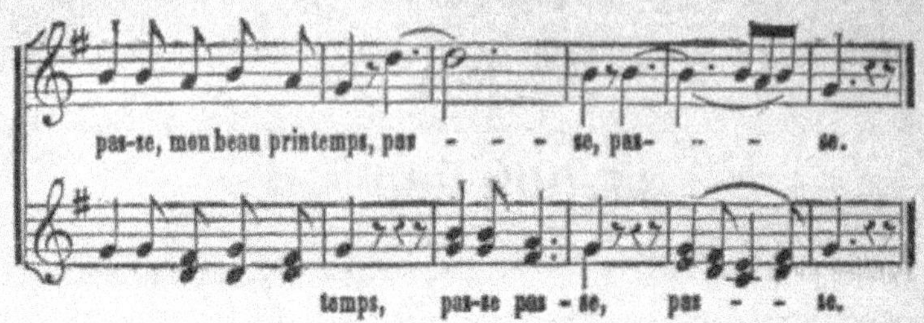

DEUXIÈME COUPLET.	**TROISIÈME COUPLET.**
Si le travail dans ses rigueurs,	Je consacre ici, pour toujours,
Refuse à mes vœux ses faveurs,	Ma vie aux auteurs de mes jours ;
En enfant patient et sage,	J'offre aux amis de mon enfance
Pour l'avenir je prends courage.	Mon cœur et ma reconnaissance.
Plein d'espoir, etc.	Plein d'espoir, etc.

NOTA. — Les couplets suivants ont été composés pour les enfants des petites écoles, c'est-à-dire des salles d'asile.

DEUXIÈME COUPLET.	**TROISIÈME COUPLET.**
Je souffre avec docilité	Souvent du mensonge flatteur
Les soins qu'exige ma santé ;	Je crains le langage trompeur ;
Puis, en classe, avec diligence,	Alors d'un avis salutaire
Je vais prendre place en silence.	Je cherche l'appui tutélaire.
Plein d'espoir, etc.	Plein d'espoir, etc.

N° 7.

LE MATELOT.

Paroles de H. DEMOLIÈRE.   Musique de J. MAINZER.

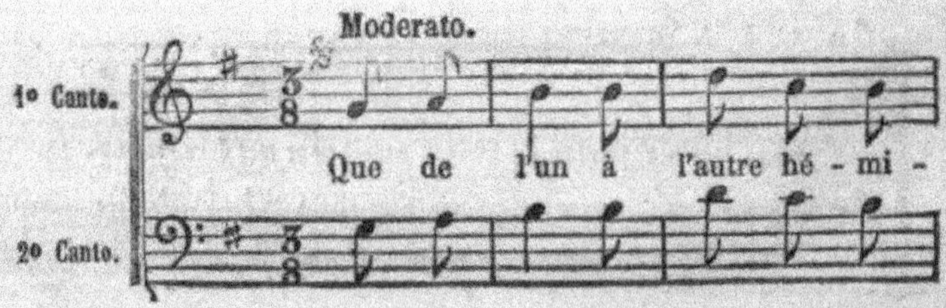

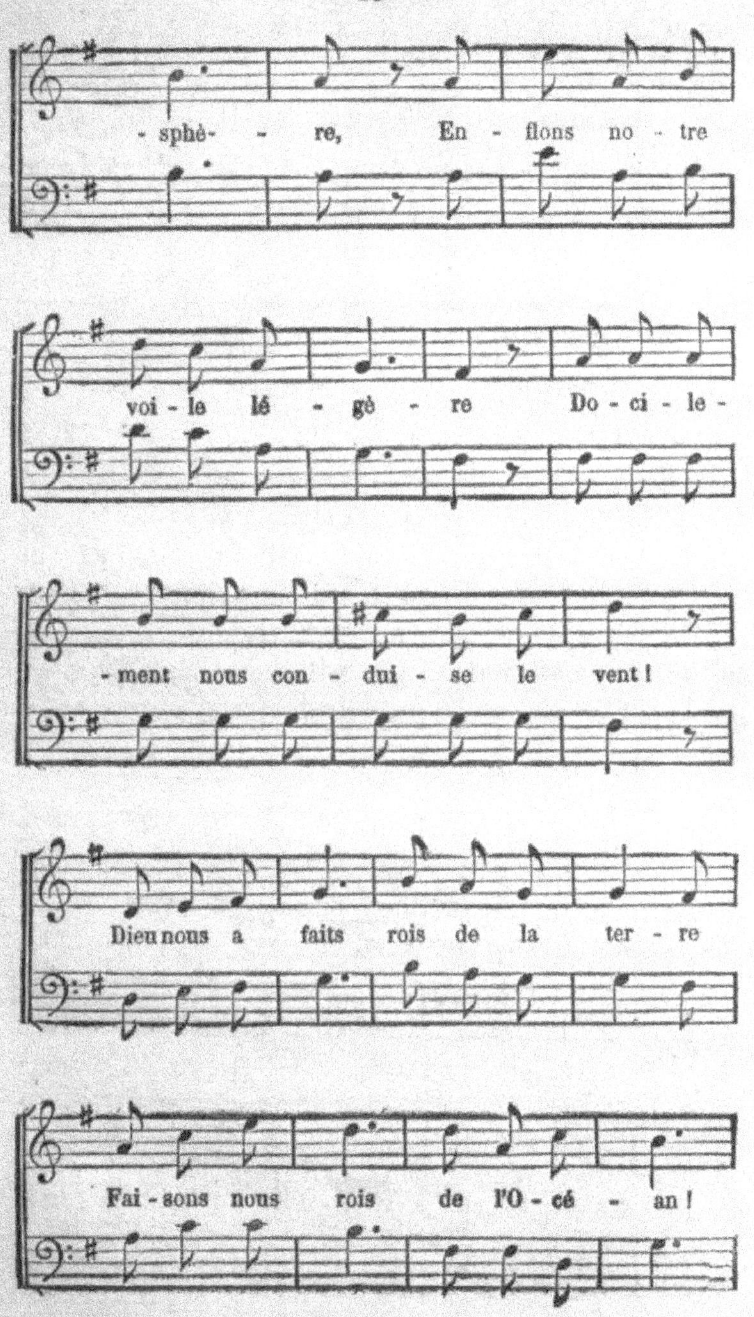

- sphè - - re, En - flons no - tre
voi - le lé - gè - re Do - ci - le -
- ment nous con - dui - se le vent!
Dieu nous a faits rois de la ter - re
Fai - sons nous rois de l'O - cé - an !

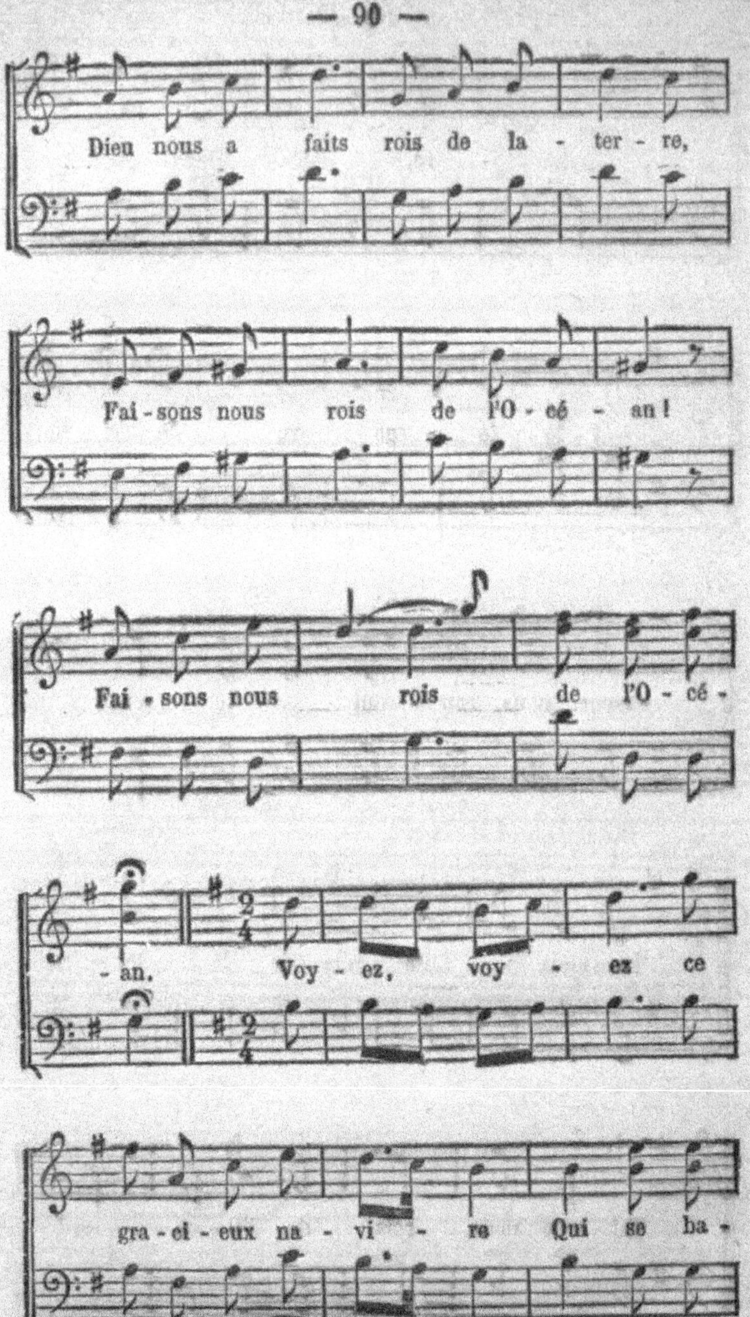
Dieu nous a faits rois de la - ter - re,
Fai - sons nous rois de l'O - cé - an !
Fai - sons nous rois de l'O - cé -
- an. Voy - ez, voy - ez ce
gra - ci - eux na - vi - re Qui se ba -

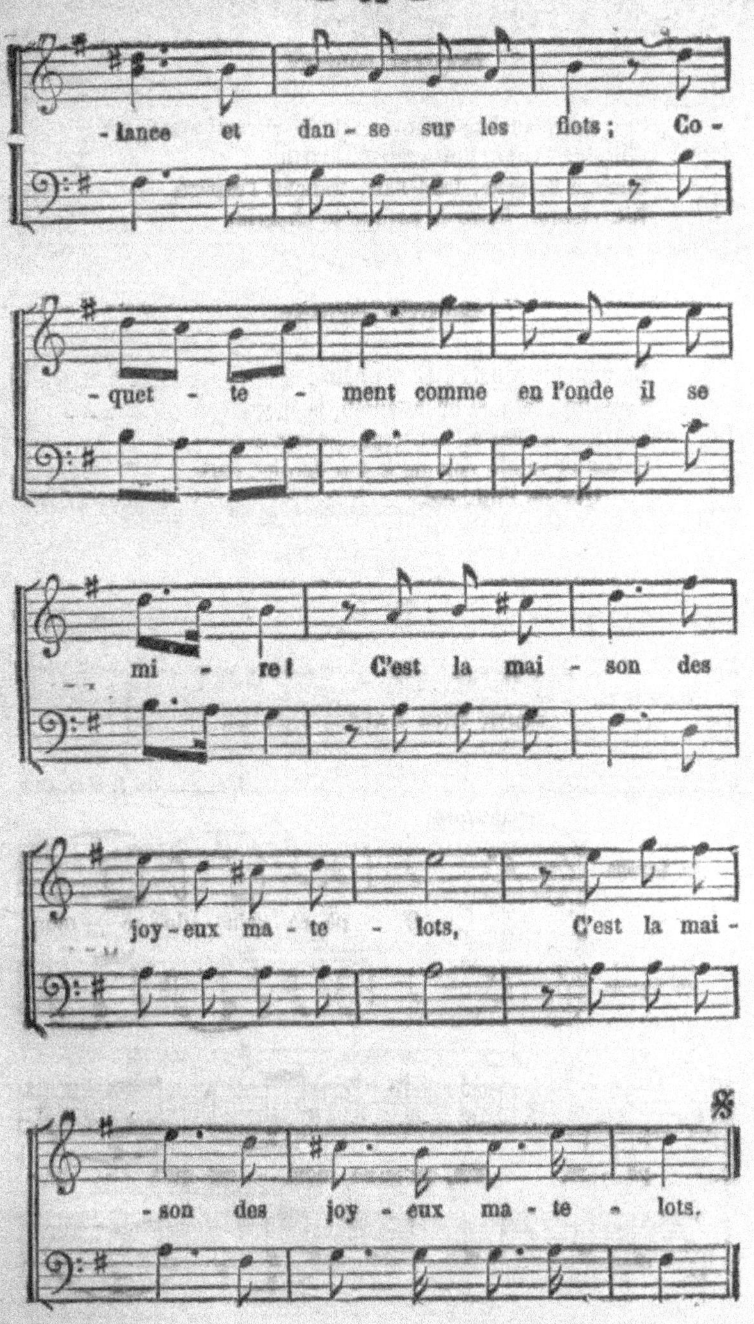
-lance et dan - se sur les flots ; Co -
-quet - te - ment comme en l'onde il se
mi - re ! C'est la mai - son des
joy - eux ma - te - lots, C'est la mai -
-son des joy - eux ma - te - lots,

DEUXIÈME COUPLET.

Sur son plancher qu'un cercle étroit embrasse,
Le teint bruni, l'insoucieux marin,
Comme l'oiseau, fend l'air, franchit l'espace,
Rit, chante, fume et nargue le chagrin.
    Que de l'un, etc.

TROISIÈME COUPLET.

Le matelot sourit à la tempête :
Sous lui, l'abîme où le guette la mort,
Sur lui, le ciel où son regard s'arrête
Calme et serein comme à son dernier port.
    Que de l'un, etc.

N° 8.

HYMNE DE L'ENFANT.

POUR UNE SALLE D'ASILE.

Paroles de A. LAMARTINE.   Musique de J. MAINZER.

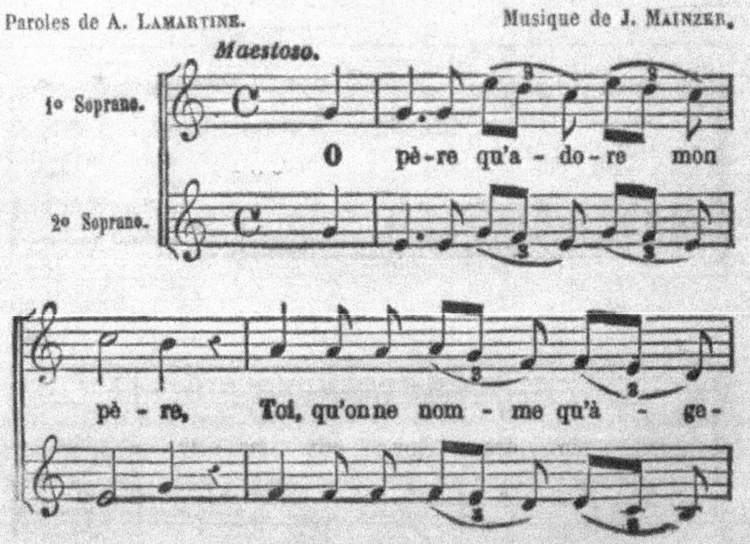

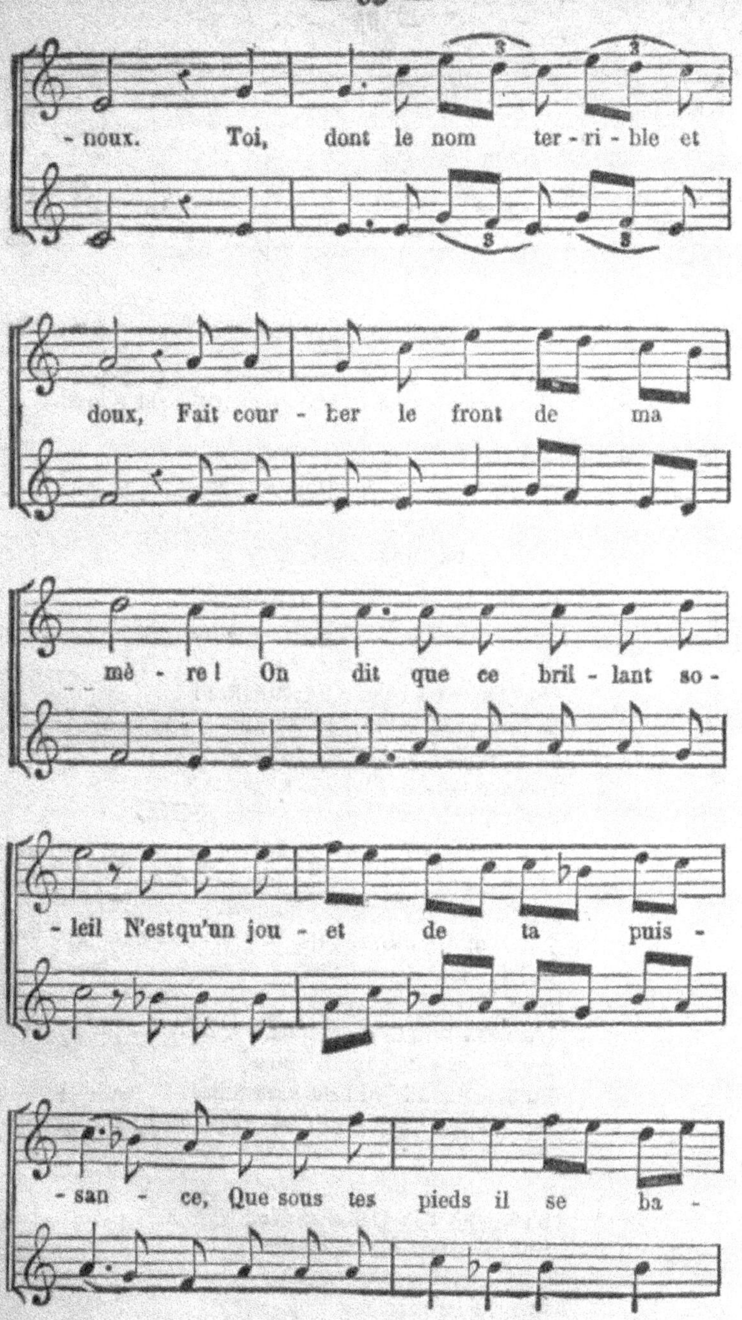
- noux. Toi, dont le nom ter - ri - ble et
doux, Fait cour - ber le front de ma
mè - re! On dit que ce bril - lant so -
- leil N'estqu'un jou - et de ta puis -
- san - ce, Que sous tes pieds il se ba -

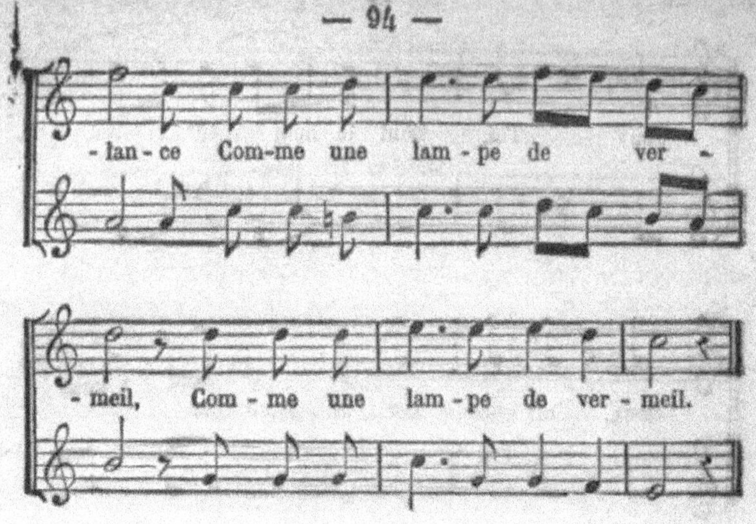

DEUXIÈME COUPLET.

On dit que c'est toi qui fais naître
Les petits oiseaux dans les champs,
Qui donnes aux petits enfants
Une âme aussi pour te connaître !
On dit que c'est toi qui produis
Les fleurs dont le jardin se pare
Et que, sans toi, toujours avare,
Le verger n'aurait point de fruits. (*bis.*)

TROISIÈME COUPLET.

Aux dons que ta bonté mesure
Tout l'univers est convié ;
Nul insecte n'est oublié
A ce festin de la nature.
L'agneau broute le serpolet,
La chèvre s'attache au cytise,
La mouche au bord du vase puise
Les blanches gouttes de son lait. (*bis.*)

QUATRIÈME COUPLET.

L'alouette à la graine amère
Que laisse envoler le glaneur,
Le passereau suit le vanneur,
Et l'enfant s'attache à sa mère

Et pour obtenir chaque don
Que chaque jour tu fais éclore,
A midi, le soir, à l'aurore
Que faut-il ? Prononcer ton nom !

Nº 9.

PRIÈRE DE L'ENFANT.

POUR UNE SALLE D'ASILE.

Paroles de A. LAMARTINE.   Musique de J. MAINZER.

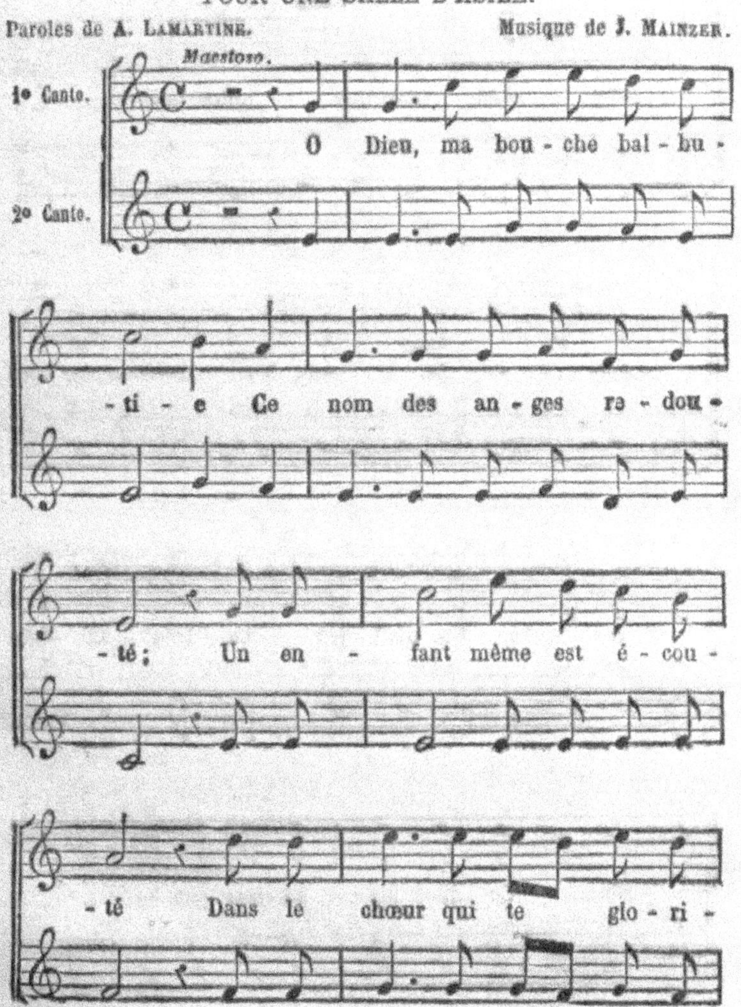

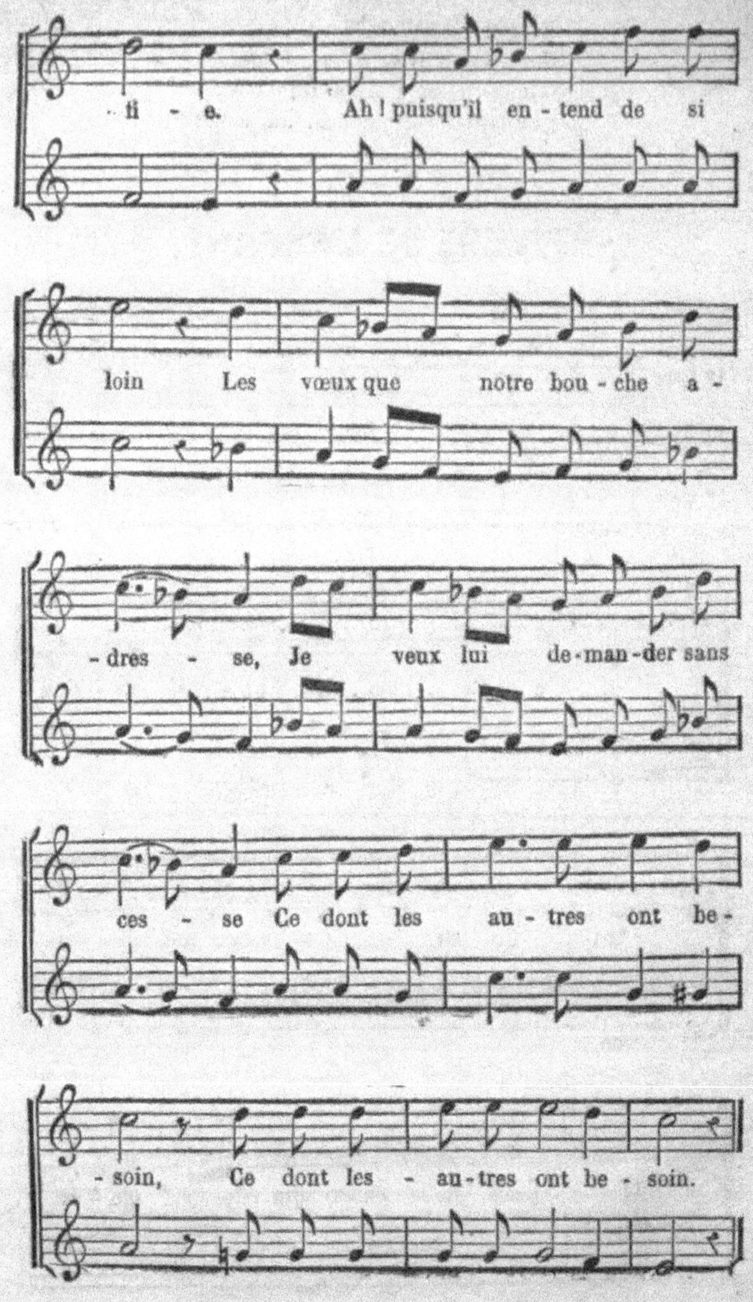

ti - e. Ah ! puisqu'il en - tend de si
loin Les vœux que notre bou - che a -
- dres - se, Je veux lui de - man - der sans
ces - se Ce dont les au - tres ont be -
- soin, Ce dont les - au - tres ont be - soin.

DEUXIÈME COUPLET.

Mon Dieu ! Donne l'onde aux fontaines,
Donne la plume aux passereaux,
Et la laine aux petits agneaux,
Et l'ombre et la rosée aux plaines.
Donne au malade la santé,
Au mendiant le pain qu'il pleure,
A l'orphelin une demeure,
Au prisonnier la liberté. (*bis.*)

TROISIÈME COUPLET.

Mets dans mon âme la justice,
Sur mes lèvres la vérité ;
Qu'avec crainte et docilité,
Ta parole en mon cœur mûrisse !
Et que ma voix s'élève à toi
Comme cette douce fumée
Que balance l'urne embaumée
Dans la main d'enfants comme moi !
Dans la main d'enfants comme moi !

N° 10.

LE BERGER.

POUR UNE SALLE D'ASILE.

Paroles de E. LANET. Musique de J. MAINZER.

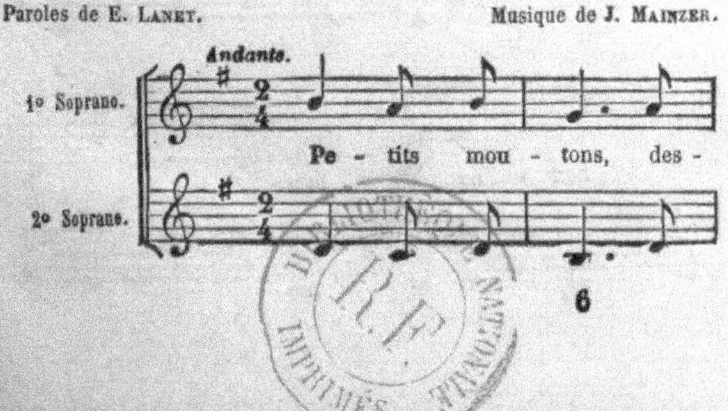

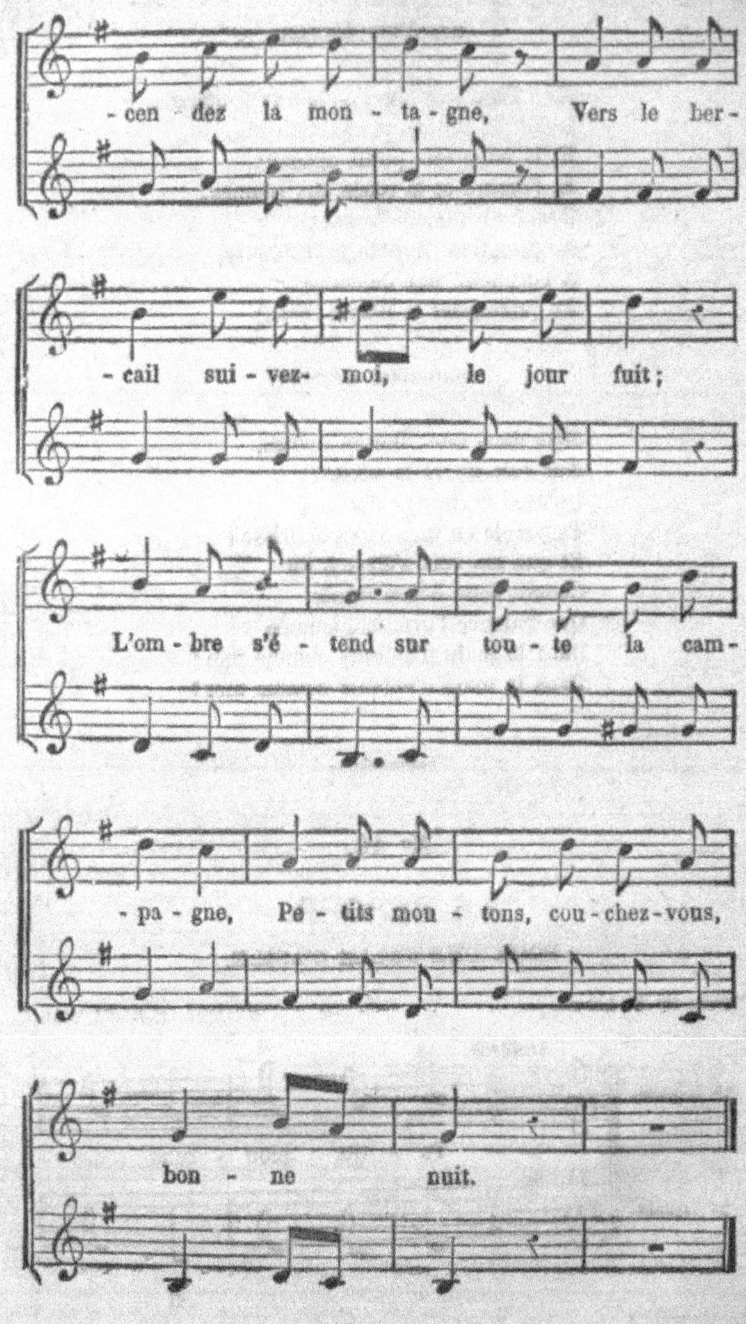
-cen - dez la mon - ta - gne, Vers le ber-
-cail sui - vez - moi, le jour fuit;
L'om - bre s'é - tend sur tou - te la cam-
- pa - gne, Pe - tits mou - tons, cou - chez - vous,
bon - ne nuit.

DEUXIÈME COUPLET.

Le jeune pâtre ainsi, dans la vallée,
Quand vient le soir, ramène son troupeau,
Siffle son chien, et puis, sous la feuillée,
Se couche et dort au bord d'un frais ruisseau.

TROISIÈME COUPLET.

Il a pour lit la mousse et la verdure,
Pour toit la voûte où brillent mille feux,
Et comme Abel, âme naïve et pure,
En songe il voit les anges et les cieux.

Nº 11.

RIVAUX ET AMIS.

POUR UNE DISTRIBUTION DE PRIX.

Paroles de X.....   Musique de NICOU-CHARON.

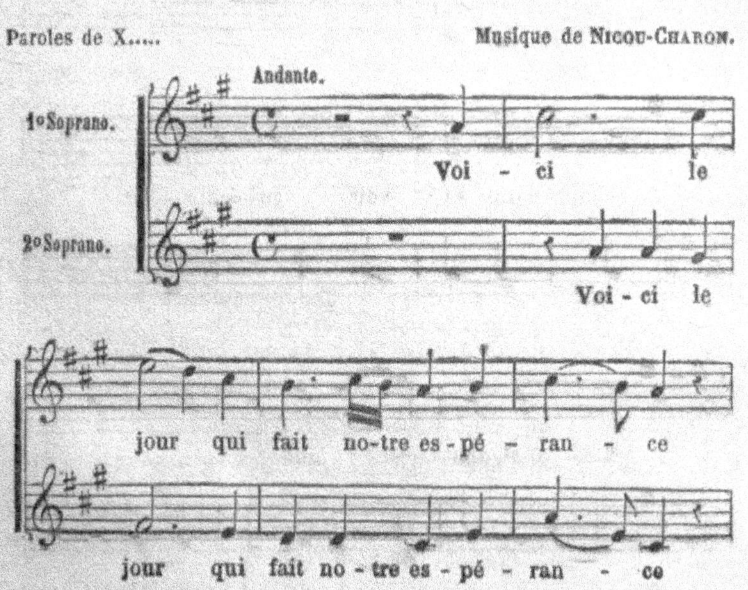

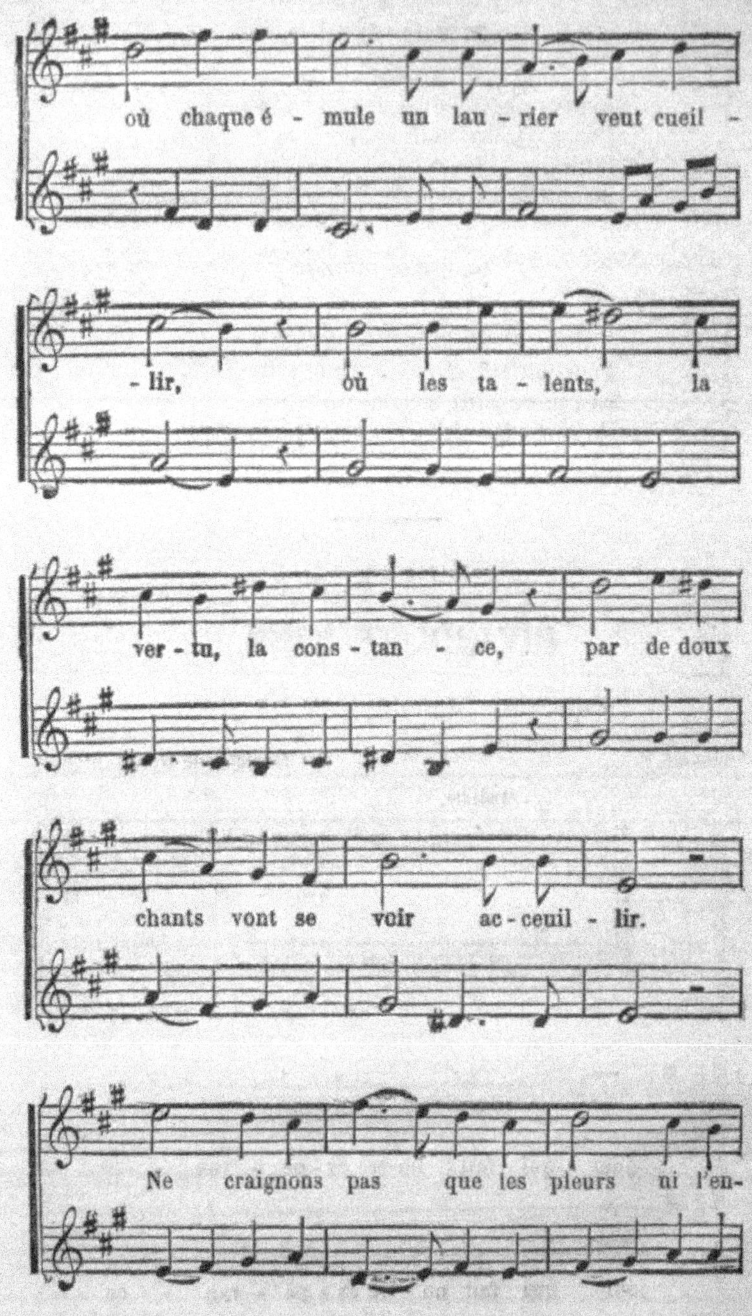
où chaque é - mule un lau – rier veut cueil –
- lir, où les ta – lents, la
ver - tu, la cons - tan - ce, par de doux
chants vont se voir ac - ceuil - lir.
Ne craignons pas que les pleurs ni l'en-

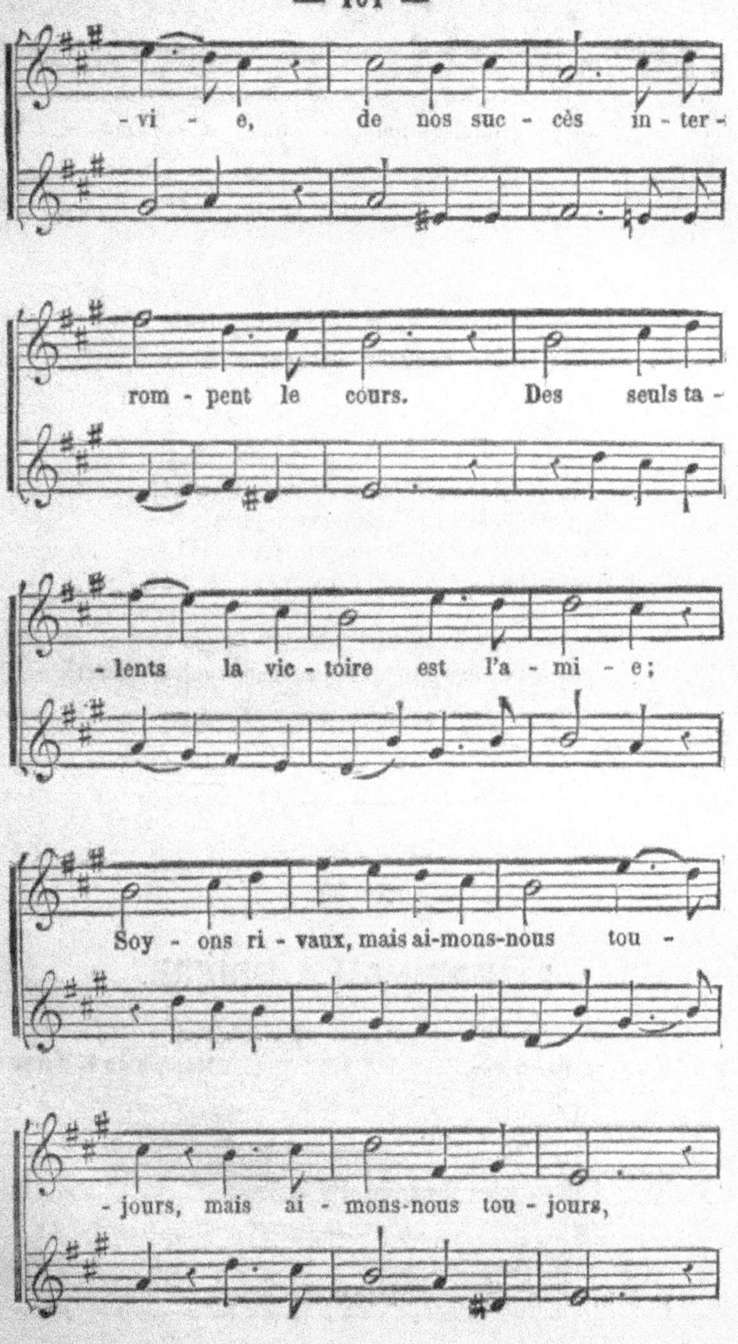

-vi - e, de nos suc - cès in - ter -
rom - pent le cours. Des seuls ta -
- lents la vic - toire est l'a - mi - e;
Soy - ons ri - vaux, mais ai - mons - nous tou -
- jours, mais ai - mons - nous tou - jours,

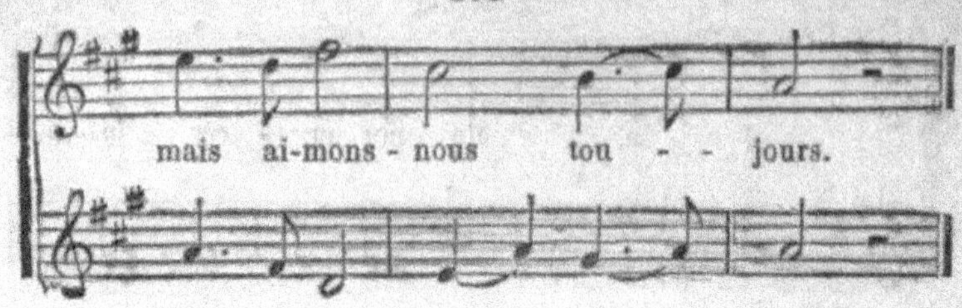

DEUXIÈME COUPLET.

Bien loin de nous le temps où cette fête
Couvrait de deuil les revers des vaincus ;
Où des parents la tendresse inquiète
Changeait en fiel des regrets superflus !
Mais nous qu'ici, sans faveurs ni mystères,
Sommes soûmis au pouvoir des concours,
Du fond du cœur, nous chantons à nos frères,
Soyons rivaux, mais aimons-nous toujours. (ter.)

N° 12.

L'APPEL A LA PRIÈRE.

Paroles de H. Demolière.　　　　　　　　　Musique de J. Mainzer.

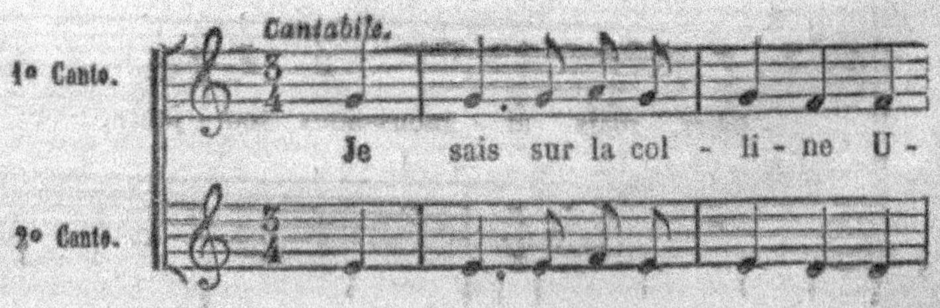

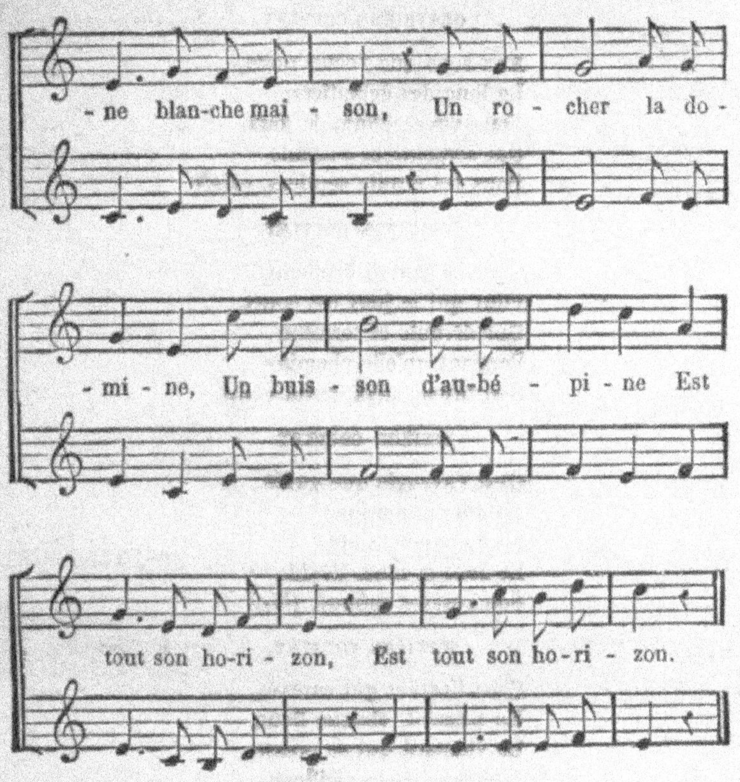

DEUXIÈME COUPLET.

Le clocher du village
Surmonte ce séjour,
Sa voix, comme un hommage,
Monte au premier nuage
Qui colore le jour. (*bis.*)

TROISIÈME COUPLET.

Signal de la prière,
Elle part du saint lieu
Appelant la première
L'enfant de la chaumière
A la maison de Dieu. (*bis.*)

QUATRIÈME COUPLET.

Aux sons que l'écho roule,
Le long des églantiers,
Vous voyez l'humble foule
Qui serpente et s'écoule
Dans les étroits sentiers. (*bis.*)

CINQUIÈME COUPLET.

C'est la pauvre orpheline,
Pour qui le jour est court,
Qui déroule et termine
Pendant qu'elle chemine
Son fuseau déjà lourd. (*bis.*)

SIXIÈME COUPLET.

C'est l'aveugle que guide
Le mur accoutumé,
Le mendiant timide
Et dont la main dévide
Son rosaire enfumé. (*bis.*)

SEPTIÈME COUPLET.

C'est l'enfant qui caresse,
En passant, chaque fleur,
Le vieillard qui se presse
L'enfance et la vieillesse
Sont amis du Seigneur. (*bis.*)

Nº 13.

ODE TIRÉE DU PSAUME 129.

Paroles de VICTOR HUGO.　　　　　　　　　　Musique de J. MAINZER.

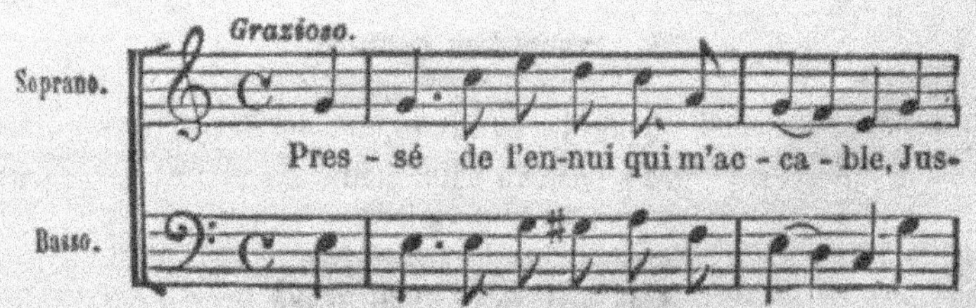

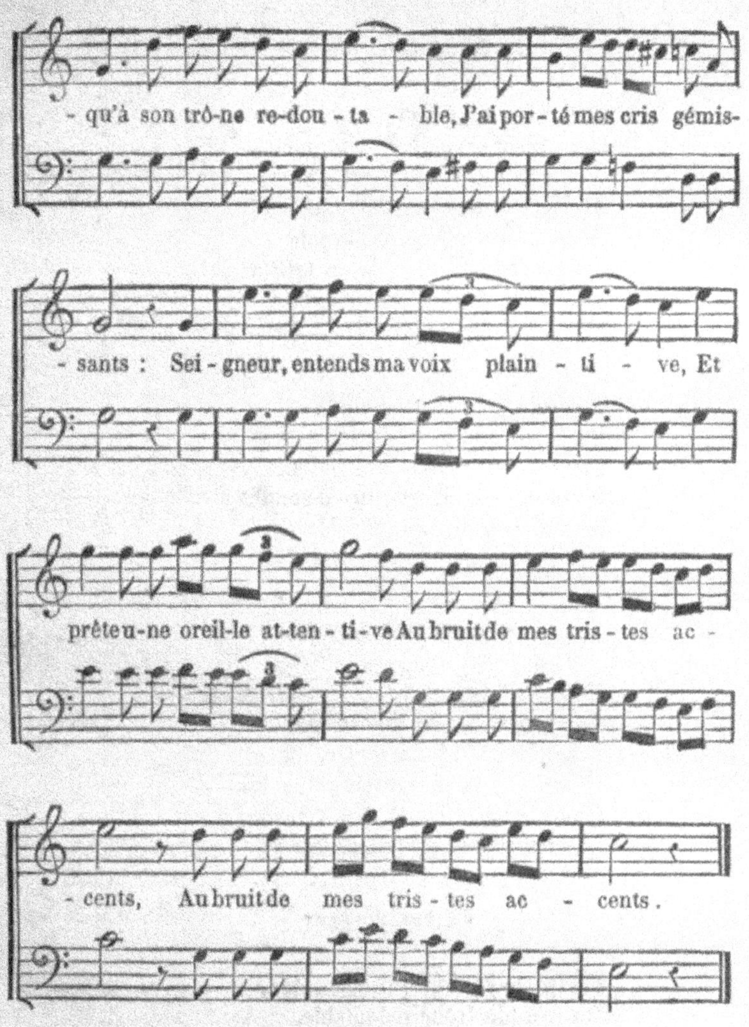

DEUXIÈME COUPLET.

Si, dans le jour de tes vengeances,
Tu considères mes offenses,
Grand Dieu ! quel sera mon appui ?
C'est à toi seul que je m'adresse,
Et c'est en ta sainte promesse
Que mon cœur espère aujourd'hui. (*bis.*)

TROISIÈME COUPLET.

Oui, je m'assure en ta clémence ;
Si, toujours plein de ta puissance,
Mon zèle a soutenu ta loi,
Dieu juste, sois-moi favorable
Et jette un regard secourable
Sur ce cœur qui se fie en toi. (*bis.*)

QUATRIÈME COUPLET.

Dès que paraîtra la lumière
Jusqu'au temps où de sa carrière
La nuit recommence le cours,
Plein de l'espoir que tu demandes
Je t'adresserai mes offrandes
Et j'implorerai ton secours. (*bis.*)

CINQUIÈME COUPLET.

Heureux ! puisque de nos souffrances
Par l'objet de nos espérances,
Nous devons être rachetés,
Et qu'il nous permet de prétendre
Qu'un jour sa bonté doit s'étendre
Sur toutes nos iniquités. (*bis.*)

SIXIÈME COUPLET.

Pressé de l'ennui qui m'accable,
Jusqu'à ton trône redoutable,
J'ai porté mes cris gémissants :
Seigneur, entends ma voix plaintive,
Et prête une oreille attentive
Au bruit de mes tristes accents. (*bis.*)

Nº 14.

LE NID DE FAUVETTE.

POUR UNE SALLE D'ASILE.

Paroles de BERQUIN.   Musique Allemande.

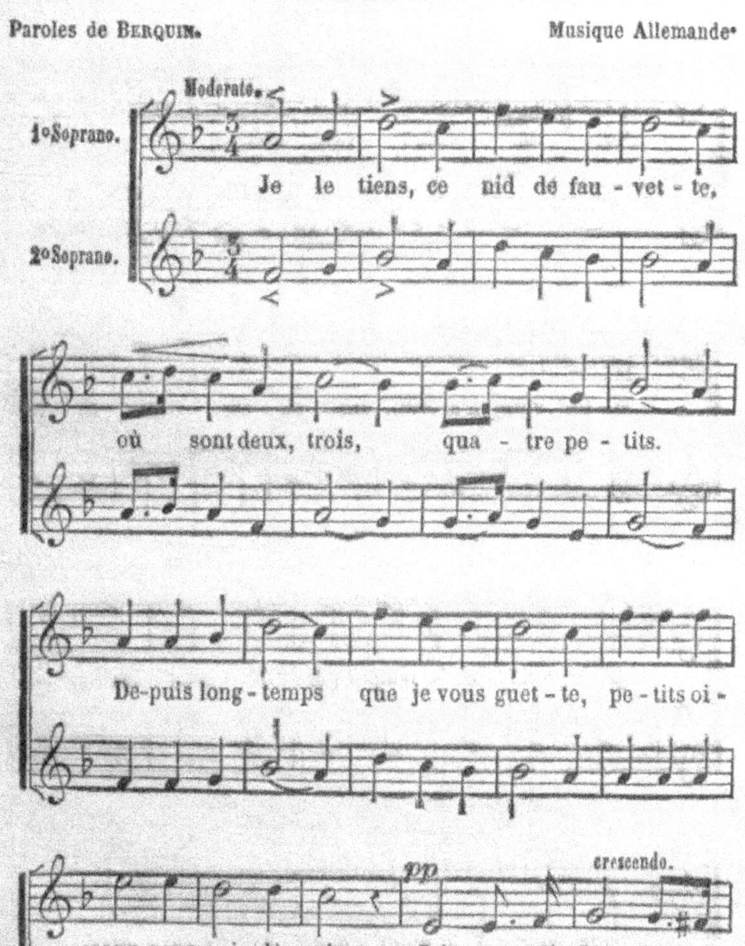

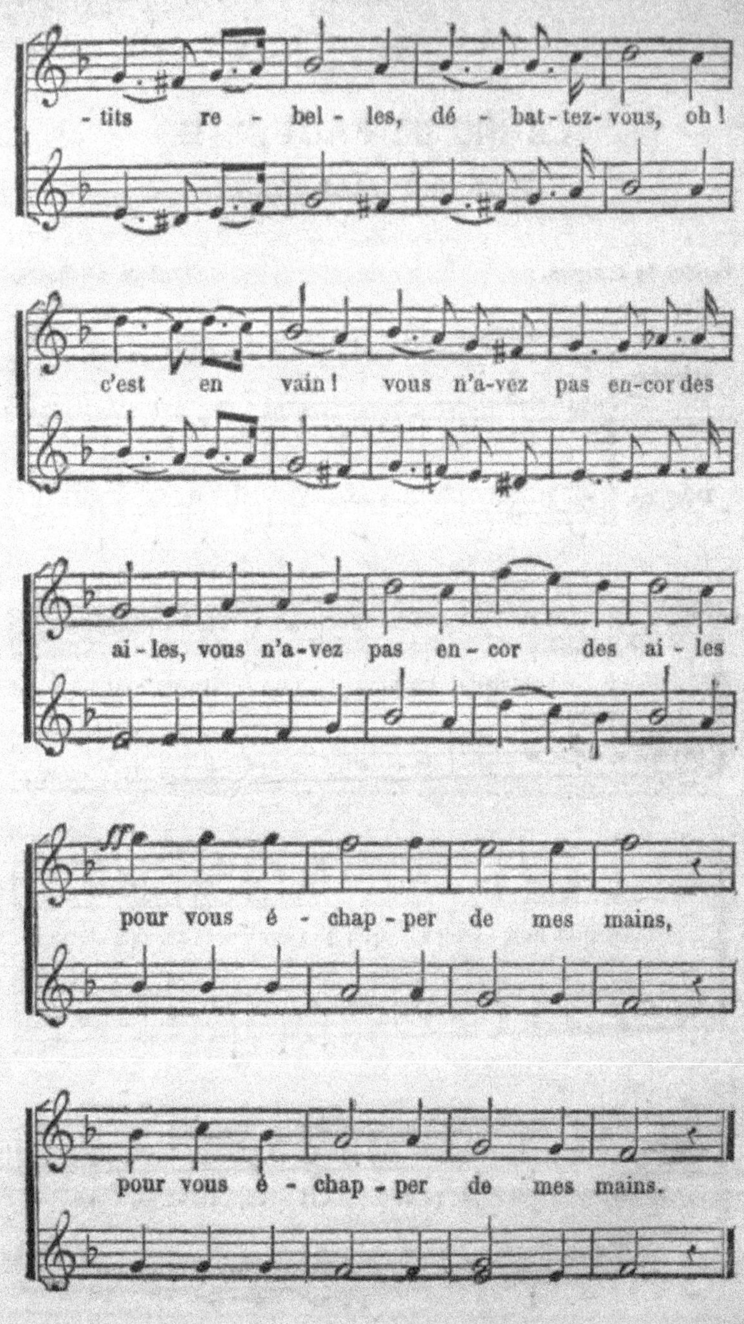
- tits re - bel - les, dé - bat - tez- vous, oh !
c'est en vain ! vous n'a-vez pas en-cor des
ai - les, vous n'a-vez pas en - cor des ai - les
pour vous é - chap - per de mes mains,
pour vous é - chap - per de mes mains.

DEUXIÈME COUPLET.

Mais quoie n'entends-je pas leur mère !
Qui pousse des cris douloureux ;
Oh ! je le vois ! oui, c'est leur père !
Qui vient voltiger autour d'eux.
Et c'est moi qui cause leur peine !
Moi qui l'été, dans nos vallons,
Venais m'endormir sous un chêne
Au bruit de leurs tendres chansons ! (*bis.*)

TROISIÈME COUPLET.

Si pourtant, au sein de ma mère,
Un méchant venait me ravir !
Oh ! je le sens, dans sa misrée,
Elle n'aurait plus qu'à mourir !
Et je serais assez barbare
Pour vous enlever vos enfants !
Non, non, que rien ne nous sépare,
Non, les voilà, je vous les rends. (*bis.*)

QUATRIÈME COUPLET.

Apprenez-leur, dans le bocage,
A voltiger auprès de vous ;
Qu'ils apprennent votre ramage,
Pour rendre des sons aussi doux.
Et moi, dans la saison prochaine,
Je reviendrai dans ces vallons

M'endormir encore sous ce chêne
Au bruit de leurs tendres chansons. (*bis.*)

№ 15.

L'ENFANT DE LA MONTAGNE.

Paroles de H. DEMOLIÈRE.   Musique de J. MAINZER.

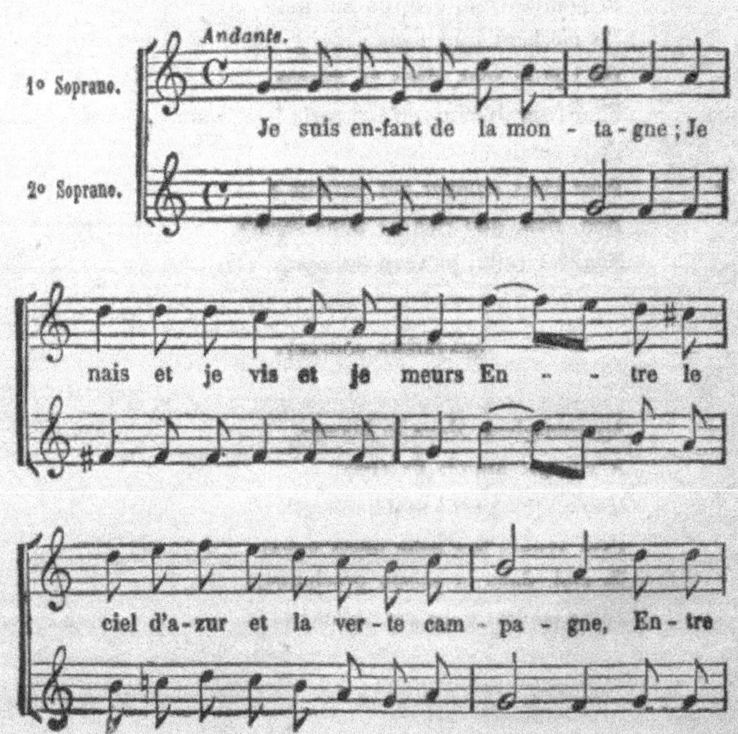

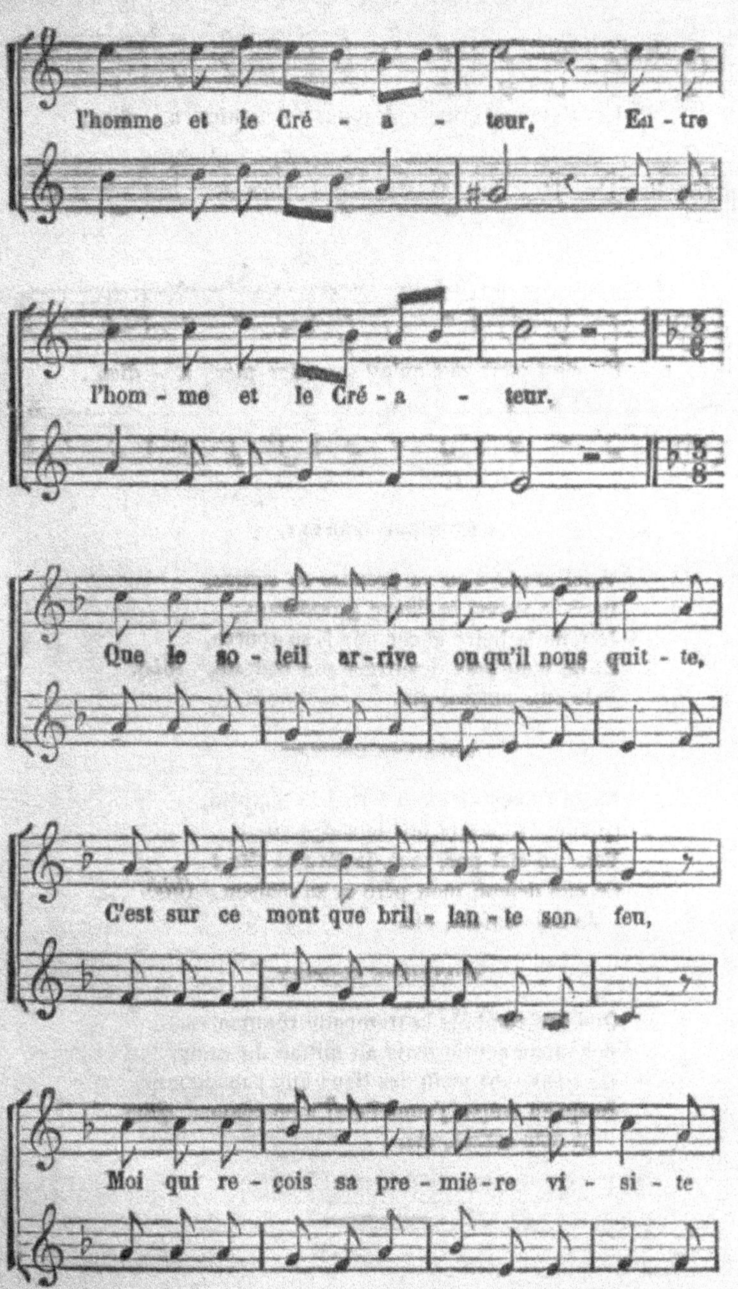
l'homme et le Cré - a - teur, En - tre
l'hom - me et le Cré - a - teur.
Que le so - leil ar - rive ou qu'il nous quit - te,
C'est sur ce mont que bril - lan - te son feu,
Moi qui re - çois sa pre - miè - re vi - si - te

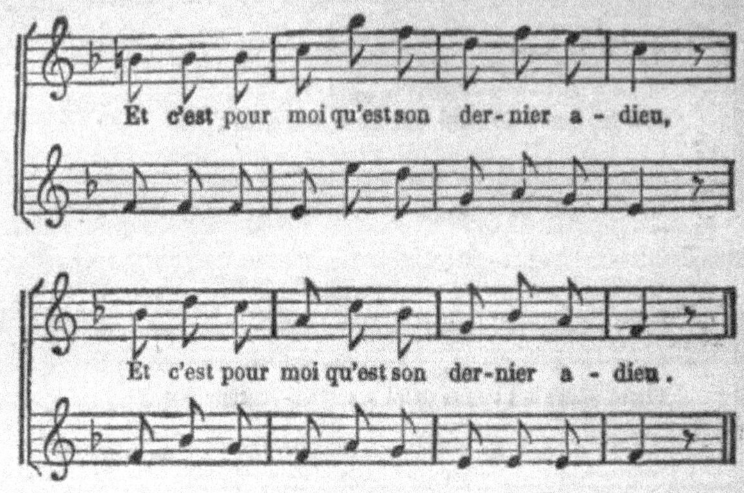

DEUXIÈME COUPLET.

Voici le pic d'où va prendre sa course,
Dans le vallon le fleuve grossissant ;
Je puis le boire encor pur à sa source,
Et de mon bras détourner son courant. (*bis*).
   Je suis enfant, etc.

TROISIÈME COUPLET.

Lorsqu'à ses pieds se forme la tempête,
Quand de l'éclair luit le rouge sillon,
Vers un ciel pur, moi, je lève la tête :
Ce ciel défend mon père et sa maison. (*bis*).
   Je suis enfant, etc.

QUATRIÈME COUPLET.

Que des combats la trompette résonne,
Soldat, je cours, mais au milieu du camp,
Le cœur tout plein des lieux que j'abandonne,
Jusqu'au trépas j'entonnerai mon chant : (*bis*).
   je suis enfant, etc.

———

N° 16.

LE PETIT SOLDAT.

POUR UNE SALLE D'ASILE.

Paroles de H. Demolière.   Musique de J. Mainzer.

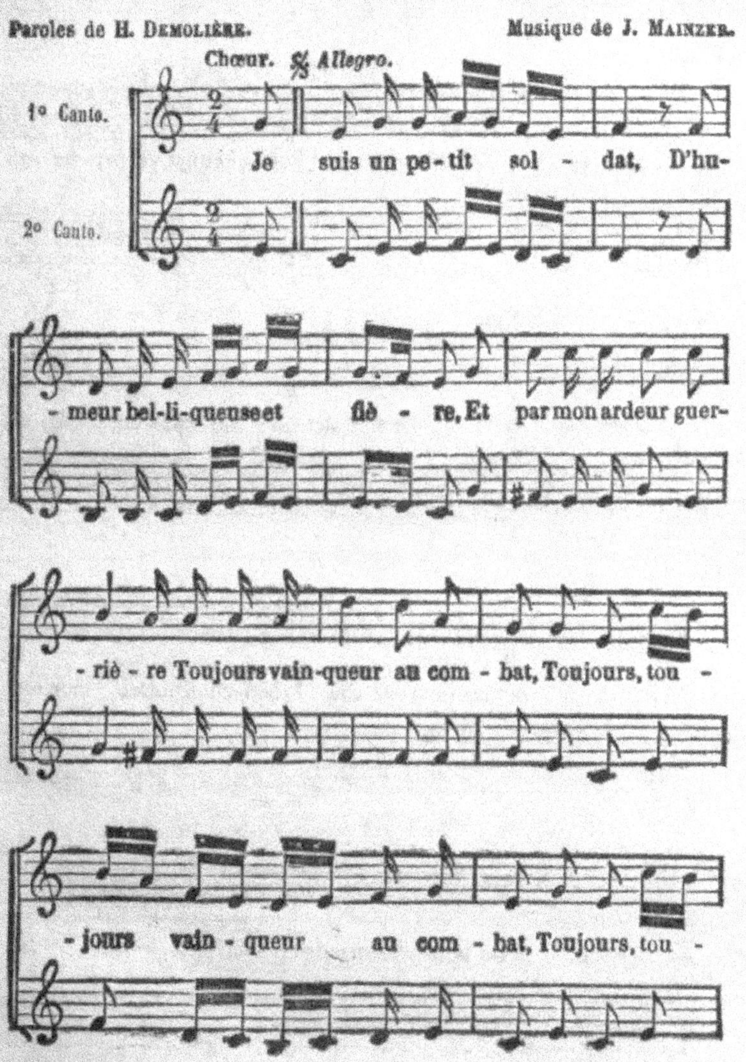

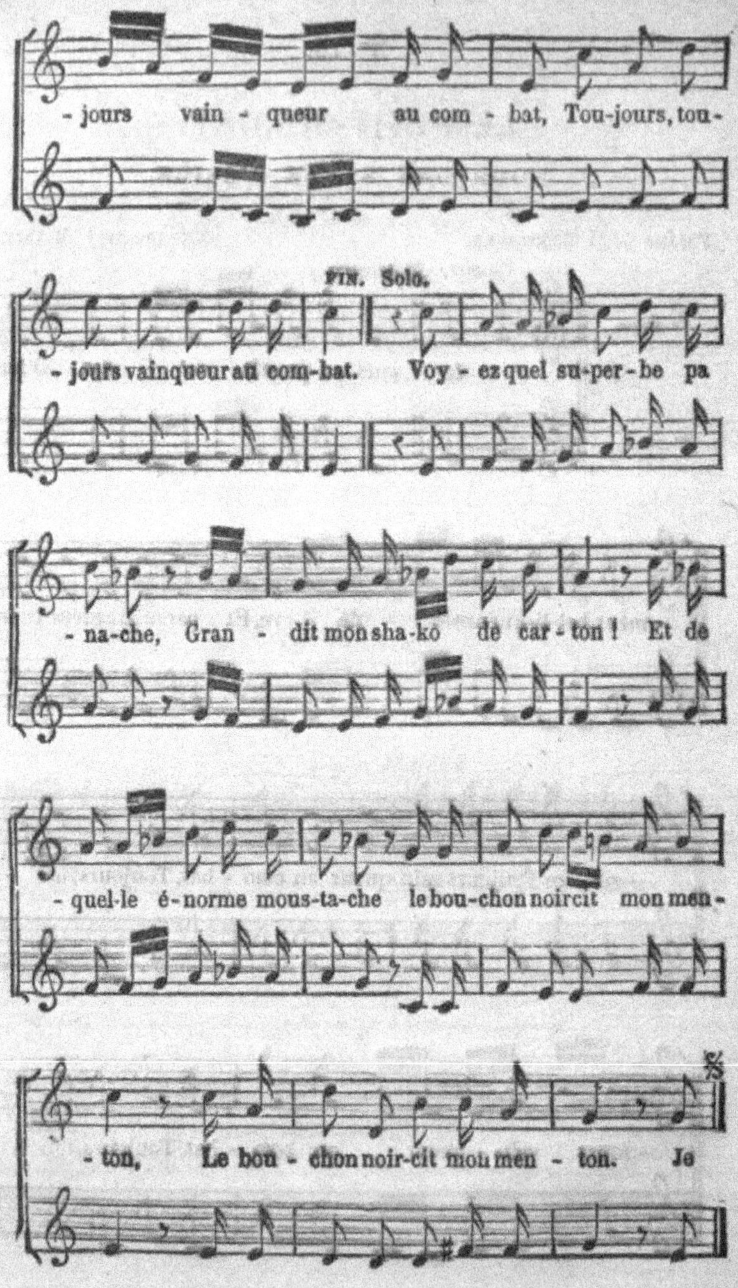
- jours vain - queur au com - bat, Tou-jours, tou-
FIN. Solo.
- jours vainqueur au com-bat. Voy - ez quel su-per-be pa
- na-che, Gran - dit mon sha-kô de car - ton ! Et de
- quel-le é-norme mous-ta-che le bou-chon noircit mon men-
- ton, Le bou - chon noir-cit mon men - ton. Je

DEUXIÈME COUPLET.

Admirez-moi, car c'est justice,
Que je suis beau, que je suis grand,
Quand je commande l'exercice
A mes fantassins de bois blanc ! (*bis*).
      Je suis, etc.

TROISIÈME COUPLET.

Mais c'est surtout dans la bataille
Qu'il faut me voir, l'œil menaçant,
Frapper et d'estoc et de taille
Avec mon sabre sans tranchant ! (*bis*).
      Je suis, etc.

QUATRIÈME COUPLET.

Tout à l'heure sur la verdure
Je me suis conduit en héros.
J'ai fait voler d'une main sûre
Plus de vingt têtes de pavots. (*bis*).
      Je suis, etc.

N° 17.

LA FAUVETTE.
POUR UNE SALLE D'ASILE.

Paroles de H. DEMOLIÈRE.   Musique de J. MAINZER.

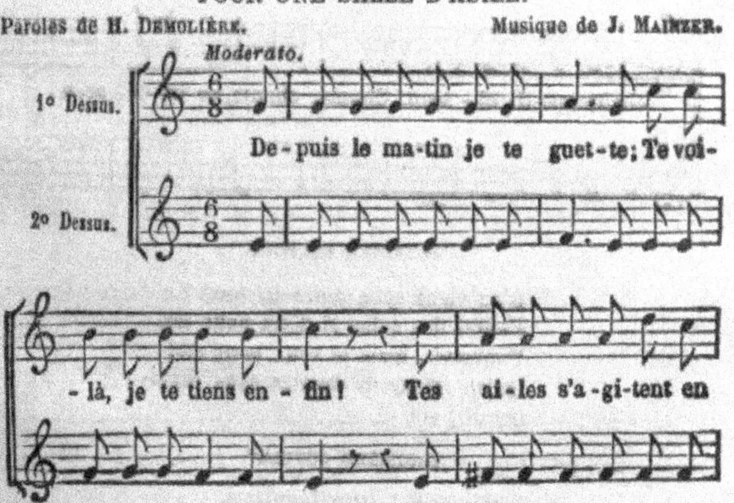

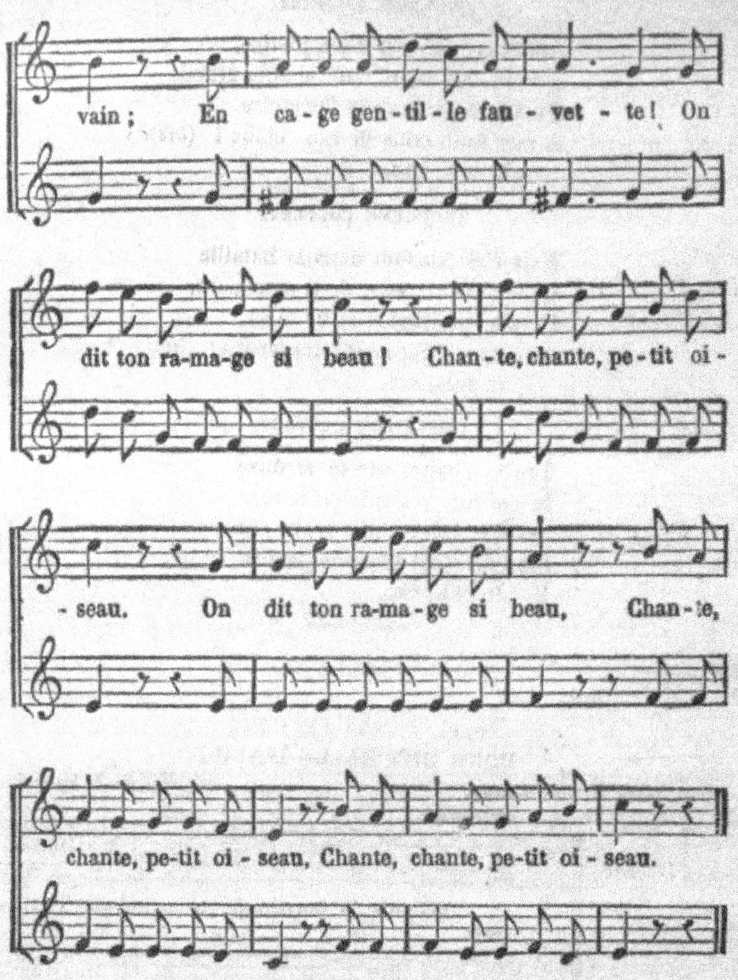

DEUXIÈME COUPLET.

D'où vient cette noire tristesse ?
J'aurai des soins si doux pour toi,
Fauvette , mais je veux pour moi
Qu'en retour tu chantes sans cesse.
On dit, etc.

TROISIÈME COUPLET.

Quel silence ! tu m'inquiètes,

Aurais-tu donc perdu la voix ?
Tes yeux se tournent vers le bois ;
Est-ce le bois que tu regrettes ?
On dit, etc

QUATRIÈME COUPLET.

Oh ! c'est moi qui te rends muette,
Je t'ai ravi la liberté....
Je reconnais ma cruauté ;
Reprends ton vol, pauvre fauvette !...
On dit, etc.

———

N° 18.

CANTIQUE DES ALPES.

Paroles de H. DEMOLIÈRE.　　　　　　Musique de J. MAINZER.

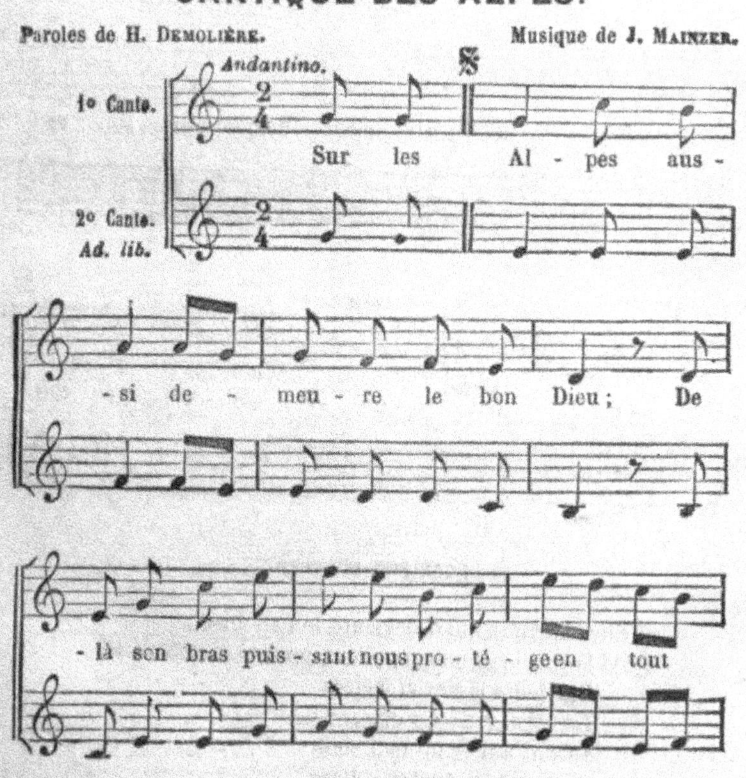

7.

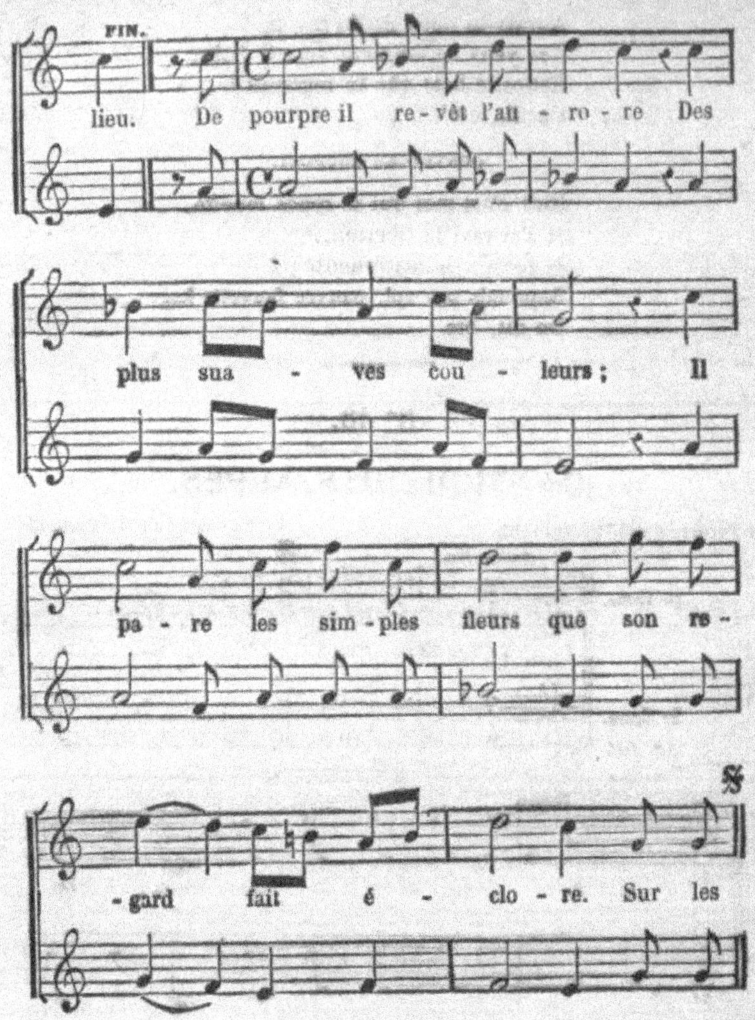

DEUXIÈME COUPLET.

Sur les Alpes aussi demeure le bon Dieu ;
De là son bras puissant nous protége en tout lieu !
Sur leurs cimes crénelées
Le soleil fond les glaçons
Et fait mûrir les moissons
Des plus profondes vallées
Sur les Alpes, etc.

TROISIÈME COUPLET.

Sur les Alpes aussi demeure le bon Dieu ;
De là son bras puissant nous protége en tout lieu!
   Alors le torrent s'écoule
   Du sommet majestueux,
   Avec ses flots écumeux
Sur les rochers il se roule. Sur les Alpes, etc.

QUATRIÈME COUPLET.

Sur les Alpes aussi demeure le bon Dieu ;
De là son bras puissant nous protége en tout lieu!
   Le chamois s'y désaltère,
   Puis, léger comme le vent,
   Au bout du pic menaçant
Il va brouter la bruyère. Sur les Alpes, etc.

CINQUIÈME COUPLET.

Sur les Alpes aussi demeure le bon Dieu ;
De là son bras puissant nous protége en tout lieu
   En lui le berger espère,
   Confiant comme l'agneau.
   Dieu qui nourrit son troupeau,
N'est-il pas aussi son père? Sur les Alpes, etc.

Nᵒ 19.

LE SOLEIL DU SOIR.

Paroles de X.....   Musique de J. MAINZER.

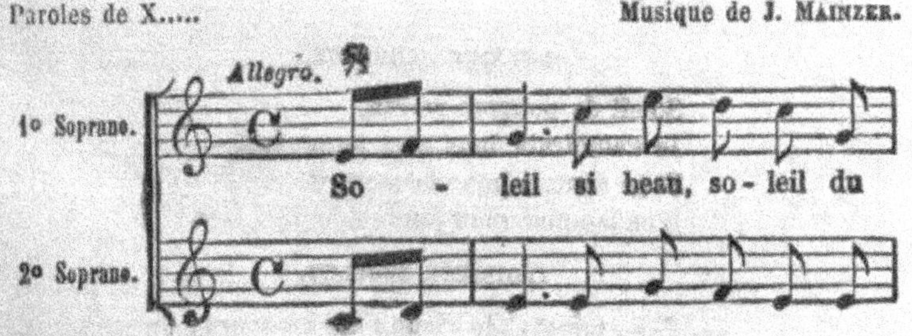

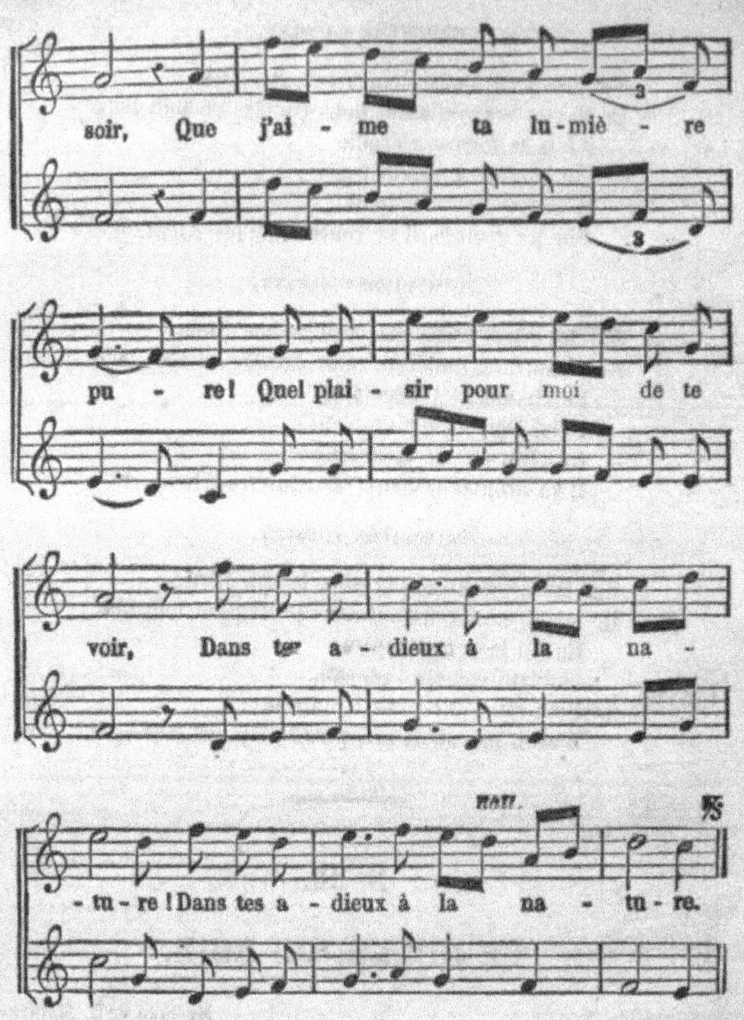

DEUXIÈME COUPLET.

Soleil de pourpre revêtu,
Je t'admirais dans mon jeune âge,
Et je sentais pour la vertu
S'enflammer mon jeune courage. (*bis.*)

TROISIÈME COUPLET.

Sans regrets, je viens tous les jours

Saluer ta splendeur qui baisse,
Car de Dieu le puissant secours
Est sans déclin pour ma faiblesse *(bis.)*

QUATRIÈME COUPLET.

Béni soit le suprême auteur
Qui nous tira de la poussière,
Moi pour jouir de ta splendeur,
Toi pour consoler ma misère. *(bis.)*

Nº 20.

A LA GLOIRE DES LAURÉATS.

POUR UNE DISTRIBUTION DE PRIX.

Musique imitée du chœur de *Robert-le-Diable*, par M. J. AULAGNIER.

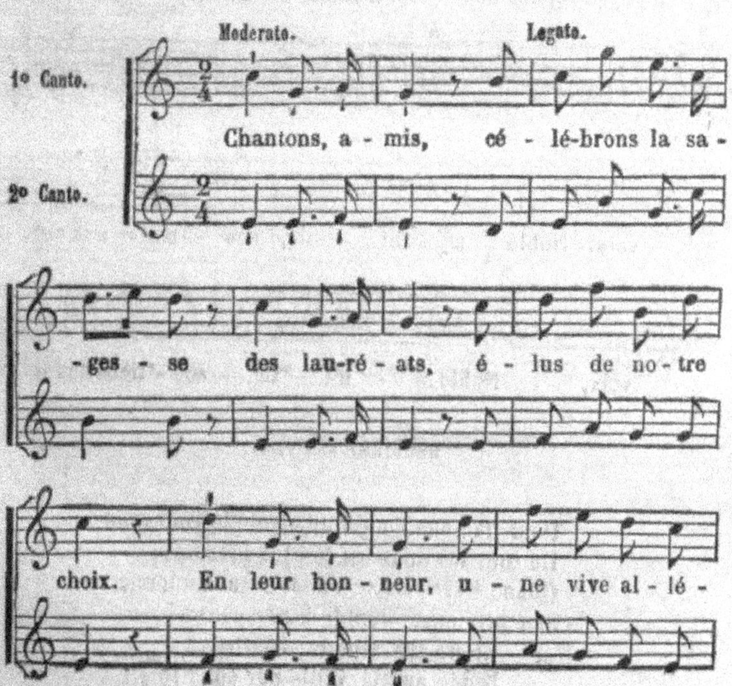

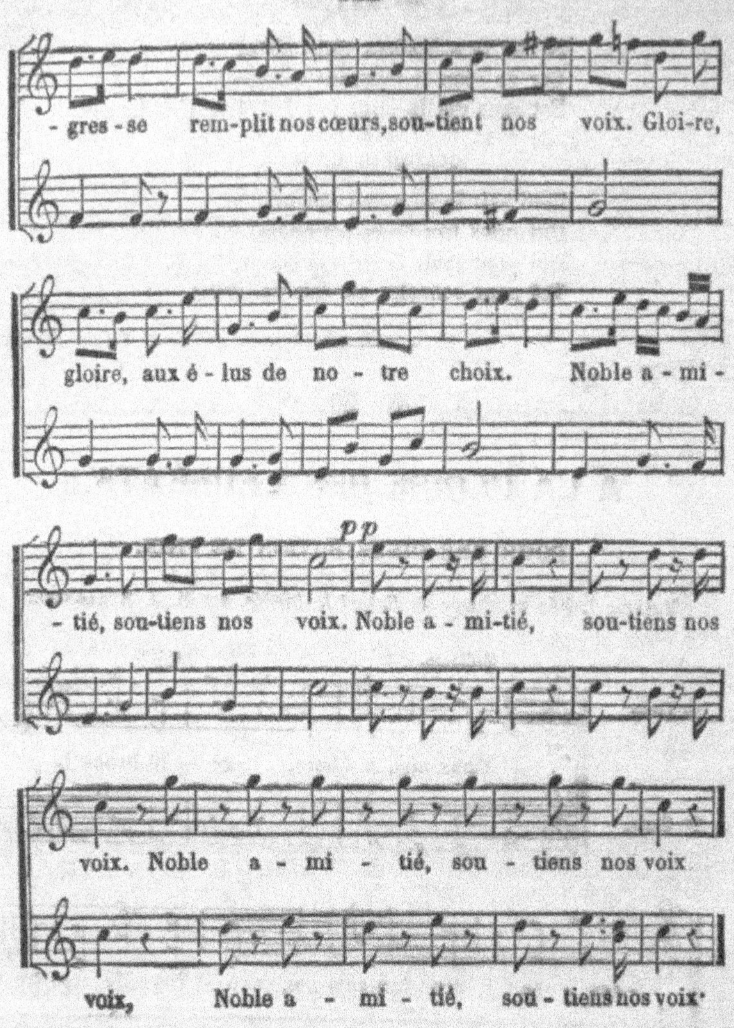

DEUXIÈME COUPLET.

Pour de bons cœurs, une simple couronne
De tous les dons est le plus précieux ;
Quand c'est surtout l'amitié qui la donne,
Son prix encor double à nos yeux.
Gloire aux talents victorieux !
Noble amitié, veille sur eux ! (bis.)

Nᵒ 21.

LA PRIÈRE DANS LE BOIS.

POUR UNE SALLE D'ASILE.

Paroles et Musique de FRÉDÉRIC BÉRAT.

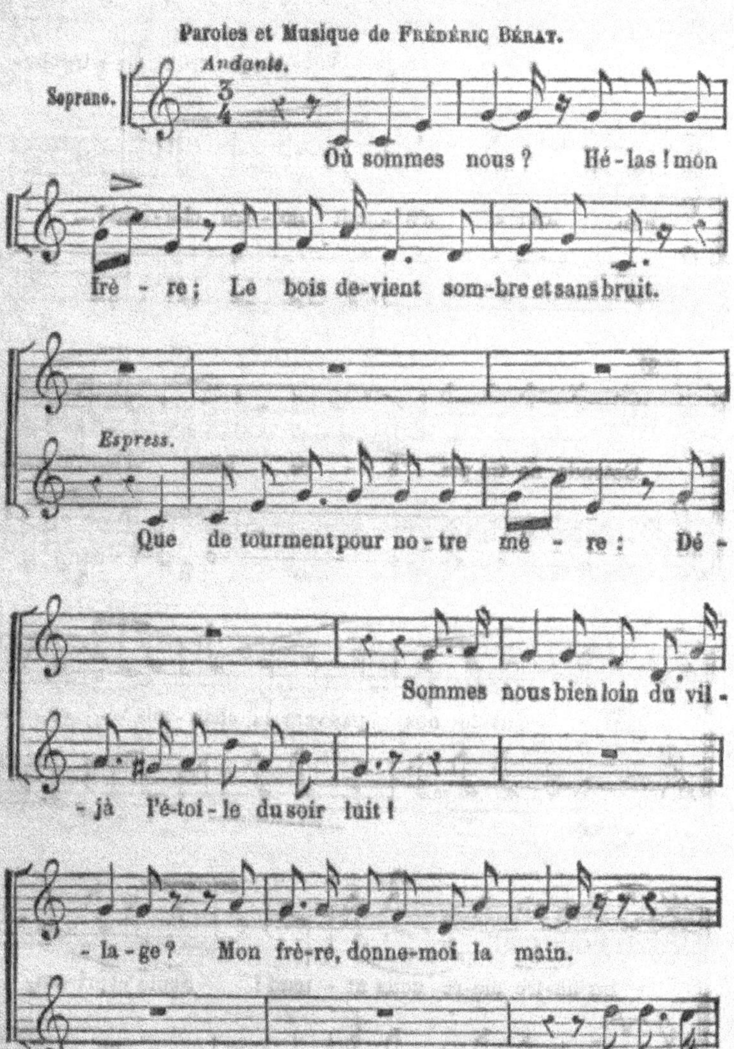

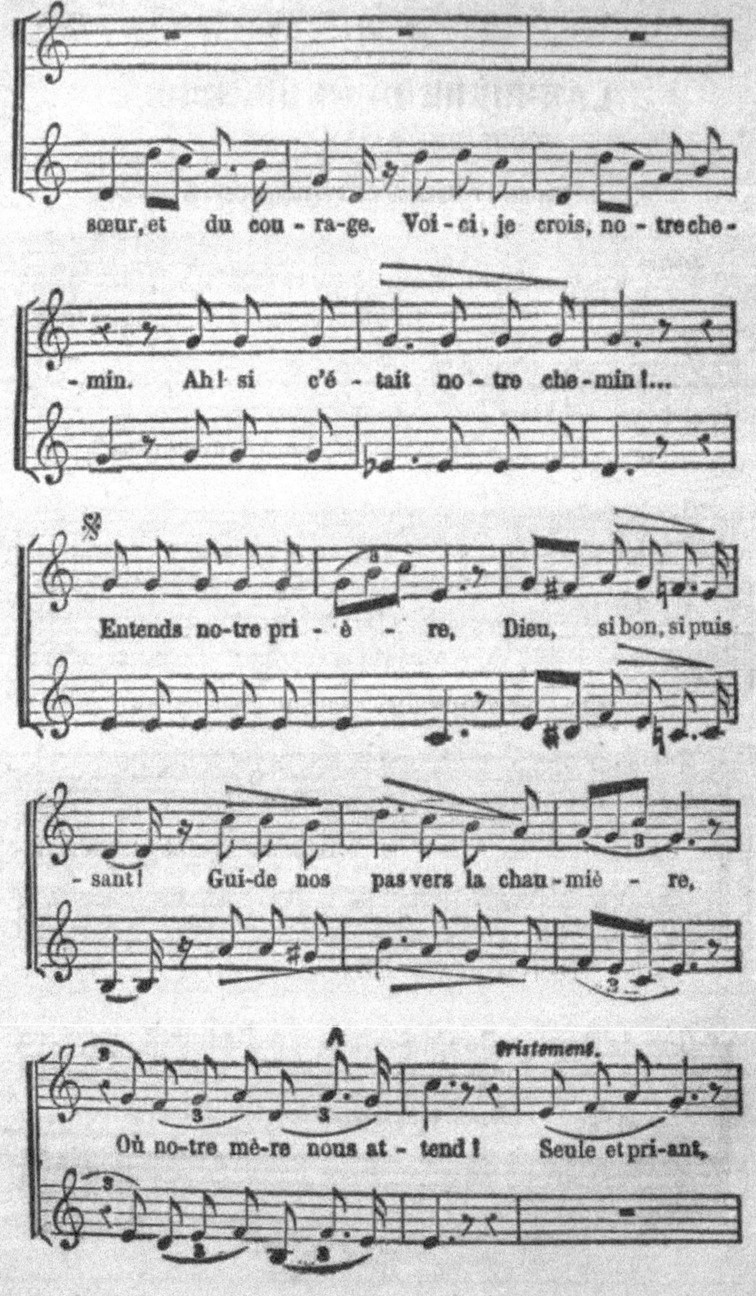
sœur, et du cou - ra-ge. Voi - ci, je crois, no - tre che -
- min. Ah! si c'é - tait no - tre che - min !...
Entends no-tre pri - è - re, Dieu, si bon, si puis
- sant ! Gui-de nos pas vers la chau - miè - re,
tristement.
Où no-tre mè-re nous at - tend ! Seule et pri-ant,

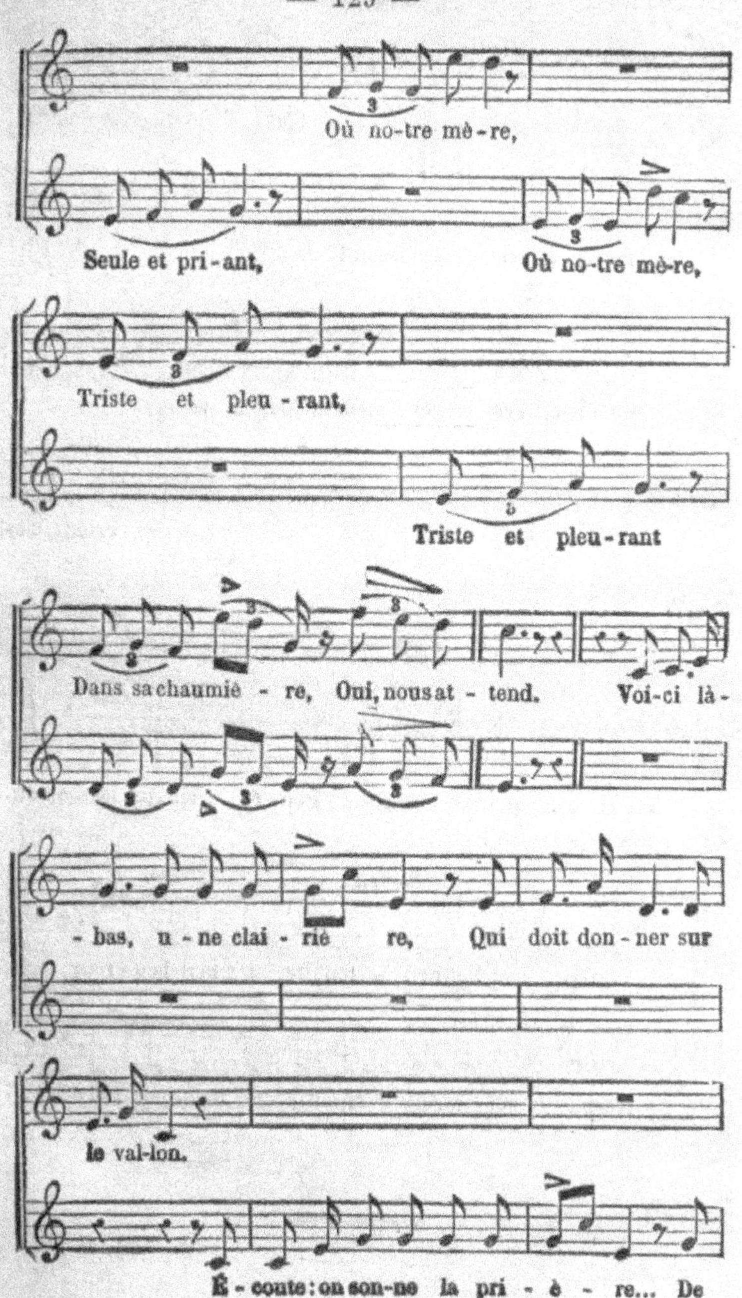
Où no-tre mè-re,
Seule et pri-ant,
Où no-tre mè-re,
Triste et pleu-rant,
Triste et pleu-rant
Dans sa chaumiè - re, Oui, nous at - tend. Voi-ci là-
- bas, u - ne clai - riè re, Qui doit don - ner sur
le val-lon.
É - coute: on son-ne la pri - è - re... De

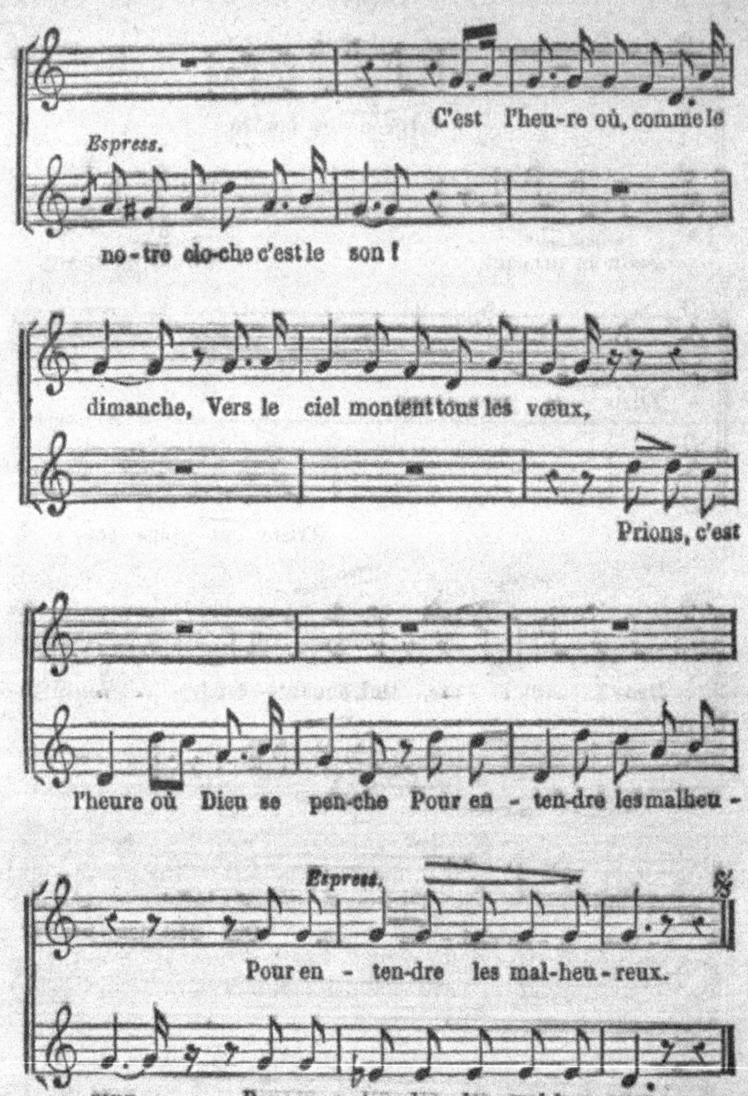
C'est l'heu-re où, comme le
Espress.
no-tre clo-che c'est le son f
dimanche, Vers le ciel montent tous les vœux,
Prions, c'est
l'heure où Dieu se pen-che Pour en - ten-dre les malheu -
Espress.
Pour en - ten-dre les mal-heu - reux.
- reux... Pour en - ten-dre les mal-heu - reux.

N° 22.

LE POSTILLON.

POUR UNE SALLE D'ASILE.

Paroles de E. LANEY.   Musique de J. MAINZER.

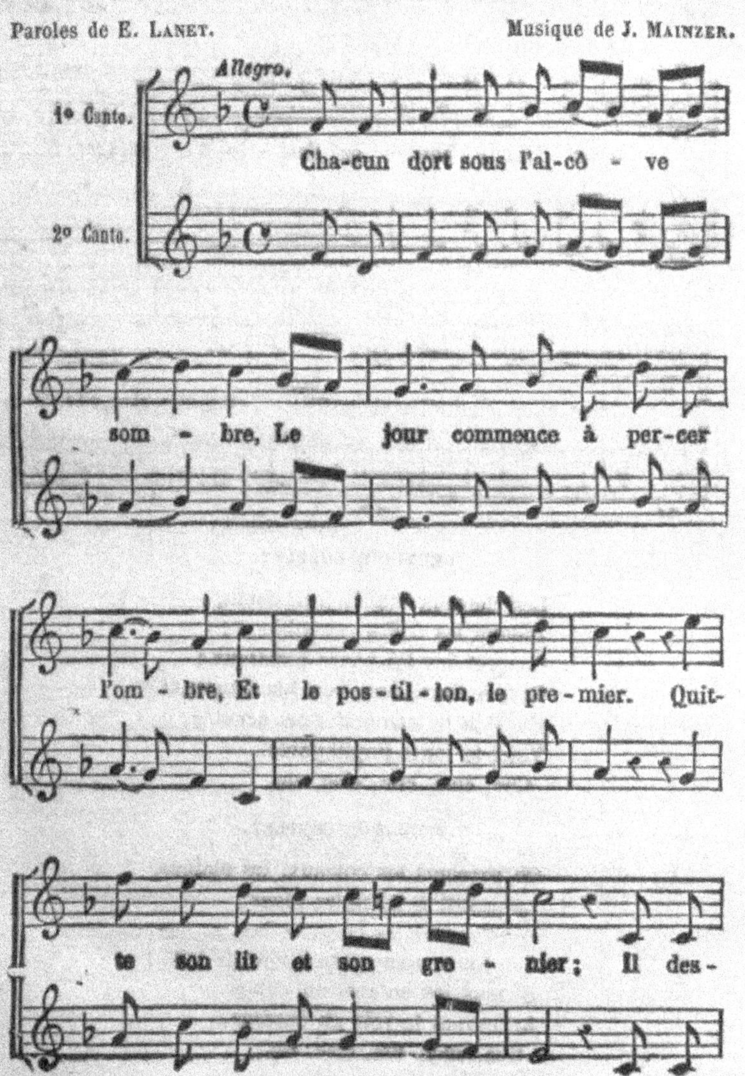

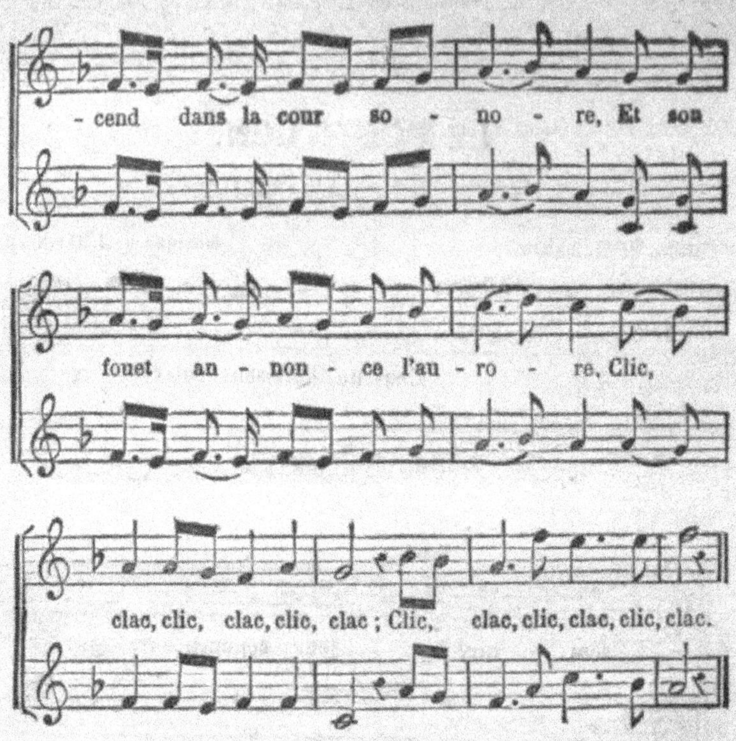

DEUXIÈME COUPLET.

Les chevaux attelés hennissent,
Bientôt les dalles retentissent ;
On part sur les pavés poudreux ;
Gare à vous, dormeurs bienheureux!
En vain le sommeil vous accable,
Voici le fouet impitoyable.
Clic, clac, clic, clac, etc.

TROISIÈME COUPLET.

On parcourt les coteaux, les plaines,
Le postillon lâche les rênes ;
Pour exciter les chevaux las,
Son fouet manœuvre à tour de bras ;
Et tous les enfants du village
Accourent le voir au passage...
Clic, clac, clic, clac, etc.

QUATRIÈME COUPLET.

Mais voici la ville bruyante,
Le fouet, sous la porte béante,
Annonce, en redoublant d'ardeur
Le postillon triomphateur !
Et dans la rue où le char roule
Son fracas fuit, range la foule...
Clic, clac, clic, clac, etc.

Nº 23.

LA MAISONNETTE.

Paroles de X.....   Musique allemande

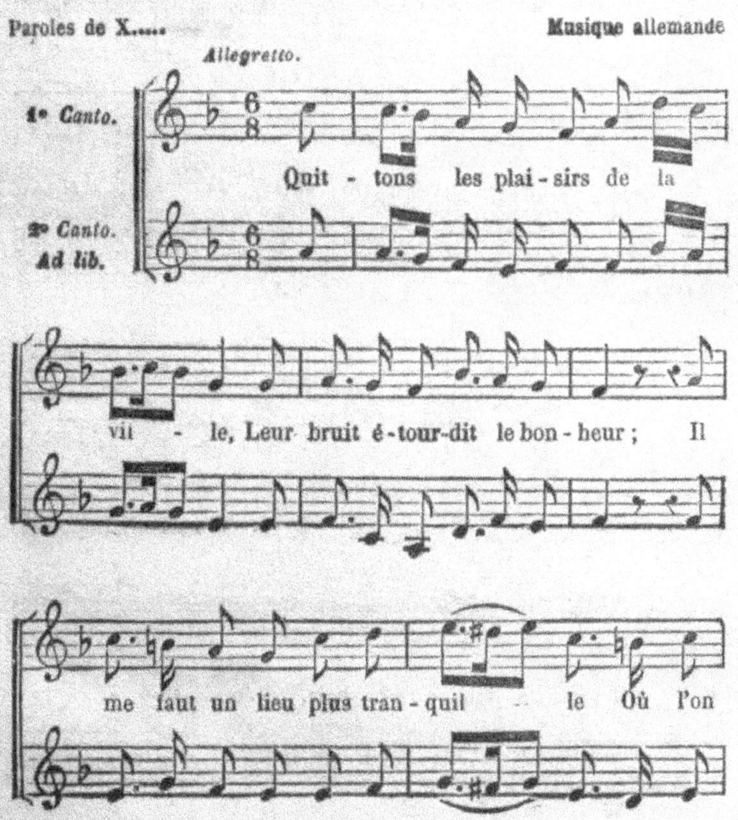

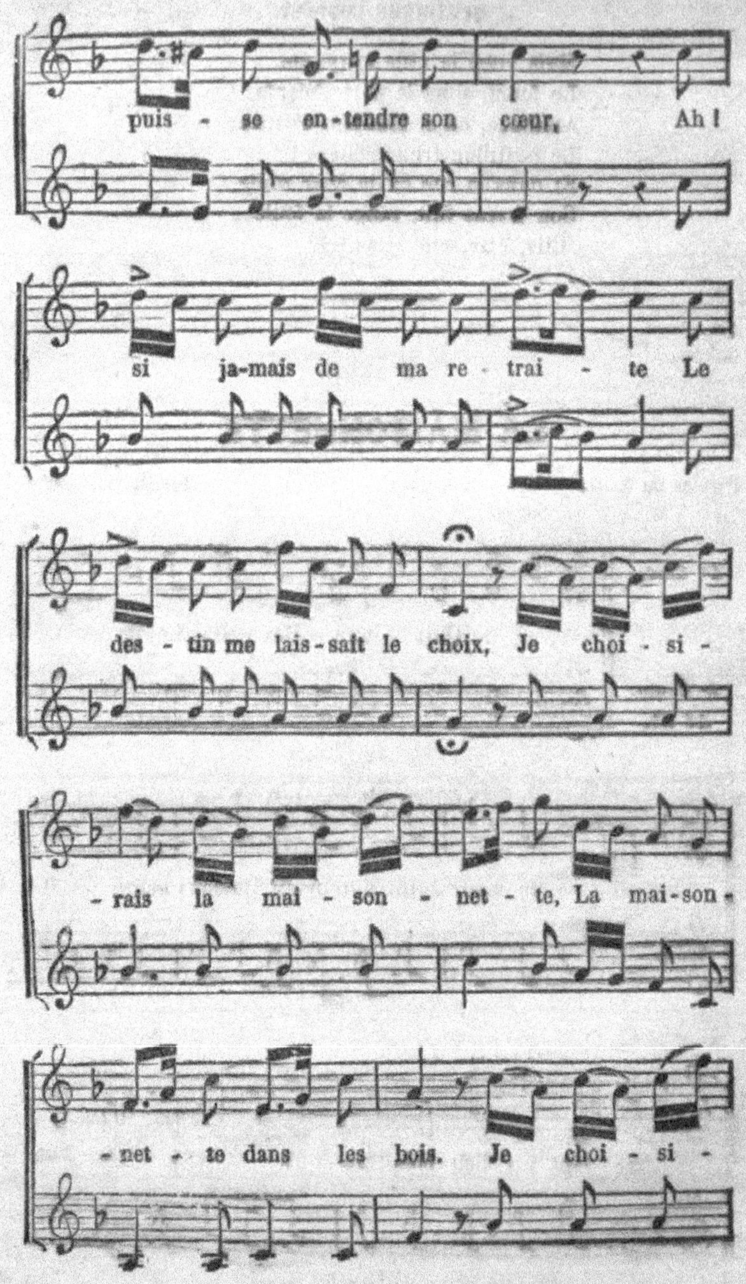
puis - se en - tendre son cœur, Ah !
si ja-mais de ma re - trai - te Le
des - tin me lais - sait le choix, Je choi - si -
- rais la mai - son - net - te, La mai-son -
- net - te dans les bois. Je choi - si -

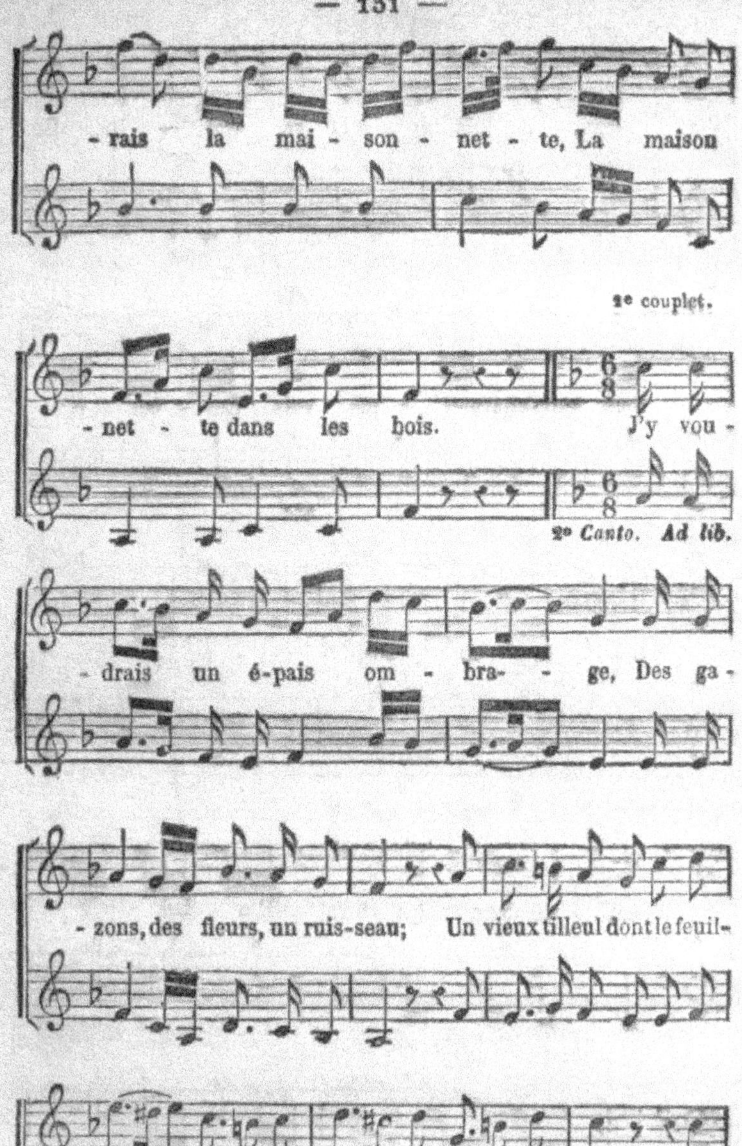
- rais la mai - son - net - te, La maison
2e couplet.
- net - te dans les bois. J'y vou -
2º Canto. Ad lib.
- drais un é-pais om - bra - ge, Des ga -
- zons, des fleurs, un ruis-seau; Un vieux tilleul dont le feuil-
- la - ge Sur un banc tombât en ber - ceau. Les

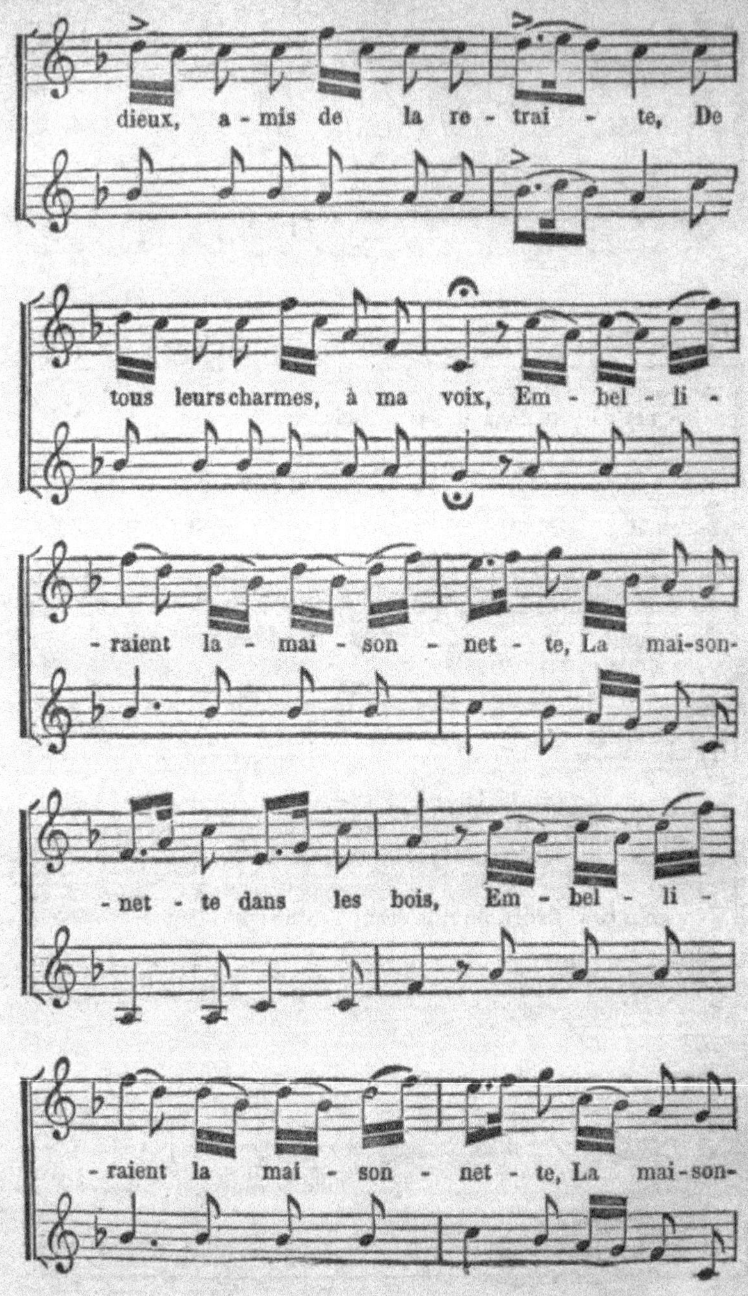

dieux, a - mis de la re - trai - te, De
tous leurs charmes, à ma voix, Em - bel - li -
- raient la - mai - son - net - te, La mai-son-
- net - te dans les bois, Em - bel - li -
- raient la mai - son - net - te, La mai-son-

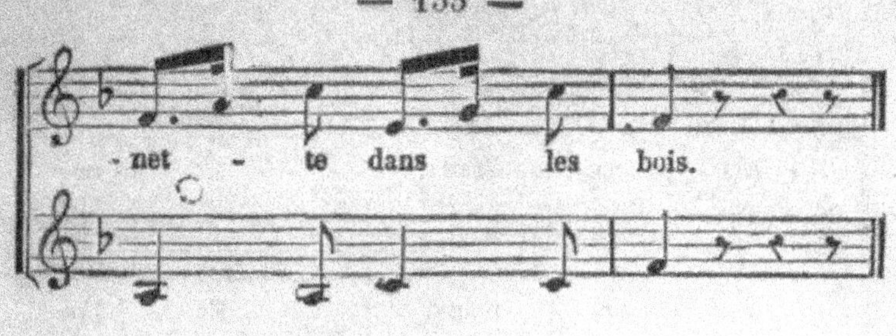

N° 24.

PRIÈRE DE LAMARTINE.

Paroles de A. Lamartine.

Musique de J. Mainzer.

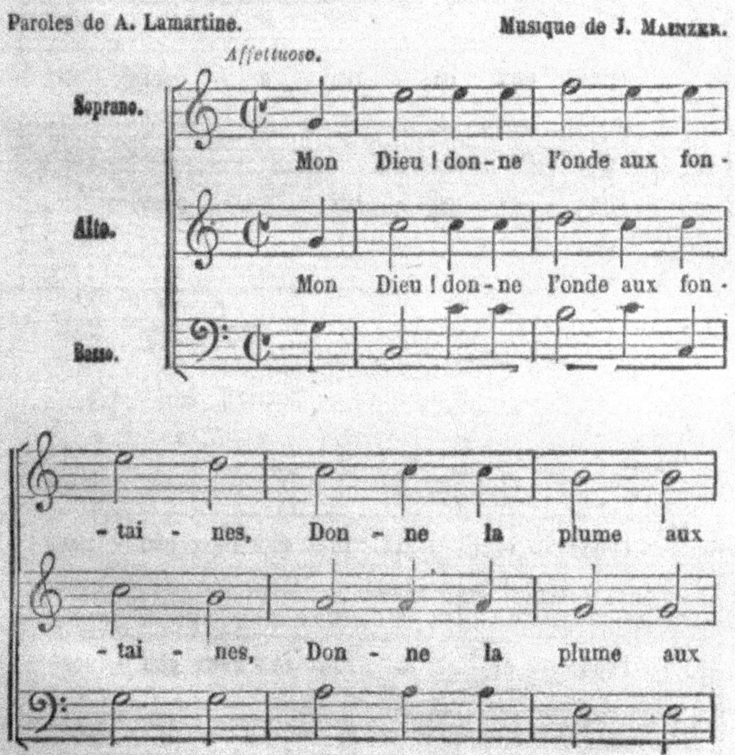

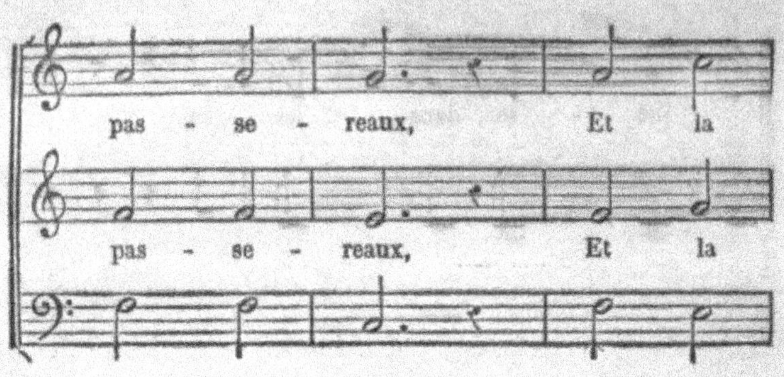
pas - se - reaux, Et la
pas - se - reaux, Et la

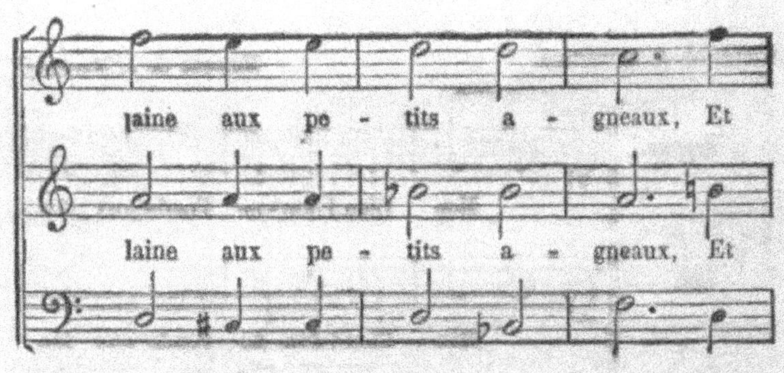
laine aux pe - tits a - gneaux, Et
laine aux pe - tits a - gneaux, Et

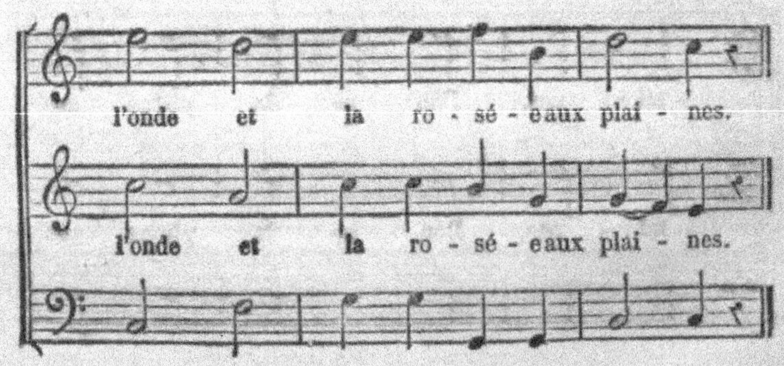
l'onde et la ro - sé - eaux plai - nes.
l'onde et la ro - sé - eaux plai - nes.

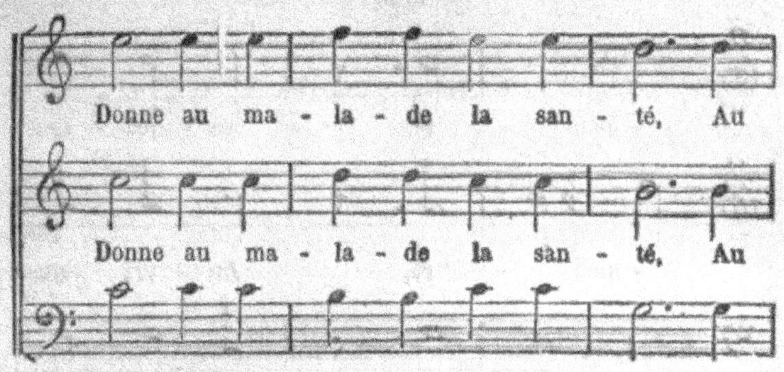
Donne au ma - la - de la san - té, Au

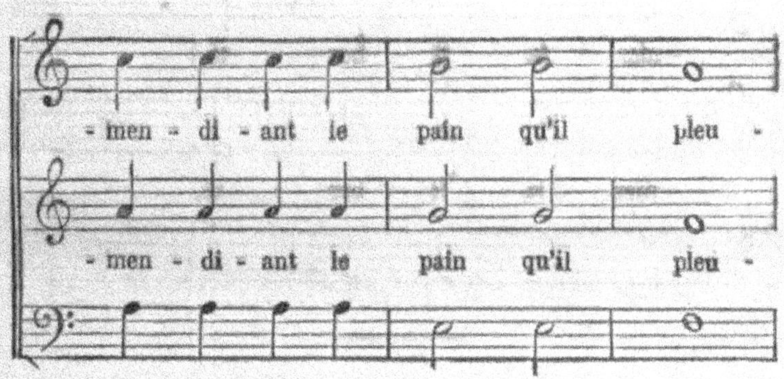
- men - di - ant le pain qu'il pleu -

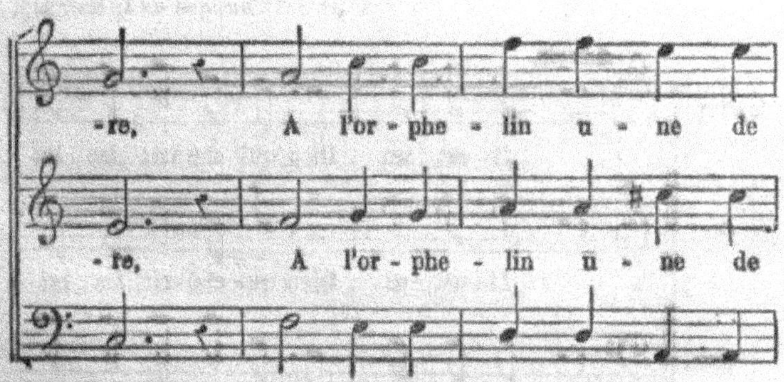
- re, A l'or - phe - lin u - ne de

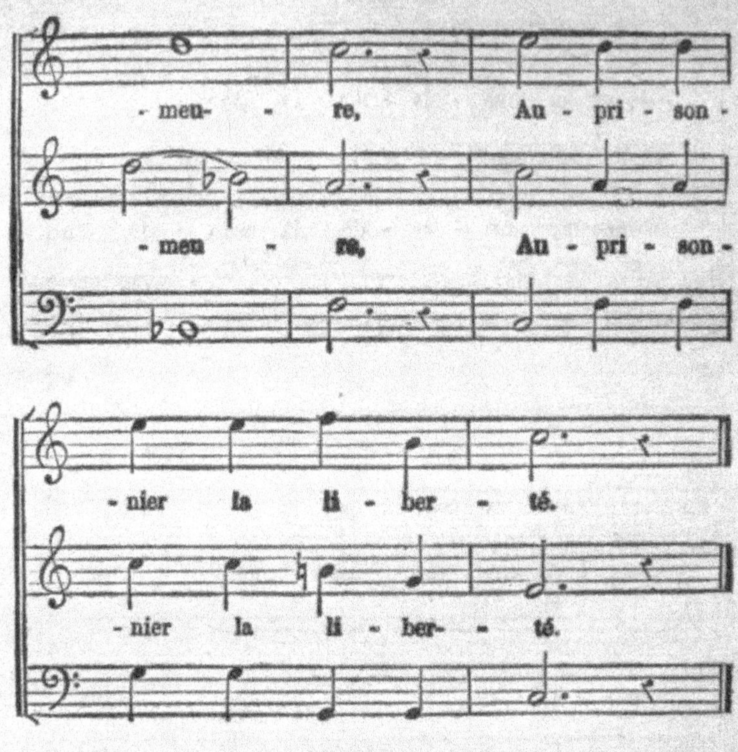

N° 25.

BONTÉ DE DIEU.

Paroles de Victor Hugo.   Musique de J. Mainzer.

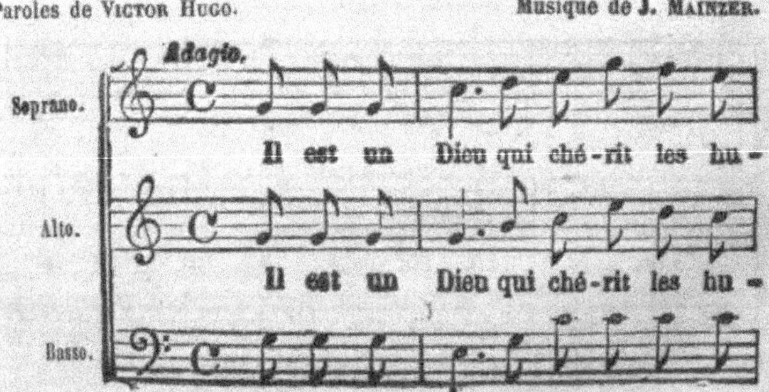

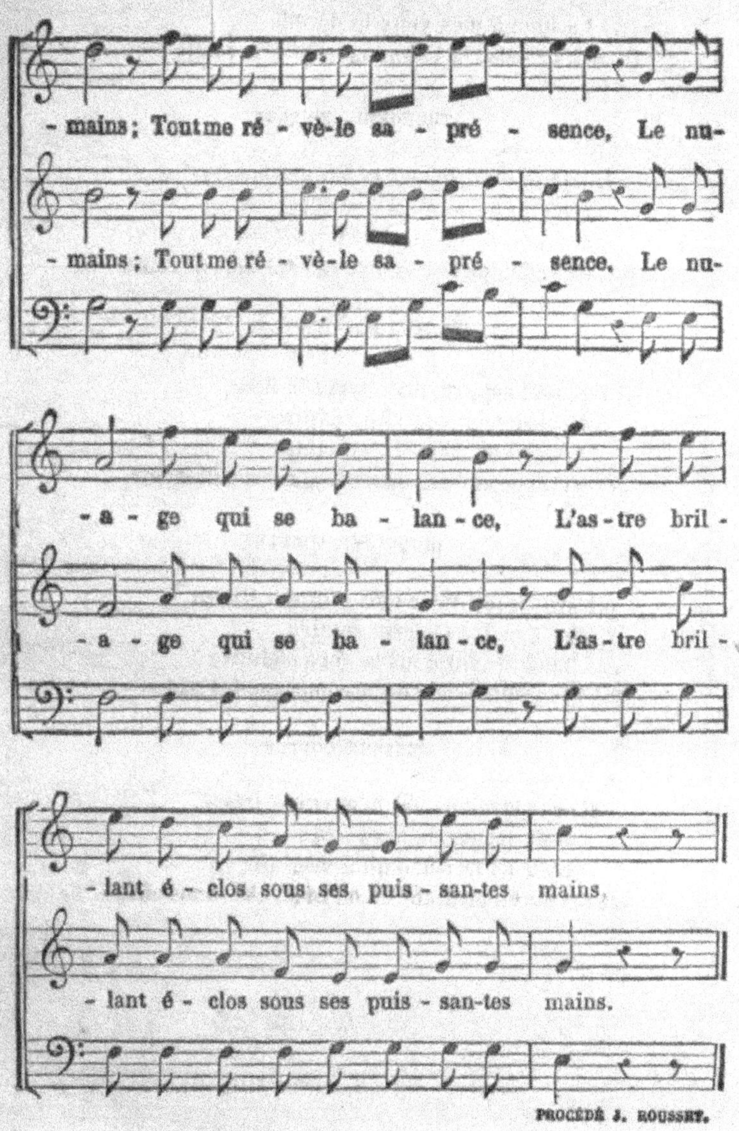

DEUXIÈME COUPLET.

Il m'apparaît dans l'ombre d'une nuit
Que n'interrompt aucune étoile ;

8.

La lune à mes yeux le dévoile,
Quand sa pâle clarté sur mon sentier reluit.

TROISIÈME COUPLET.

Là, je le vois, quand le feu des éclairs
Pénètre au fond de la vallée ;
C'est encor lui, quand la rosée
Sur mes champs altérés descend du haut des airs.

QUATRIÈME COUPLET.

Le doux zéphyr qui caresse la fleur,
Du printemps la riche parure
Et tous les dons de la nature
Ne m'enseignent pas seuls l'amour du Créateur.

CINQUIÈME COUPLET.

Il m'apparaît même au sein des frimas
Où s'endort la terre captive,
Dans le vent dont la voix plaintive
Du voyageur tremblant accompagne les pas.

SIXIÈME COUPLET.

De ses bienfaits s'il m'ouvre le trésor,
Je le reconnais avec joie ;
Et dans la peine qu'il m'envoie
Je me dis en pleurant : Mon Dieu, c'est vous encor.

Nº 26.

LES NUAGES.

Paroles de E. LANEL.   Musique de J. MAINZER

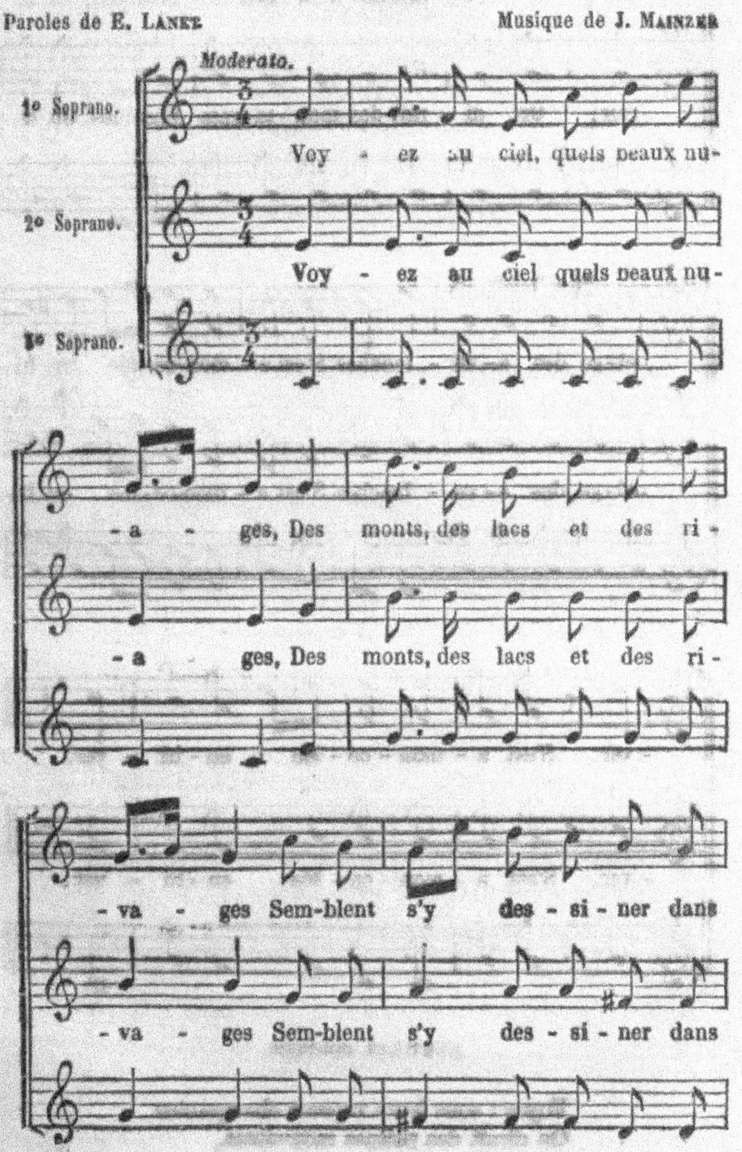

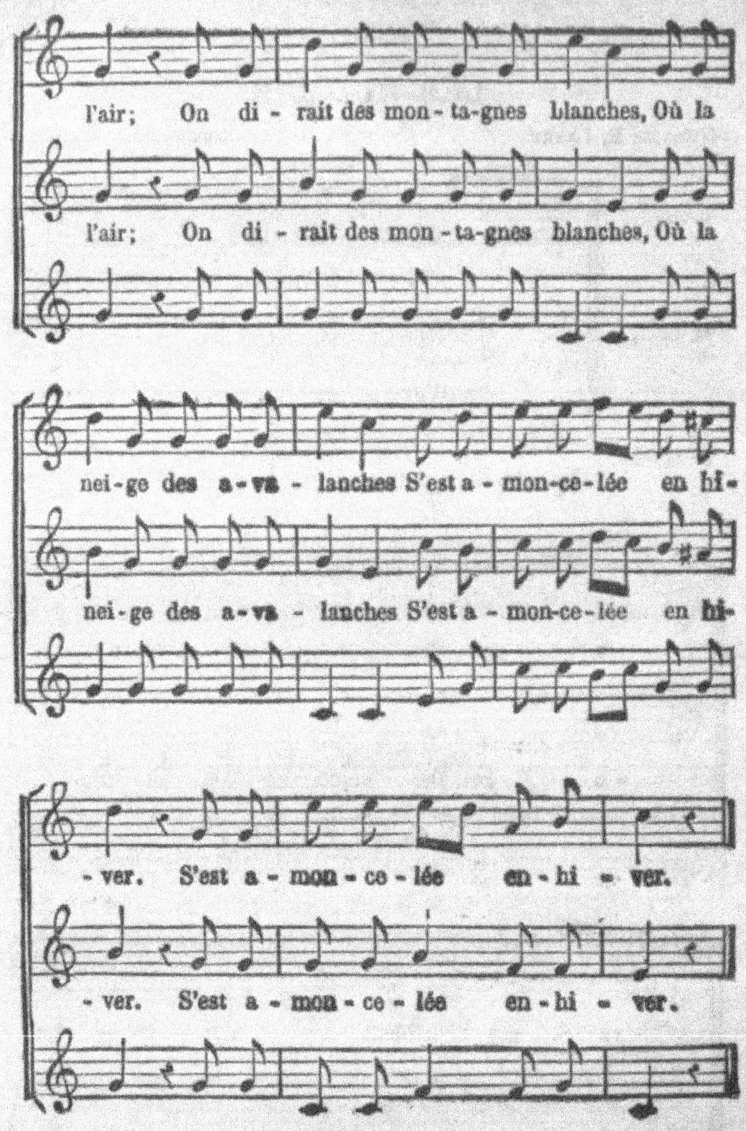

DEUXIÈME COUPLET.

Voyez : sous leurs vapeurs changeantes
On dirait des plaines mouvantes,

Des prés, des moissons, des forêts
Et des mers qui portent des îles,
Et des ports qui bordent des villes,
Des clochers et des minarets.

TROISIÈME COUPLET.

Mais soudain le soleil s'y mire,
Et, pendant que notre œil admire
Leur spectacle toujours nouveau,
Au souffle humide de la brise
Tout se transforme en brume grise...
Et le prestige fond en eau.

QUATRIÈME COUPLET.

O magique métamorphose!
L'or, l'azur, le pourpre et le rose
S'unissent en immense anneau,
Et sur l'horizon qu'il embrasse
L'arc-en-ciel radieux se place,
Dernière scène du tableau.

N° 27.

PRIÈRE DE L'ORPHELIN.

Paroles de A. LAMARTINE.　　　　Musique de J. MAINZER.

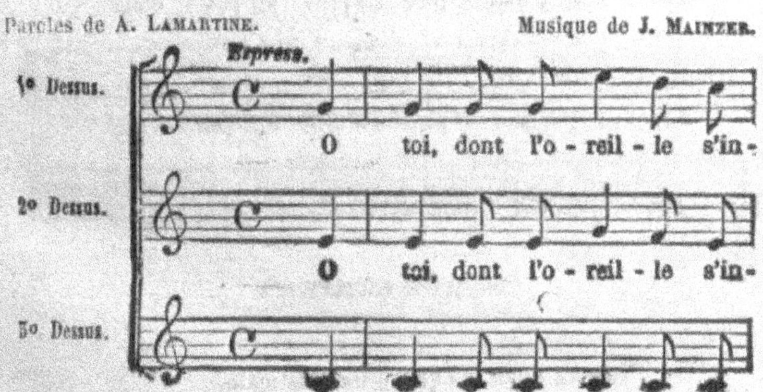

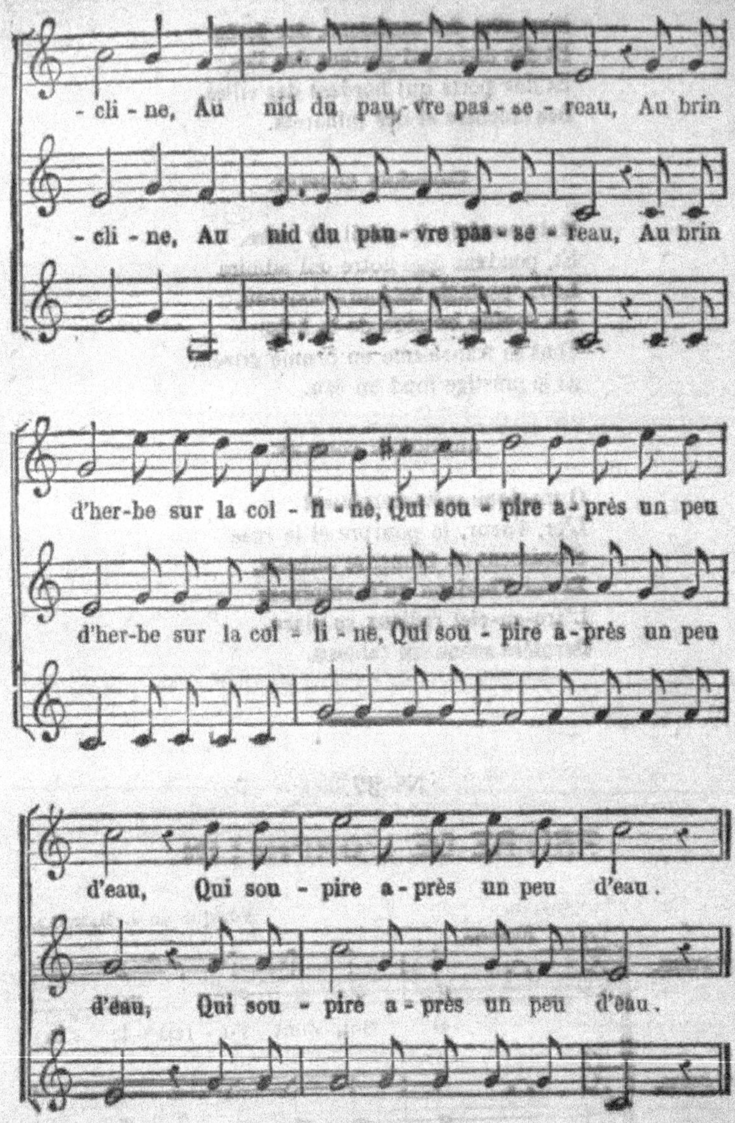

DEUXIÈME COUPLET.

Providence qui les console,
Toi qui sais de quelle humble main,

S'échappe la secrète obole
Dont le pauvre achète son pain (*bis*).

TROISIÈME COUPLET.

Toi qui tiens dans ta main diverse
L'abondance et la nudité,
Afin que de leur doux commerce
Naissent justice et charité, (*bis*).

QUATRIÈME COUPLET.

Charge-toi seule, ô Providence,
De connaître nos bienfaiteurs
Et de puiser leur récompense
Dans les trésors de tes faveurs ! (*bis*).

CINQUIÈME COUPLET.

Qu'un vœu qui dans leur cœur commence
Que leurs soupirs les plus voilés
Soient exaucés dans ta clémence
Avant de t'être révélés, (*bis*).

SIXIÈME COUPLET.

Que leurs mères dans leur vieillesse
Ne meurent qu'après des jours pleins;
Et que les fils de leur jeunesse
Ne restent jamais orphelins ! (*bis*).

Nº 28.

LE PETIT POSTILLON.

Paroles de H. DEMOLIÈRE. Musique de J. MAINZER.

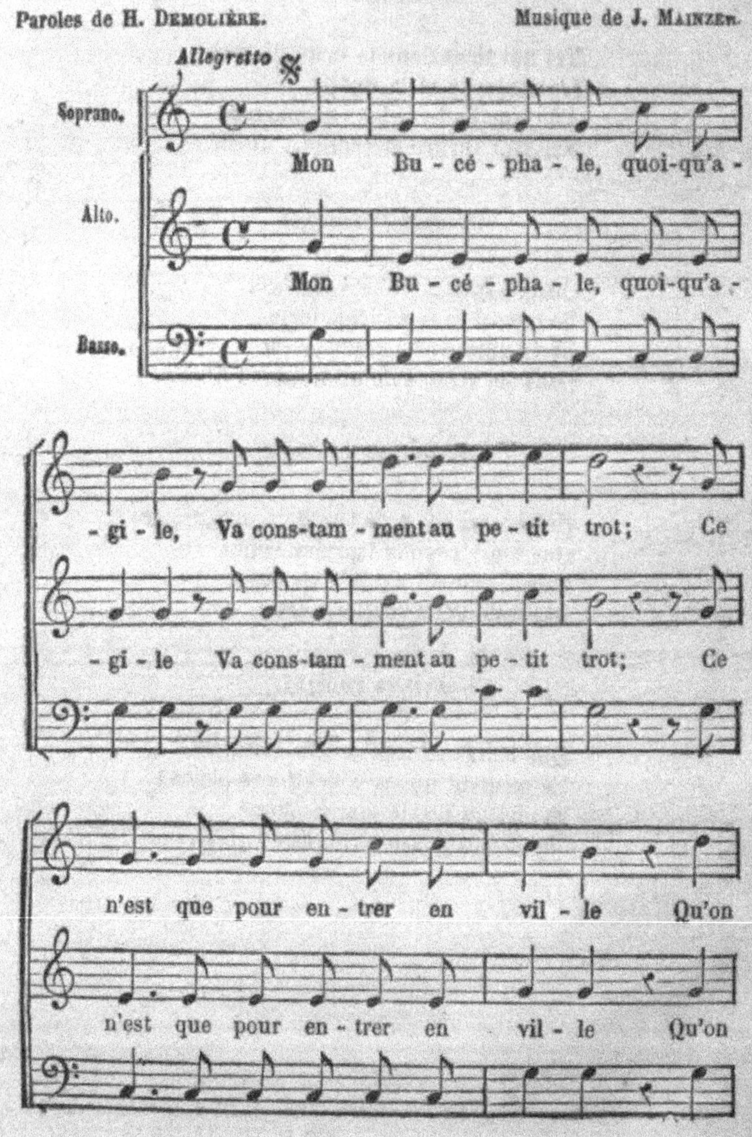

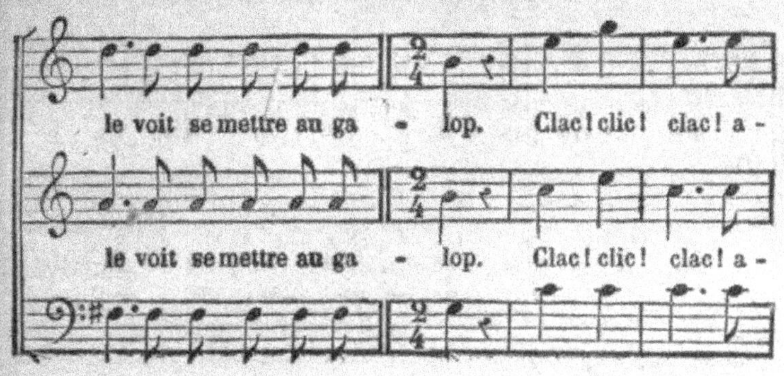

le voit se mettre au ga - lop. Clac! clic! clac! a -
le voit se mettre au ga - lop. Clac! clic! clac! a -

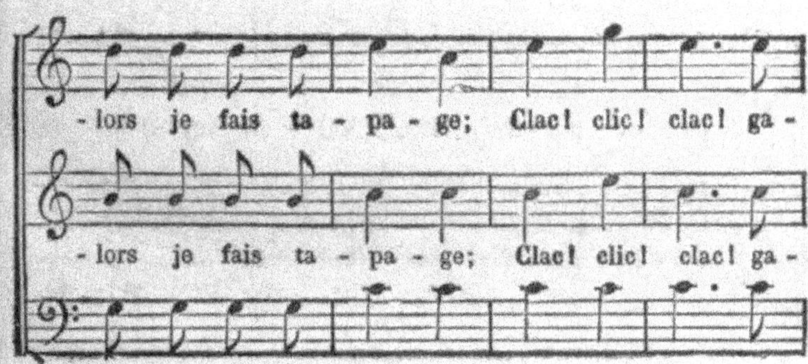

- lors je fais ta - pa - ge; Clac! clic! clac! ga -
- lors je fais ta - pa - ge; Clac! clic! clac! ga -

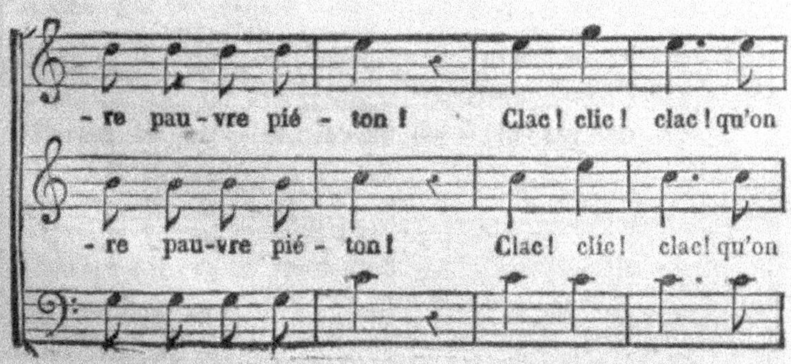

- re pau - vre pié - ton! Clac! clic! clac! qu'on
- re pau - vre pié - ton! Clac! clic! clac! qu'on

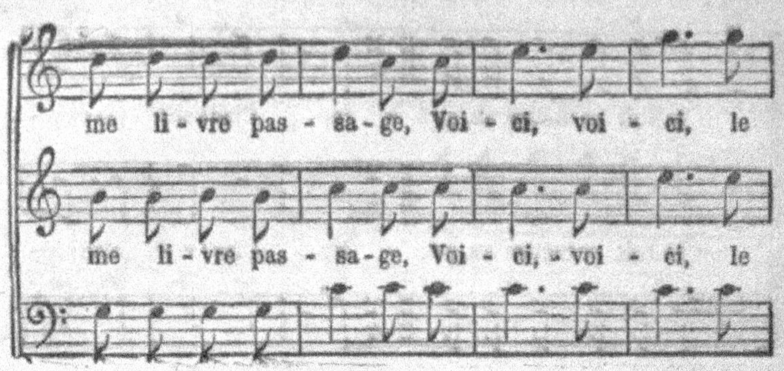
me li - vre pas - sa - ge, Voi - ci, voi - ci, le

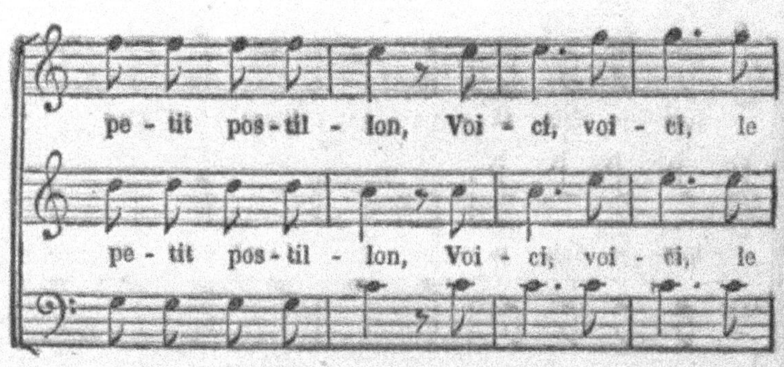
pe - tit pos - til - lon, Voi - ci, voi - ci, le

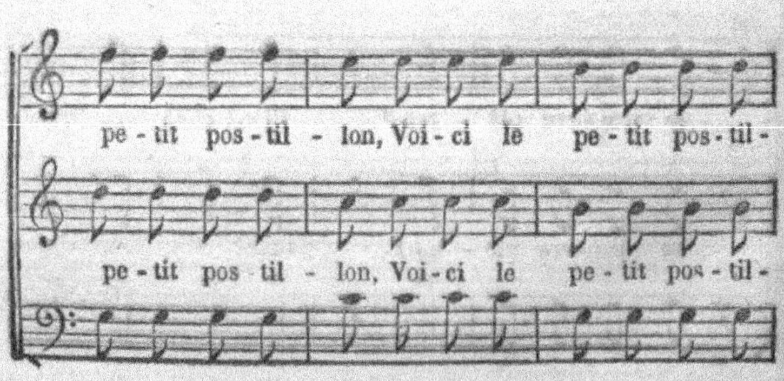
pe - tit pos - til - lon, Voi - ci le pe - tit pos - til -

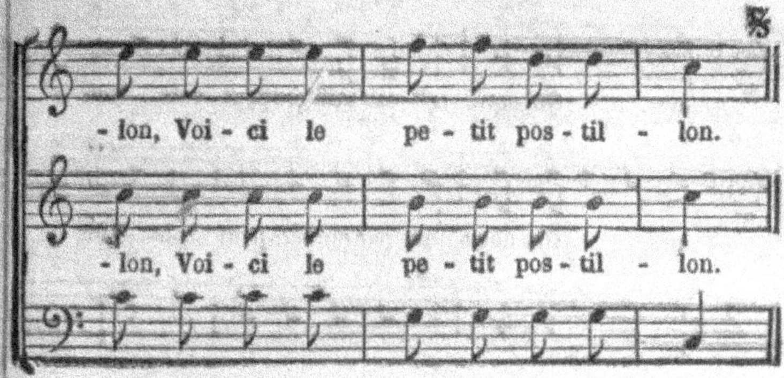

DEUXIÈME COUPLET.

Porter de fâcheuses nouvelles,
C'est le moyen d'être mal vu !
Je ne me charge que des belles
Pour être toujours bien reçu !
    Clac ! clic ! clac ! clic ! etc.

TROISIÈME COUPLET.

Pas une maison d'où je sorte
Qui n'ait pris soin de me choyer !
C'est à qui viendra à la porte
M'offrir le coup de l'étrier !
    Clac ! clic ! clac ! clic ! etc.

———

Nº 29.

NOTRE PATRIE.

Paroles de H. DEMOLIÈRE.   Musique de J. MAINZER.

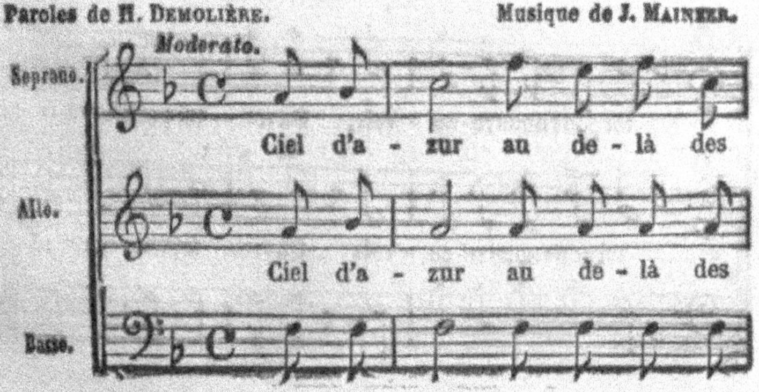

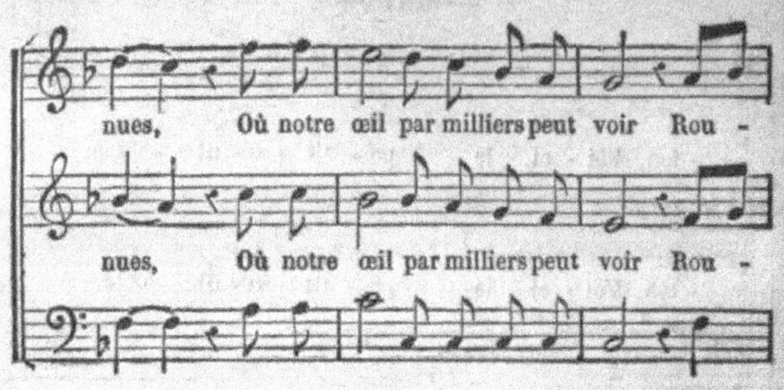
nues,   Où notre œil par milliers peut voir Rou -
nues,   Où notre œil par milliers peut voir Rou -

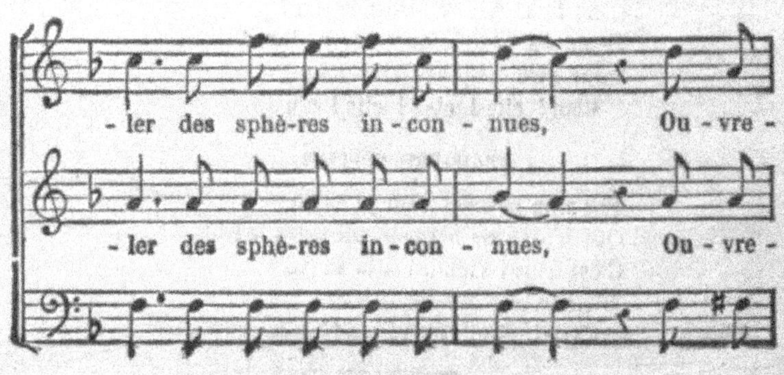
- ler des sphè-res in - con - nues,   Ou - vre -
- ler des sphè-res in - con - nues,   Ou - vre -

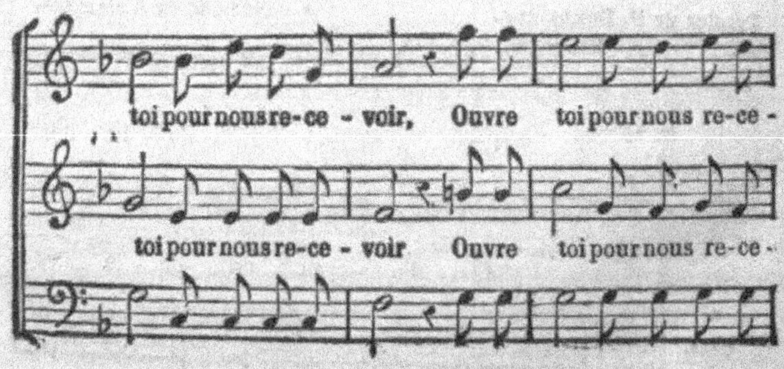
toi pour nous re-ce - voir,   Ouvre   toi pour nous re-ce -
toi pour nous re-ce - voir   Ouvre   toi pour nous re-ce -

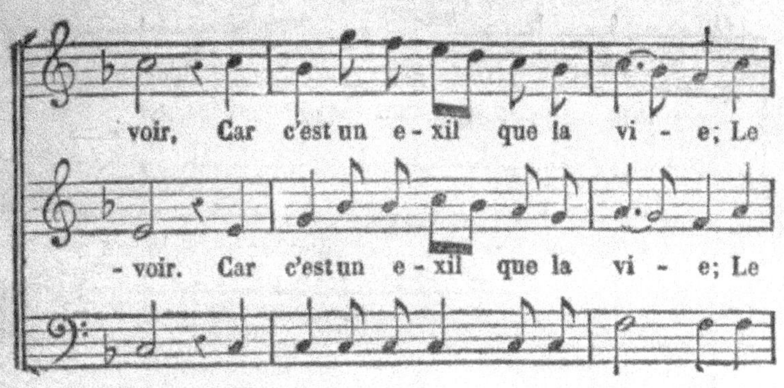
voir, Car c'est un e - xil que la vi - e; Le
- voir. Car c'est un e - xil que la vi - e; Le

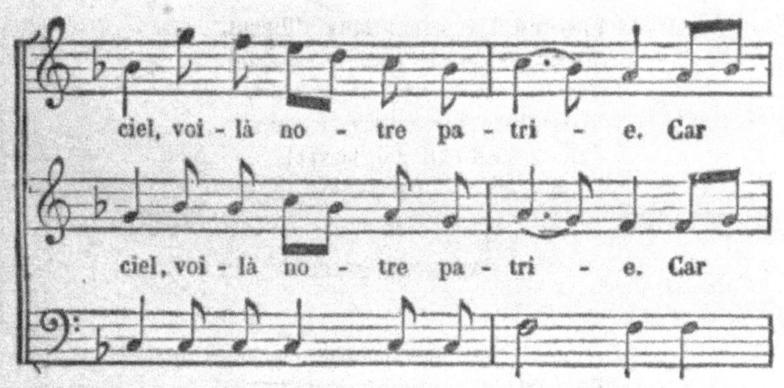
ciel, voi - là no - tre pa - tri - e. Car
ciel, voi - là no - tre pa - tri - e. Car

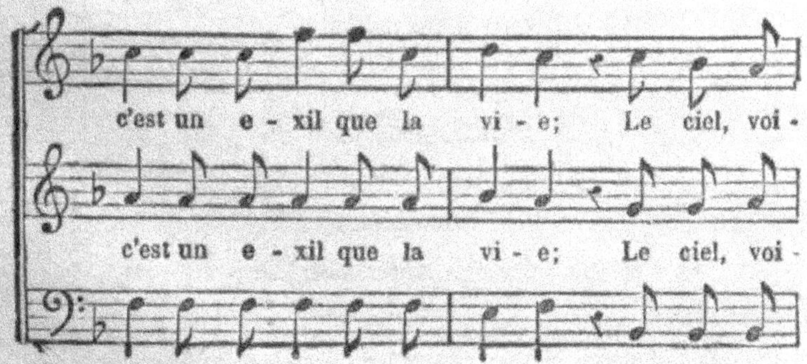
c'est un e - xil que la vi - e; Le ciel, voi -
c'est un e - xil que la vi - e; Le ciel, voi -

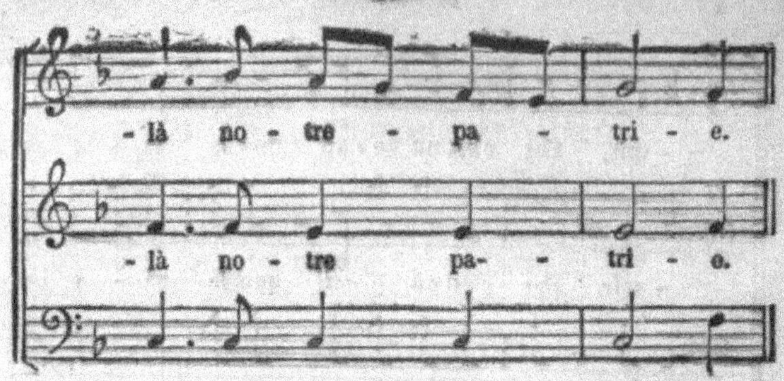

DEUXIÈME COUPLET.

Lorsque des revers nous affligent,
Quand s'abat sur nous le chagrin,
Nos regards vers toi se dirigent,
Vers toi nous étendons la main,
Car c'est un exil que la vie;
Le ciel, voilà notre patrie !

TROISIÈME COUPLET.

De cette terre avec courage,
Parcourons le glissant chemin ;
Dieu promet au bout du voyage
Le bonheur pour le pèlerin.
Oui, c'est un exil que la vie;
Le ciel, voilà notre patrie !

N° 30.

LE DÉPART POUR LES VACANCES.

POUR UNE DISTRIBUTION DE PRIX.

Paroles de H. DEMOLIÈRE.   Musique de J. MAINZER.

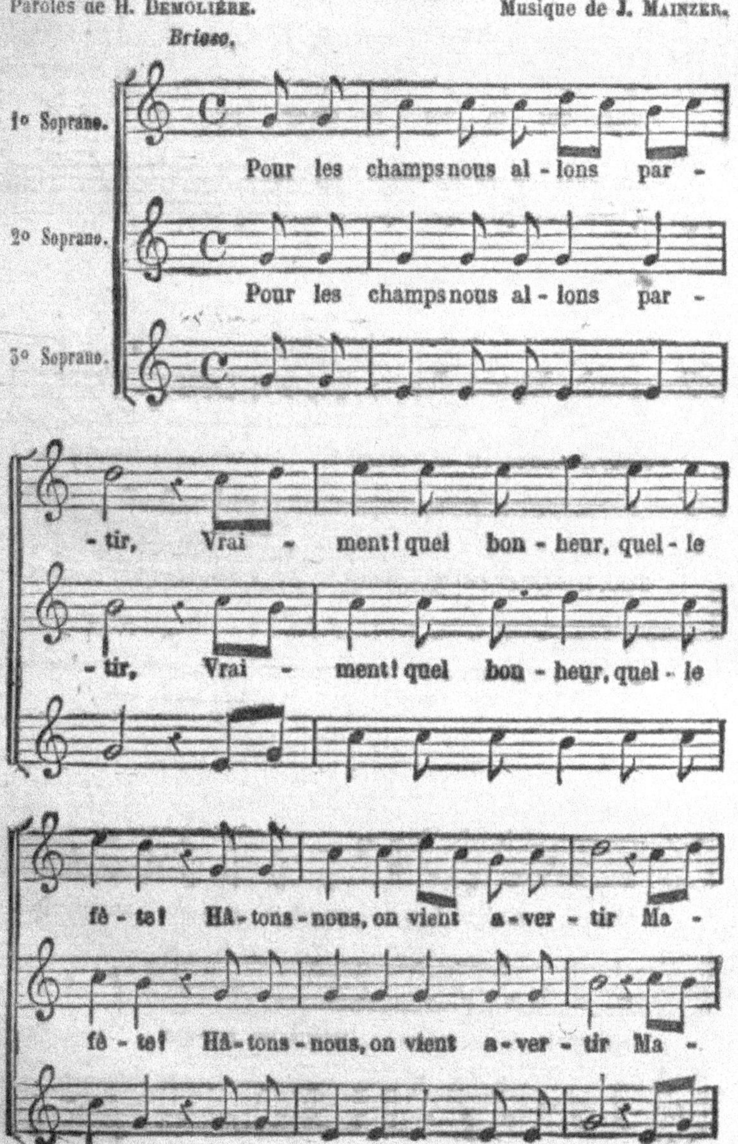

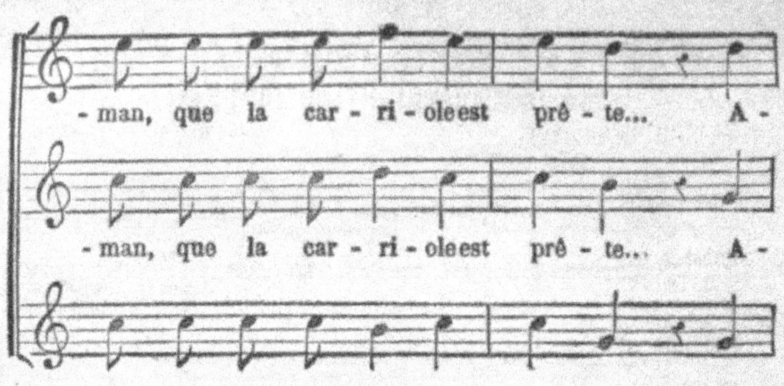
- man, que la car - ri - ole est prê - te... A -
- man, que la car - ri - ole est prê - te... A -

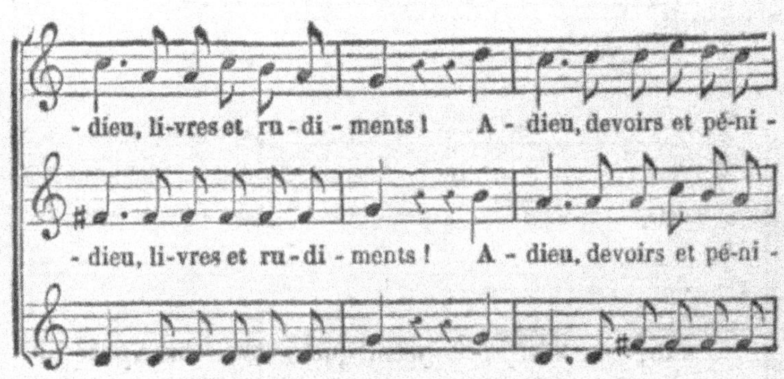
- dieu, li - vres et ru - di - ments ! A - dieu, devoirs et pé - ni -
- dieu, li - vres et ru - di - ments ! A - dieu, devoirs et pé - ni -

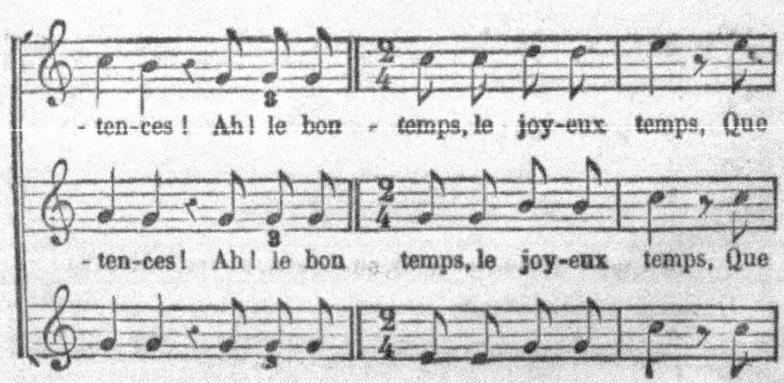
- ten - ces ! Ah ! le bon - temps, le joy - eux temps, Que
- ten - ces ! Ah ! le bon - temps, le joy - eux temps, Que

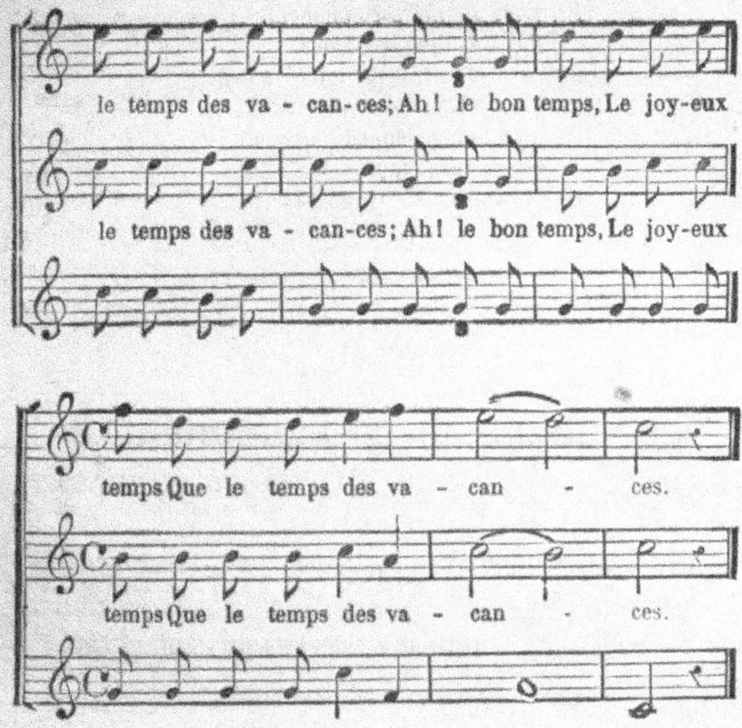

DEUXIÈME COUPLET.

Je vais courir pendant un mois,
L'esprit libre d'inquiétudes;
Les prés, les côteaux et les bois
Vont être mes salles d'études.
Au lieu de *pensums* attristants,
Chaque jour des jeux et des danses !
    Ah ! le bon temps,
    Le joyeux temps
Que le temps des vacances !

TROISIÈME COUPLET.

Un mois, c'est peu, mais, dans un an,
Même époque se renouvelle,

Et, pour atteindre ce moment,
Je dois travailler avec zèle.
Oui, par mon travail, tous les ans,
J'obtiendrai mêmes jouissances !
  Ah ! le bon temps,
  Le joyeux temps,
Que le temps des vacances !

N° 31.

LE PRISONNIER ET L'HIRONDELLE.

Paroles de X.....

Musique de J. Mainzer.
Revue par F.-J.-L. Langlet.

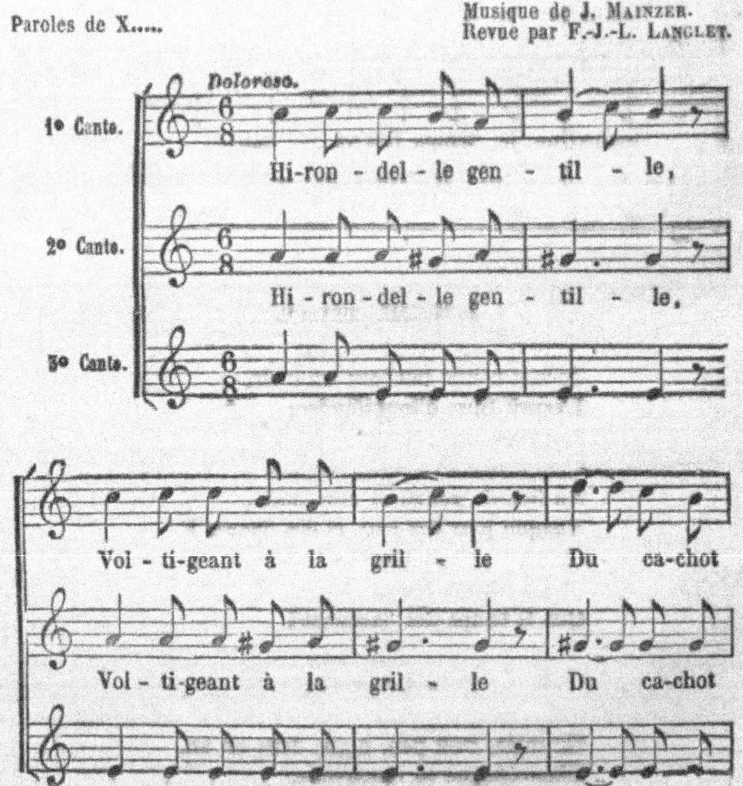

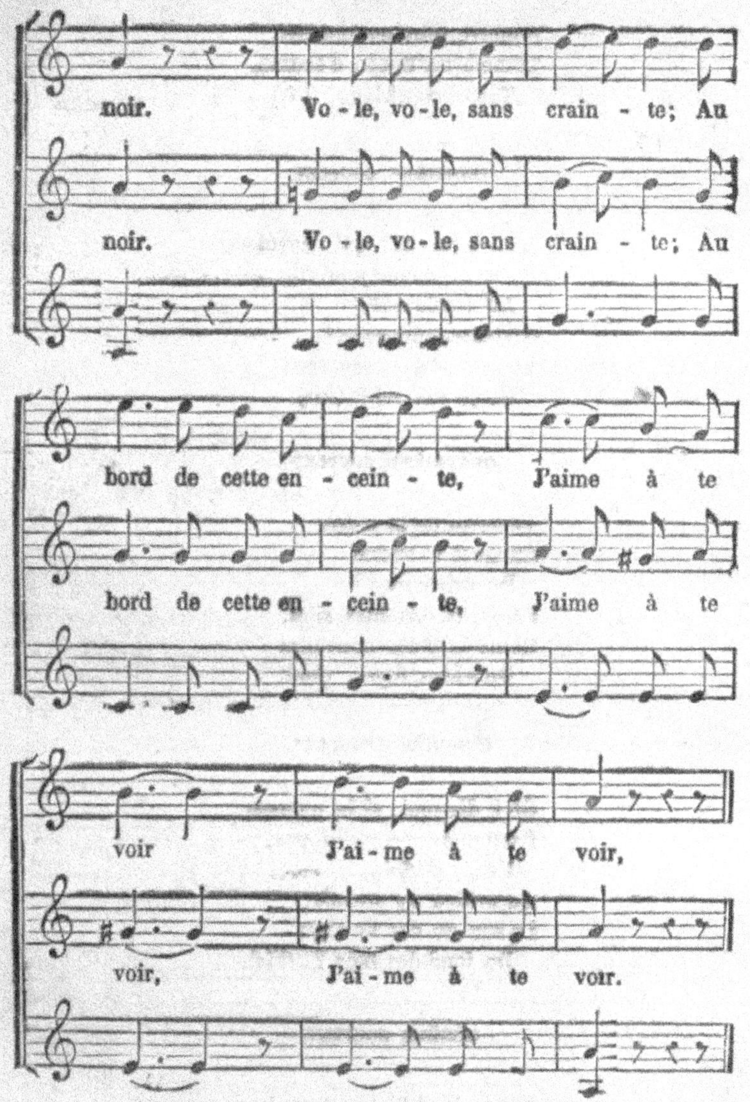

DEUXIÈME COUPLET,

Légère, aérienne,
Dans ta robe d'ébène,
Lorsque le vent

Soulève sous tes plumes,
Comme un flocon d'écume,
  Ton corset blanc. (*bis*)

TROISIÈME COUPLET.

D'où viens-tu ? qui t'envole
Porter si douce joie
  Au condamné ?
O riante compagne !
Viens-tu de la montagne
  Où je suis né ? (*bis*).

QUATRIÈME COUPLET.

Viens-tu de la patrie
Éloignée et chérie
  Du prisonnier ?
Fée, aux luisantes ailes,
Conte-moi des nouvelles
  Du vieux foyer. (*bis*).

CINQUIÈME COUPLET.

Oh ! dis-moi, si la mousse
Est toujours aussi douce,
  Et si, parfois,
Au milieu du silence
Le son du cor s'élance
  Du fond des bois ? (*bis*).

SIXIÈME COUPLET.

Dis-moi, si l'homme espère
Encor sur cette terre
  Quelques beaux jours ?
Si la blanche aubépine,
Au haut de la colline,
  Fleurit toujours ? (*bis*).

SEPTIÈME COUPLET.

Il pleut ; la nuit est sombre,
Le vent souffle dans l'ombre
  De la prison ;
Hélas ! pauvre petite,
As-tu froid ? entre vite
  Au noir donjon. (*bis*).

HUITIÈME COUPLET.

Tu t'envoles ? j'y songe,
C'est que tout est mensonge,
  Espoir heurté ;
Il n'est dans cette vie
Qu'un bien digne d'envie
  La liberté ! (*bis*).

N° 32.

ODE TIRÉE DU PSAUME 90.

Paroles de J.-B. ROUSSEAU.   Musique de J. MAINZER.

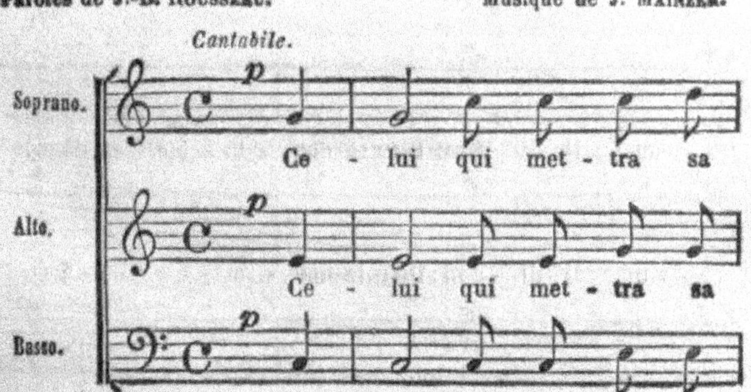

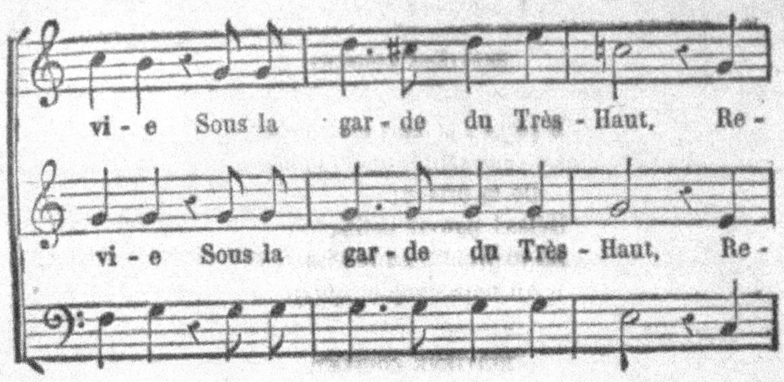
vi - e Sous la gar - de du Très - Haut, Re -
vi - e Sous la gar - de du Très - Haut, Re -

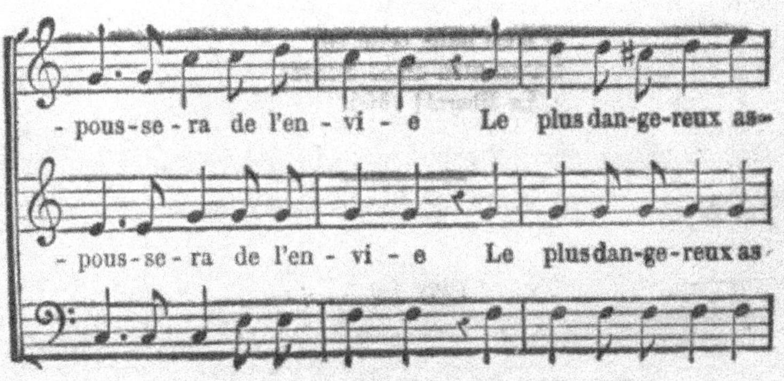
- pous-se - ra de l'en - vi - e Le plus dan-ge-reux as-
- pous-se - ra de l'en - vi - e Le plus dan-ge-reux as-

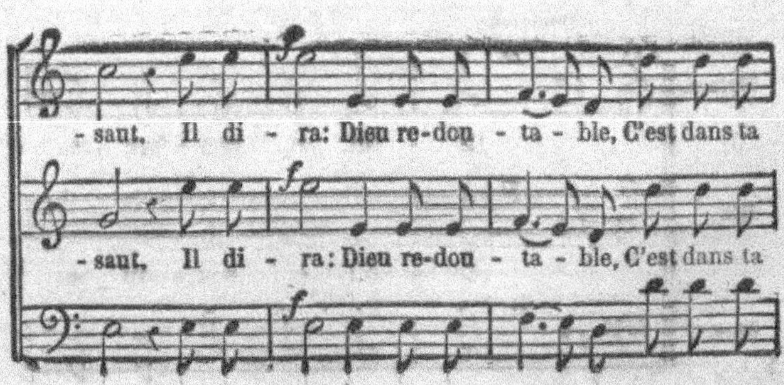
- saut, Il di - ra: Dieu re-dou - ta - ble, C'est dans ta
- saut, Il di - ra: Dieu re-dou - ta - ble, C'est dans ta

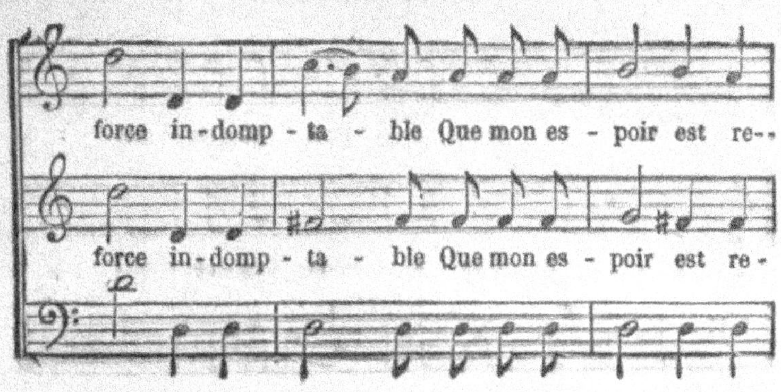

force in-domp - ta - ble Que mon es - poir est re--
force in-domp - ta - ble Que mon es - poir est re-

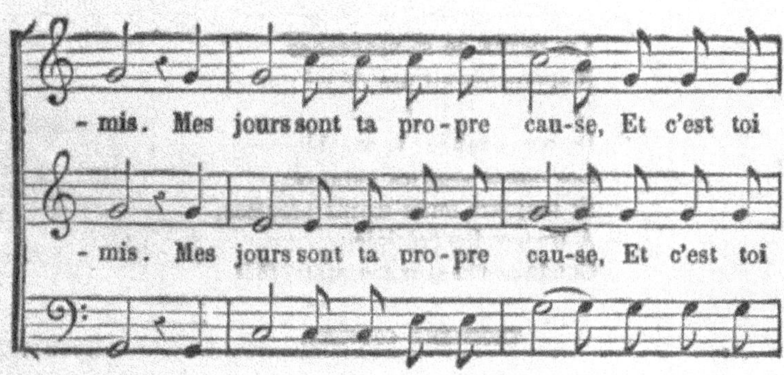

- mis. Mes jours sont ta pro-pre cau-se, Et c'est toi
- mis. Mes jours sont ta pro-pre cau-se, Et c'est toi

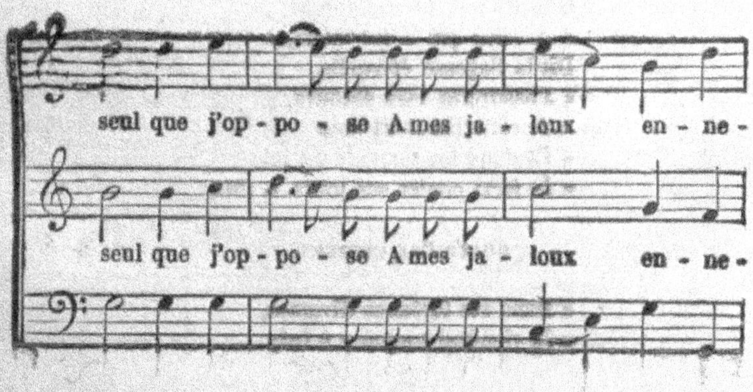

seul que j'op-po - se A mes ja - loux en - ne-
seul que j'op-po - se A mes ja - loux en - ne-

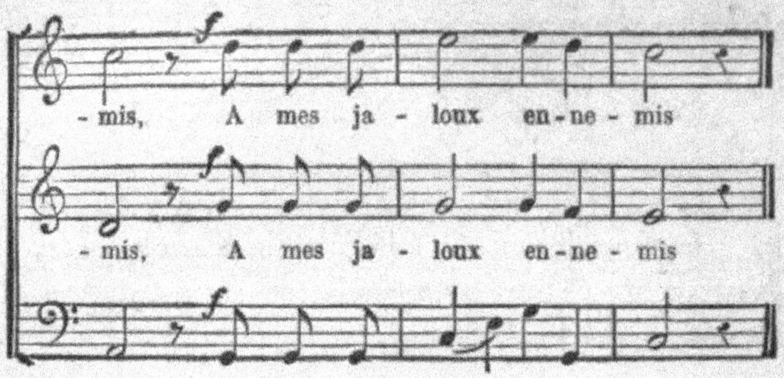

DEUXIÈME COUPLET.

Mon cœur, sois en assurance,
Dieu se souvient de ta foi ;
Les fléaux de sa vengeance
N'approcheront pas de toi ;
Le juste est invulnérable ;
De son bonheur immuable
Les anges sont les garants ;
Et toujours leurs mains propices,
A travers les précipices,
Conduisent ses pas errants. (*bis.*)

TROISIÈME COUPLET.

Si quelques vaines faiblesses
Troublent ses jours triomphants,
Il se souvient des promesses
Que Dieu fait à ses enfants.
« A celui qui m'est fidèle, »
Dit la Sagesse éternelle,
« J'assurerai mes secours,
« Je raffermirai sa voie,
« Et dans les torrents de joie
« Je ferai couler ses jours. » (*bis.*)

QUATRIÈME COUPLET.

« Dans ses fortunes diverses,
« Je viendrai toujours à lui;

« Je serai dans ses traverses
« Son inséparable appui ;
« Je le comblerai d'années
« Paisibles et fortunées ;
« Je bénirai ses desseins ;
« Il vivra dans ma mémoire
« Et partagera la gloire
« Que je réserve à mes saints. » (*bis.*)

Nº 33.

LA FOI.

Paroles de RACINE.

Musique de J. MAINZER.
Revue par F.-J.-L. LANGLET.

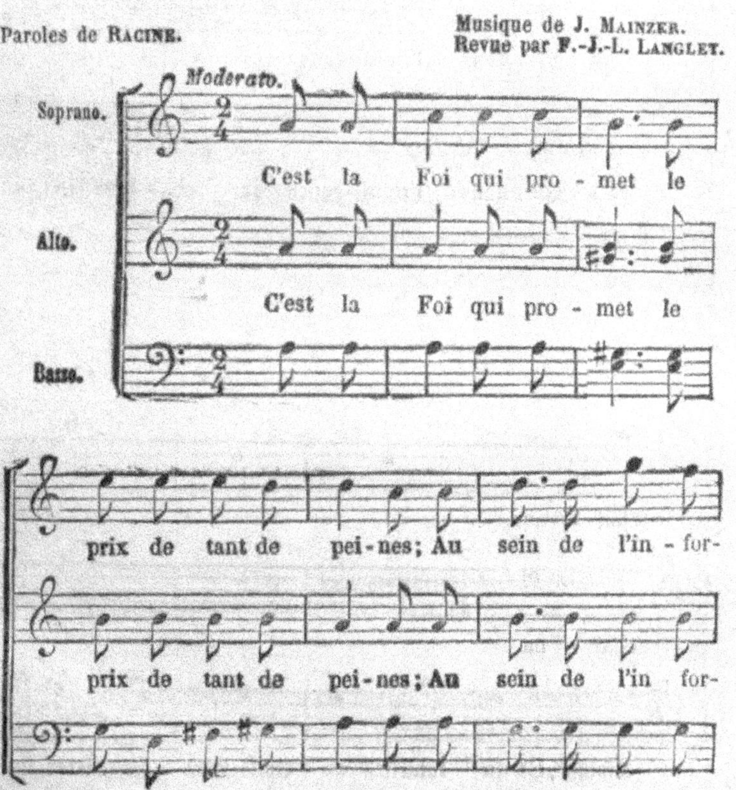

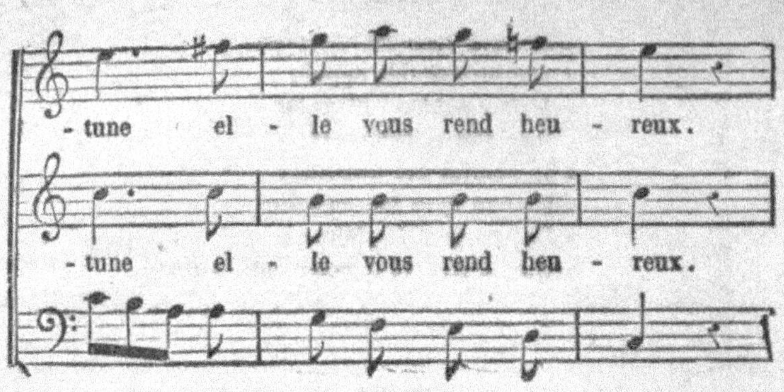
- tune el - le vous rend heu - reux.
- tune el - le vous rend heu - reux.

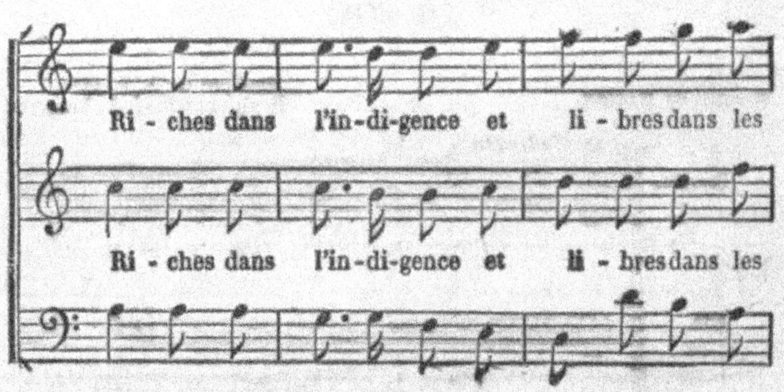
Ri - ches dans l'in-di-gence et li - bres dans les
Ri - ches dans l'in-di-gence et li - bres dans les

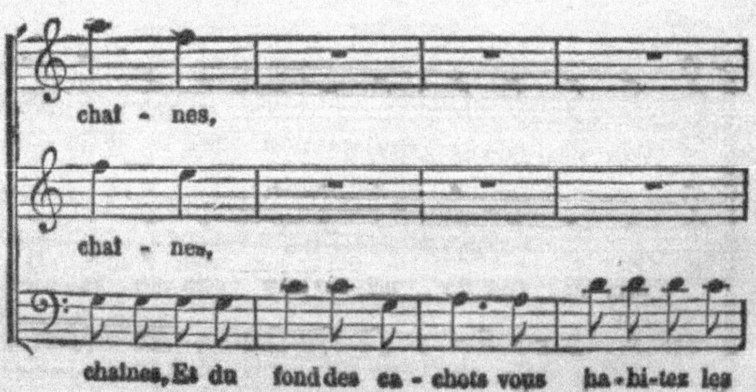
chaî - nes,
chaî - nes,
chaînes, Et du fond des ca - chots vous ha - bi-tez les

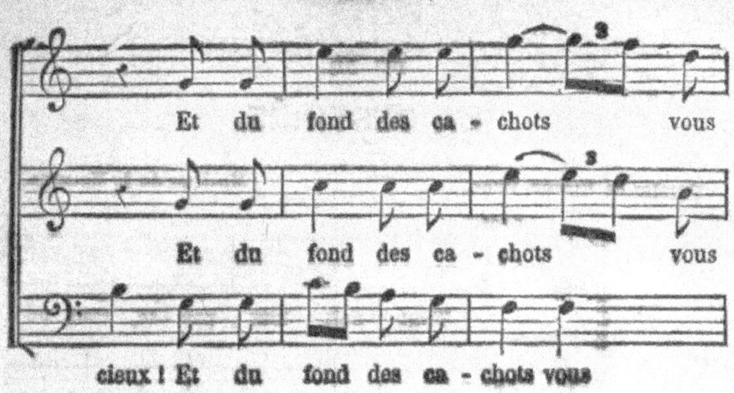
Et du fond des ca - chots vous
Et du fond des ca - chots vous
cieux ! Et du fond des ca - chots vous

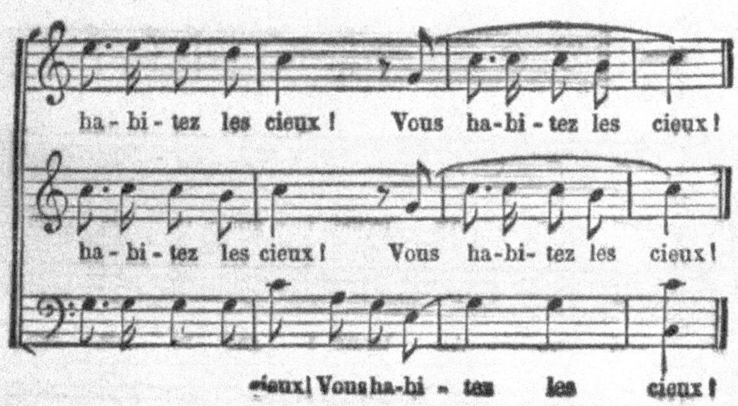
ha - bi - tez les cieux ! Vous ha-bi-tez les cieux !
ha - bi - tez les cieux ! Vous ha-bi-tez les cieux !
cieux! Vous ha-bi - tez les cieux !

N° 34.

LA DESTINÉE.

Paroles de Victor Hugo.   Musique de J. Mainzer.

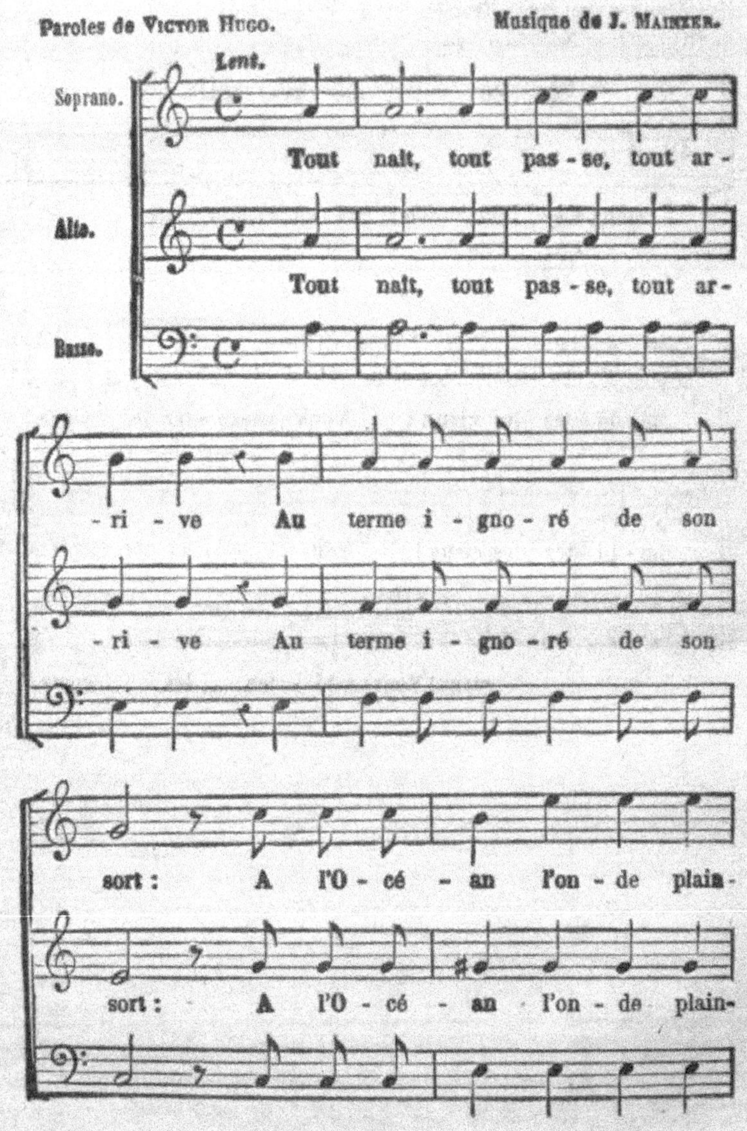

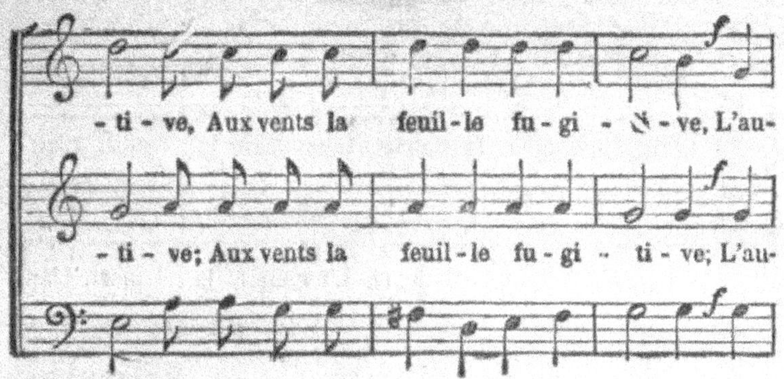
- ti - ve, Aux vents la feuil - le fu - gi - ti - ve, L'au-
- ti - ve; Aux vents la feuil - le fu - gi - ti - ve; L'au-

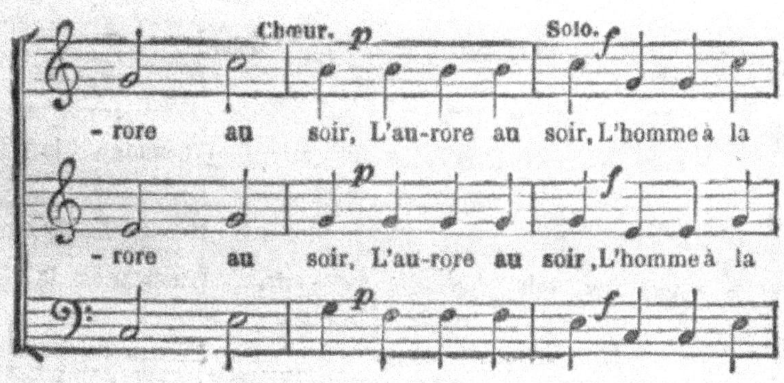
Chœur. p   Solo.
- rore au soir, L'au-rore au soir, L'homme à la
- rore au soir, L'au-rore au soir, L'homme à la

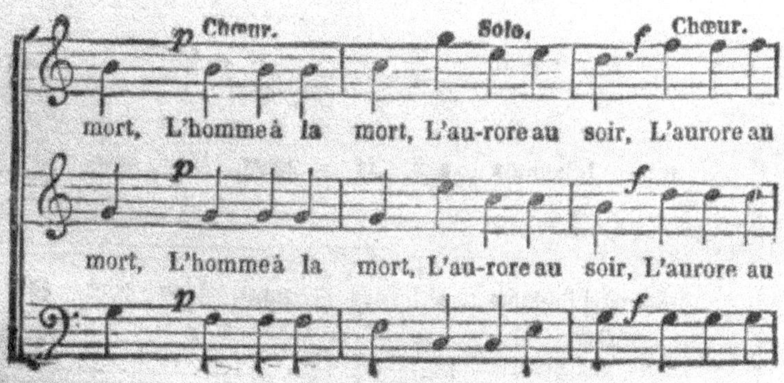
p Chœur.   Solo.   Chœur.
mort, L'homme à la mort, L'au-rore au soir, L'aurore au
mort, L'homme à la mort, L'au-rore au soir, L'aurore au

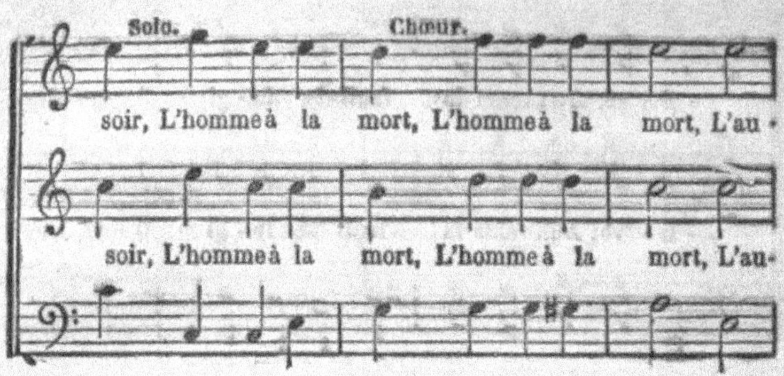
Solo.
Chœur.
soir, L'homme à la mort, L'homme à la mort, L'au -
soir, L'homme à la mort, L'homme à la mort, L'au -

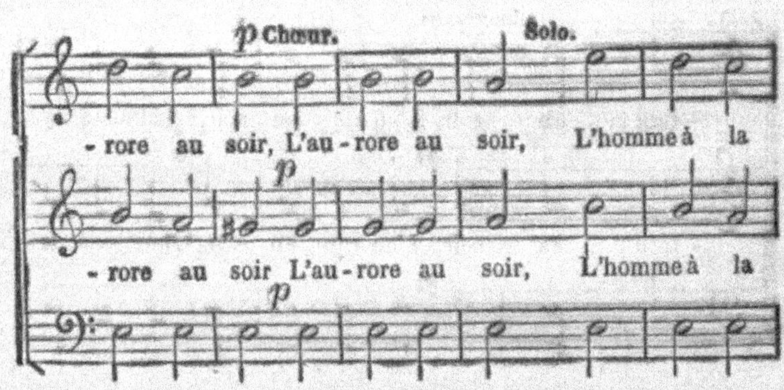
p Chœur.
Solo.
- rore au soir, L'au - rore au soir, L'homme à la
p
- rore au soir L'au - rore au soir, L'homme à la

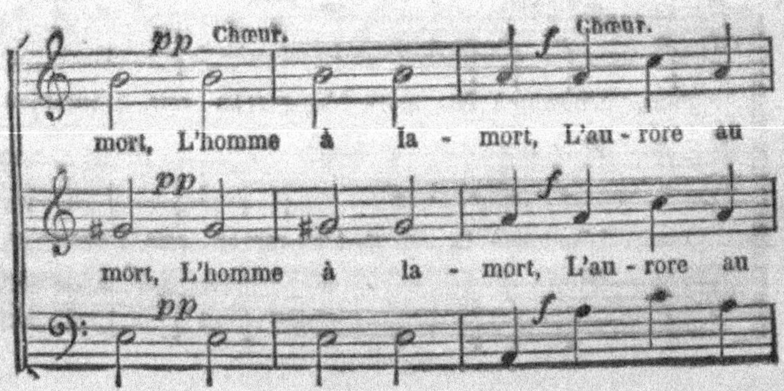
pp Chœur.
Chœur.
mort, L'homme à la - mort, L'au - rore au
pp
mort, L'homme à la - mort, L'au - rore au

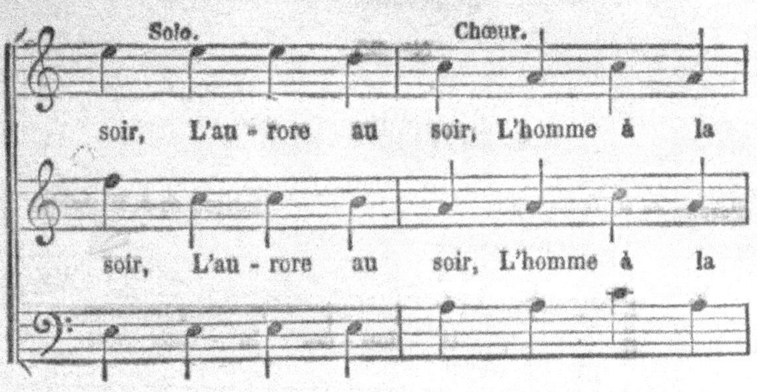
Solo.
Chœur.
soir,   L'au - rore   au   soir,   L'homme   à   la
soir,   L'au - rore   au   soir,   L'homme   à   la

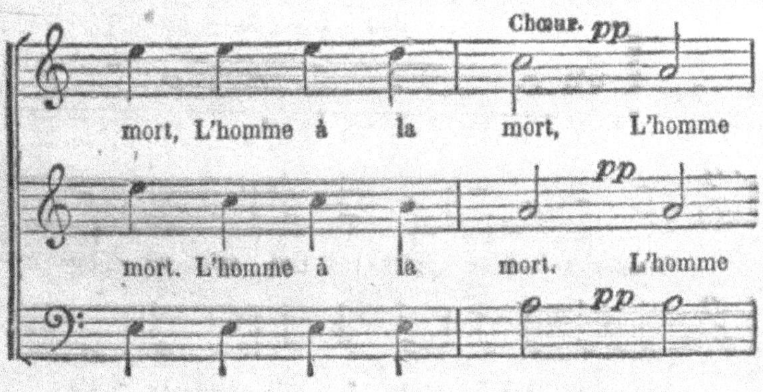
Chœur. pp
mort,   L'homme   à   la   mort,   L'homme
pp
mort.   L'homme   à   la   mort.   L'homme
pp

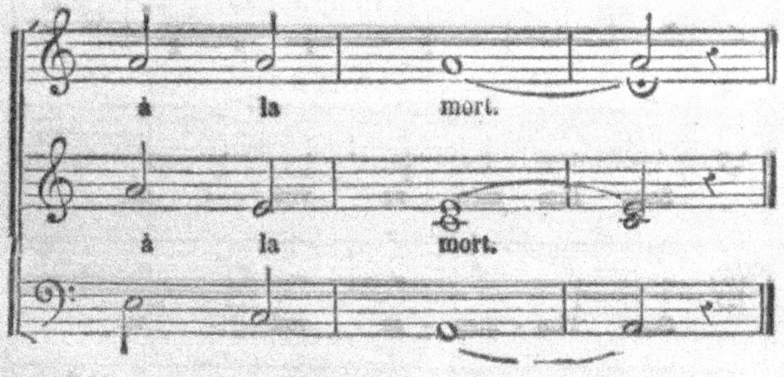
à   la   mort.
à   la   mort.

N° 35.

LA NUIT ÉTOILÉE.

Paroles de H. DEMOLIÈRE.   Musique de J. MAINZER.

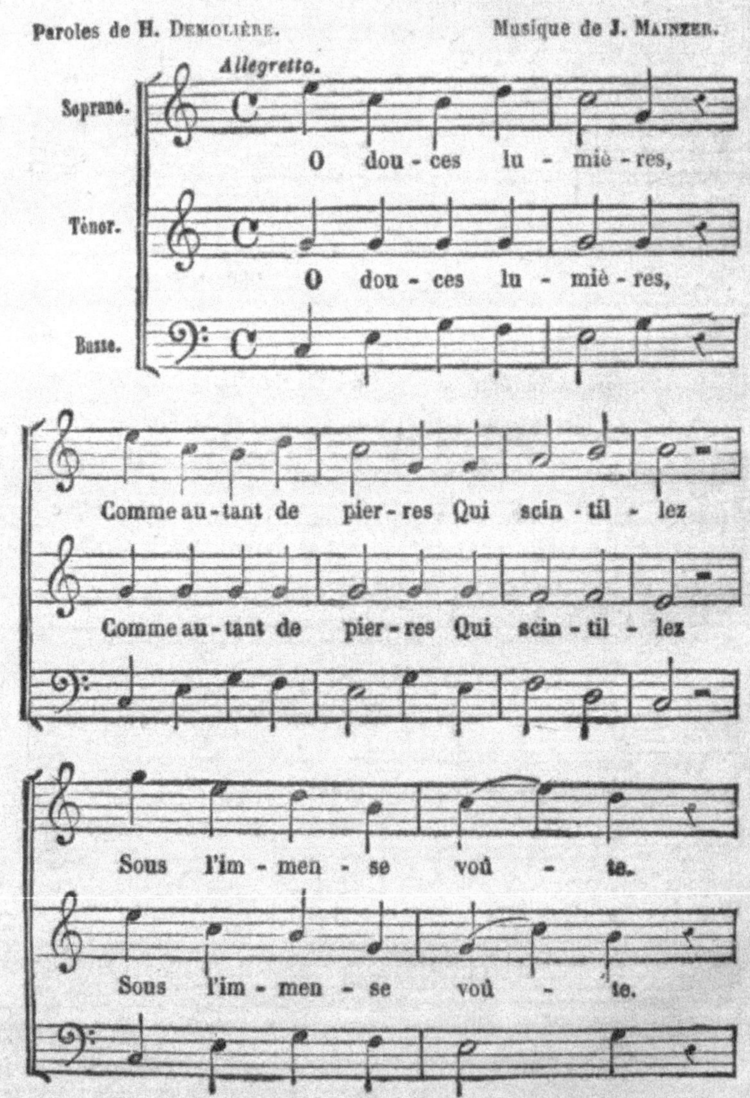

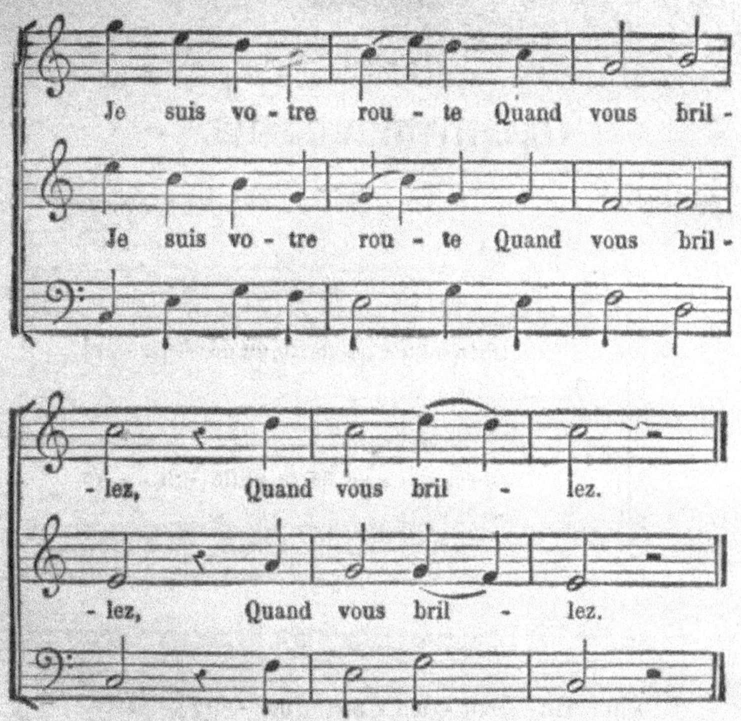

DEUXIÈME COUPLET.

Que mon âme émue
Forme à votre vue
De vœux secrets !
De nos hirondelles
Que n'ai-je les ailes !
A vous j'irais. (*bis*.)

TROISIÈME COUPLET.

Mais quitter ma mère,
Ma sœur et mon père,
Mon frère aussi !
Chez vous, peine extrême !
Rien de ce que j'aime...
Restons ici. (*bis*.)

Nº 36.

CHANT DE GUERRE.

Paroles de.....   Musique de J. MAINZER.

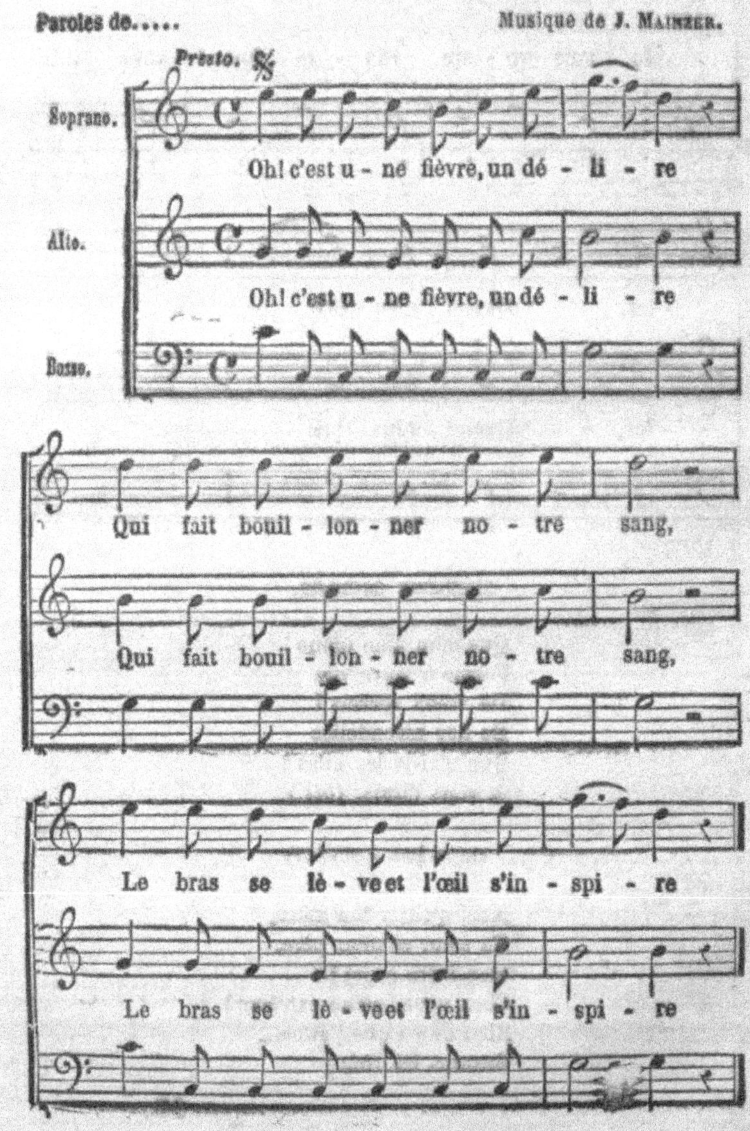

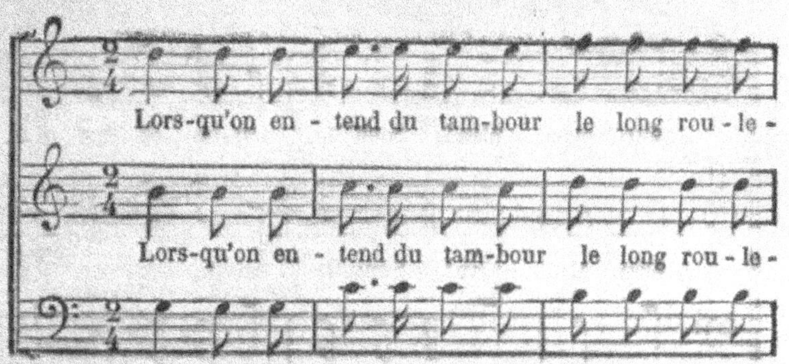
Lors-qu'on en - tend du tam-bour le long rou - le -
Lors-qu'on en - tend du tam-bour le long rou - le -

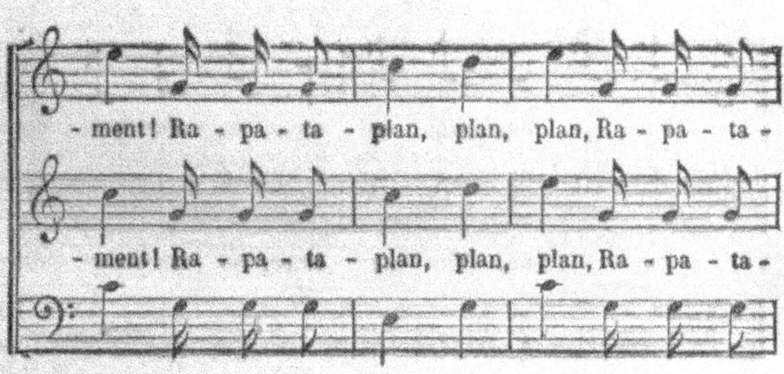
- ment! Ra - pa - ta - plan, plan, plan, Ra - pa - ta -
- ment! Ra - pa - ta - plan, plan, plan, Ra - pa - ta -

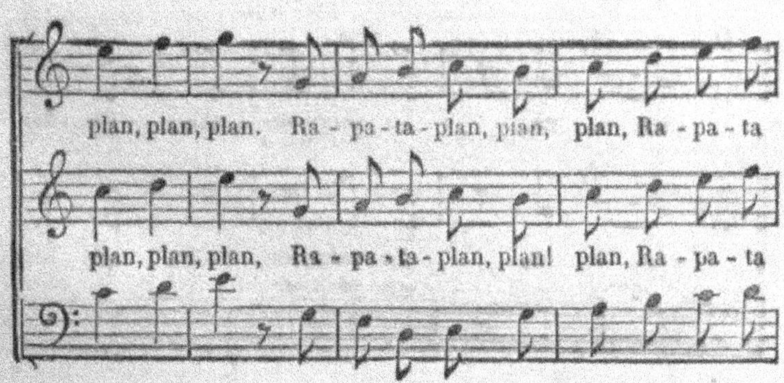
plan, plan, plan. Ra - pa - ta - plan, plan, plan, Ra - pa - ta
plan, plan, plan, Ra - pa - ta - plan, plan! plan, Ra - pa - ta

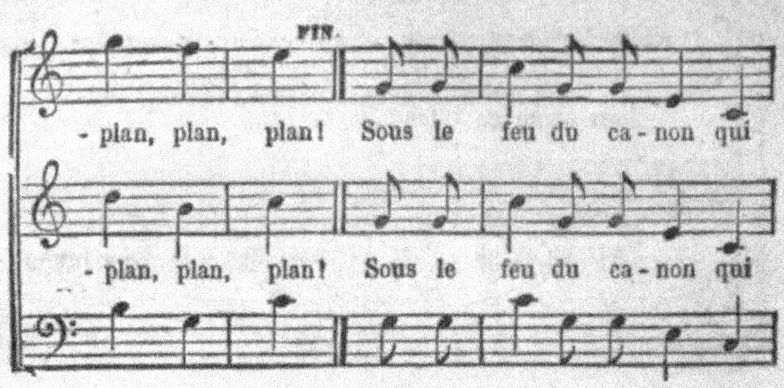

FIN.
- plan, plan, plan! Sous le feu du ca - non qui
- plan, plan, plan! Sous le feu du ca - non qui

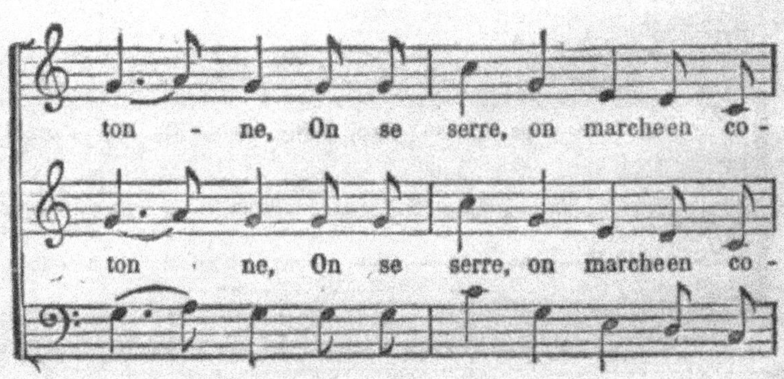

ton - ne, On se serre, on marche en co -
ton - ne, On se serre, on marche en co -

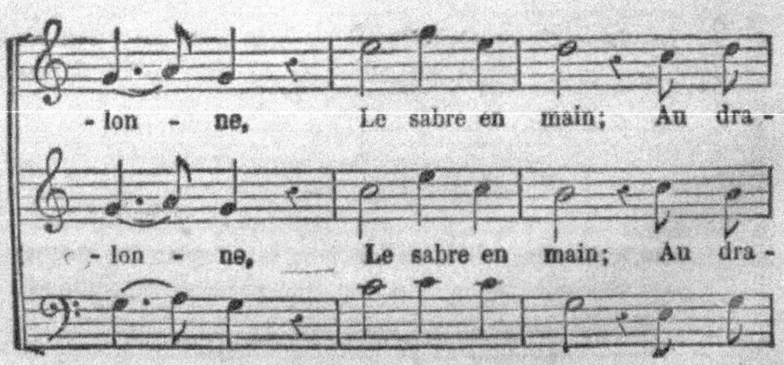

- lon - ne, Le sabre en main; Au dra -
- lon - ne, Le sabre en main; Au dra -

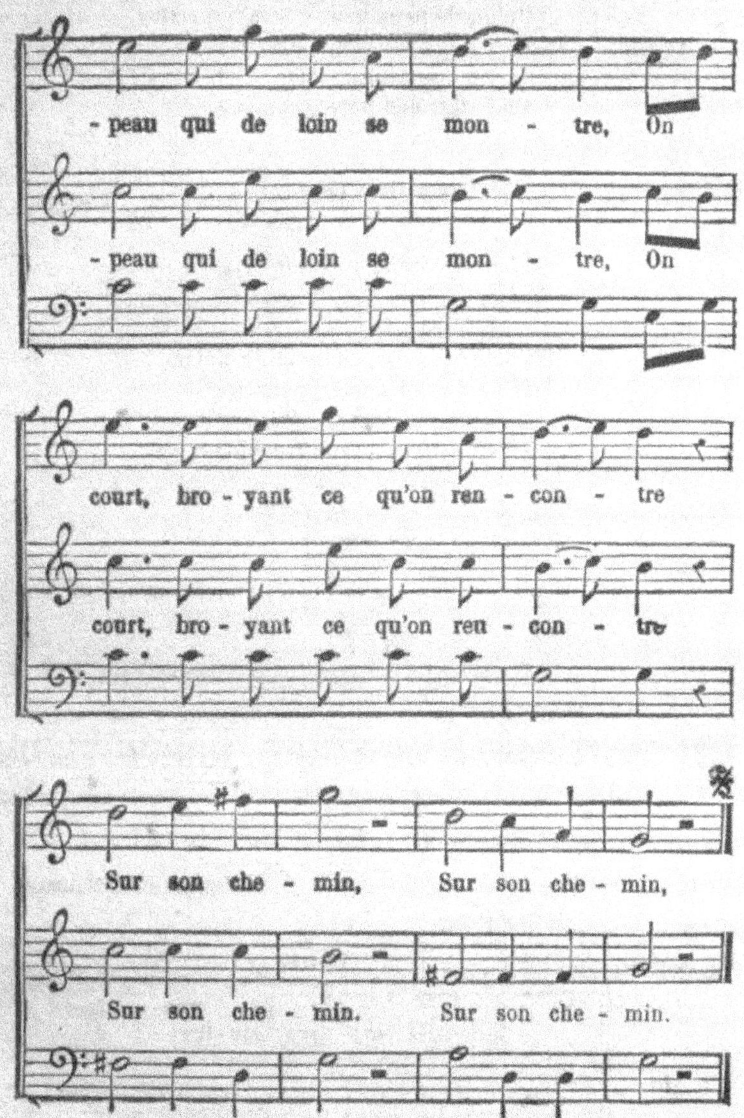

DEUXIÈME COUPLET.

Fossés, monts, rien ne nous arrête,
Ni des balles sur notre tête
        Le sifflement ;

Qu'un de nous tombe, et notre glaive
D'ennemis sur son corps élève
   Un monument, (*bis*).
Oh ! c'est une fièvre, etc. (*bis*.)

TROISIÈME COUPLET.

L'ennemi cède, il est en fuite ;
Chacun s'élance à sa poursuite
   En furieux ;
Puis, ivres de poudre et de gloire,
Nous entonnons de la victoire
   Le chant joyeux. (*bis*).
Oh ! c'est une fièvre, etc. (**bis.**)

N° 37.

ÉTERNITÉ DE LA NATURE, BRIÈVETÉ DE LA VIE.

Paroles de VICTOR HUGO.   Musique de J. MAINZER.

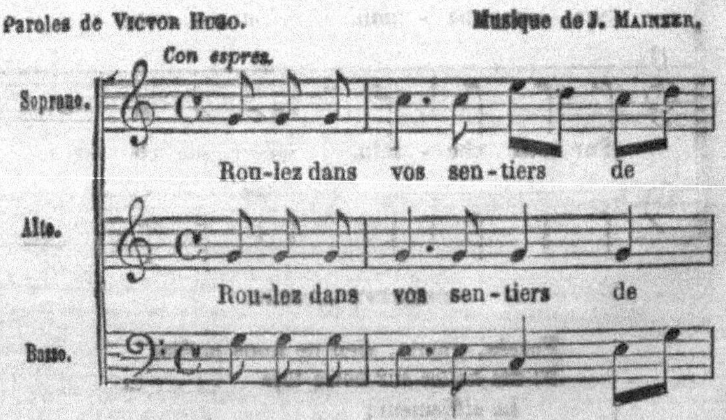

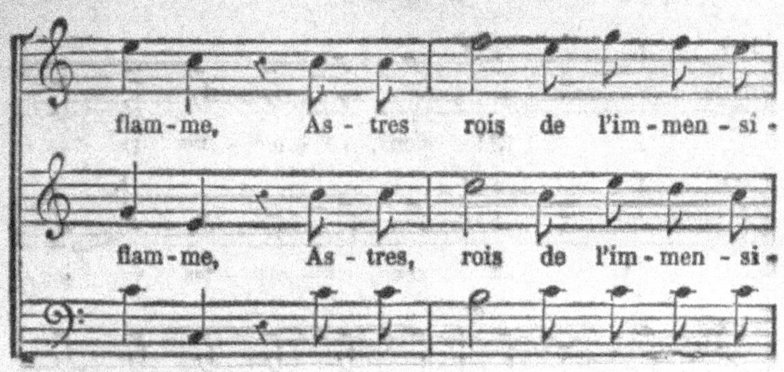

flam - me, As - tres rois de l'im - men - si -
flam - me, As - tres, rois de l'im - men - si -

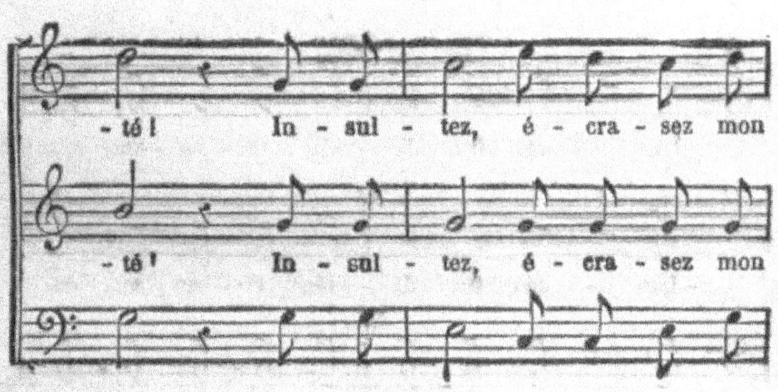

- té ! In - sul - tez, é - cra - sez mon
- té ! In - sul - tez, é - cra - sez mon

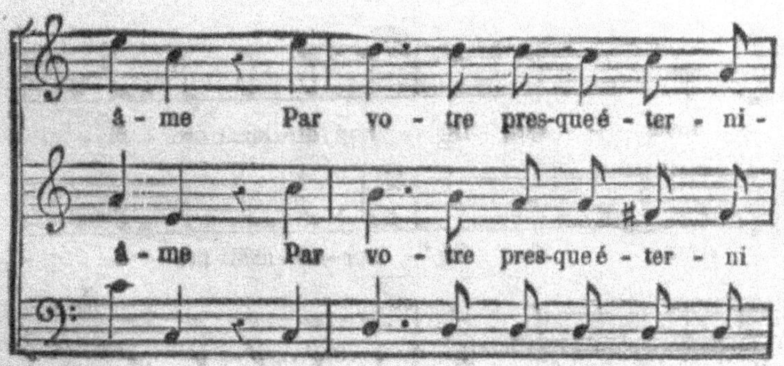

â - me Par vo - tre pres-queé - ter - ni -
â - me Par vo - tre pres-queé - ter - ni

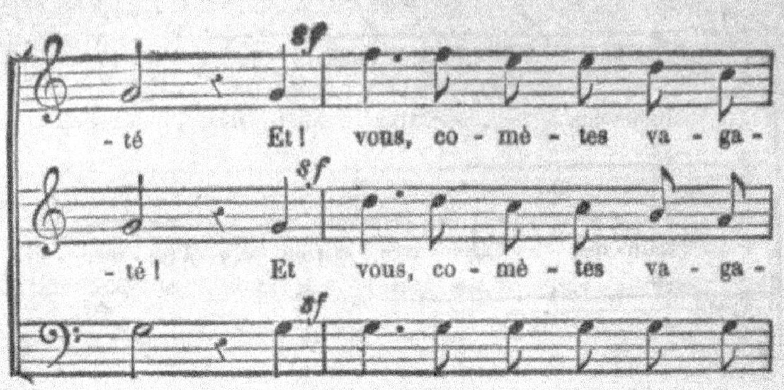
sf
- té   Et ! vous, co - mè - tes va - ga-
sf
- té !   Et   vous, co - mè - tes va - ga-
sf

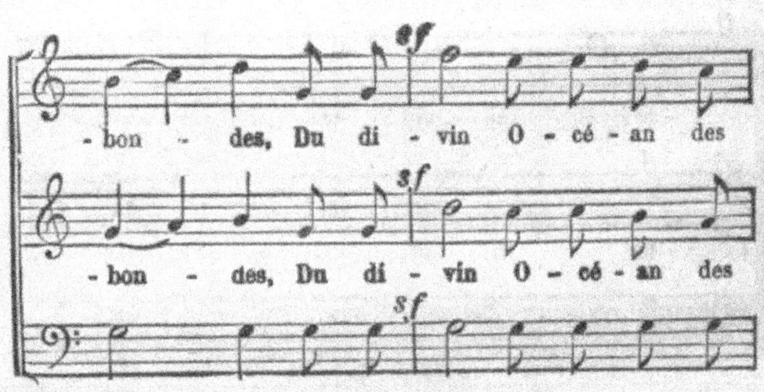
sf
- bon - des, Du di - vin O - cé - an des
sf
- bon - des, Du di - vin O - cé - an des
sf

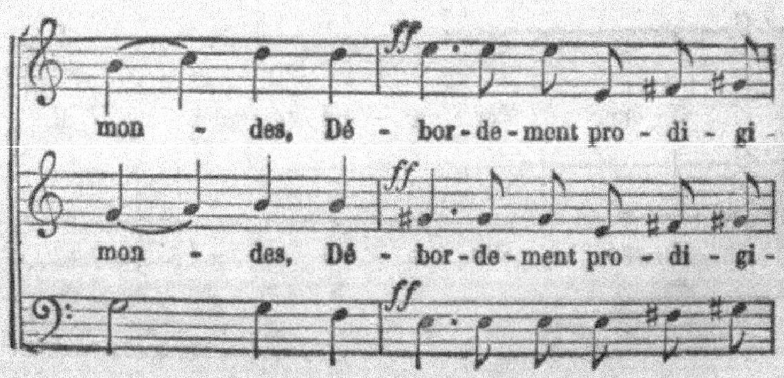
ff
mon - des, Dé - bor - de - ment pro - di - gi-
ff
mon - des, Dé - bor - de - ment pro - di - gi-
ff

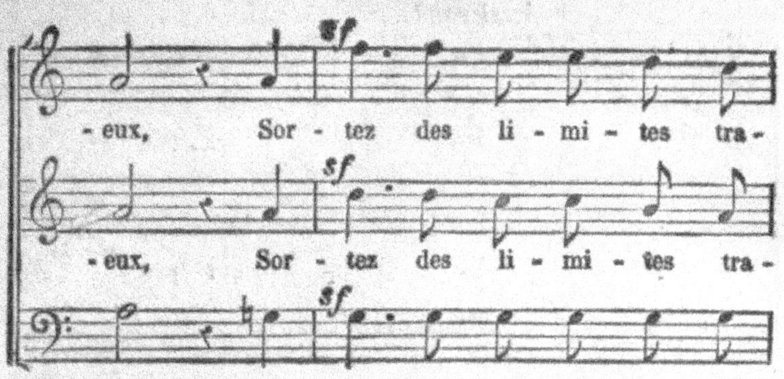
sf
- eux, Sor - tez des li - mi - tes tra -
sf
- eux, Sor - tez des li - mi - tes tra -
sf

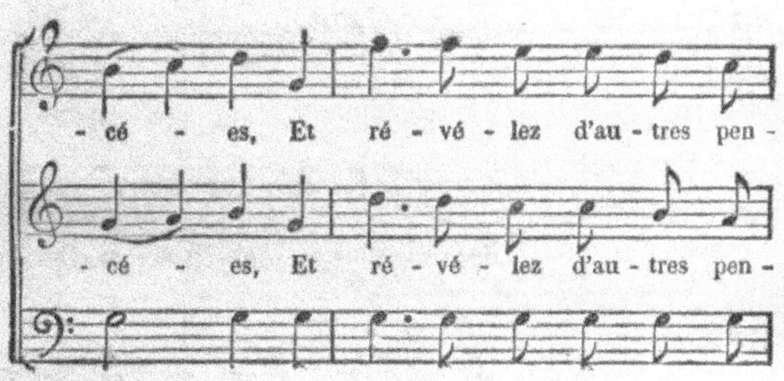
- cé - es, Et ré - vé - lez d'au - tres pen -
- cé - es, Et ré - vé - lez d'au - tres pen -

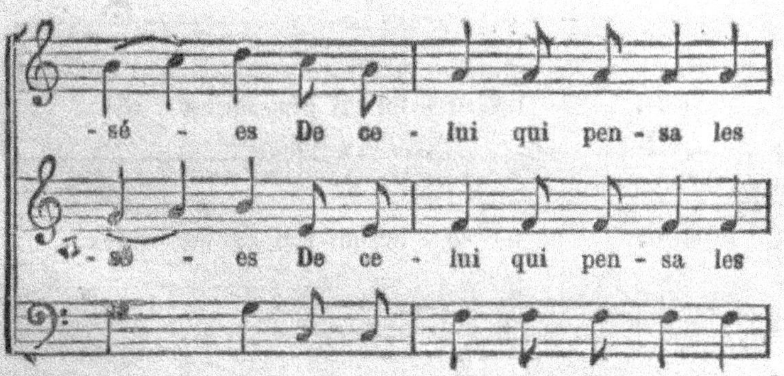
- sé - es De ce - lui qui pen - sa les
- sé - es De ce - lui qui pen - sa les

Accelerando.

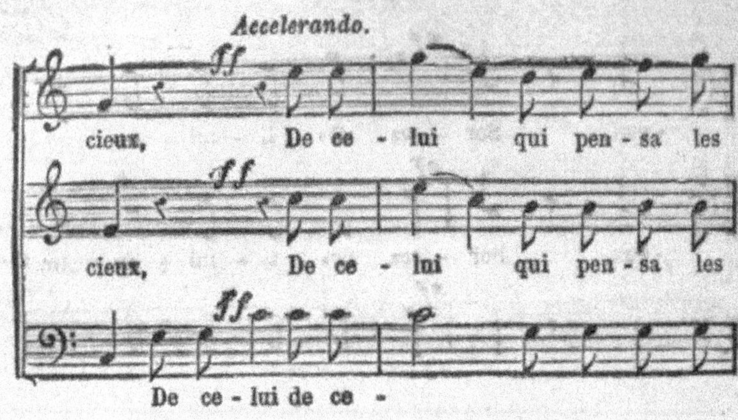

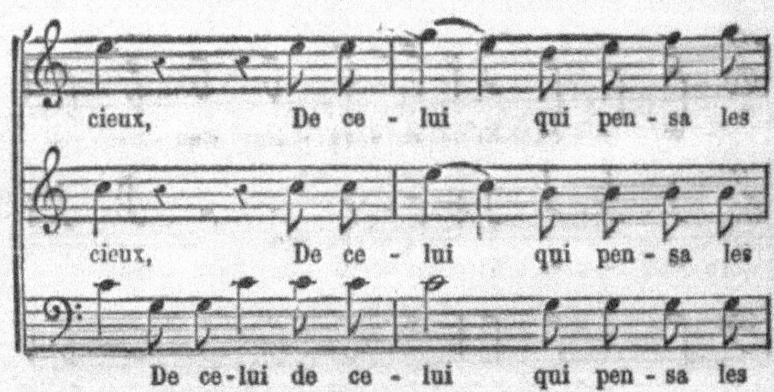

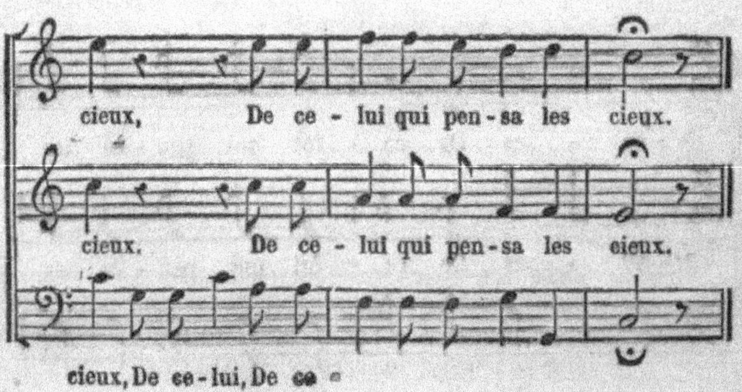

DEUXIÈME COUPLET.

Vieil Océan, dans ses rivages,
Flotte comme un ciel écumant,
Plus orageux que les nuages,
Plus lumineux qu'un firmament !
Pendant que les empires naissent,
Grandissent, tombent, disparaissent
Avec leurs générations,
Dresse tes bouillonnantes crêtes,
Bats ta rive, et dis aux tempêtes
Où sont les nids des nations ? (*quat.*)

TROISIÈME COUPLET.

Toi qui n'es pas lasse d'éclore
Depuis la naissance des jours,
Lève-toi, rayonnante aurore,
Couche- toi, lève-toi toujours;
Réfléchissez ses feux sublimes,
Neige éclatante de ces cimes,
Où le jour descend comme un roi ;
Brillez, brillez pour me confondre,
Vous, qu'un rayon du jour peut fondre,
Vous subsisterez plus que moi. (*quat.*)

QUATRIÈME COUPLET.

Dieu m'a vu ! le regard de vie
S'est abaissé sur mon néant,
Votre existence rajeunie
A des siècles, j'eus mon instant !
Mais dans la minute qui passe
L'infini de temps et d'espace,
Dans mon regard s'est répété !
Et j'ai vu dans ce point de l'être
La même image m'apparaître,
Que dans votre immensité ! (*quat.*)

CINQUIÈME COUPLET.

Distances incommensurables,
Abîmes des monts et des cieux,
Vos mystères inépuisables
Se sont révélés à mes yeux !
J'ai roulé, dans mes vœux sublimes,
Plus de vagues que des abîmes
N'en roulent, ô mer en courroux,
Et vous, soleil aux yeux de flamme,
Le regard brûlant de mon âme
S'est élevé plus haut que vous. (*quat.*)

SIXIÈME COUPLET.

Vivez donc vos jours sans mesure !
Terre et ciel, céleste flambeau !
Montagnes, mers et toi, nature,
Souris longtemps sur mon tombeau !
Effacé du livre de vie,
Que le néant même m'oublie !
J'admire et ne suis point jaloux ;
Ma pensée a vécu d'avance
Et meurt avec une espérance
Plus impérissable que vous ! (*quat.*)

N° 38

ODE TIRÉE DU PSAUME 18.

Paroles de J.-B. ROUSSEAU.　　　　Musique de J. MAINZER.

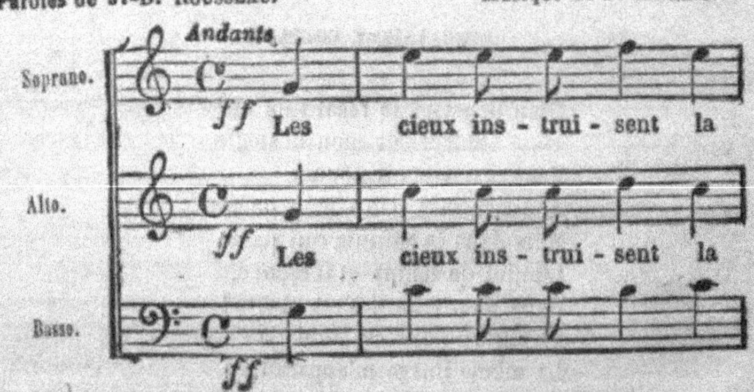

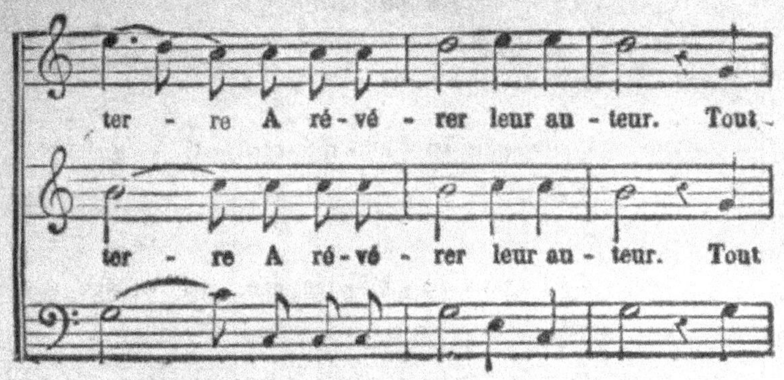

ter - re A ré-vé - rer leur au -teur. Tout
ter - re A ré-vé - rer leur au-teur. Tout

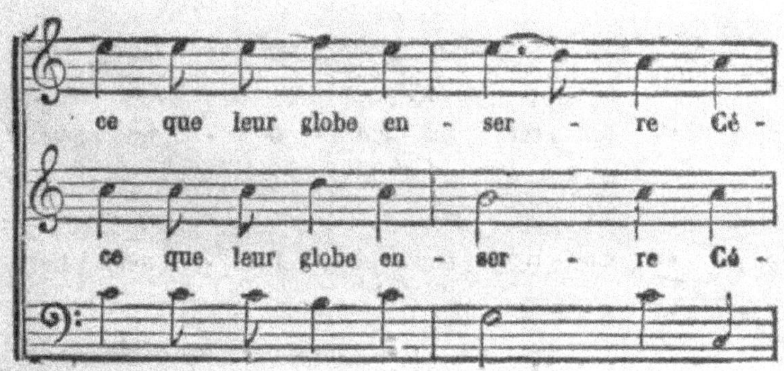

ce que leur globe en - ser - re Cé -
ce que leur globe en - ser - re Cé -

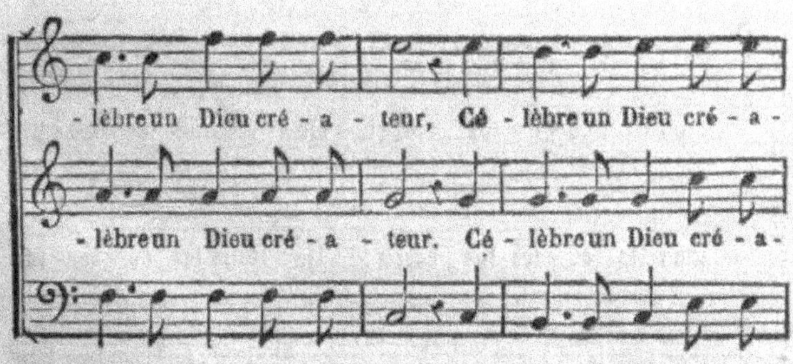

-lèbre un Dieu cré - a - teur, Cé - lèbre un Dieu cré - a -
-lèbre un Dieu cré - a - teur. Cé - lèbre un Dieu cré - a -

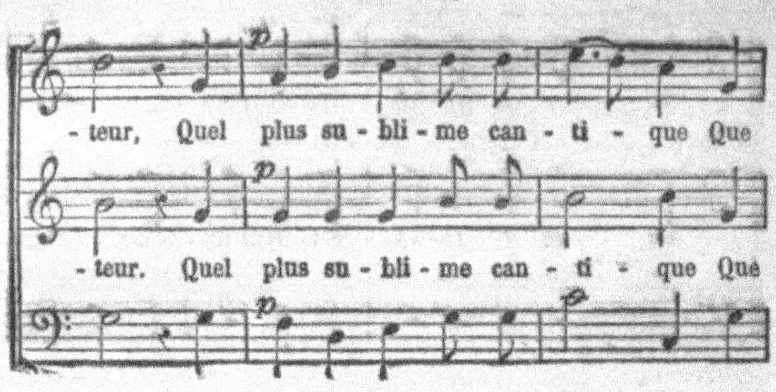
- teur, Quel plus su - bli - me can - ti - que Que
- teur, Quel plus su - bli - me can - ti - que Que

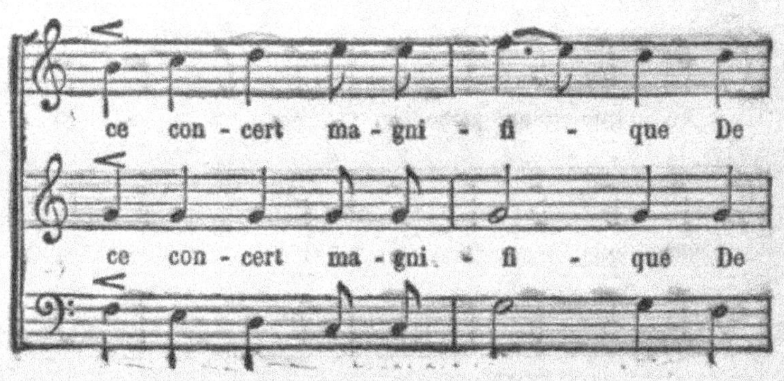
ce con - cert ma - gni - fi - que De
ce con - cert ma - gni - fi - que De

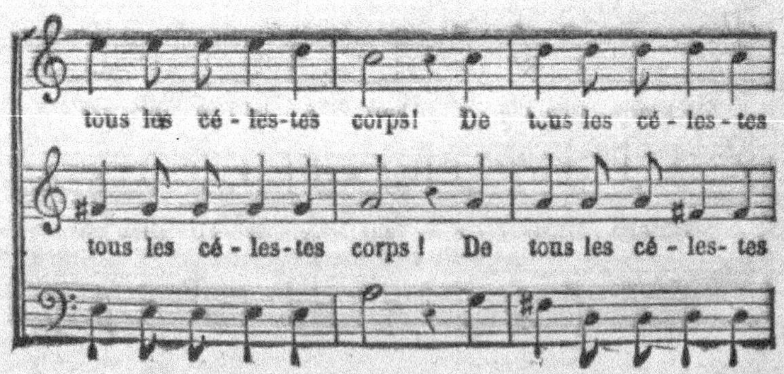
tous les cé - les-tes corps! De tous les cé - les - tes
tous les cé - les-tes corps! De tous les cé - les- tes

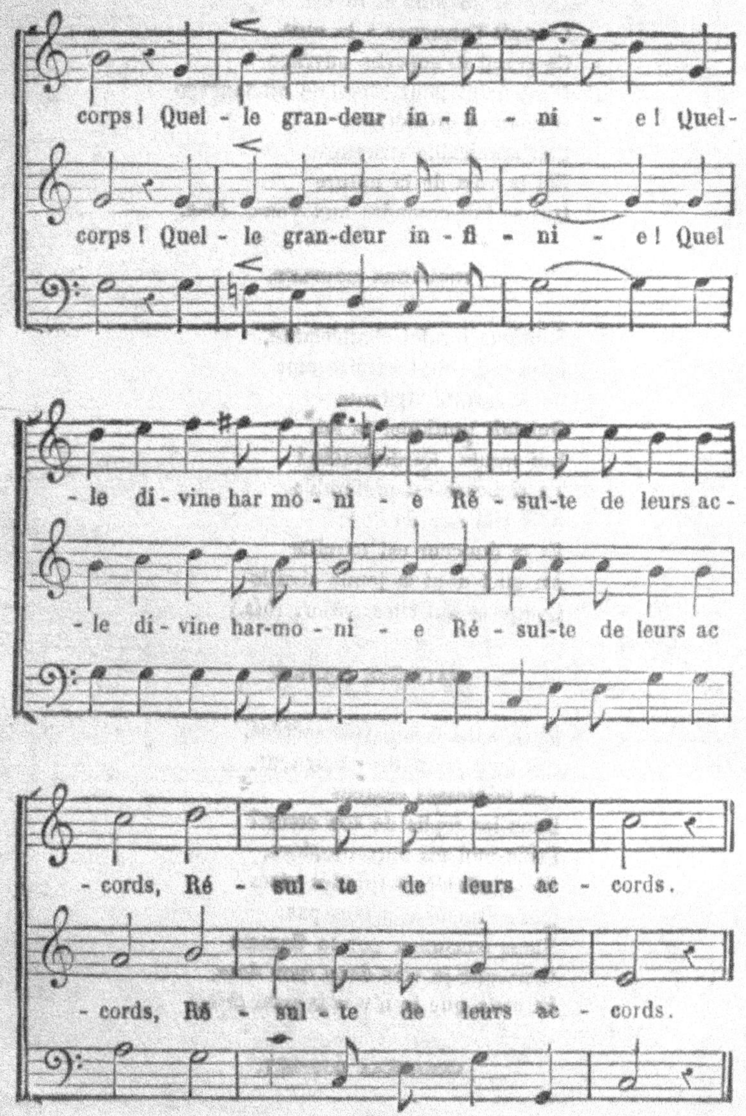

DEUXIÈME COUPLET.

De sa puissance immortelle
Tout parle, tout nous instruit ;

Le jour au jour la révèle,
La nuit l'annonce à la nuit.
Ce grand et superbe ouvrage
N'est point pour l'homme un langage
Obscur et mystérieux :
Son admirable structure
Est la voix de la nature
Qui se fait entendre aux yeux   (*bis.*)

TROISIÈME COUPLET.

Soutiens ma foi chancelante,
Dieu puissant ! inspire-moi
Cette crainte vigilante
Qui fait pratiquer ta loi,
Loi sainte, loi désirable !
Ta richesse est préférable
A la richesse de l'or ;
Et ta douceur est pareille
Au miel dont la jeune abeille
Compose son cher trésor. (*bis.*)

QUATRIÈME COUPLET

Mais, sans ces clartés sacrées,
Qui peut connaître, Seigneur,
Les faiblesses égarées
Dans les replis de son cœur ?
Prête-moi tes feux propices,
Viens m'aider à fuir les vices
Qui s'attachent à mes pas.
Viens consumer par ta flamme
Ceux que je vois dans mon âme,
Et ceux que je n'y vois pas. (*bis.*)

CINQUIÈME COUPLET.

Si, dans leur triste esclavage,
Tu viens dégager mes sens ;
Si tu détruis leur ouvrage,
Mes jours seront innocents.

J'irai puiser sur ta trace
Dans les sources de ta grâce;
Et de ses eaux abreuvé
Ta gloire fera connaître
Que le Dieu qui m'a fait naître
Est le Dieu qui m'a sauvé. (*bis.*)

—

N° 39.

CANTIQUE.

Paroles de Racine.

Musique de J. Mainzer.

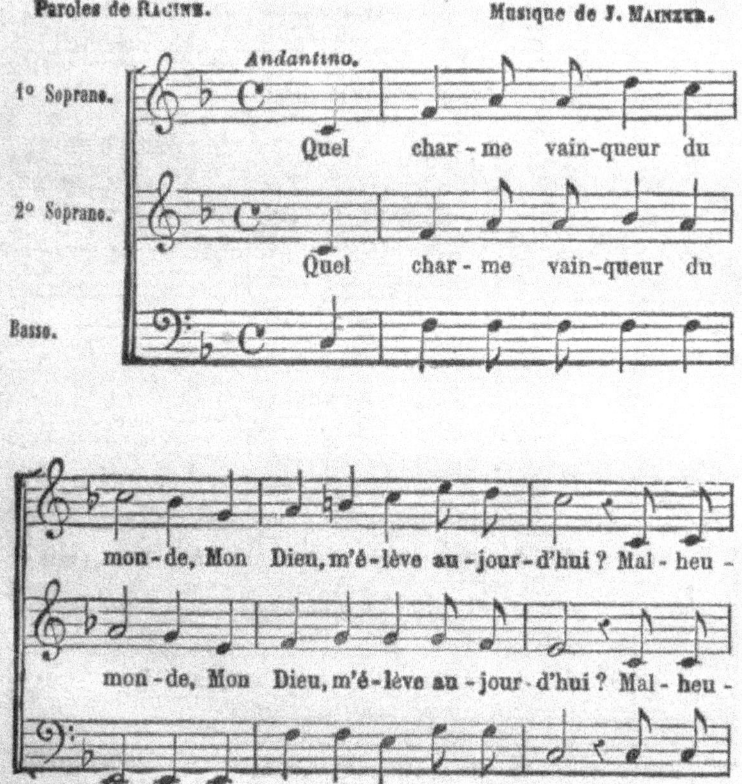

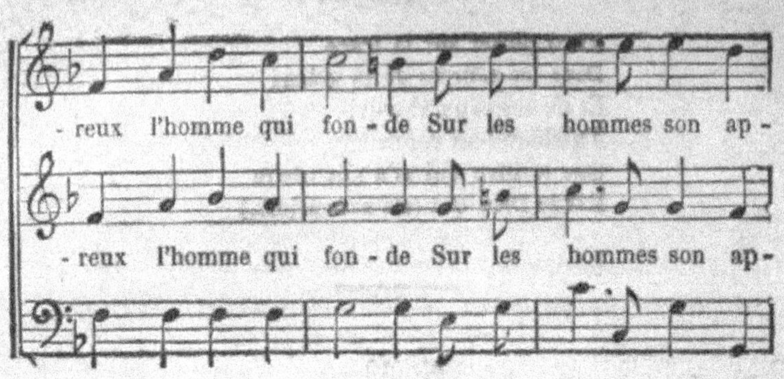
- reux l'homme qui fon - de Sur les hommes son ap -
- reux l'homme qui fon - de Sur les hommes son ap

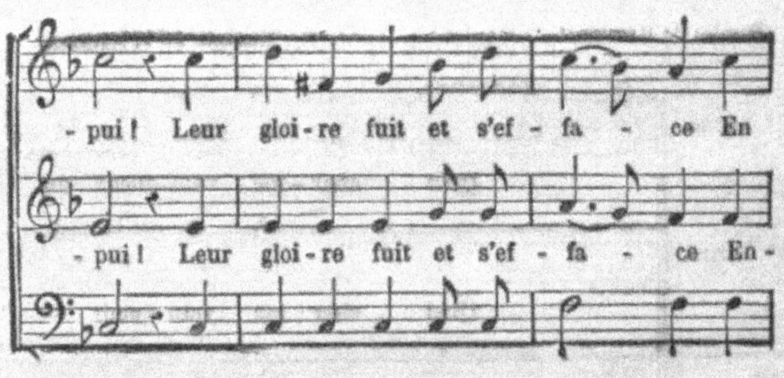
- pui! Leur gloi - re fuit et s'ef - fa - ce En
- pui! Leur gloi - re fuit et s'ef - fa - ce En -

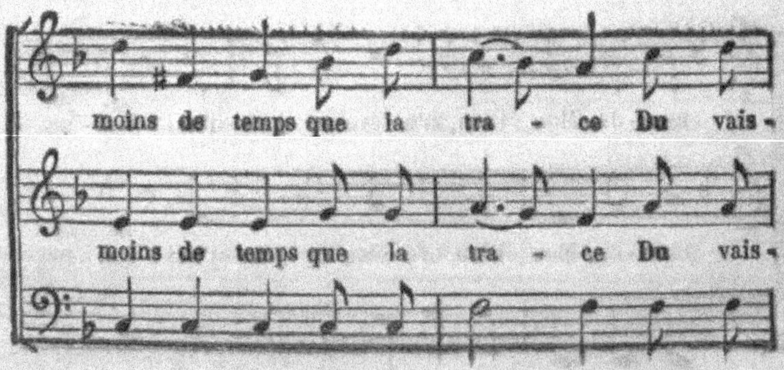
moins de temps que la tra - ce Du vais -
moins de temps que la tra - ce Du vais -

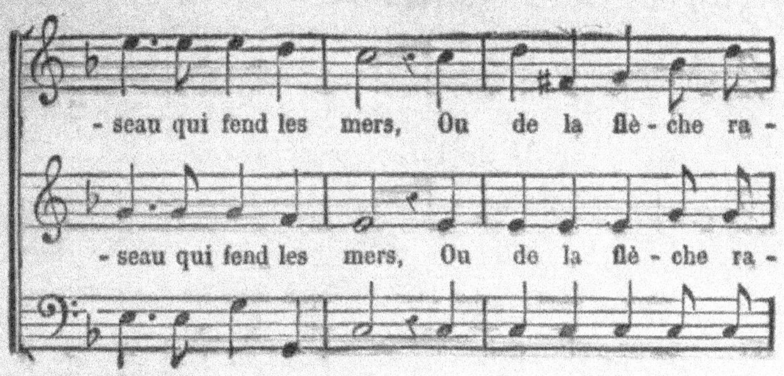
- seau qui fend les mers, Ou de la flè - che ra -
- seau qui fend les mers, Ou de la flè - che ra -

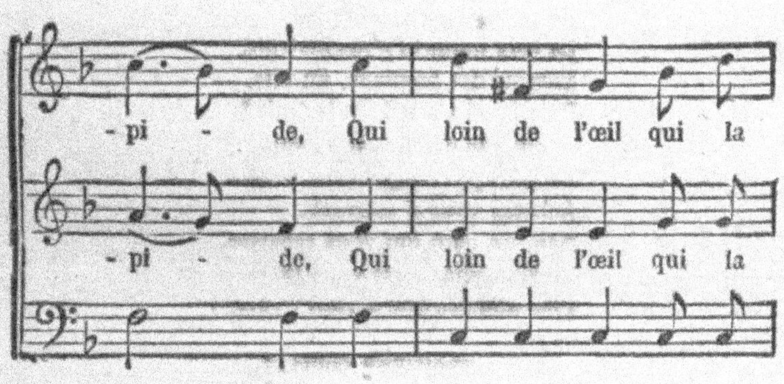
- pi - de, Qui loin de l'œil qui la
- pi - de, Qui loin de l'œil qui la

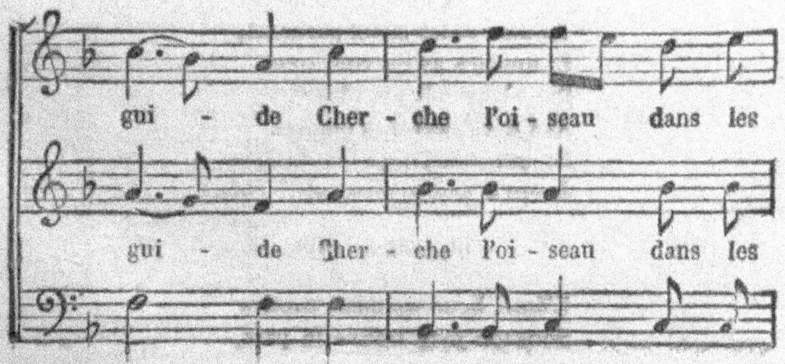
gui - de Cher - che l'oi - seau dans les
gui - de Cher - che l'oi - seau dans les

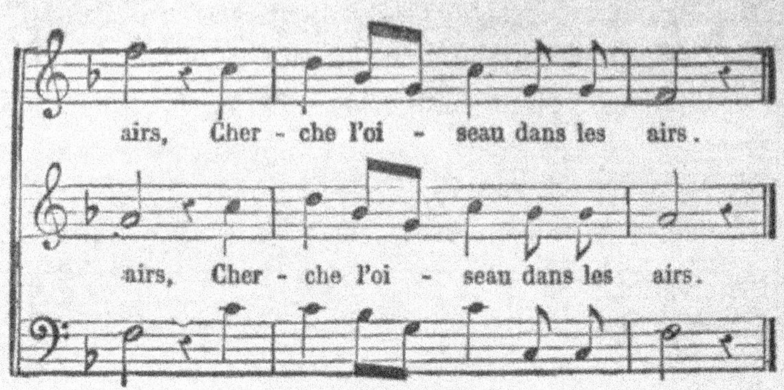

DEUXIÈME COUPLET.

De la sagesse immortelle
La voix tonne et nous instruit.
Enfants des hommes, dit-elle,
De vos soins quel est le fruit ?
Par quelle erreur, âmes vaines,
Du plus pur sang de vos veines
Achetez-vous si souvent,
Non, un pain qui vous repaisse,
Mais un songe qui vous laisse
Plus affamés que devant ? (*bis.*)

TROISIÈME COUPLET.

O sagesse ! ta parole
Fit éclore l'univers,
Posa sur un double pôle
La terre au milieu des mers,
Tu dis: et les cieux parurent,
Et tous les astres coururent
Dans leur ordre se placer,
Avant les siècles tu règnes,
Et que suis-je, que tu daignes
Jusqu'à moi te rabaisser ? (*bis.*)

QUATRIÈME COUPLET.

L'âme, heureusement captive
Sous ton joug trouve la paix,

Et s'abreuve d'une eau **vive**
Qui ne s'épuise jamais.
Chacun peut boire en cette onde :
Elle invite tout le monde ;
Mais nous courons follement
Chercher des sources bourbeuses,
Ou des citernes trompeuses,
D'où l'eau fuit à tout moment. (*bis.*)

N° 40.

LE MATIN.

Paroles de H. DEMOLIÈRE.   Musique de J. MAINZER.

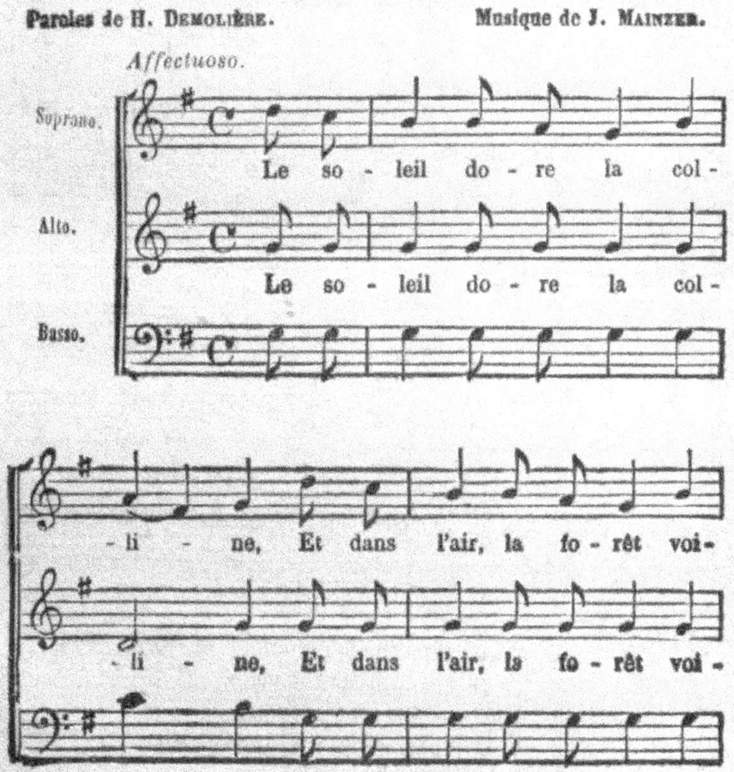

41,

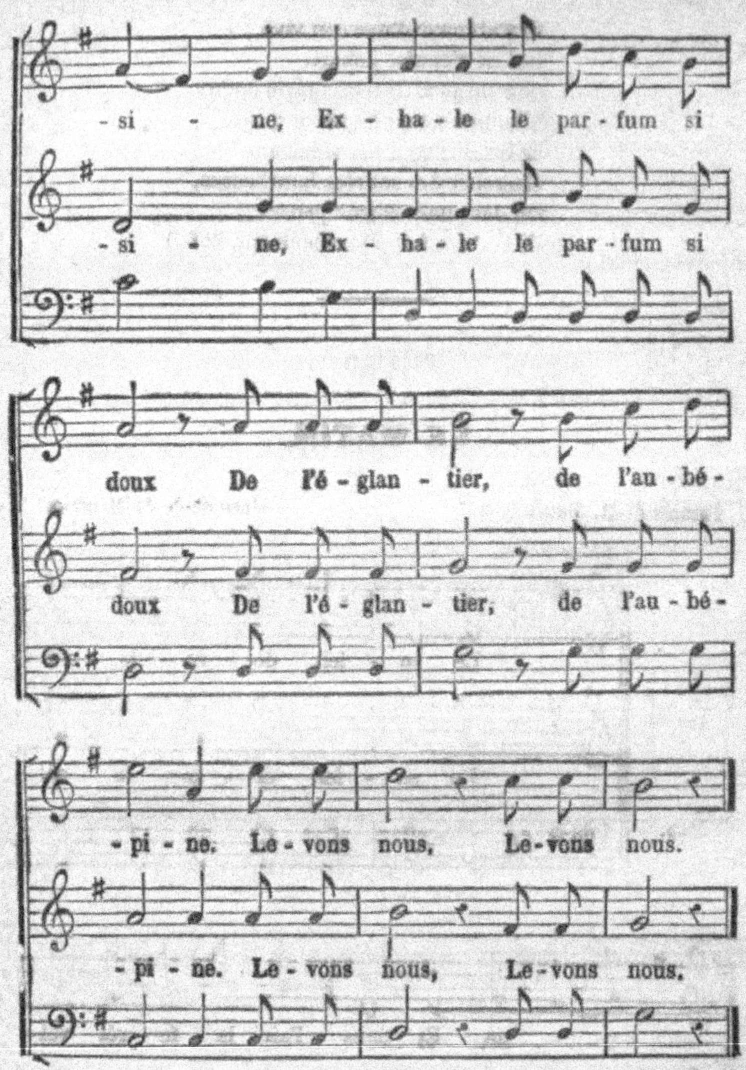

DEUXIÈME COUPLET:

Du pâtre écoute la musette
Et puis le chant de l'alouette
Dont le rossignol est jaloux ;
Puis du troupeau c'est la clochette..
    Levons-nous ! (*bis.*)

Chacun se meut, chacun se lève,
Aussitôt que la nuit s'achève,
Grands et petits, sages et fous,
Pour commencer un nouveau rêve.
Levons-nous ? (*bis.*)

Nº 41.

LE SOIR.

Paroles de H. DEMOLIÈRE. **Musique de J. MAINZER.**

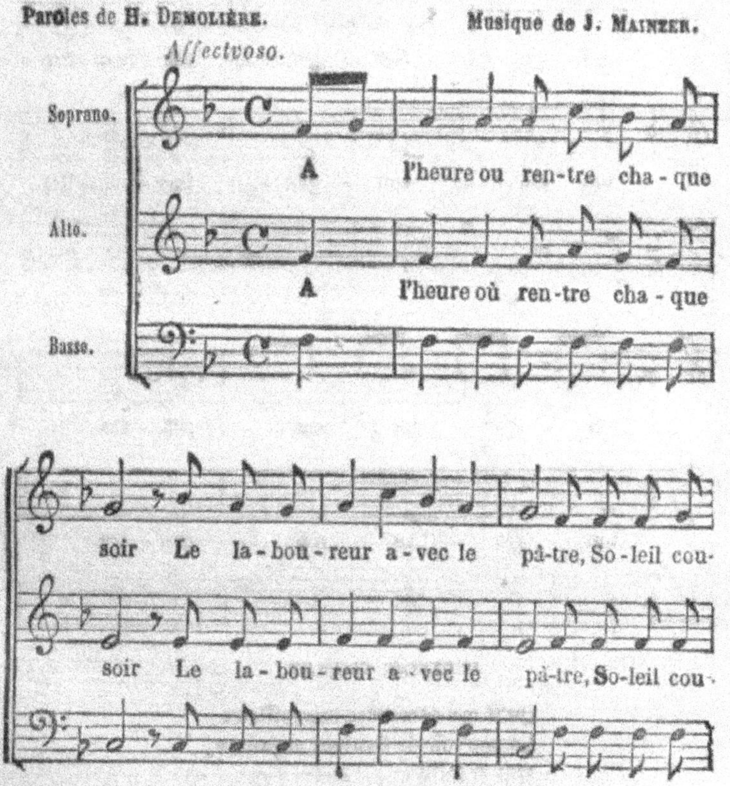

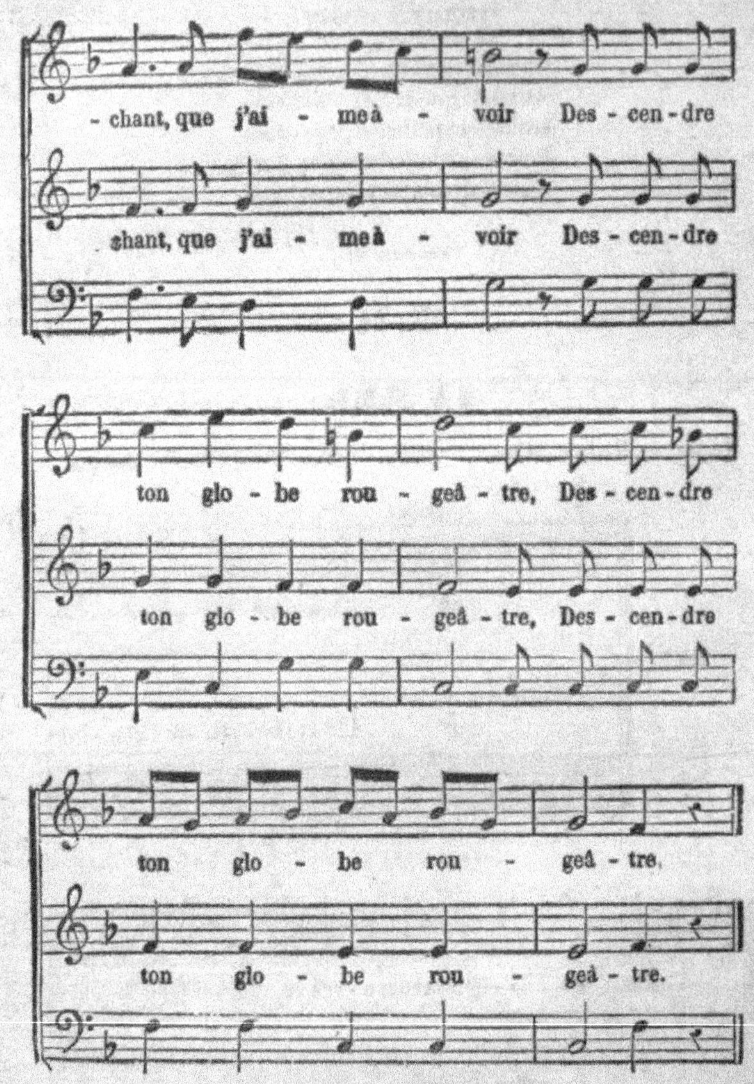

DEUXIÈME COUPLET

Qu'il me démontre merveilleux
Le pouvoir de l'auteur suprême,
Qui grandit encor à mes yeux
Si je me regarde moi-même! (*bis.*)

TROISIÈME COUPLET.

Car tous les deux, le Créateur
Nous fit de la même poussière ;
Toi dans l'habit de la splendeur,
Moi dans celui de la misère. (*bis.*)

Nº 42.

BONHEUR DES ENFANTS COURONNÉS.

POUR UNE DISTRIBUTION DE PRIX.

Paroles de X.....   Musique de M. J. AULAGNIER

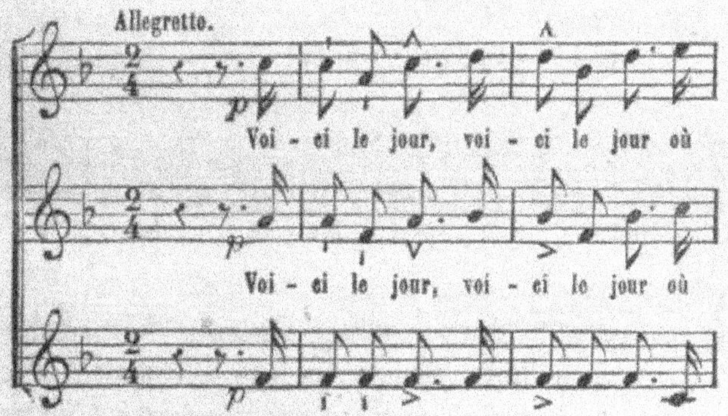

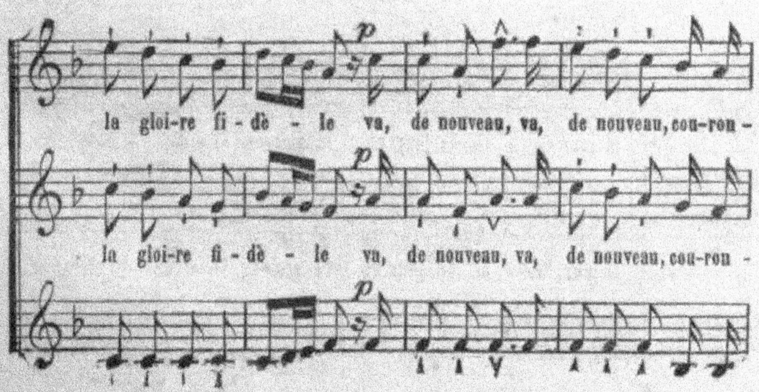

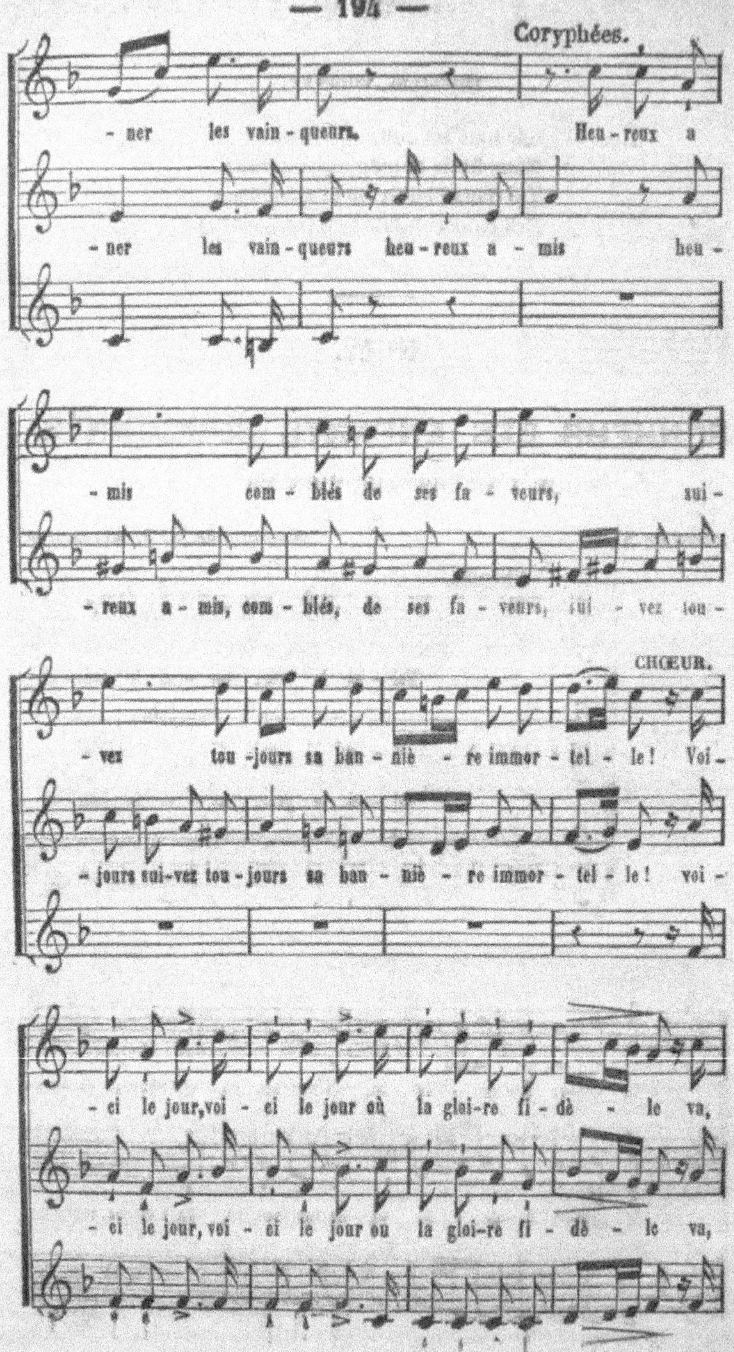
Coryphées.
- ner les vain - queurs. Heu - reux a
- ner les vain - queurs heu - reux a - mis heu -
- mis com - blés de ses fa - veurs, sui -
- reux a - mis, com - blés, de ses fa - veurs, sui - vez tou -
CHŒUR.
- vez tou - jours sa ban - niè - re immor - tel - le ! Voi -
- jours sui - vez tou - jours sa ban - niè - re immor - tel - le ! voi -
- ci le jour, voi - ci le jour où la gloi - re fi - dè - le va,
- ci le jour, voi - ci le jour où la gloi - re fi - dè - le va,

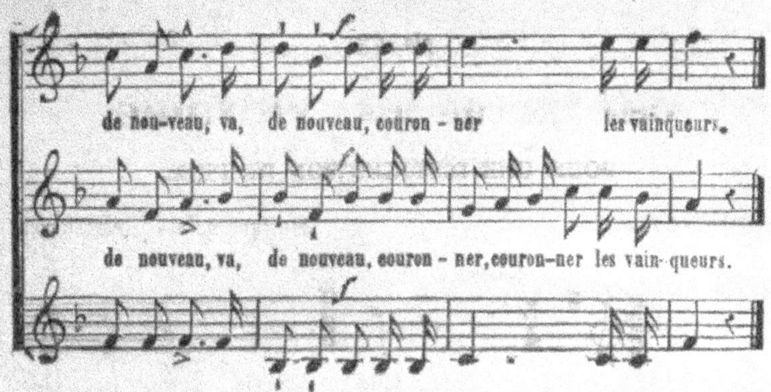

DEUXIÈME COUPLET.

Voici le jour, une joie inquiète
Remplit nos cœurs et de crainte et d'espoir ;
L'œil attaché sur le prix du savoir,
En soupirant chacun de nous répète
Voici le jour.

TROISIÈME COUPLET.

Voici le jour, de la foule empressée
Les cris joyeux s'élèvent dans les airs ;
Et l'amitié, par ses touchants concerts,
Donne le calme à notre âme oppressée.
Voici le jour.

QUATRIÈME COUPLET.

Voici le jour, une mère attendrie
De son enfant voit le front couronné ;
D'un doux transport son cœur est animé ;
Qu'un bonheur pur embellisse sa vie.
Voici le jour.

N° 43.

CHÉRIS DE LA VICTOIRE.

POUR UNE DISTRIBUTION DE PRIX.

Paroles de X.....   Musique de M. J. AULAGNIER.

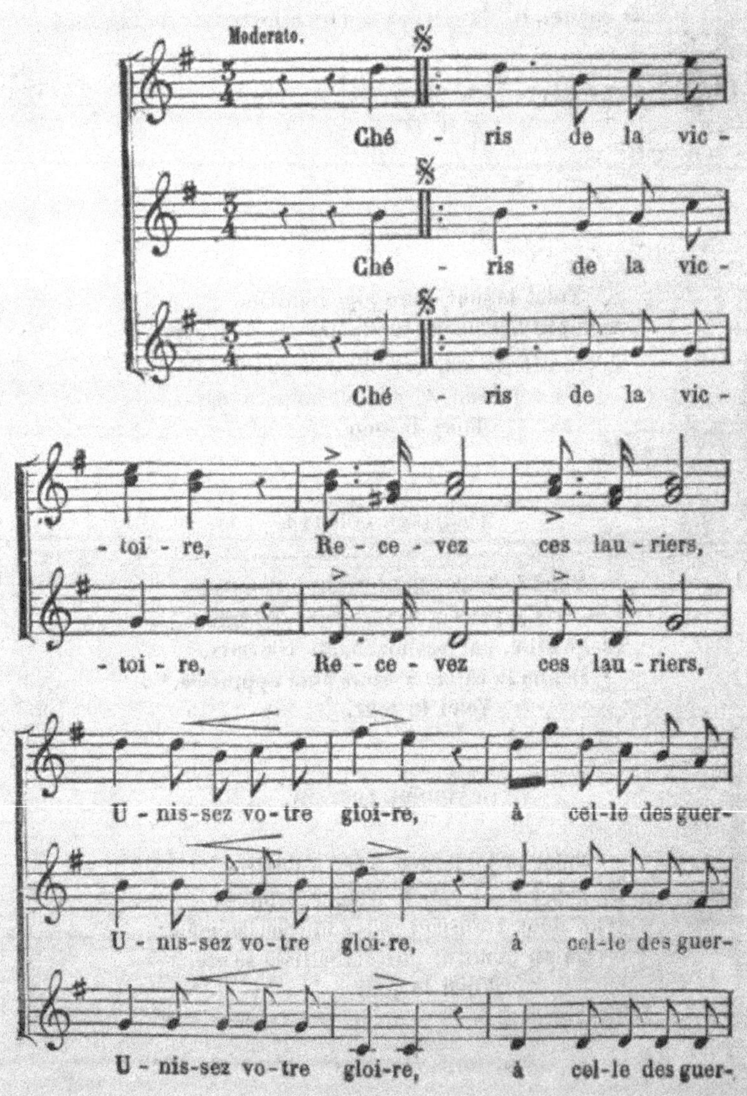

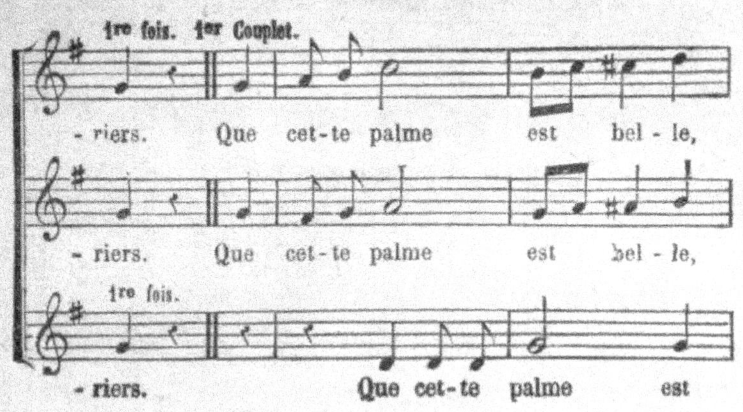
1re fois. 1er Couplet.
- riers. Que cet-te palme est bel - le,
- riers. Que cet-te palme est bel - le,
1re fois.
- riers. Que cet-te palme est

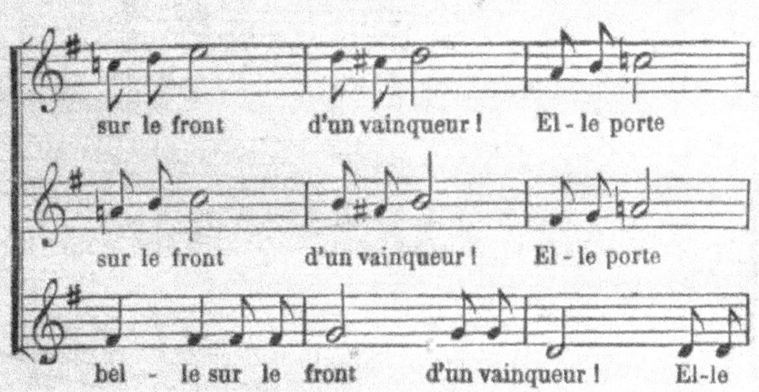
sur le front d'un vainqueur ! El - le porte
sur le front d'un vainqueur ! El - le porte
bel - le sur le front d'un vainqueur ! El-le

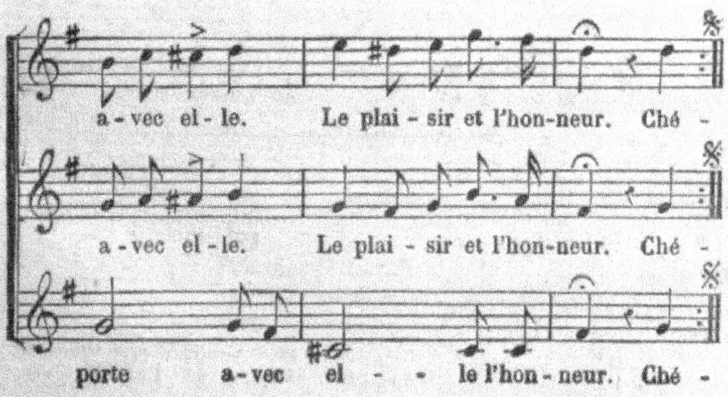
a - vec el - le. Le plai - sir et l'hon-neur. Ché -
a - vec el - le. Le plai - sir et l'hon-neur. Ché -
porte a - vec el - - le l'hon - neur. Ché -

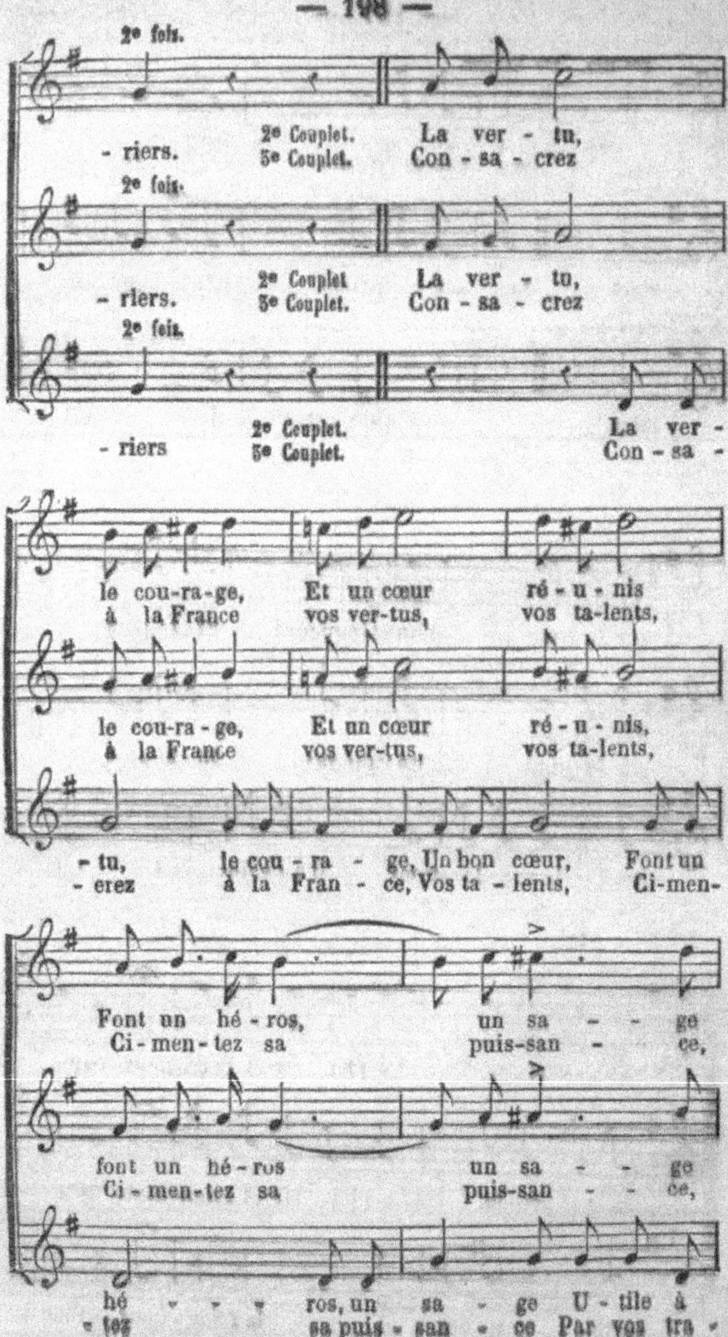
2e fois.
- riers.
2e Couplet.
5e Couplet.
La ver - tu,
Con - sa - crez
2e fois.
- riers.
2e Couplet.
5e Couplet.
La ver - tu,
Con - sa - crez
2e fois.
- riers
2e Couplet.
5e Couplet.
La ver -
Con - sa -
le cou-ra-ge,
à la France
Et un cœur
vos ver-tus,
ré - u - nis
vos ta-lents,
le cou-ra - ge,
à la France
Et un cœur
vos ver-tus,
ré - u - nis,
vos ta-lents,
- tu,
- erez
le cou - ra - ge, Un bon cœur,
à la Fran - ce, Vos ta - lents,
Font un
Ci - men-
Font un hé - ros,
Ci - men - tez sa
un sa - - ge
puis-san - ce,
font un hé - ros
Ci - men - tez sa
un sa - - ge
puis-san - ce,
hé - - - ros, un sa - ge U - tile à
- tez sa puis - san - ce Par vos tra -

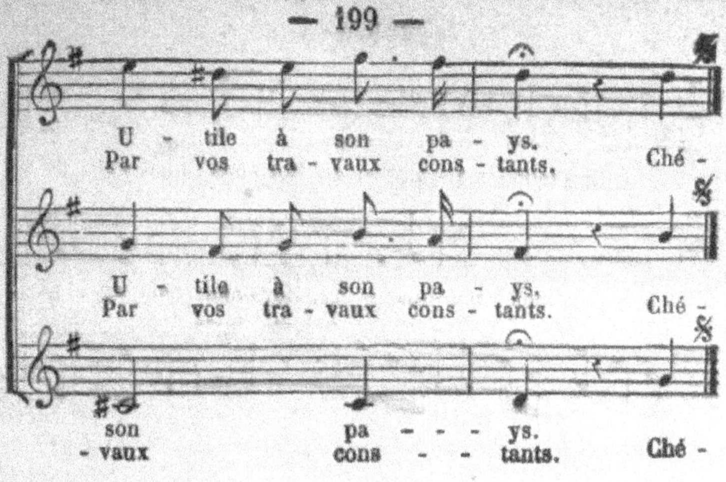

N° 44.

TOUT PETIT.

Paroles de X.....

Musique de L. Leroy.

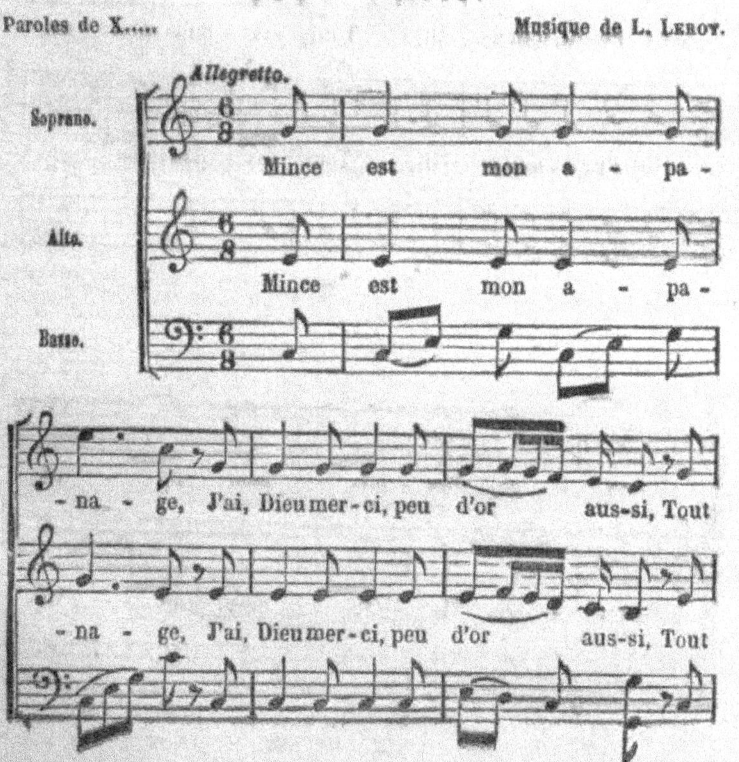

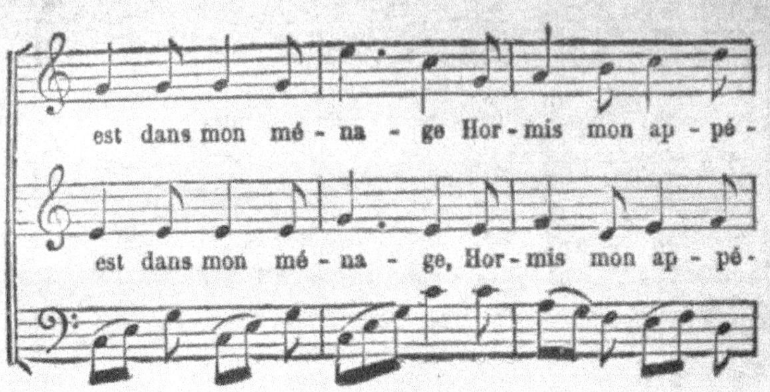
est dans mon mé - na - ge Hor - mis mon ap - pé -
est dans mon mé - na - ge, Hor - mis mon ap - pé -

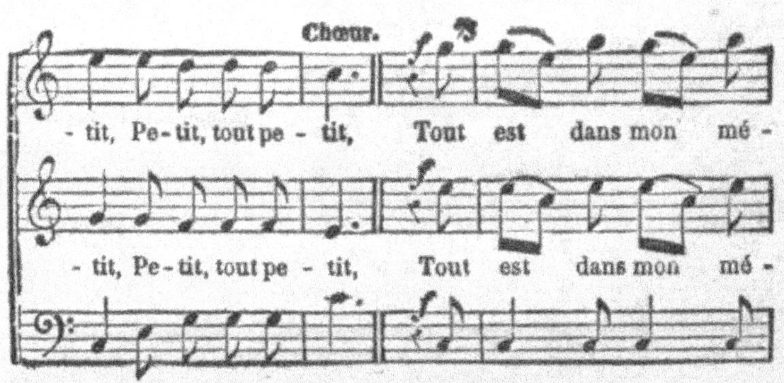
Chœur.
- tit, Pe - tit, tout pe - tit, Tout est dans mon mé -
- tit, Pe - tit, tout pe - tit, Tout est dans mon mé -

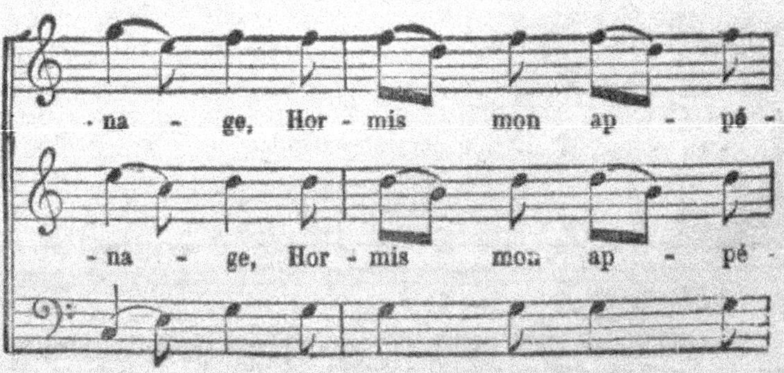
- na - ge, Hor - mis mon ap - pé -
- na - ge, Hor - mis mon ap - pé -

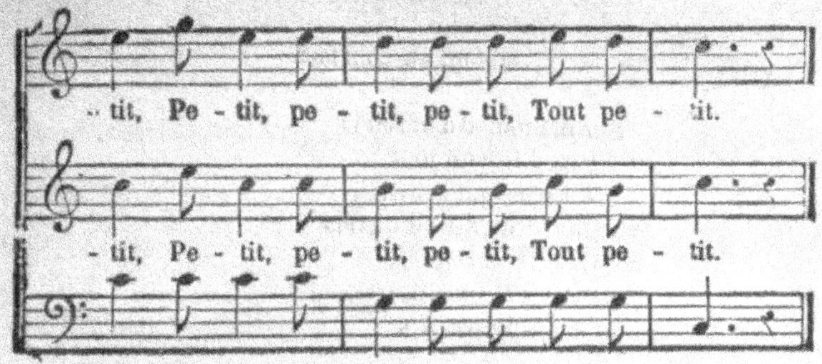

DEUXIÈME COUPLET

Mais je perdrais au change,
  Si je quittais
  Pour un palais,
L'abri que mon bon ange
Près du ciel me bâtit
  Petit, tout petit,
L'abri que mon bon ange
Près du ciel me bâtit
Petit, petit, petit,
  Tout petit.

TROISIÈME COUPLET.

L'aigle parfois végète,
  Plus de santé,
  Plus de gaîté
Régnent chez la fauvette
Qui pourtant fait son nid
Petit, petit, petit,
  Tout petit.

QUATRIÈME COUPLET.

Payant bien chère une ombre,
  Le gros Damis
  N'a point d'amis
Moi j'en ai, mais leur nombre
Est, comme mon crédit,
Petit, petit, petit,
  Tout petit.

CINQUIÈME COUPLET.

Sur ma tombe à la ronde
Qu'on lise un jour :
« Ci-gît tout court,
« Qui petit vint au monde
« Et puis en repartit
« Petit, petit, petit,
« Tout petit. »

Nº 45.

L'ABSENCE.

Paroles de X....., sur un motif de Bœthoven.   Musique de L. LEROY.

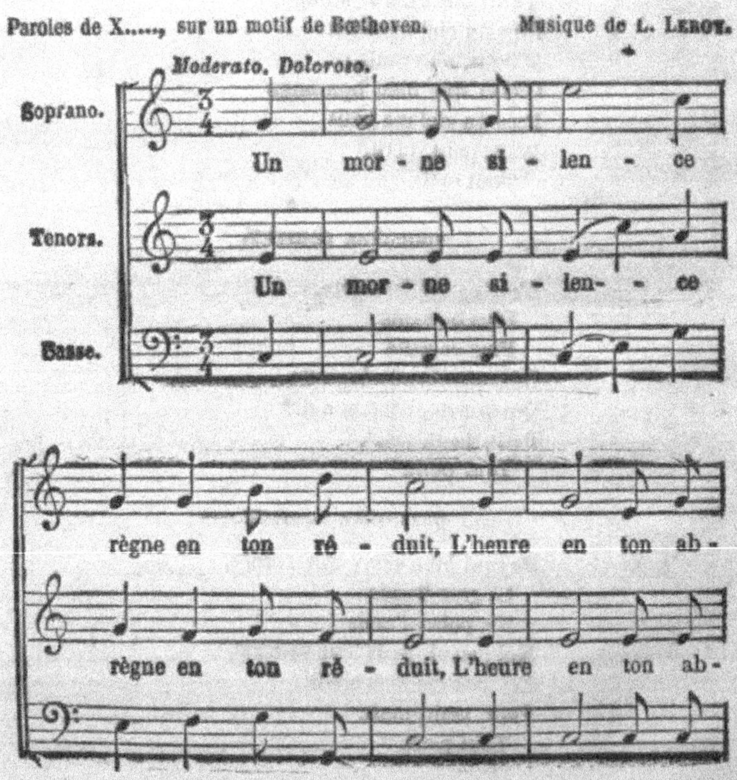

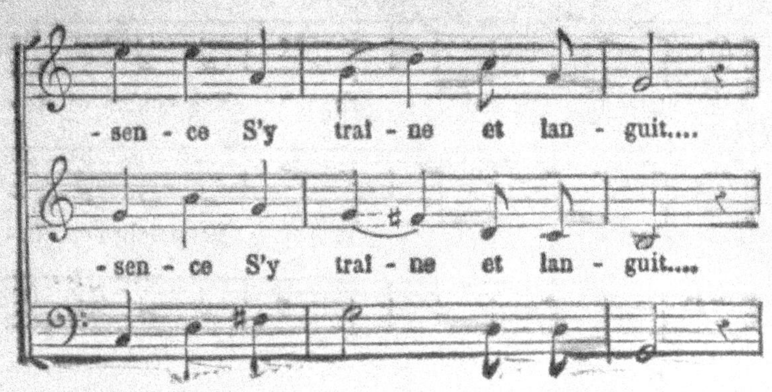
-sen - ce S'y traî - ne et lan - guit....
-sen - ce S'y traî - ne et lan - guit....

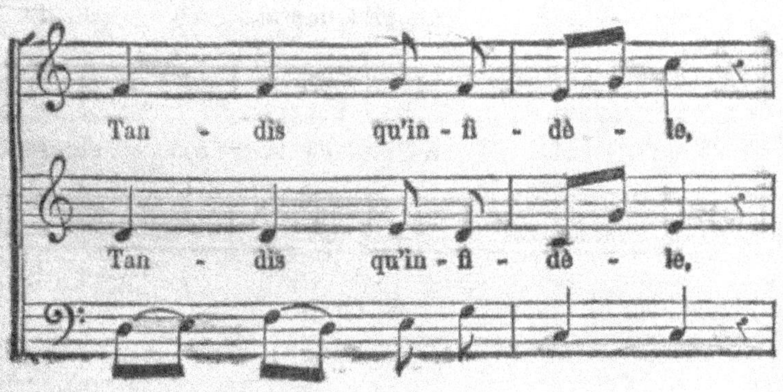
Tan - dis qu'in - fi - dè - le,
Tan - dis qu'in - fi - dè - le,

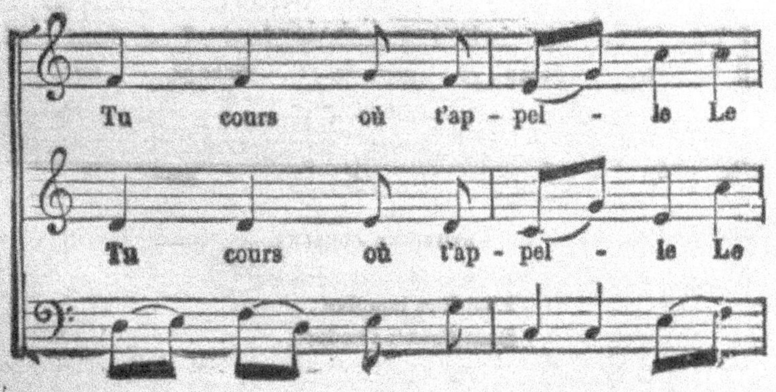
Tu cours où t'ap - pel - le Le
Tu cours où t'ap - pel - le Le

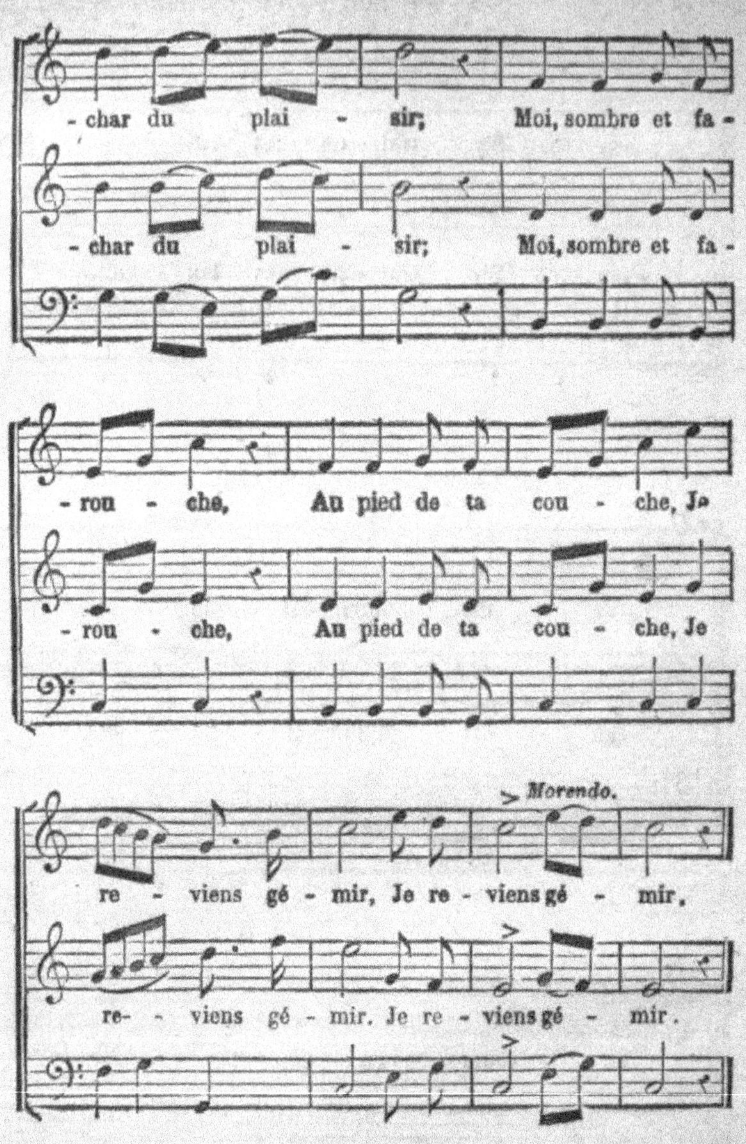

DEUXIÈME COUPLET.

L'horloge inactive
Dans l'oubli s'endort,

Sa roue est oisive,
Son pendule est mort;
Sur l'émail fragile,
L'aiguille immobile
Semble m'avertir
Que, sans toi, cruelle,
Le temps privé d'aile
A cessé de fuir. (*bis.*)

TROISIÈME COUPLET.

Couvert de poussière,
Ton luth détendu
Au mur solitaire
Reste suspendu ;
Seule à peine encore
La corde sonore
Vient-elle à frémir,
Quand, longtemps muette,
Elle éclate et jette
Un dernier soupir. (*bis.*)

QUATRIÈME COUPLET.

Plus loin, tout livide,
Ton myrte fané,
Dans son vase aride
Meurt abandonné ;
Sans eau, sans rosée,
La plante épuisée
Eût perdu ses fleurs,
Si pour vivre encore,
Sa tige inodore
N'avait bu mes pleurs. (*bis.*)

CINQUIÈME COUPLET.

Et lui, tes délices,
Cet oiseau charmant
Que tes doux caprices
Stimulaient au chant !
Morose et sauvage,

Vois-le dans sa cage
Demander tout bas
Où sont les tendresses,
Où sont les caresses
Dont tu l'enivras. (*bis.*)

SIXIÈME COUPLET.

Caché sous son aile
Aux rayons du jour,
Quand ma voix l'appelle,
L'oiseau reste sourd.
Ma main consolante
En vain lui présente
Grains, fruits savoureux,
Nul soin ne le touche,
Son bec fuit ma bouche,
Son regard mes yeux. (*bis.*)

SEPTIÈME COUPLET.

Viens donc, tout t'implore,
Viens, comblant mes vœux,
D'un sourire encore,
Animer ces lieux ;
Rends au temps son aile,
A l'oiseau fidèle
Rends sa vive ardeur;
Au luth l'harmonie,
Au myrte la vie,
A moi le bonheur. (*bis.*)

Nº 46.

HYMNE A LA NUIT.

Paroles de N.....

Musique de A. X.....

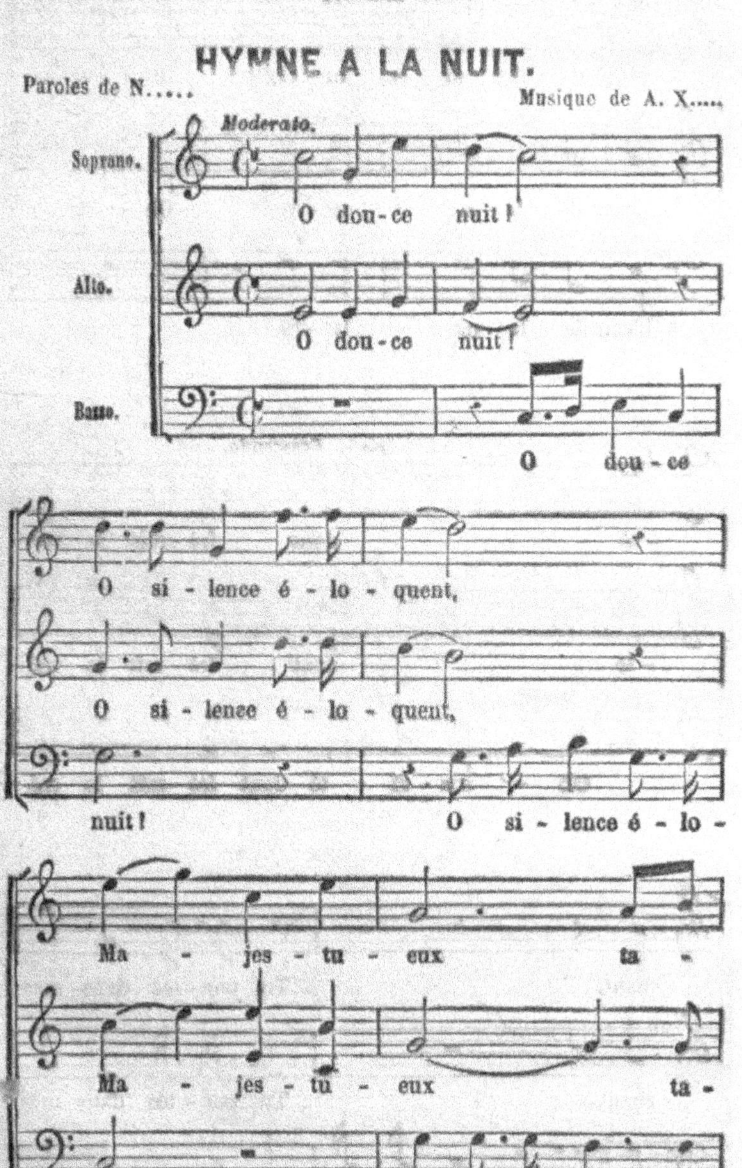

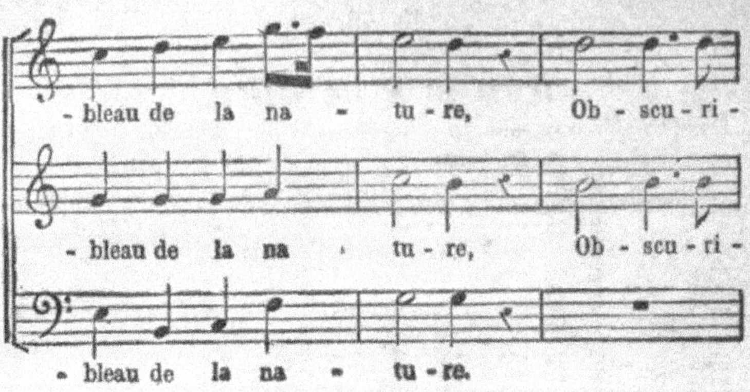
- bleau de la na - tu - re, Ob - scu - ri -
- bleau de la na - tu - re, Ob - scu - ri -
- bleau de la na - tu - re.

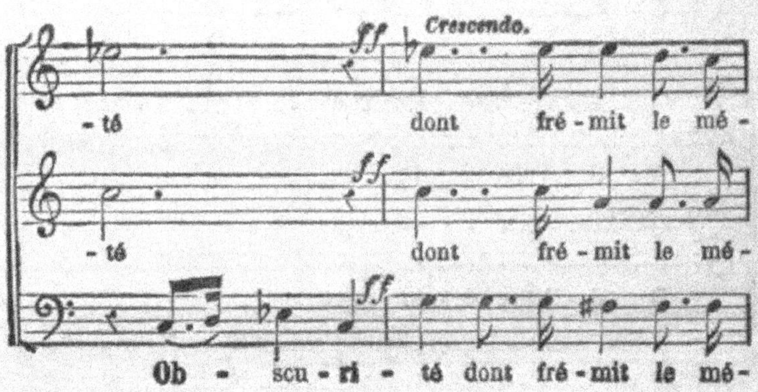
ff Crescendo.
- té dont fré - mit le mé -
ff
- té dont fré - mit le mé -
ff
Ob - scu - ri - té dont fré - mit le mé -

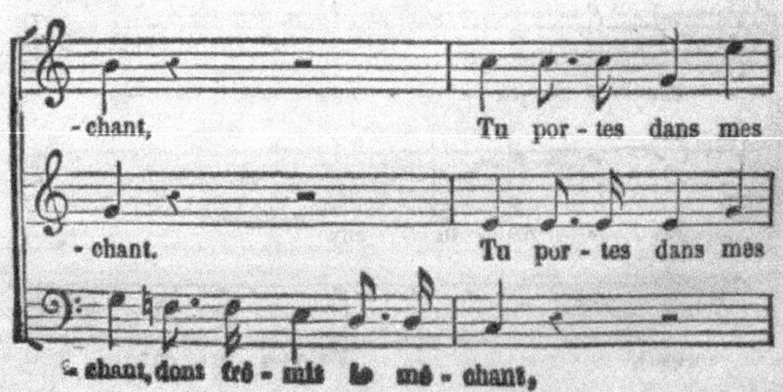
- chant, Tu por - tes dans mes
- chant. Tu por - tes dans mes
- chant, dont fré - mit le mé - chant,

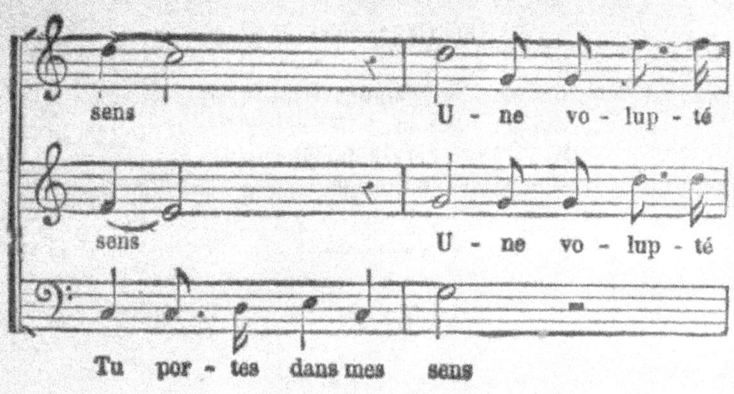

sens
U - ne vo - lup - té
sens
U - ne vo - lup - té
Tu por - tes dans mes sens

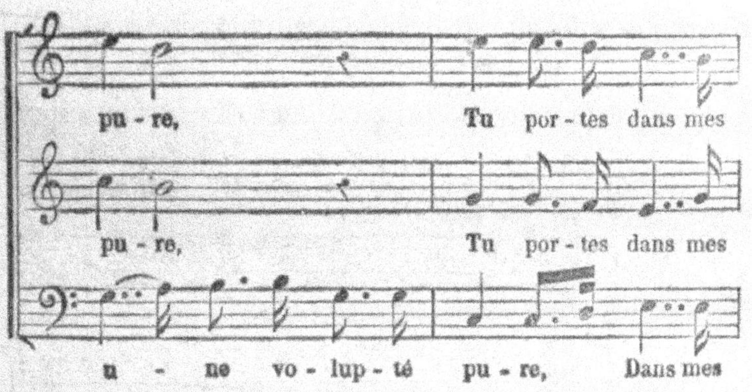

pu - re,
Tu por - tes dans mes
pu - re,
Tu por - tes dans mes
u - ne vo - lup - té pu - re, Dans mes

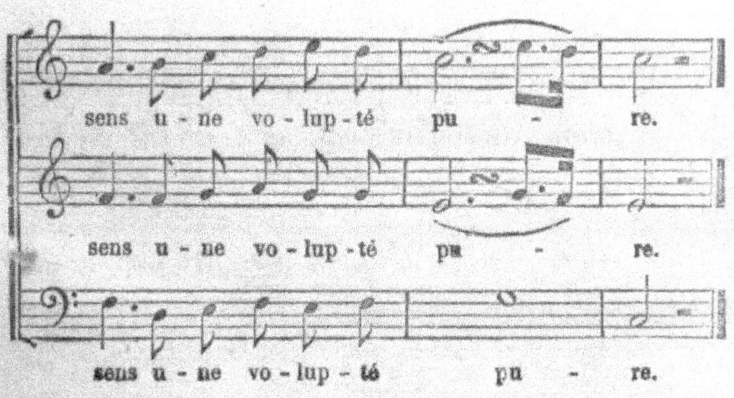

sens u - ne vo - lup - té pu - re.
sens u - ne vo - lup - té pu - re.
sens u - ne vo - lup - té pu - re.

12.

DEUXIÈME COUPLET

Dans le désert l'ermite vertueux
Adresse aux cieux sa fervente prière,
Et s'il entend le cri du malheureux,
Il se hâte d'ouvrir sa porte hospitalière. (*bis.*)

———

N° 47.

LE CONSCRIT.

Paroles de X. de R.....   Musique de SCHLETZ.

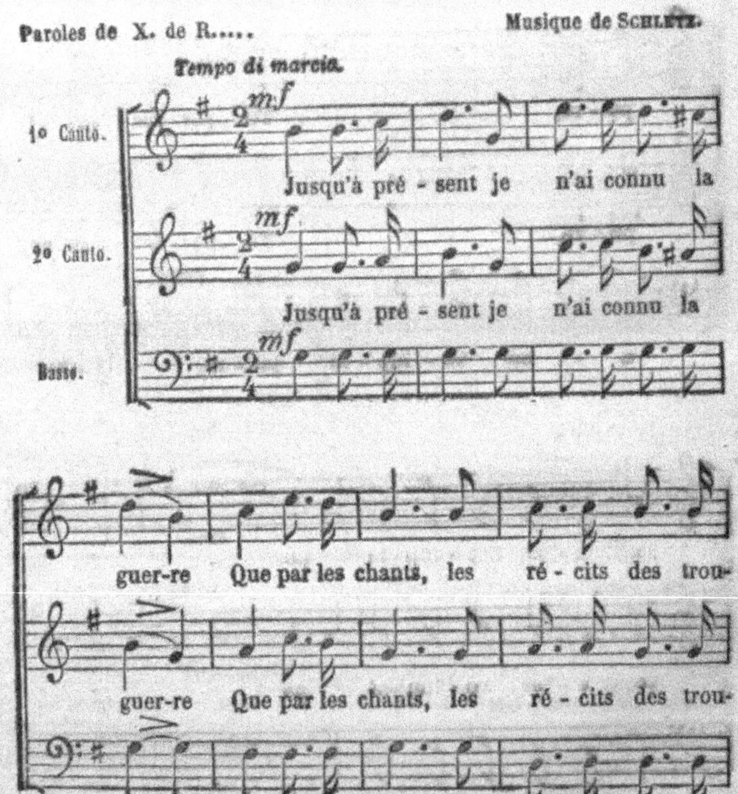

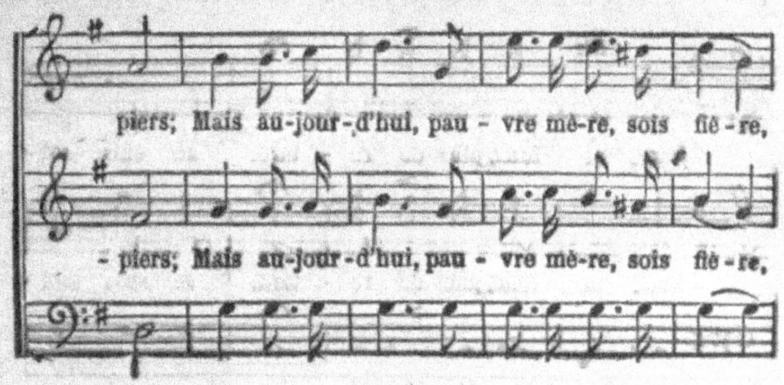
piers; Mais au-jour-d'hui, pau - vre mè-re, sois fiè-re,
- piers; Mais au-jour-d'hui, pau - vre mè-re, sois fiè-re,

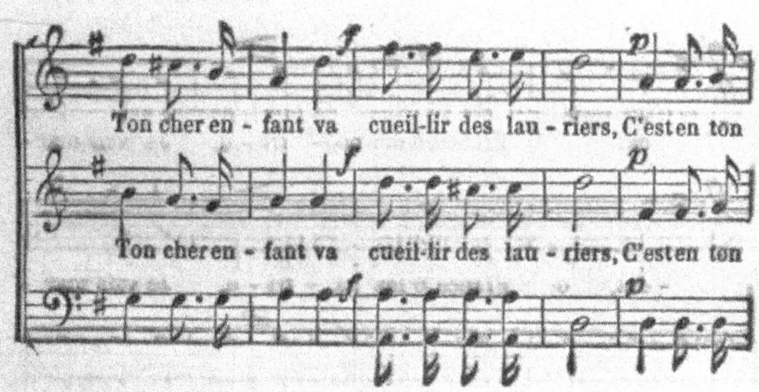
Ton cher en - fant va cueil-lir des lau - riers, C'est en ton
Ton cher en - fant va cueil-lir des lau - riers, C'est en ton

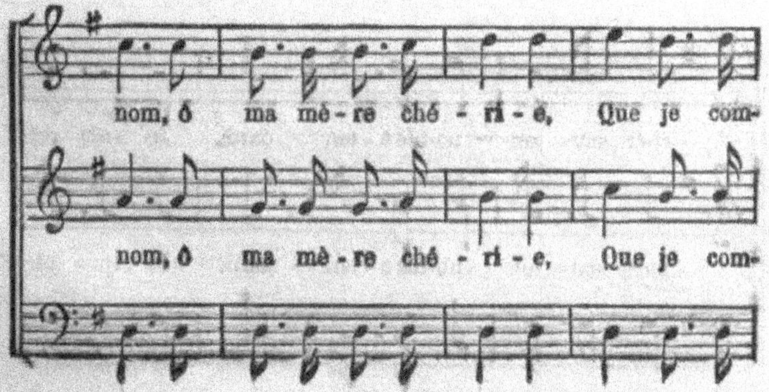
nom, ô ma mè - re ché - ri - e, Que je com-
nom, ô ma mè - re ché - ri - e, Que je com-

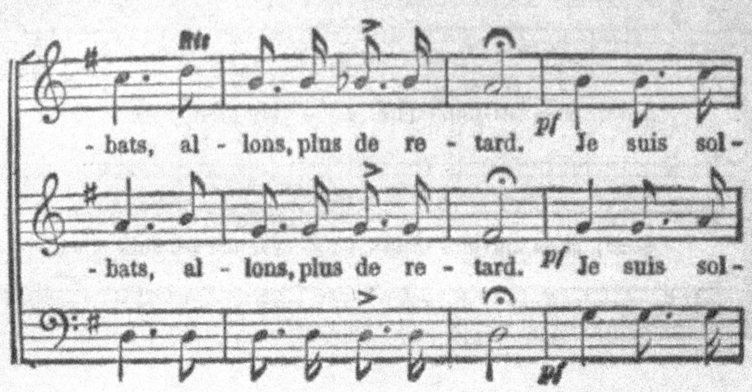

- bats, al - lons, plus de re - tard. pf Je suis sol-
- bats, al - lons, plus de re - tard. pf Je suis sol-

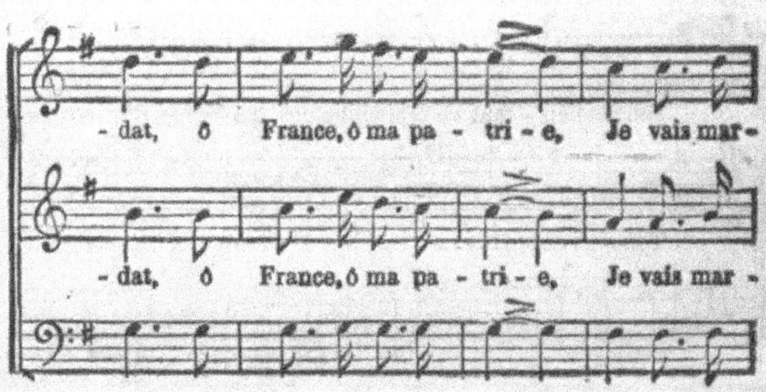

- dat, ô France, ô ma pa - tri - e, Je vais mar-
- dat, ô France, ô ma pa - tri - e, Je vais mar-

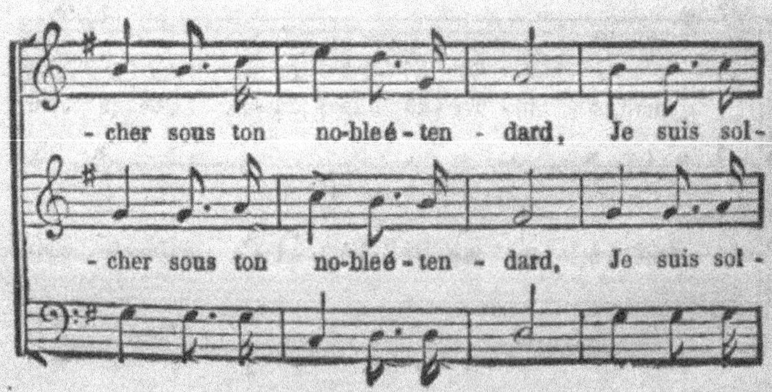

- cher sous ton no-ble é - ten - dard, Je suis sol-
- cher sous ton no-ble é - ten - dard, Je suis sol-

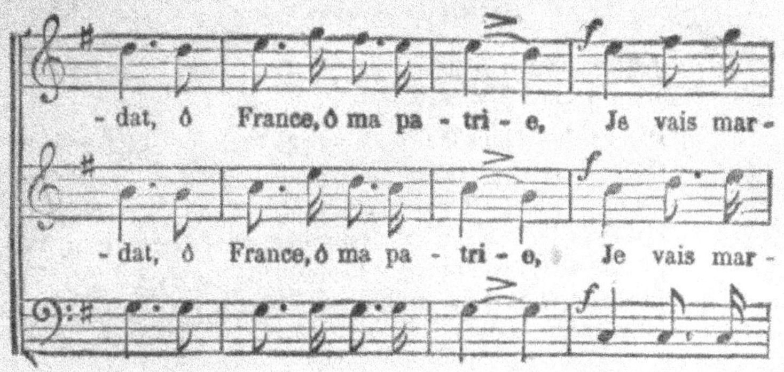
- dat, ô France, ô ma pa - tri - e, Je vais mar-
- dat, ô France, ô ma pa - tri - e, Je vais mar-

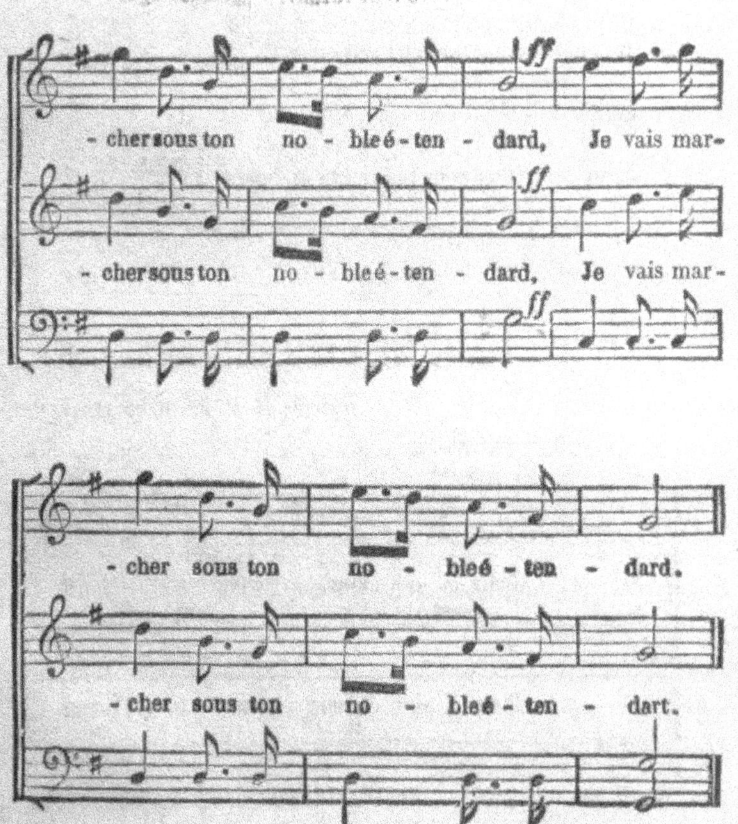
- cher sous ton no - ble é - ten - dard, Je vais mar-
- cher sous ton no - ble é - ten - dard, Je vais mar-
- cher sous ton no - ble é - ten - dard.
- cher sous ton no - ble é - ten - dart.

DEUXIÈME COUPLET.

Jeune soldat, je vole à la victoire,
Assez longtemps on accusa mes pleurs,
Dans ce beau jour tout revêtu de gloire,,
Chers compagnons, couronnez-moi de fleurs.
Que n'es-tu là, mère trois fois chérie.
Mais tu m'entends, allons, plus de retard ;
Je suis soldat, ô France, ô ma patrie,
Je vais marcher sous ton noble étendard. } *(bis.)*

TROISIÈME COUPLET.

Dieu, tu le vois, la mort la plus cruelle,
Le feu, le fer, je brave leur fureur;
Si je soupire, ah ! ce n'est que pour elle,
Que pour ma mère. Ah ! console son cœur !
C'est en ton nom, oh ! ma mère chérie,
Que je combats.... allons, plus de retard,
Je suis soldat, ô France, ô ma patrie,
Je vais marcher sous ton noble étendard. } *(bis.)*

———

Nº 48.

LE REFRAIN DES OUVRIERS.

Paroles de M. P. de Kock.　　　　Musique de M. Ed. Brugnières.

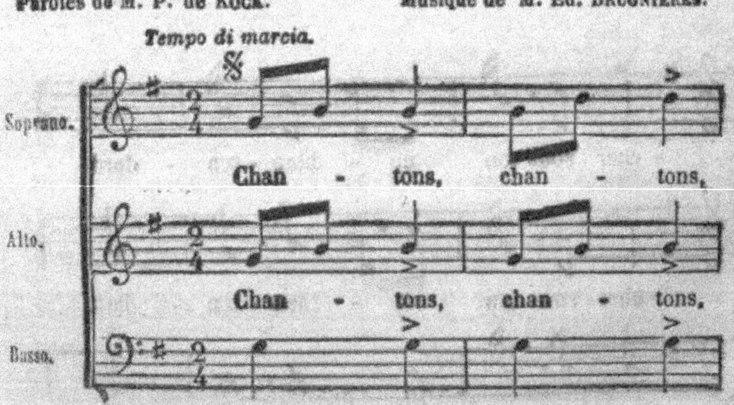

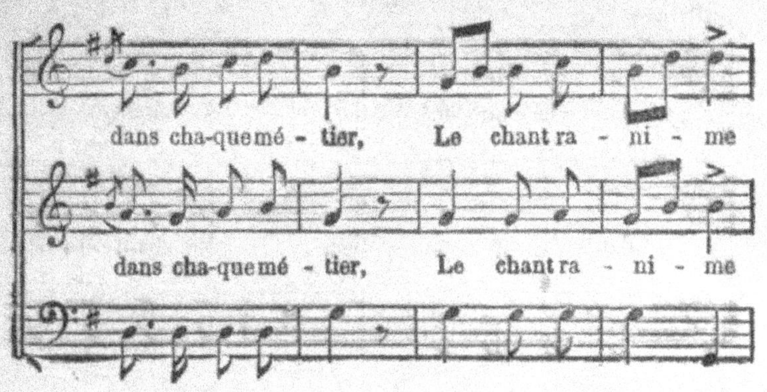

dans cha-que mé - tier,   Le chant ra - ni - me
dans cha-que mé - tier,   Le chant ra - ni - me

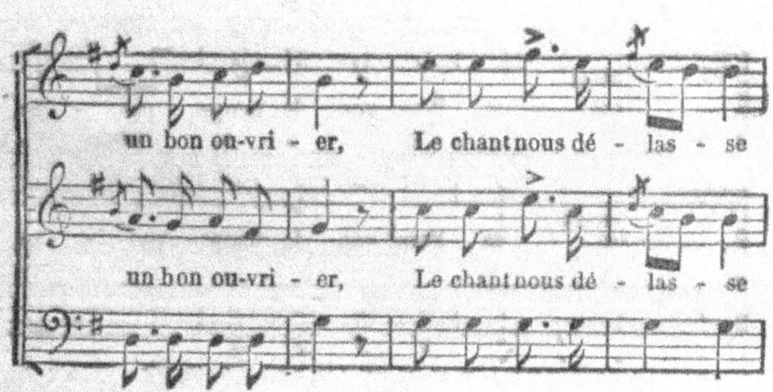

un bon ou-vri - er,   Le chant nous dé - las - se
un bon ou-vri - er,   Le chant nous dé - las - se

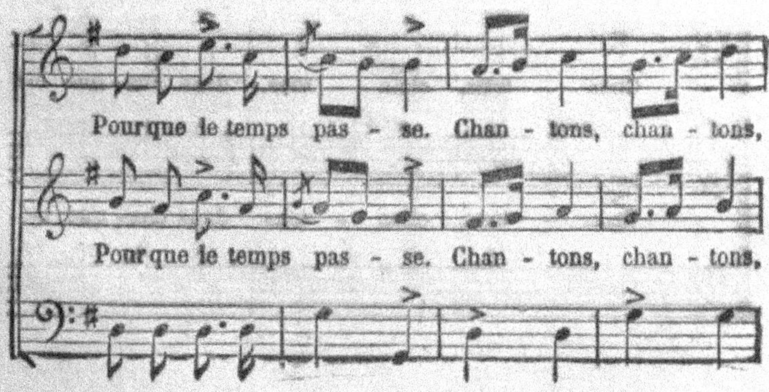

Pour que le temps pas - se. Chan - tons, chan - tons,
Pour que le temps pas - se. Chan - tons, chan - tons,

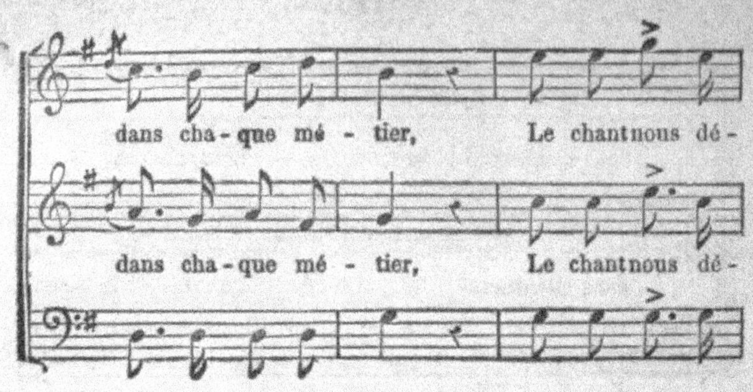

dans cha - que mé - tier, Le chant nous dé -
dans cha - que mé - tier, Le chant nous dé -

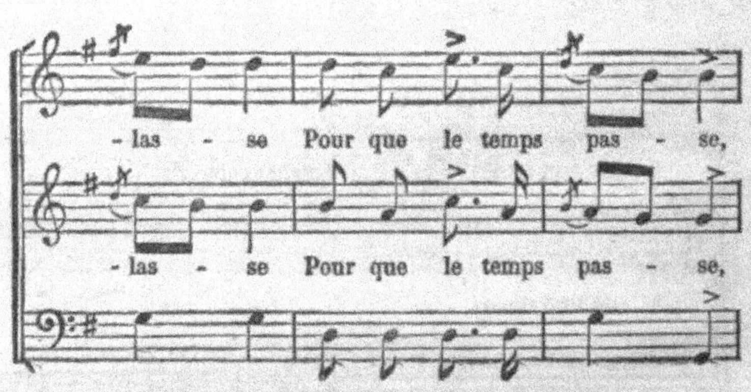

- las - se Pour que le temps pas - se,
- las - se Pour que le temps pas - se,

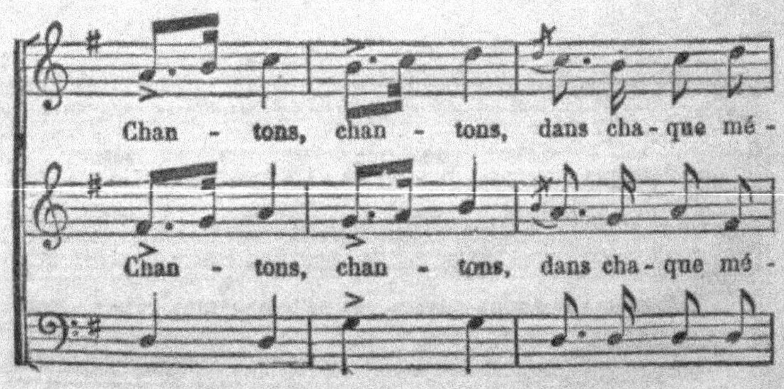

Chan - tons, chan - tons, dans cha - que mé -
Chan - tons, chan - tons, dans cha - que mé -

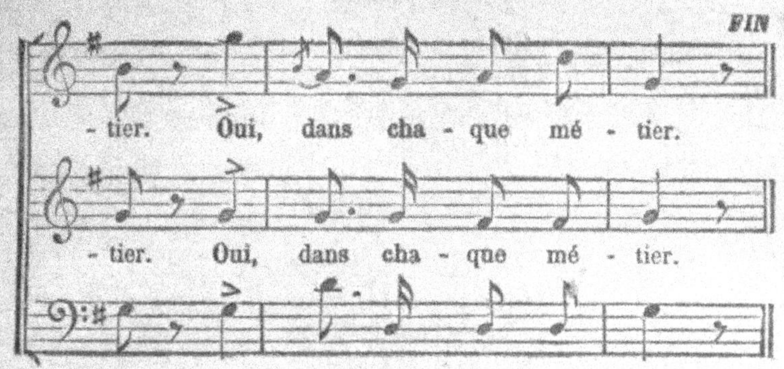

PREMIER COUPLET.

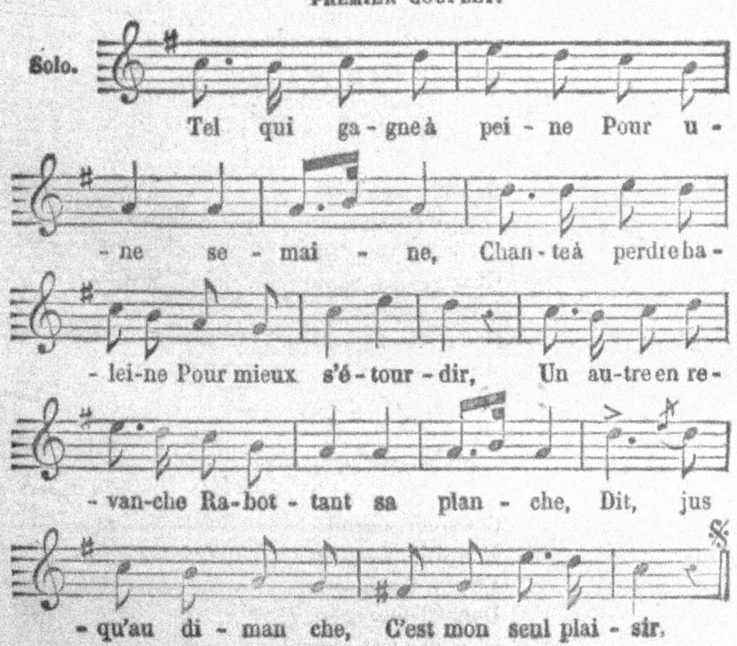

DEUXIÈME COUPLET

Trop jeune pour être
Habile à connaître
L'état de son maître
Que dit l'apprenti?

Et que lui réplique,
Soit dans la boutique,
Soit dans la fabrique,
L'ouvrier fini ?

TROISIÈME COUPLET.

Pour faire un chef-d'œuvre,
Dès l'aurore à l'œuvre,
Le pauvre manœuvre
Croiserait ses bras,
Et sur son ouvrage,
Le front tout en nage,
Il perdrait courage,
S'il ne disait pas :

QUATRIÈME COUPLET

Gentille ouvrière,
Jeune couturière,
Modiste, frangère,
Chacune à son tour
Presse sa toilette,
Et dans sa chambrette,
Au travail répète,
Dès le point du jour.

CINQUIÈME COUPLET.

Couvreur, ébéniste,
Menuisier, lampiste,
Maçon, machiniste,
Doreur, tonnelier,
Chacun d'eux se vante
D'avoir, lorsqu'il chante,
L'âme plus contente
Qu'un riche banquier.

Nº 49.

LA CLOCHE DES OUVRIERS.

Paroles de M. P. de KOCK.

Musique de ED. BRUGNIÈRES.

Tempo di marcia.

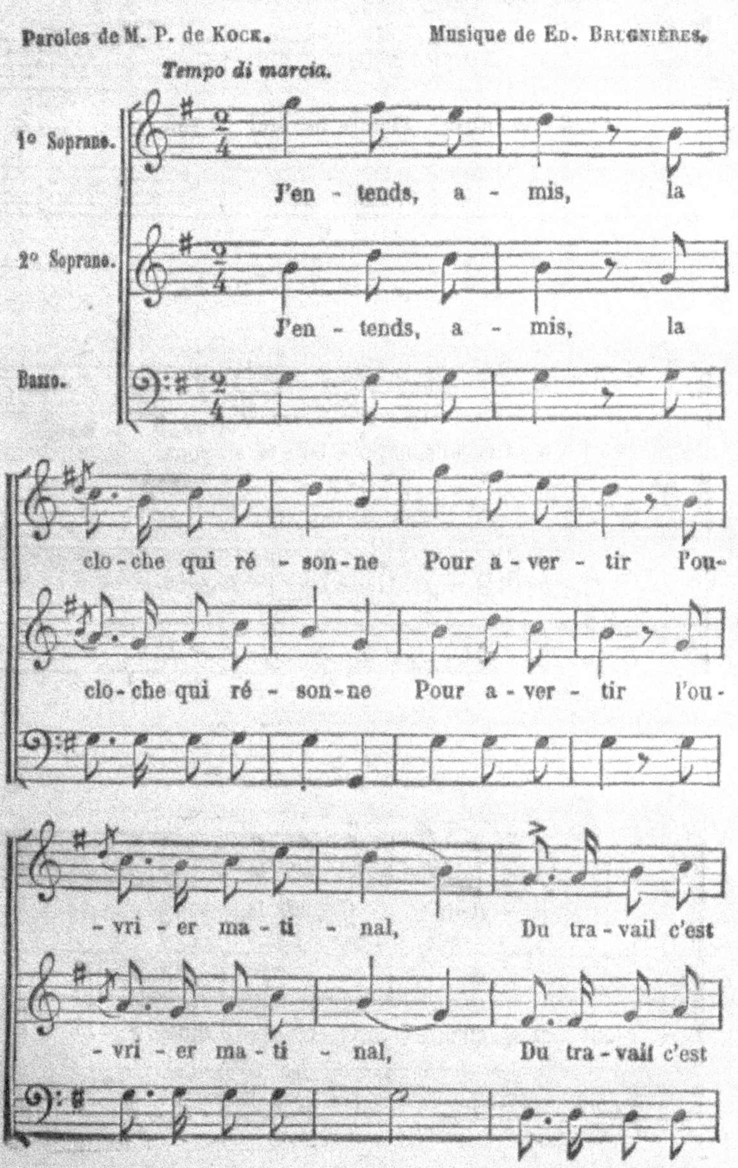

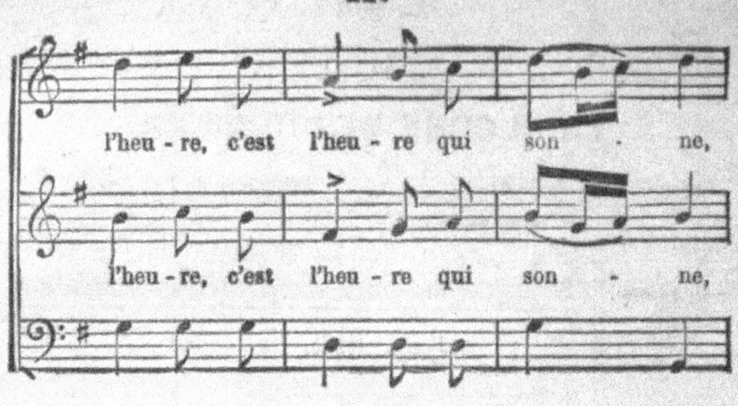
l'heu - re, c'est l'heu - re qui son - ne,
l'heu - re, c'est l'heu - re qui son - ne,

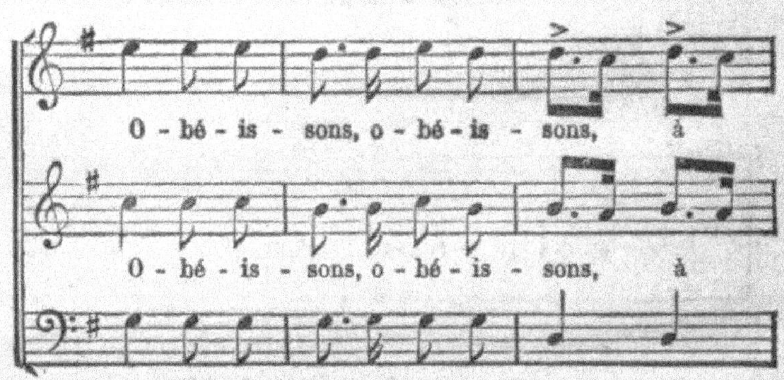
O - bé - is - sons, o - bé - is - sons, à
O - bé - is - sons, o - bé - is - sons, à

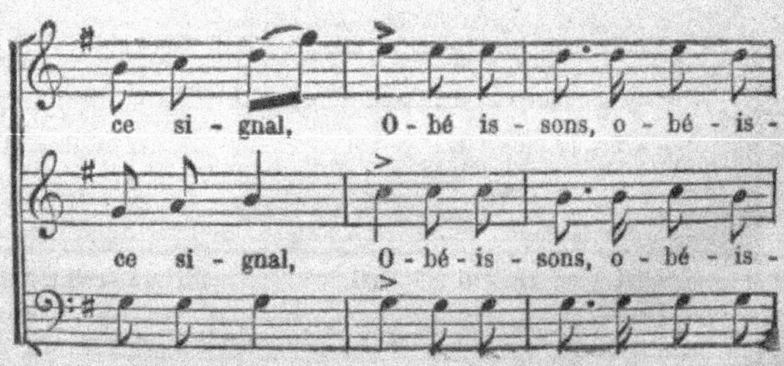
ce si - gnal, O - bé is - sons, o - bé - is -
ce si - gnal, O - bé - is - sons, o - bé - is -

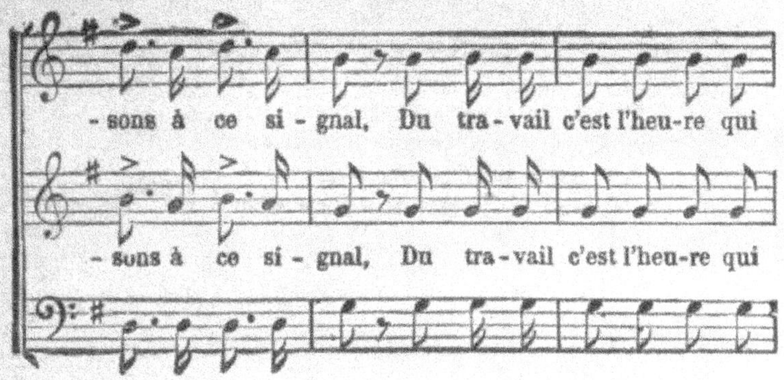

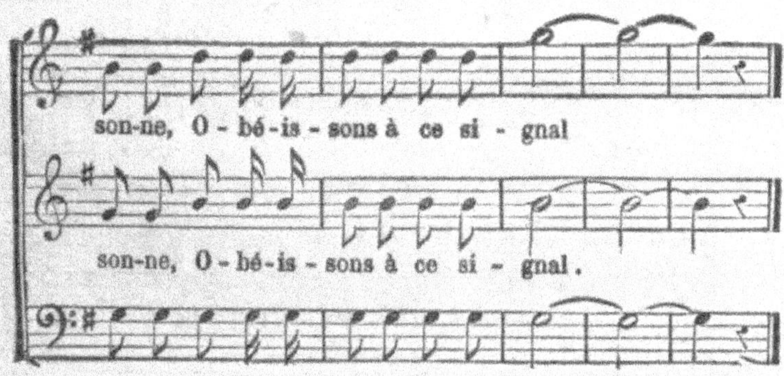

DEUXIÈME COUPLET.

Dès le matin, plus d'ardeur et de zèle,
Nous nous rendons gaiement aux ateliers;
Le soir la cloche, la cloche nous rappelle,
  Et nous rentrons (*bis*) dans nos foyers. } (*bis.*)

TROISIÈME COUPLET.

Elle a sonné ces jours de notre vie,
Dont la mémoire est sacrée en tout temps,
L'heure d'une union, d'une union chérie,
  La naissance (*bis*) de nos enfants. } (*bis.*)

QUATRIÈME COUPLET.

Un jour aussi cette cloche sonore
Annoncera la fin de tous nos maux;
Mais elle sera (*bis*) douce encore
Comme en sonnant (*bis*) pour le repos. } (*bis.*)

N° 50.

EXIL ET RETOUR.

Paroles de .....   Musique de .....

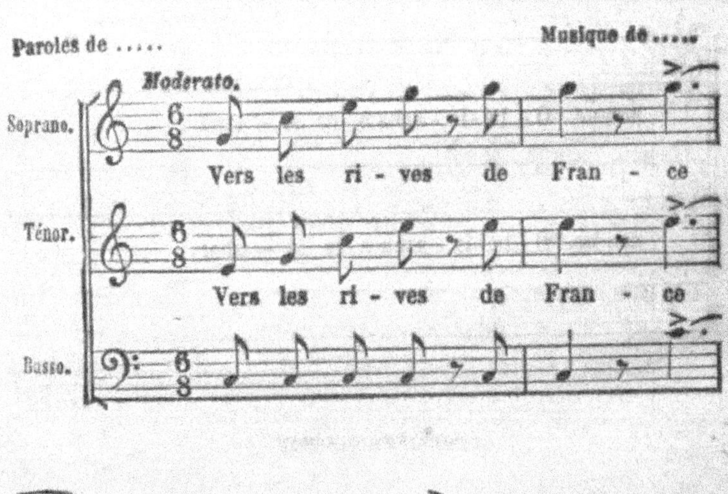

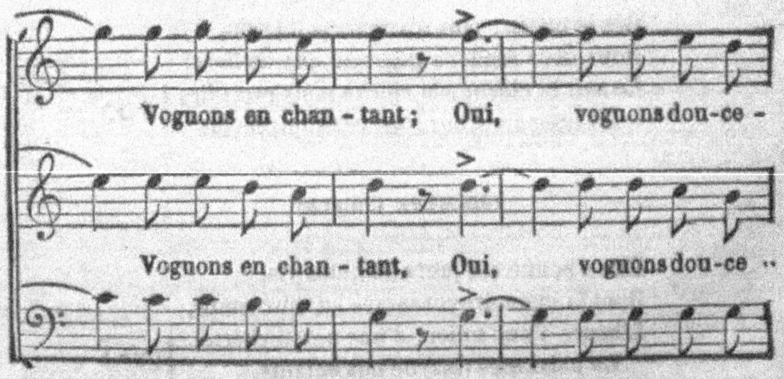

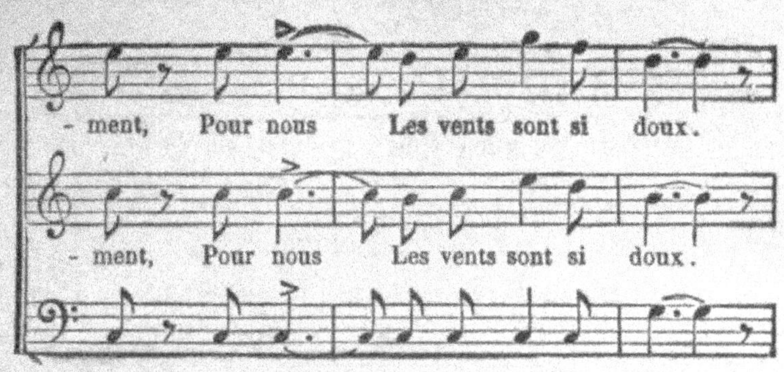
- ment, Pour nous Les vents sont si doux.
- ment, Pour nous Les vents sont si doux.

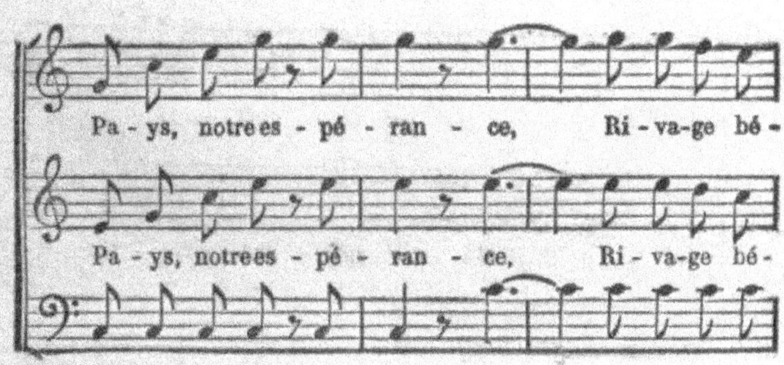
Pa - ys, notre es - pé - ran - ce, Ri - va-ge bé -
Pa - ys, notre es - pé - ran - ce, Ri - va-ge bé -

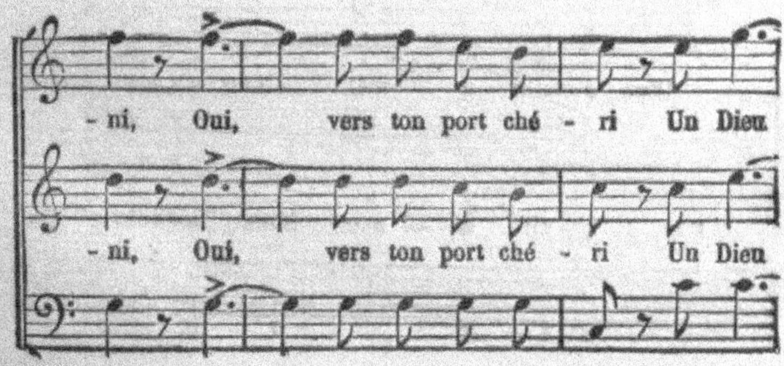
- ni, Oui, vers ton port ché - ri Un Dieu
- ni, Oui, vers ton port ché - ri Un Dieu

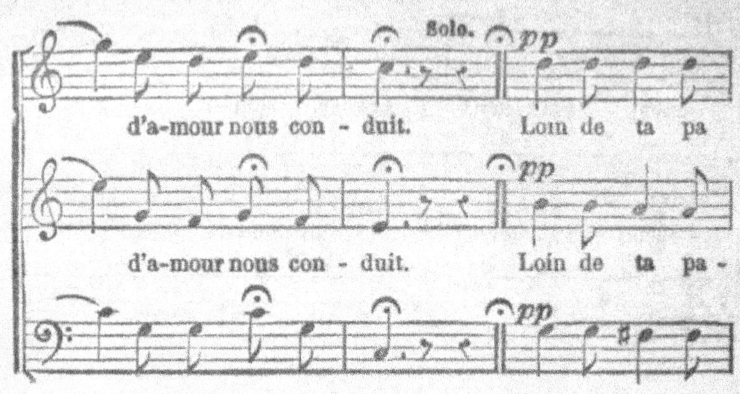
Solo. pp
d'a-mour nous con - duit. Loin de ta pa
d'a-mour nous con - duit. Loin de ta pa-
pp
pp

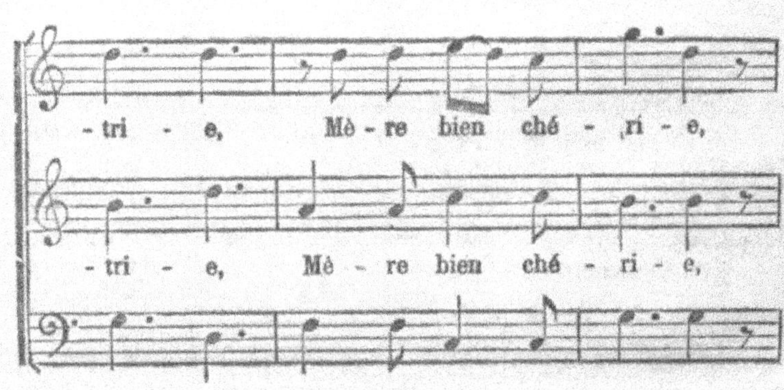
- tri - e, Mè - re bien ché - ri - e,
- tri - e, Mè - re bien ché - ri - e,

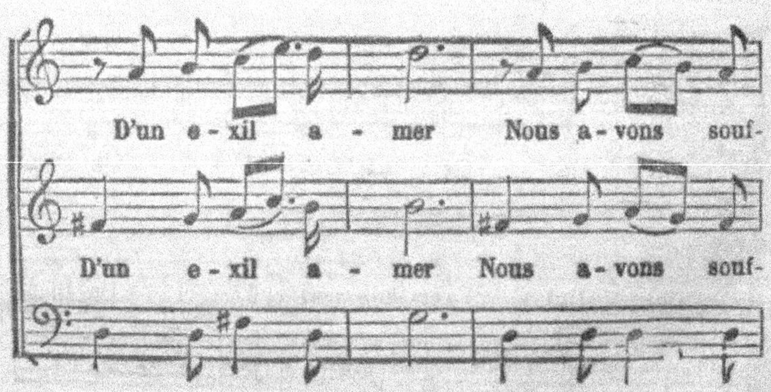
D'un e - xil a - mer Nous a - vons souf-
D'un e - xil a - mer Nous a - vons souf-

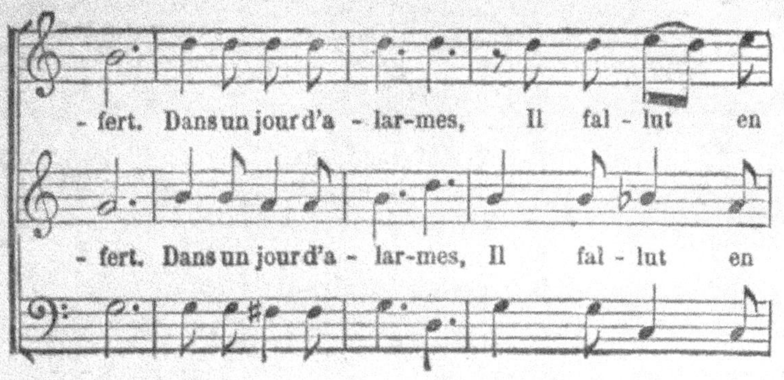
- fert. Dans un jour d'a - lar-mes, Il fal - lut en
- fert. Dans un jour d'a - lar-mes, Il fal - lut en

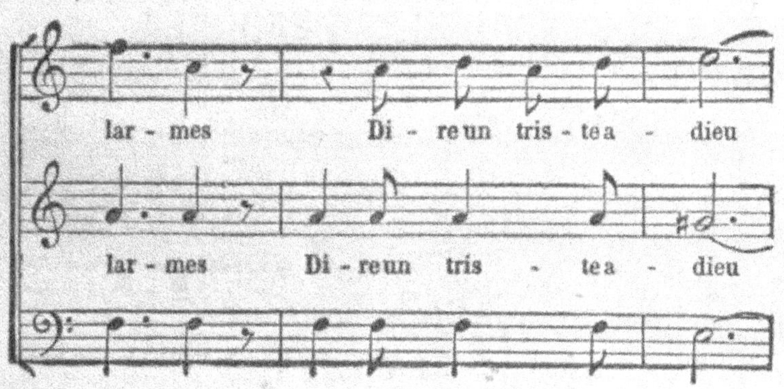
lar - mes Di - re un tris - te a - dieu
lar - mes Di - re un tris - te a - dieu

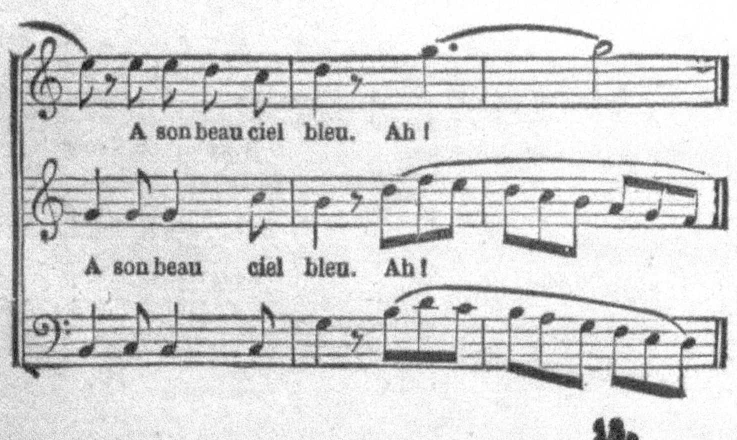
A son beau ciel bleu. Ah !
A son beau ciel bleu. Ah !

DEUXIÈME COUPLET

Cette onde rapide
Coule plus limpide,
Les cieux sont plus bleus,
Nos chants plus joyeux,
Reine des étoiles
Souffle dans nos voiles,
Les Français bannis.

Nº 5

LES SENTINELLES PERDUES.

Paroles de N...   Musique de X...

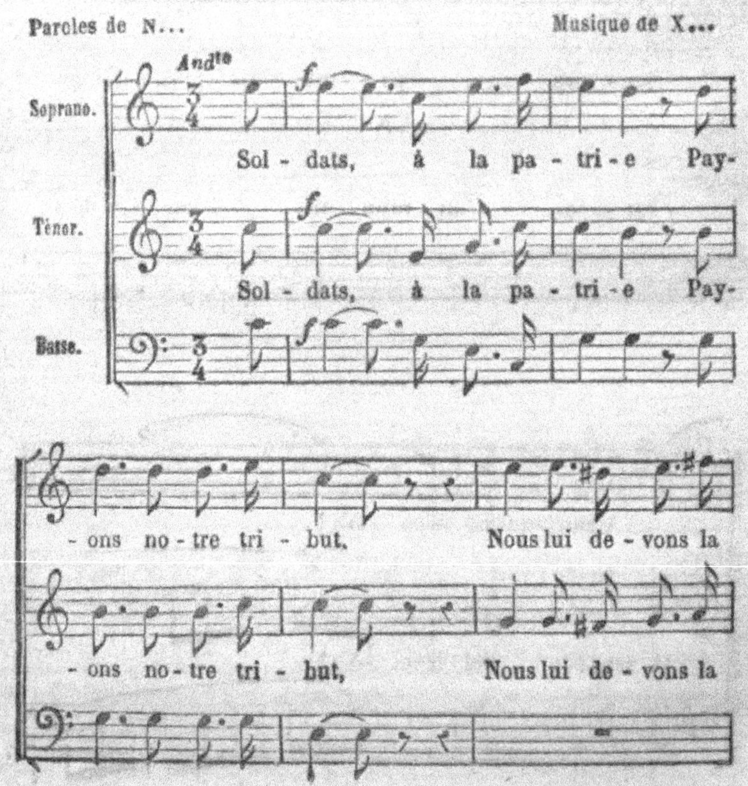

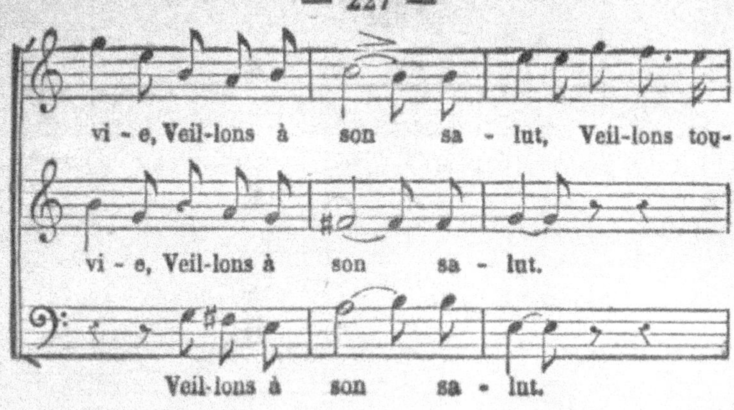
vi - e, Veil-lons à son sa - lut, Veil-lons tou-
vi - e, Veil-lons à son sa - lut.
Veil-lons à son sa - lut.

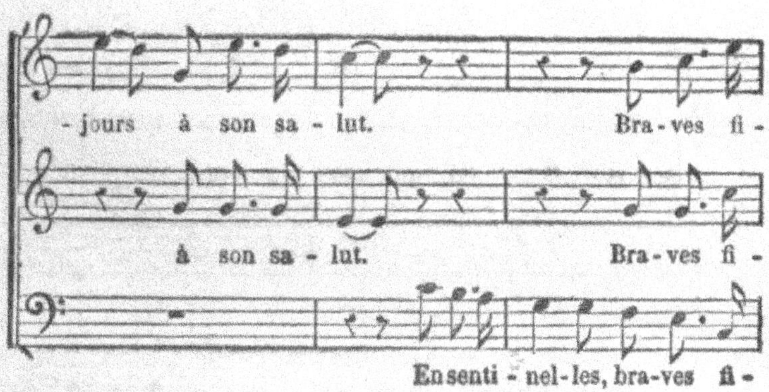
- jours à son sa - lut. Bra - ves fi -
à son sa - lut. Bra - ves fi -
En senti - nel-les, bra-ves fi -

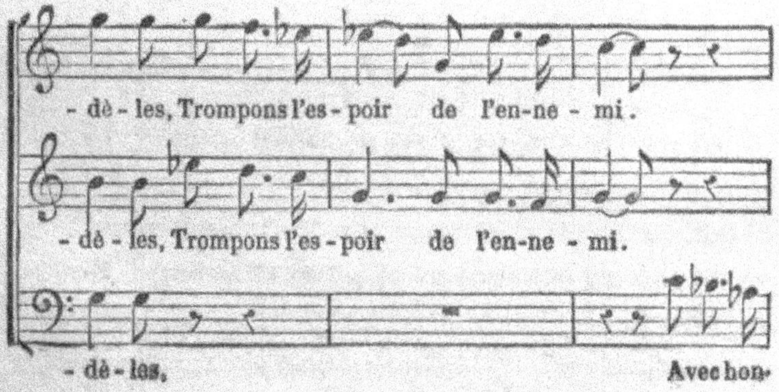
- dè - les, Trompons l'es - poir de l'en-ne - mi.
- dè - les, Trompons l'es - poir de l'en-ne - mi.
- dè - les, Avec hon-

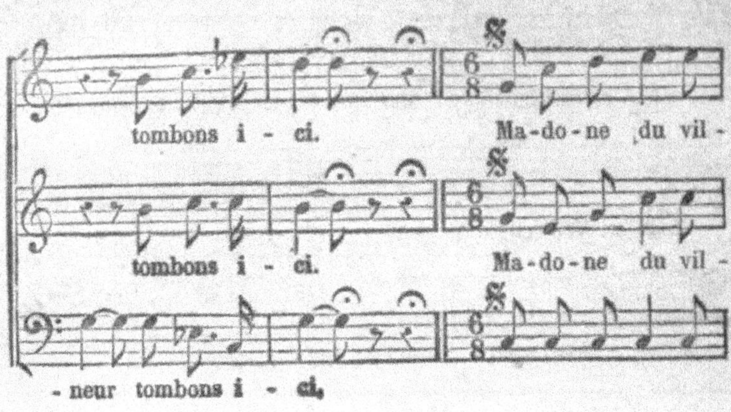
tombons i - ci.
Ma - do - ne du vil -
tombons i - ci.
Ma - do - ne du vil -
- neur tombons i - ci,

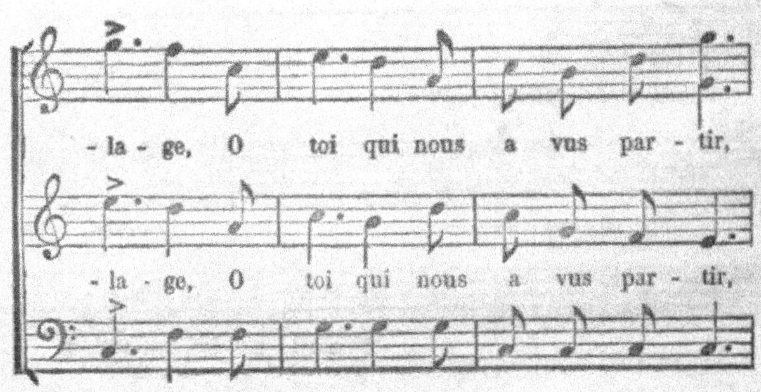
- la - ge, O toi qui nous a vus par - tir,
- la - ge, O toi qui nous a vus par - tir,

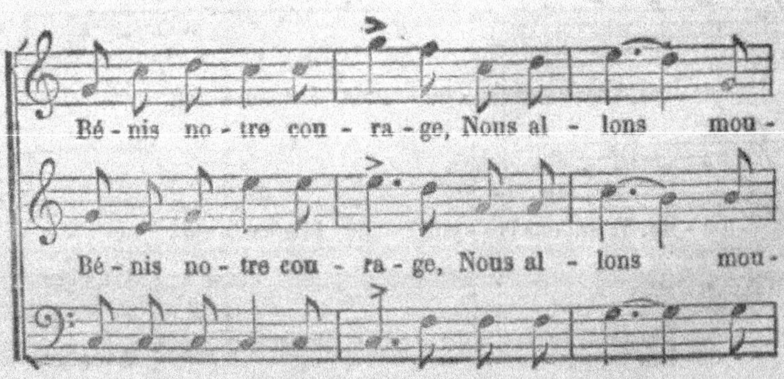
Bé - nis no - tre cou - ra - ge, Nous al - lons mou -
Bé - nis no - tre cou - ra - ge, Nous al - lons mou -

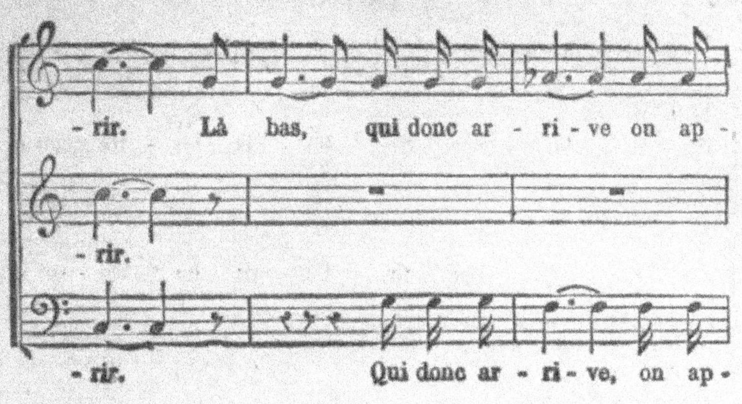
- rir. Là bas, qui donc ar - ri - ve on ap -
- rir.
- rir. Qui donc ar - ri - ve, on ap -

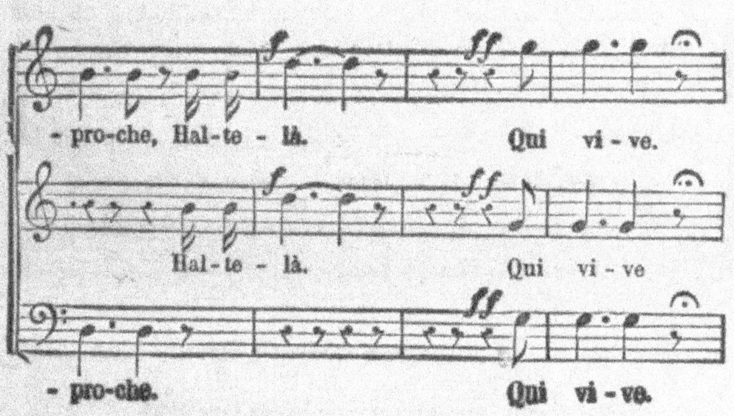
- pro-che, Hal - te - là. Qui vi - ve.
Hal - te - là. Qui vi - ve
- pro-che. Qui vi - ve.

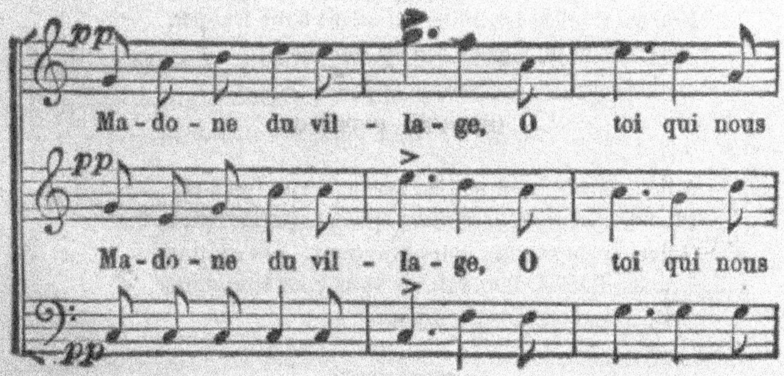
pp
Ma - do - ne du vil - la - ge, O toi qui nous
pp
Ma - do - ne du vil - la - ge, O toi qui nous
pp

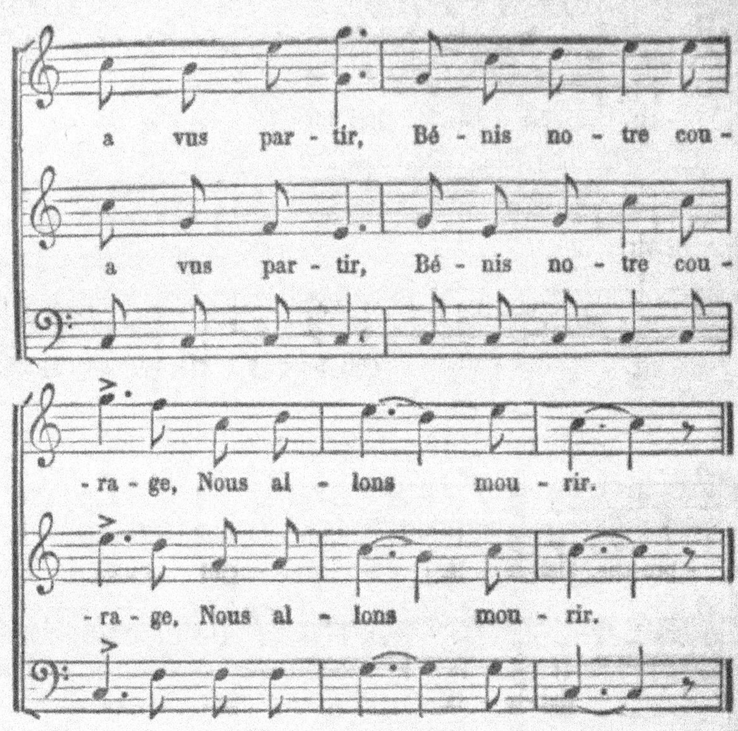

DEUXIÈME COUPLET.

Frères, depuis l'aurore vous combattez sans nous,
Nous ne pouvons encor triompher avec vous,
Car nous veillons ici pour vous, en sentinelles,
Braves, fidèles, les balles viennent nous frapper,
  Sans gloire, hélas! faut-il tomber?

TROISIÈME COUPLET.

Adieu, nos bonnes mères, adieu, notre hameau,
Plus de douces chaumières, plus de joyeux pipeaux!
Objets si chers sous leurs drapeaux. Les sentinelles,
Braves, fidèles, bien loin de vous vont succomber.
  Recevez leur dernier baiser.

LE RETOUR.

Paroles de E. PLOUVIER.   Musique de SCARD.

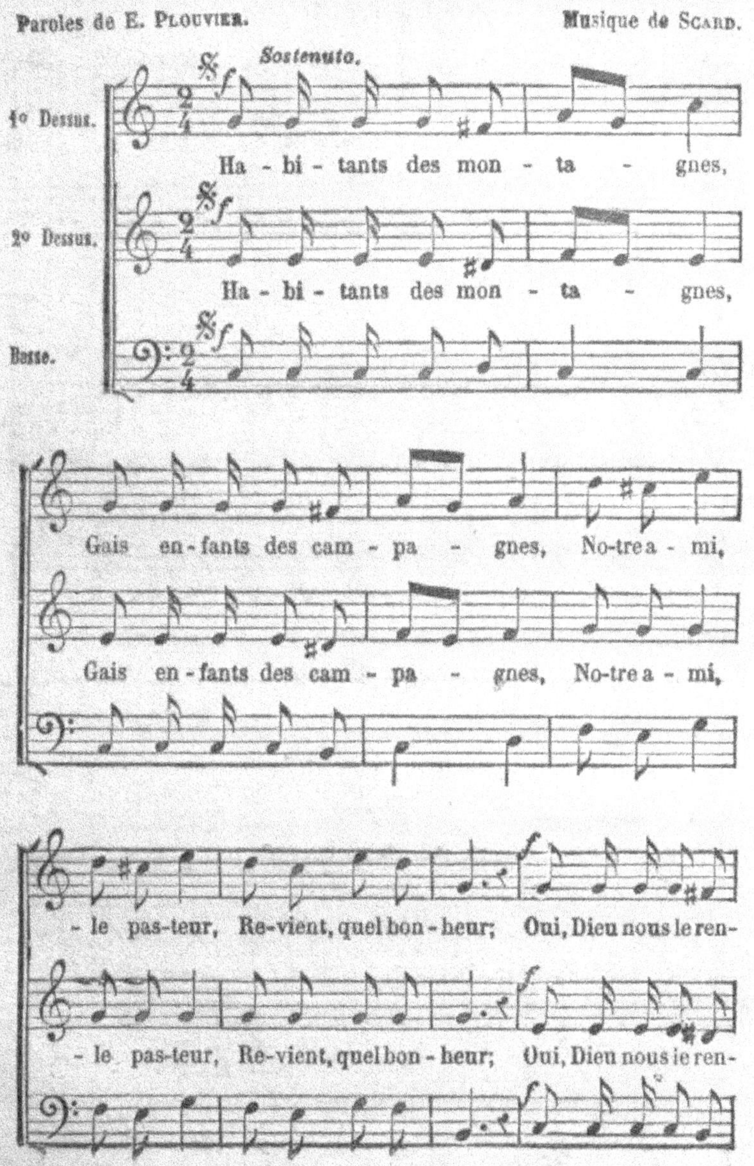

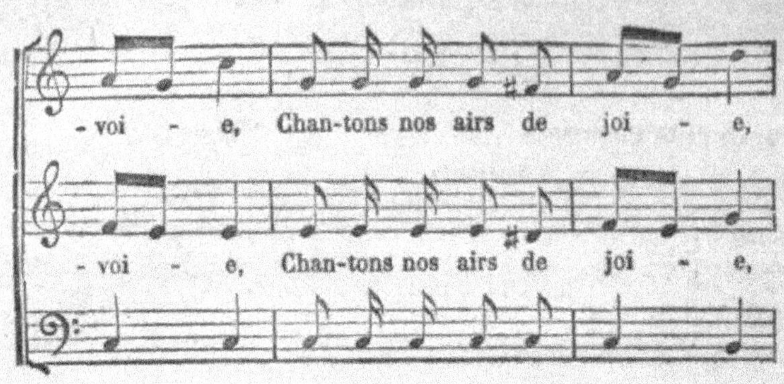
- voi - e, Chan-tons nos airs de joi - e,
- voi - e, Chan-tons nos airs de joi - e,

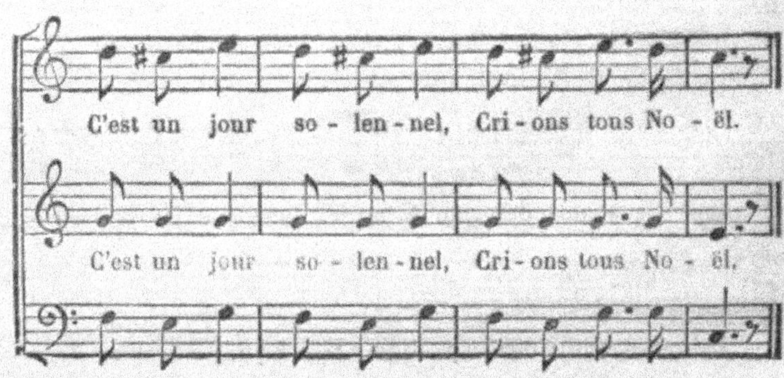
C'est un jour so - len - nel, Cri - ons tous No - ël.
C'est un jour so - len - nel, Cri - ons tous No - ël.

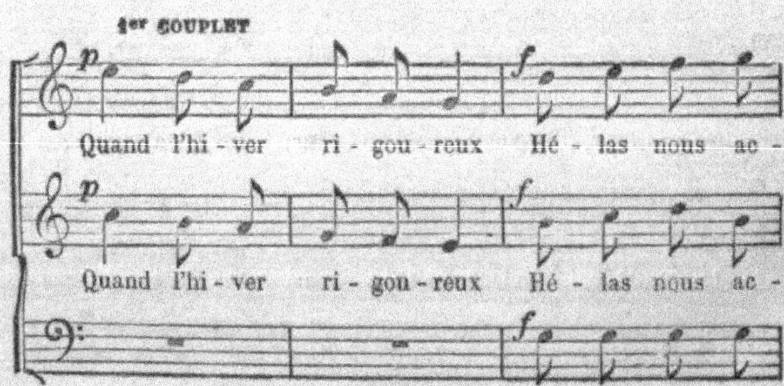
1er COUPLET
Quand l'hi - ver ri - gou - reux Hé - las nous ac -
Quand l'hi - ver ri - gou - reux Hé - las nous ac -

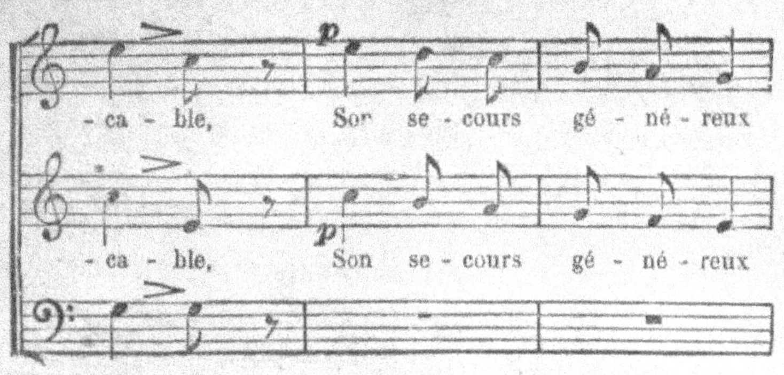
- ca - ble, Son se - cours gé - né - reux
- ca - ble, Son se - cours gé - né - reux

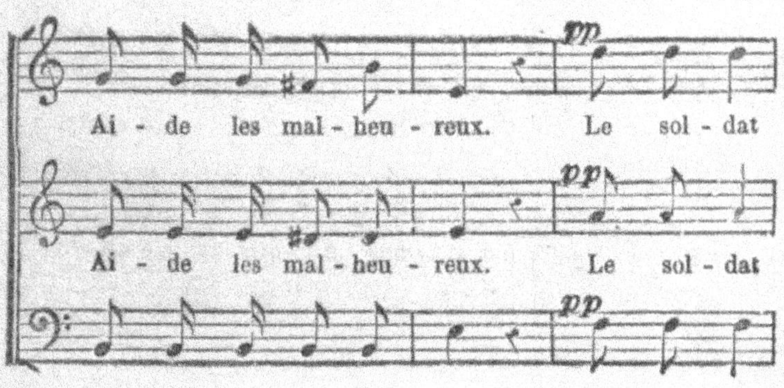
Ai - de les mal - heu - reux. Le sol - dat
Ai - de les mal - heu - reux. Le sol - dat

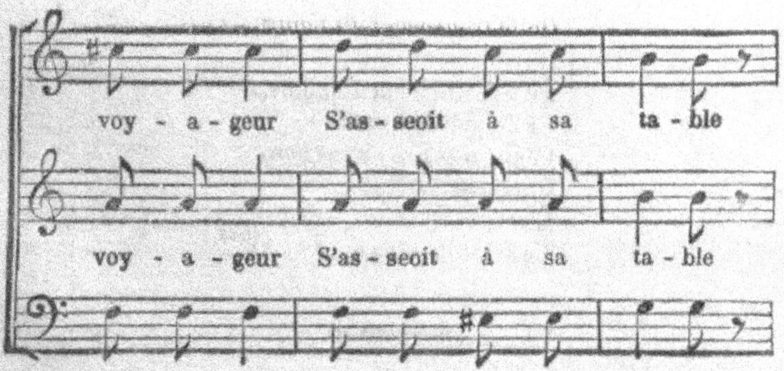
voy - a - geur S'as - seoit à sa ta - ble
voy - a - geur S'as - seoit à sa ta - ble

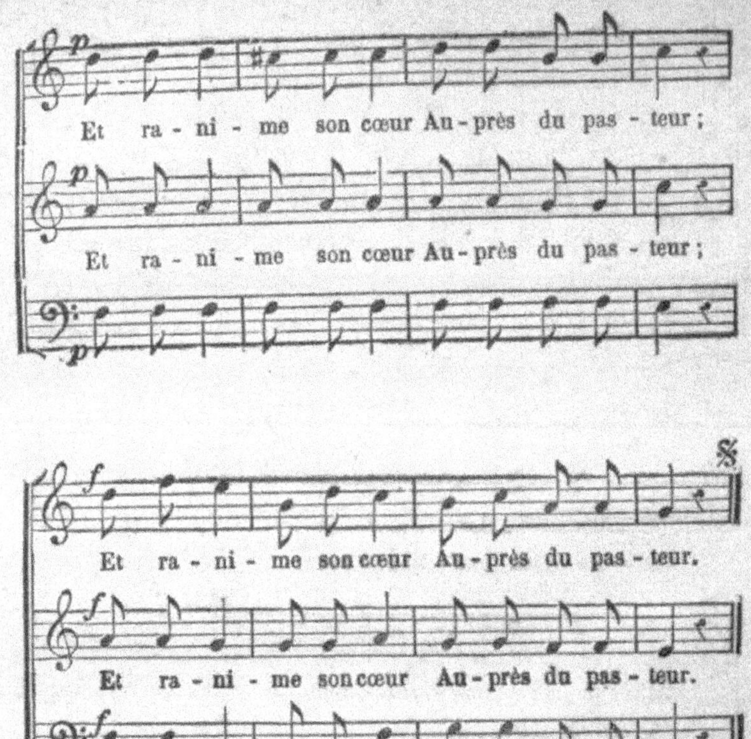

DEUXIÈME COUPLET.

On le trouve en tout temps,
Il rend le courage
Aux vieillards mécontents,
Et l'espoir aux enfants.
Pour lui plaire on est bon,
On aime l'ouvrage,
C'est, suivant le dicton,
Le saint du village. } (bis.)

N° 53.

L'APPEL AU COMBAT.

Paroles de N.....

Musique de X.....
et F.-J.-L. Langlet

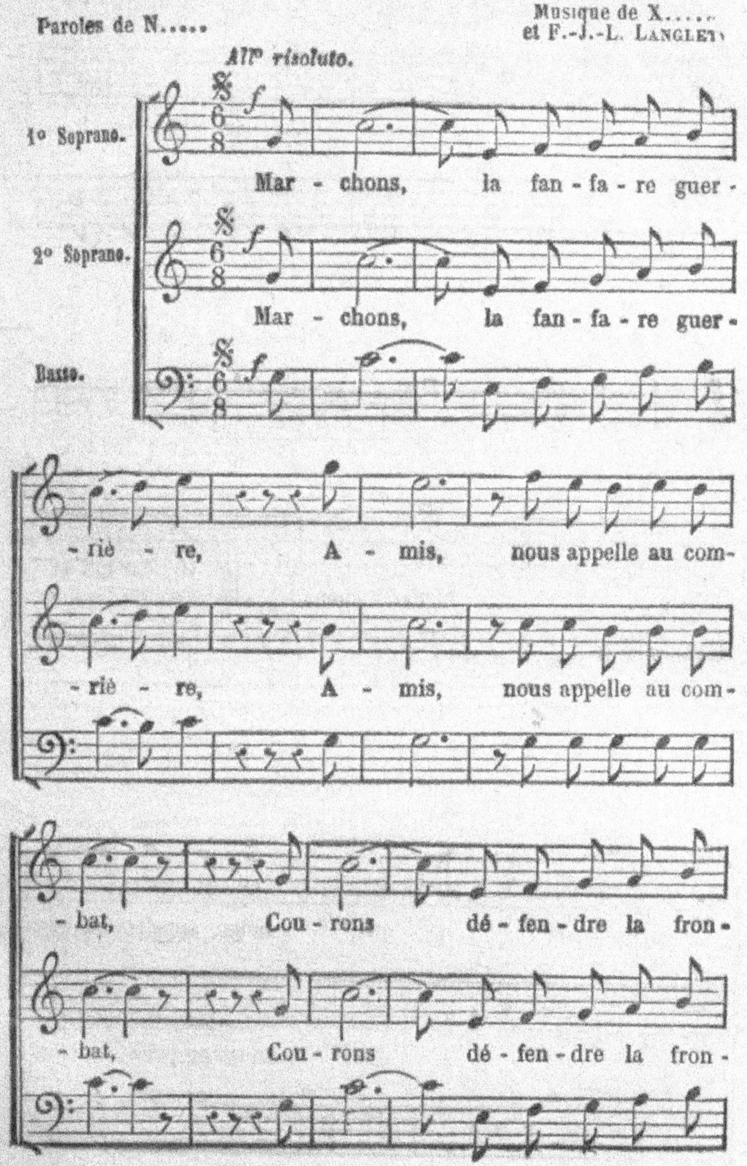

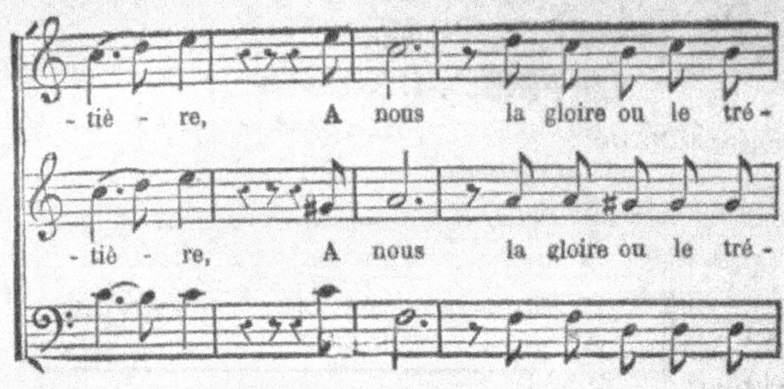

- tiè - re, A nous la gloire ou le tré-
- tiè - re, A nous la gloire ou le tré-

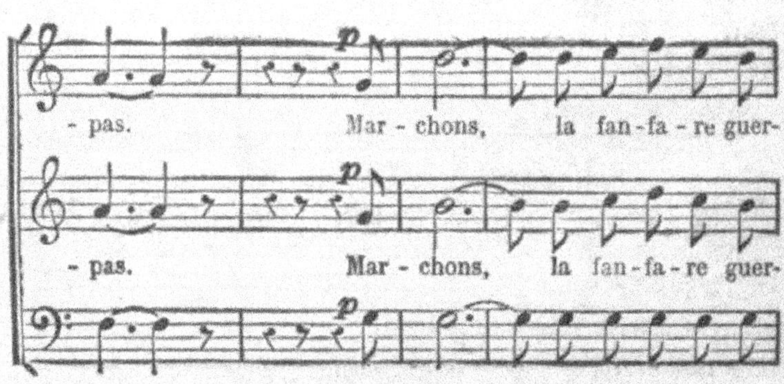

- pas. Mar - chons, la fan-fa - re guer-
- pas. Mar - chons, la fan-fa - re guer-

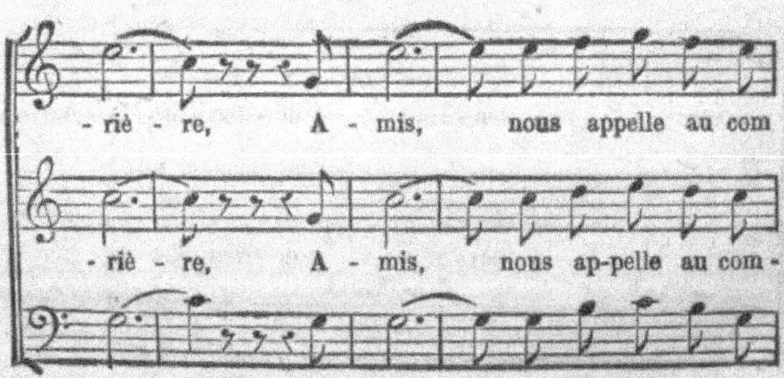

- riè - re, A - mis, nous appelle au com
- riè - re, A - mis, nous ap-pelle au com-

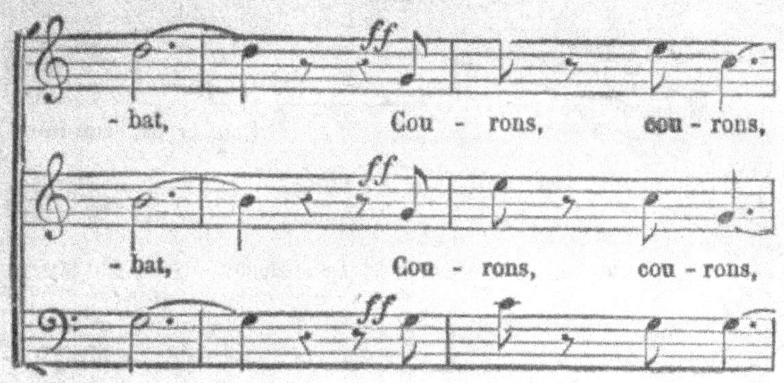
- bat, Cou - rons, cou - rons,
- bat, Cou - rons, cou - rons,

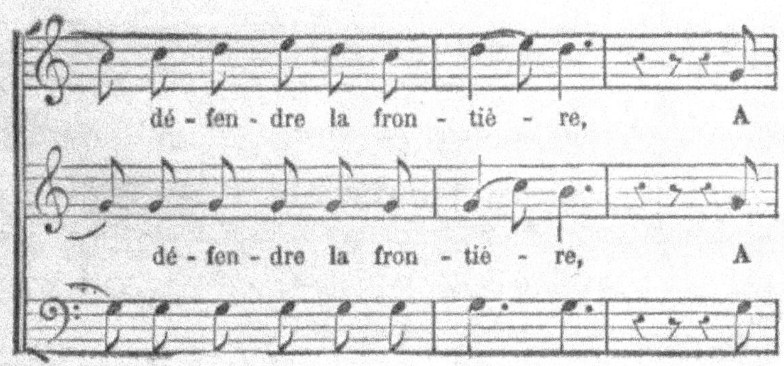
dé - fen - dre la fron - tiè - re, A
dé - fen - dre la fron - tiè - re, A

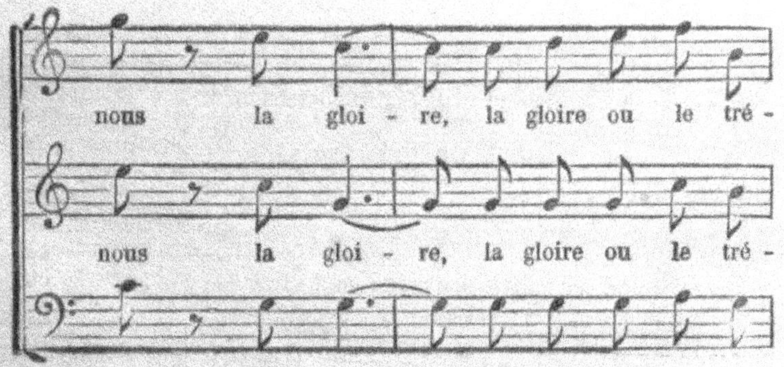
nous la gloi - re, la gloire ou le tré -
nous la gloi - re, la gloire ou le tré -

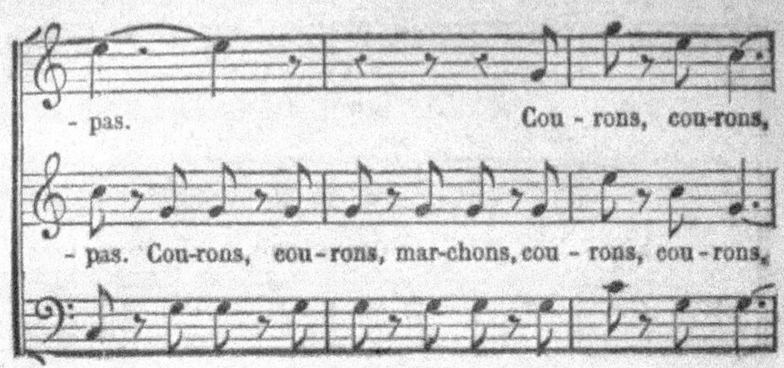
- pas.
Cou - rons, cou-rons,
- pas. Cou-rons, cou-rons, mar-chons, cou - rons, cou-rons,

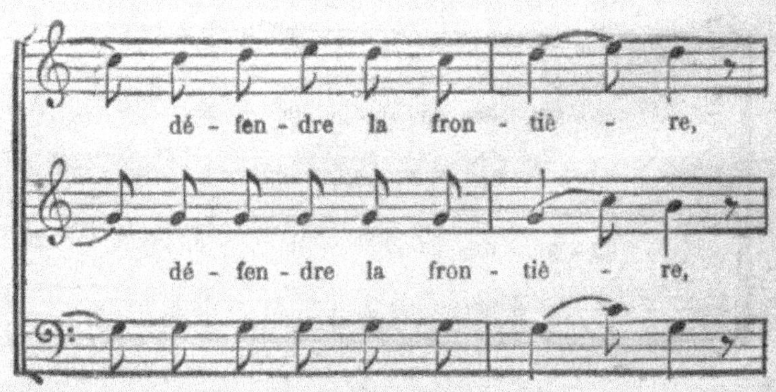
dé - fen - dre la fron - tiè - re,
dé - fen - dre la fron - tiè - re,

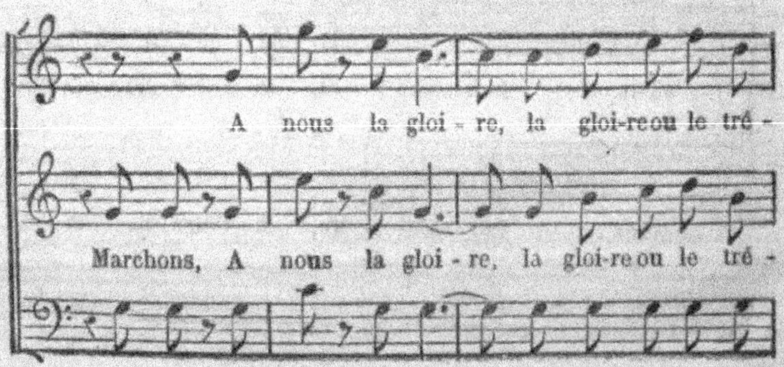
A nous la gloi - re, la gloi-re ou le tré -
Marchons, A nous la gloi - re, la gloi-re ou le tré -

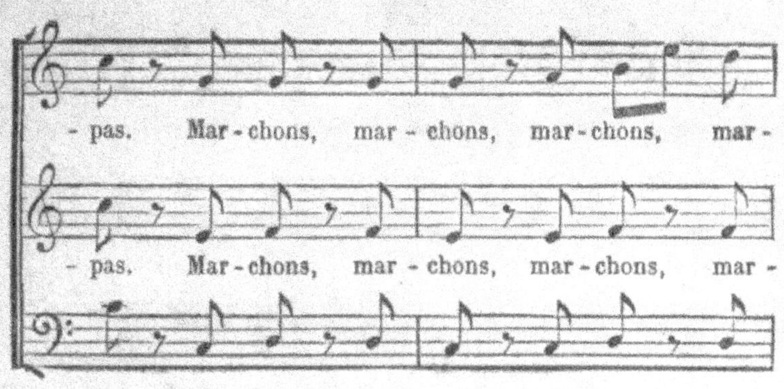

- pas.	Mar - chons,	mar - chons,	mar - chons,	mar -
- pas.	Mar - chons,	mar - chons,	mar - chons,	mar -

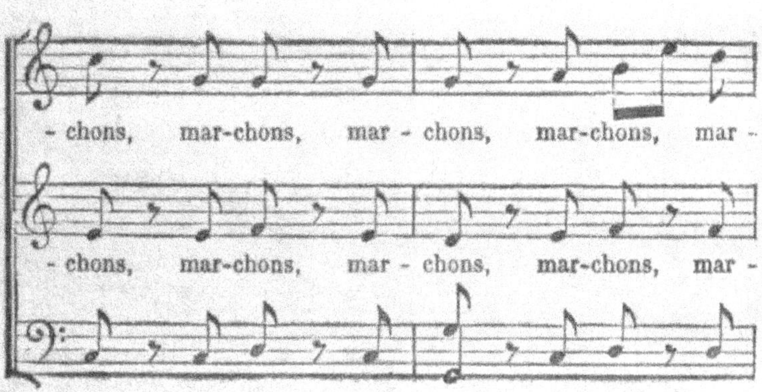

- chons,	mar - chons,	mar - chons,	mar - chons,	mar -
- chons,	mar - chons,	mar - chons,	mar - chons,	mar -

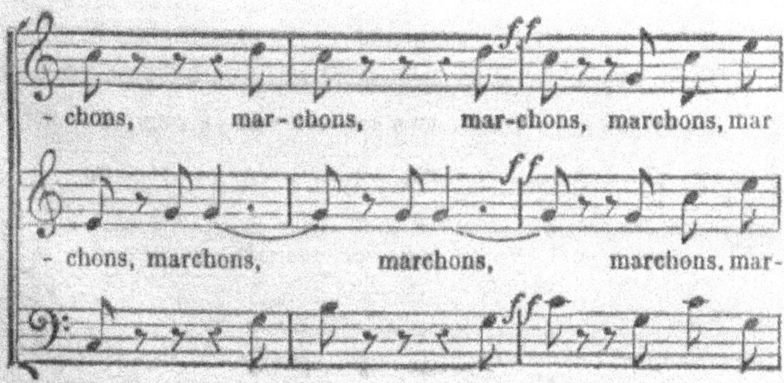

- chons,	mar - chons,	mar - chons, marchons, mar
- chons, marchons,	marchons,	marchons. mar-

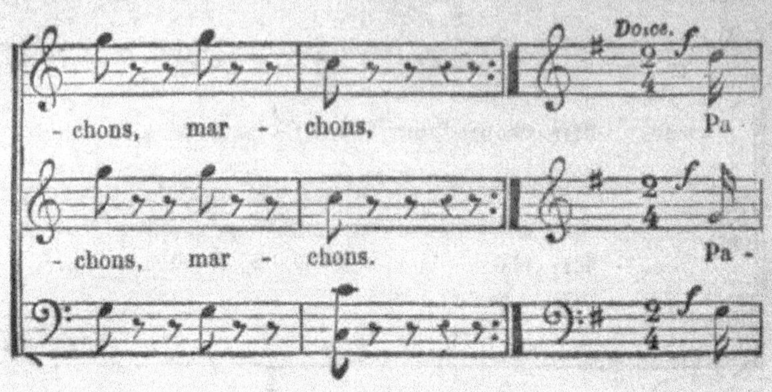
Douce.
- chons, mar - chons,
- chons, mar - chons.
Pa -
Pa -

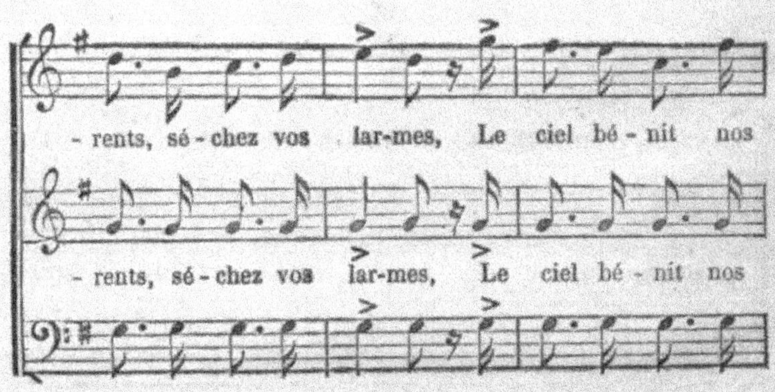
- rents, sé - chez vos lar-mes, Le ciel bé - nit nos
- rents, sé - chez vos lar-mes, Le ciel bé - nit nos

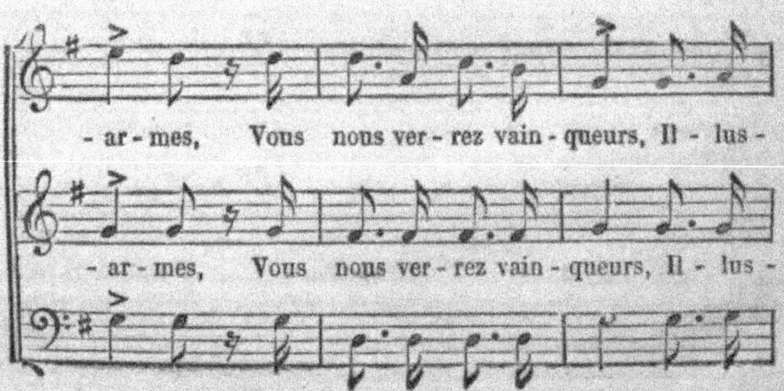
- ar - mes, Vous nous ver - rez vain - queurs, Il - lus -
- ar - mes, Vous nous ver - rez vain - queurs, Il - lus -

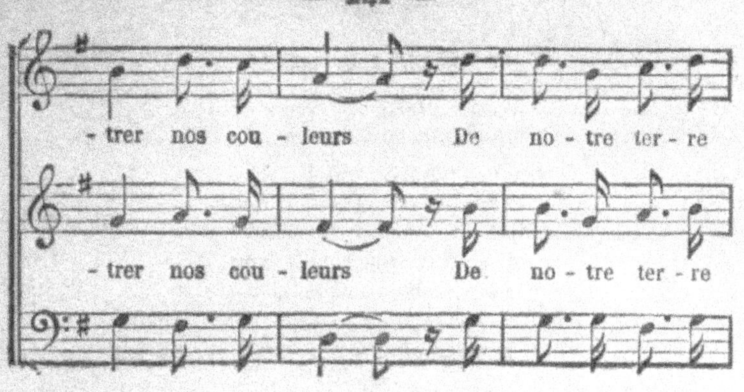
- trer nos cou - leurs De no - tre ter - re
- trer nos cou - leurs De no - tre ter - re

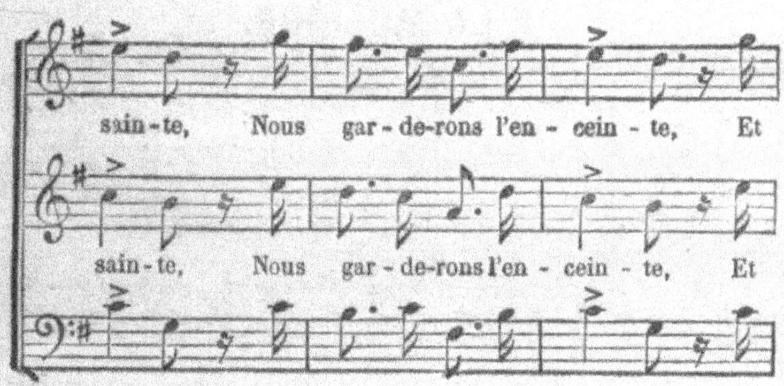
sain - te, Nous gar - de-rons l'en - cein - te, Et
sain - te, Nous gar - de-rons l'en - cein - te, Et

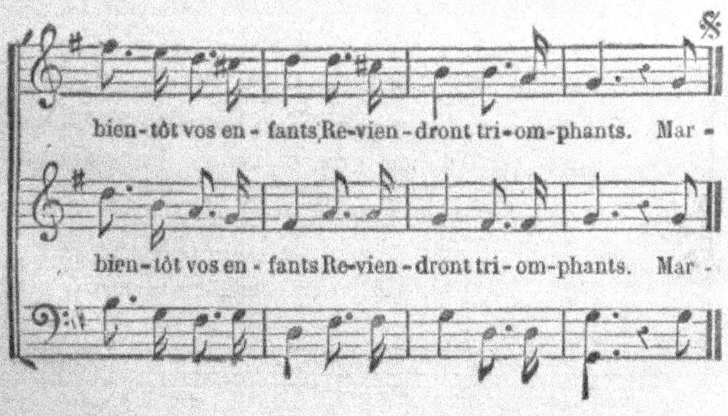
bien-tôt vos en - fants Re-vien - dront tri-om-phants. Mar -
bien-tôt vos en - fants Re-vien - dront tri-om-phants. Mar -

14

DEUXIÈME COUPLET

Le cri d'indépendance
De notre vieille France
Va d'échos en échos
Enfanter des héros ;
Au sourd canon qui gronde
Que tout Français réponde.
Les bannières au vent,
Noble cœur en avant,
Marchons, etc.

N° 54.

A LA MUSIQUE.

Paroles de Mme MÉLANIE WALDOR.

Musique de J. MAINZER.

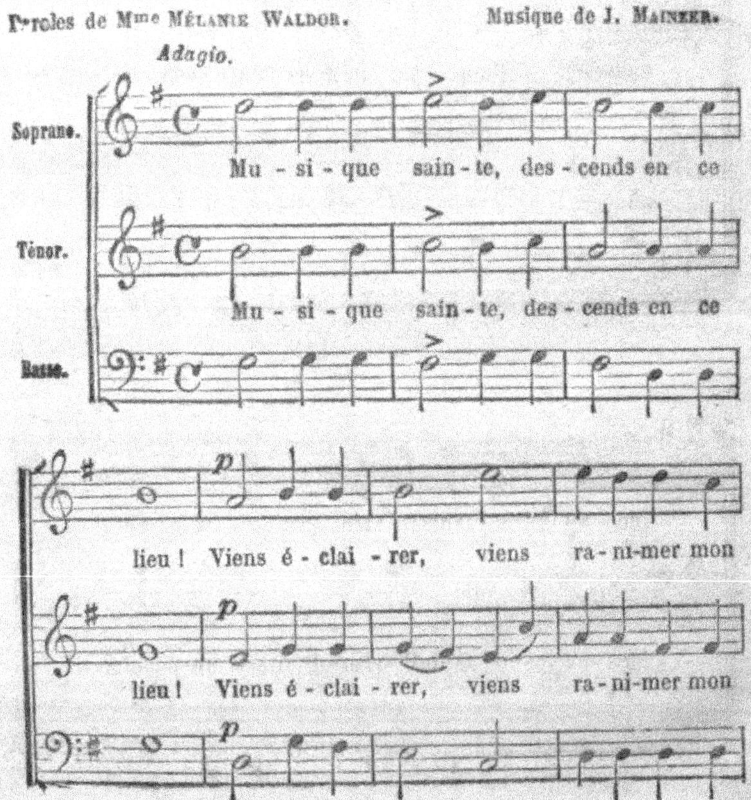

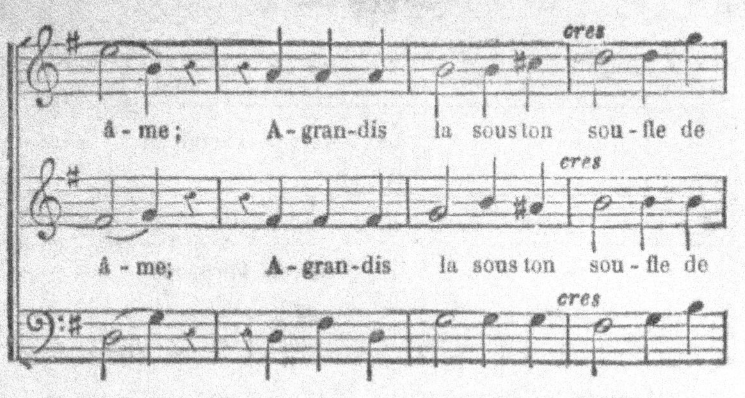
cres
â - me;   A - gran-dis   la sous ton   sou - fle de
cres
â - me;   A - gran-dis   la sous ton   sou - fle de
cres

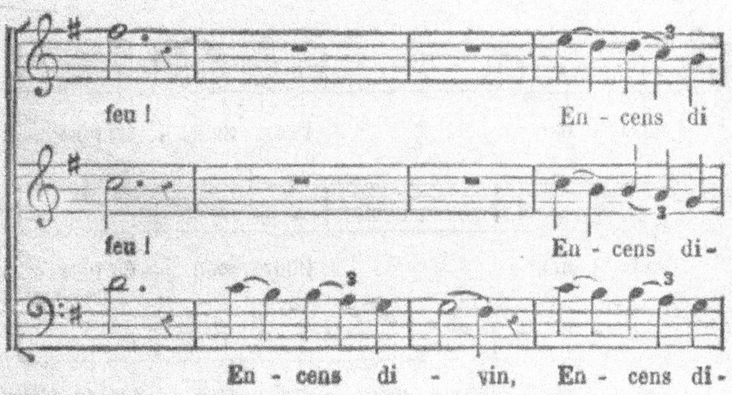
feu !   En - cens di
feu !   En - cens di-
En - cens di - vin,   En - cens di-

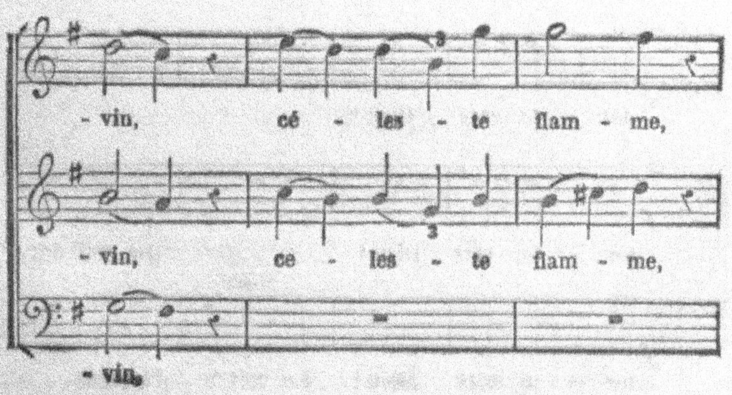
- vin,   cé - les - te   flam - me,
- vin,   ce - les - te   flam - me,
- vin,

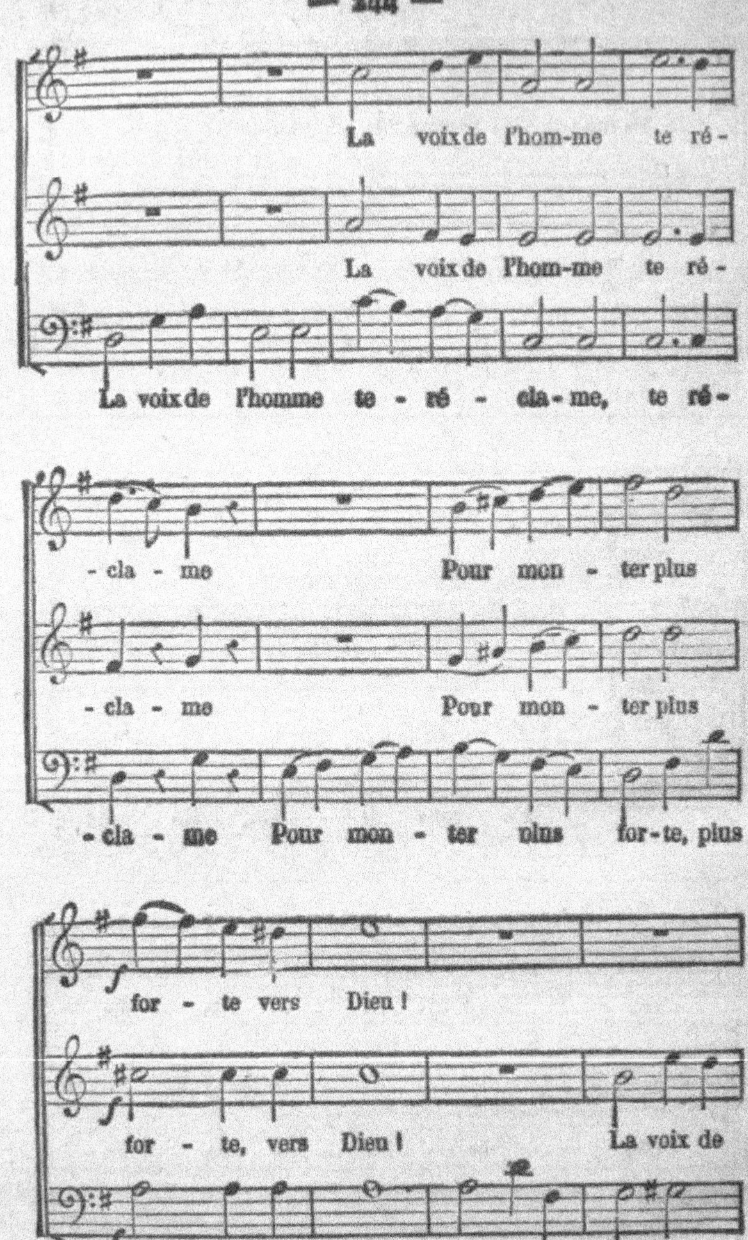
La voix de l'hom-me te ré-
La voix de l'hom-me te ré-
La voix de l'homme te - ré - cla - me, te ré-
- cla - me Pour mon - ter plus
- cla - me Pour mon - ter plus
- cla - me Pour mon - ter plus for-te, plus
for - te vers Dieu !
for - te, vers Dieu ! La voix de
for - te vers Dieu ! La voix de l'homme

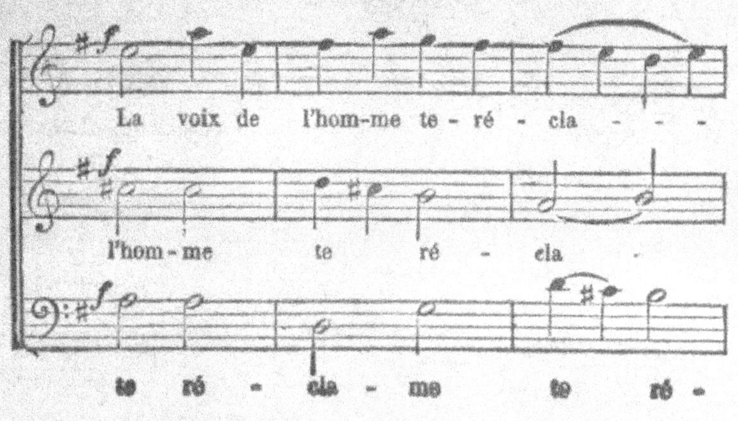
La voix de l'hom-me te - ré - cla - - -
l'hom - me te ré - ela -
te ré - ela - me te ré -

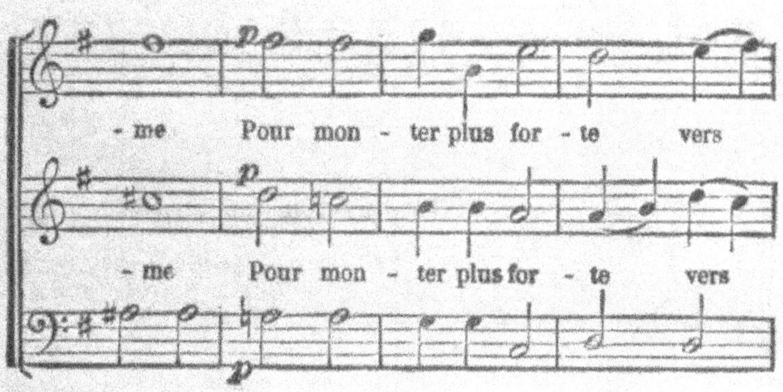
- me Pour mon - ter plus for - te vers
- me Pour mon - ter plus for - te vers

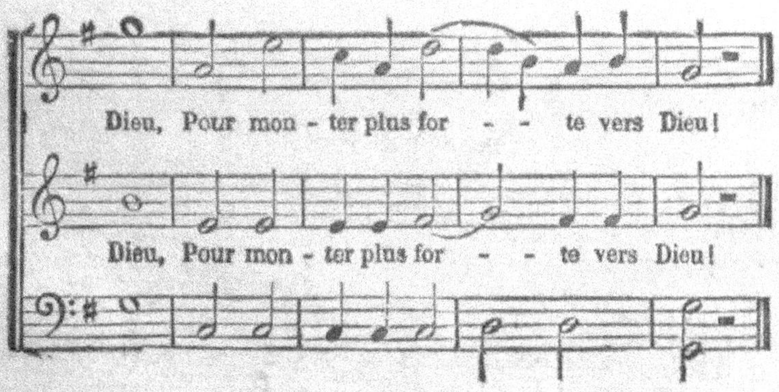
Dieu, Pour mon - ter plus for - - te vers Dieu!
Dieu, Pour mon - ter plus for - - te vers Dieu!

Nº 55.

MA MÈRE, TU NE RÉPONDS PAS.

Paroles de DELILLE.

Musique de L. LEROY.

Con amore.

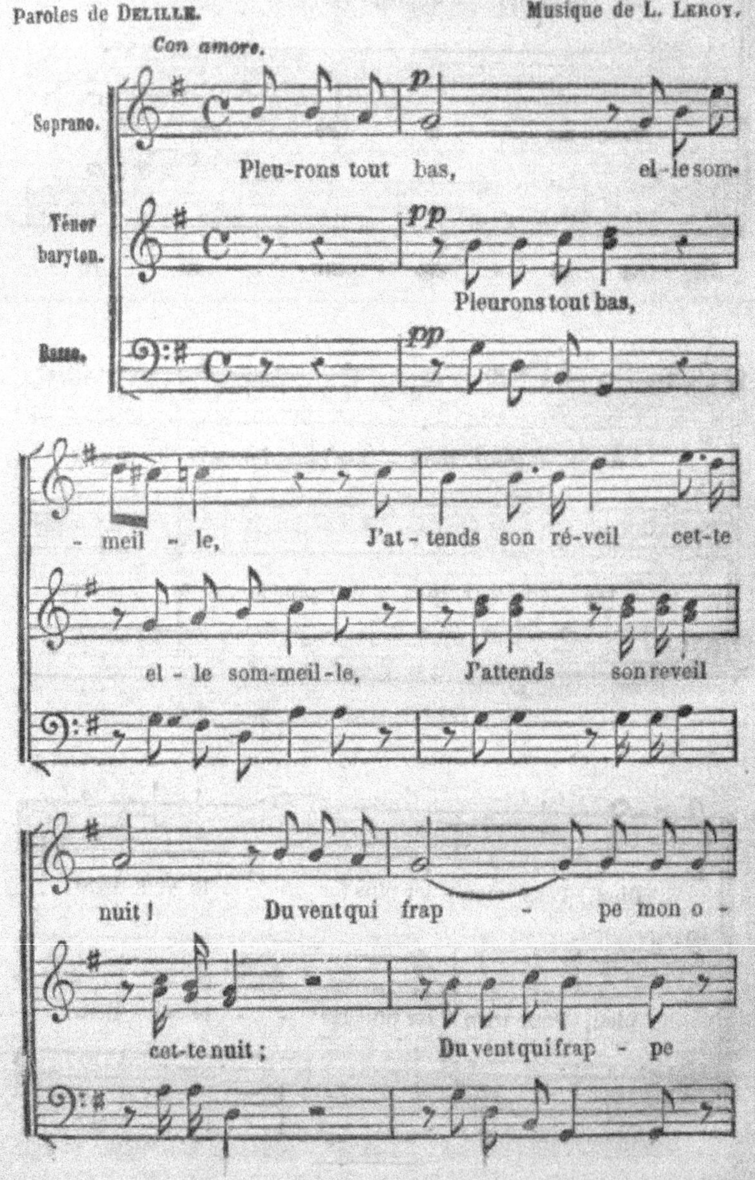

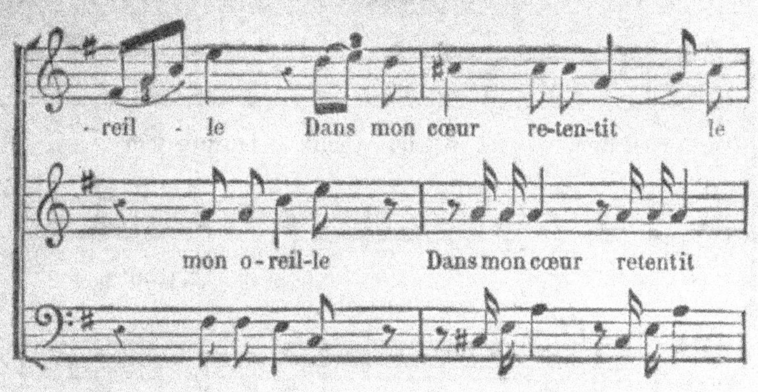
-reil - le Dans mon cœur re-ten-tit le
mon o - reil-le Dans mon cœur retentit

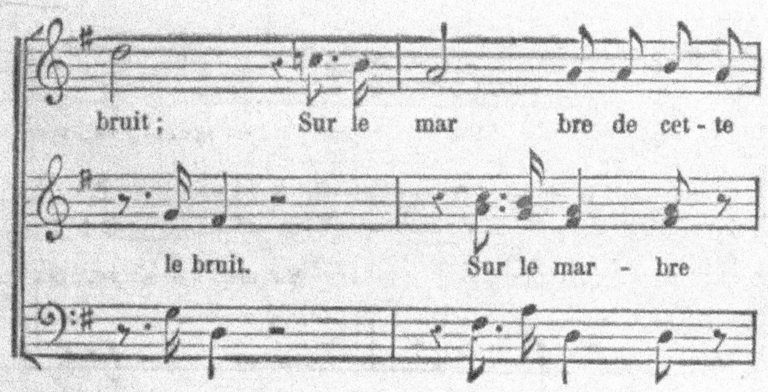
bruit ; Sur le mar bre de cet - te
le bruit. Sur le mar - bre

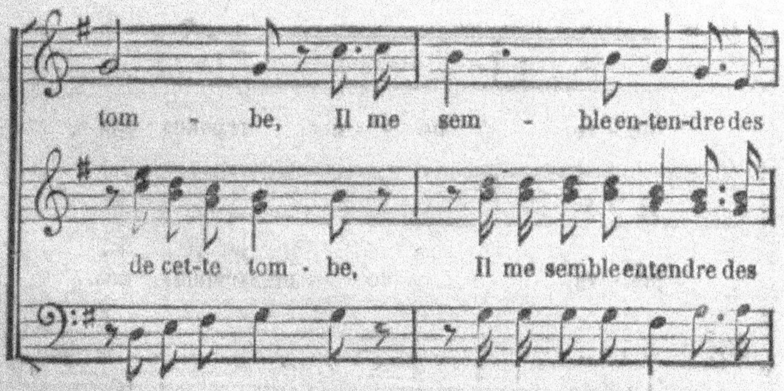
tom - be, Il me sem - ble en-ten-dre des
de cet-te tom - be, Il me semble entendre des

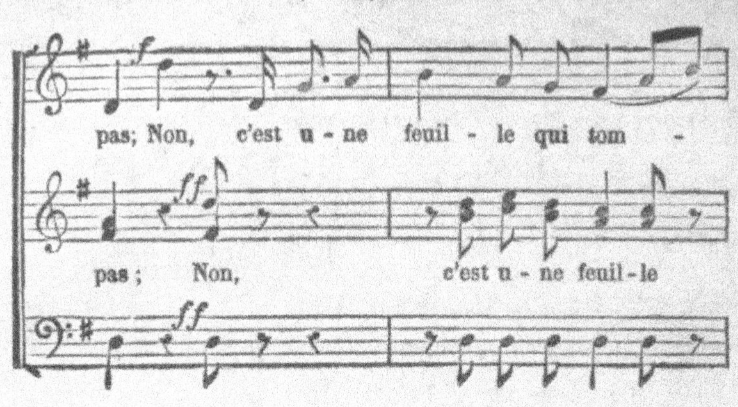
pas; Non, c'est u - ne feuil - le qui tom -
pas ; Non, c'est u - ne feuil - le

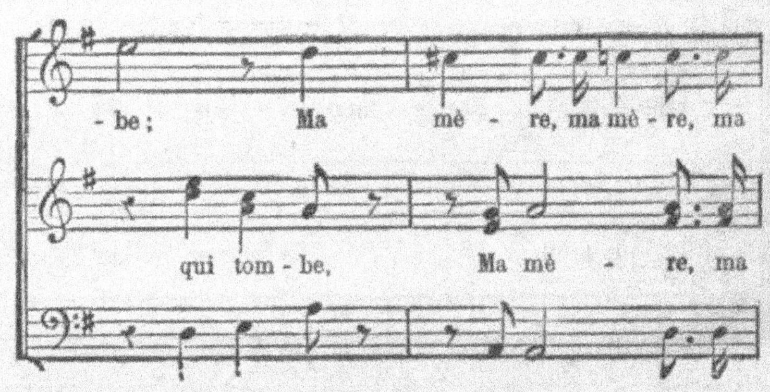
- be ; Ma mè - re, ma mè - re, ma
qui tom - be, Ma mè - re, ma

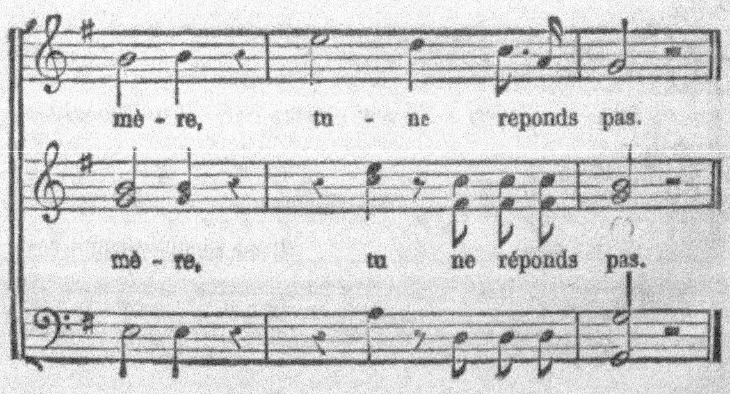
mè - re, tu - ne reponds pas.
mè - re, tu ne réponds pas.

DEUXIÈME COUPLET.

J'entends encore sonner l'heure,
L'heure où son âme s'envola ;
Mon bonheur, des lieux où je pleure,
Avec elle aux cieux s'en alla.
Dans la tombe je veux te suivre,
J'y veux descendre sur tes pas.
Mais pour mon fils, ah ! je dois vivre,
Ma mère, tu ne réponds pas !

TROISIÈME COUPLET.

Le jour vient, Zelna se retire,
D'un rideau soulève les plis,
Elle voit son fils lui sourire,
Et de baisers couvre son fils.
Pour toi je subirai la vie,
Pour ta mère aussi tu vivras,
Mon fils, en t'embrassant j'oublie
Que ma mère ne répond pas !

N° 56.

LE CHAT, LE CHIEN ET L'AMATEUR.

Paroles de N.....   Musique allemande.

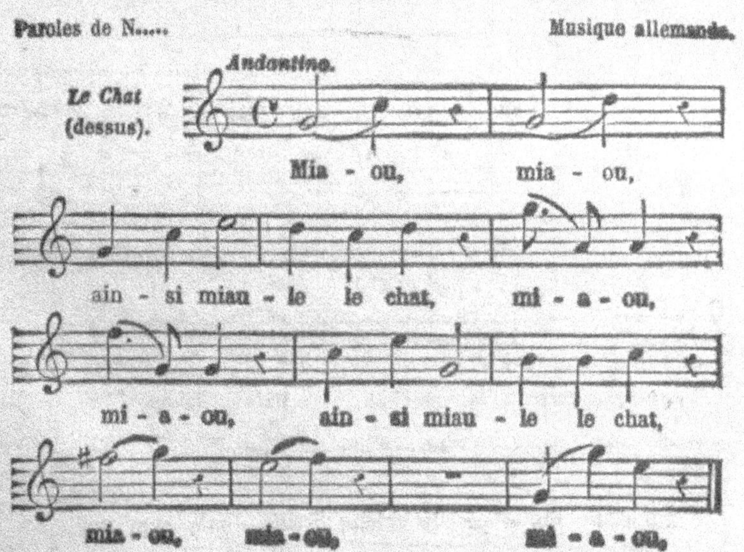

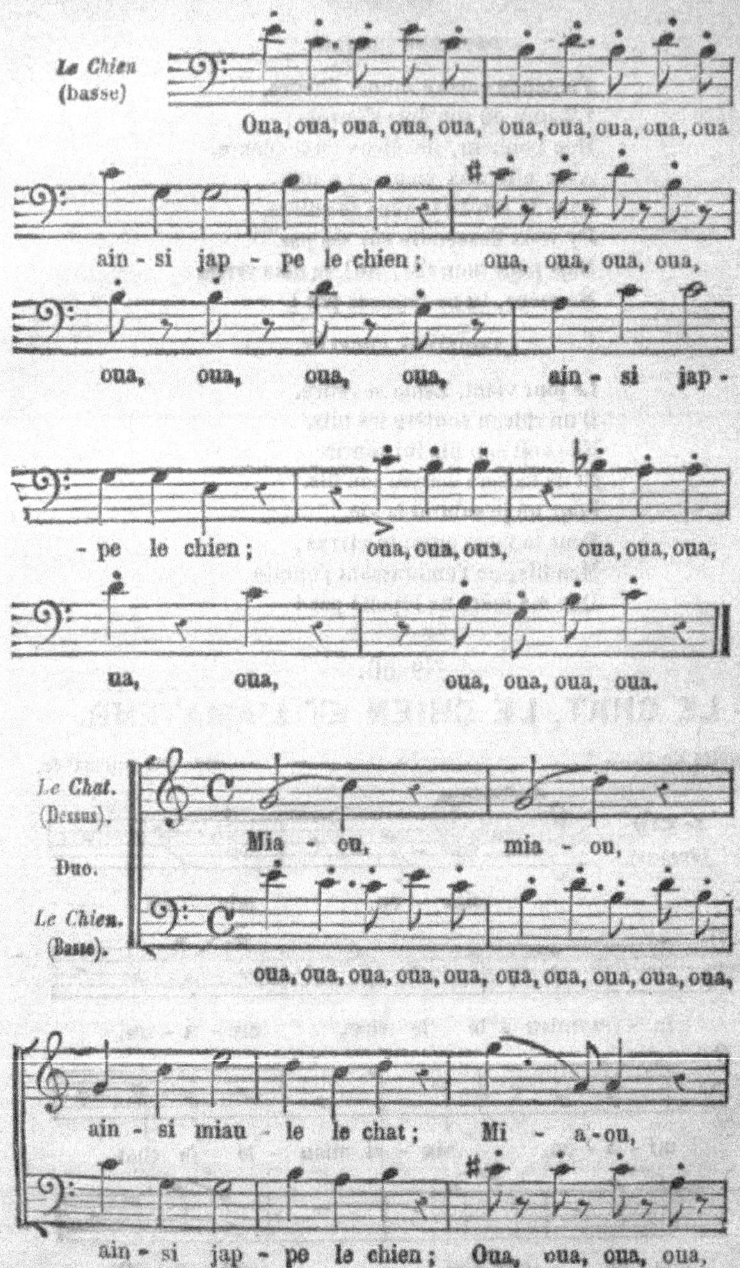
Le Chien (basse)
Oua, oua, oua, oua, oua, oua, oua, oua, oua, oua
ain - si jap - pe le chien; oua, oua, oua, oua,
oua, oua, oua, oua, ain - si jap -
- pe le chien; oua, oua, oua, oua, oua, oua,
ua, oua, oua, oua, oua, oua.
Le Chat. (Dessus).
Mia - ou, mia - ou,
Duo.
Le Chien. (Basse).
oua, oua, oua, oua, oua, oua, oua, oua, oua, oua,
ain - si miau - le le chat; Mi - a - ou,
ain - si jap - pe le chien; Oua, oua, oua, oua,

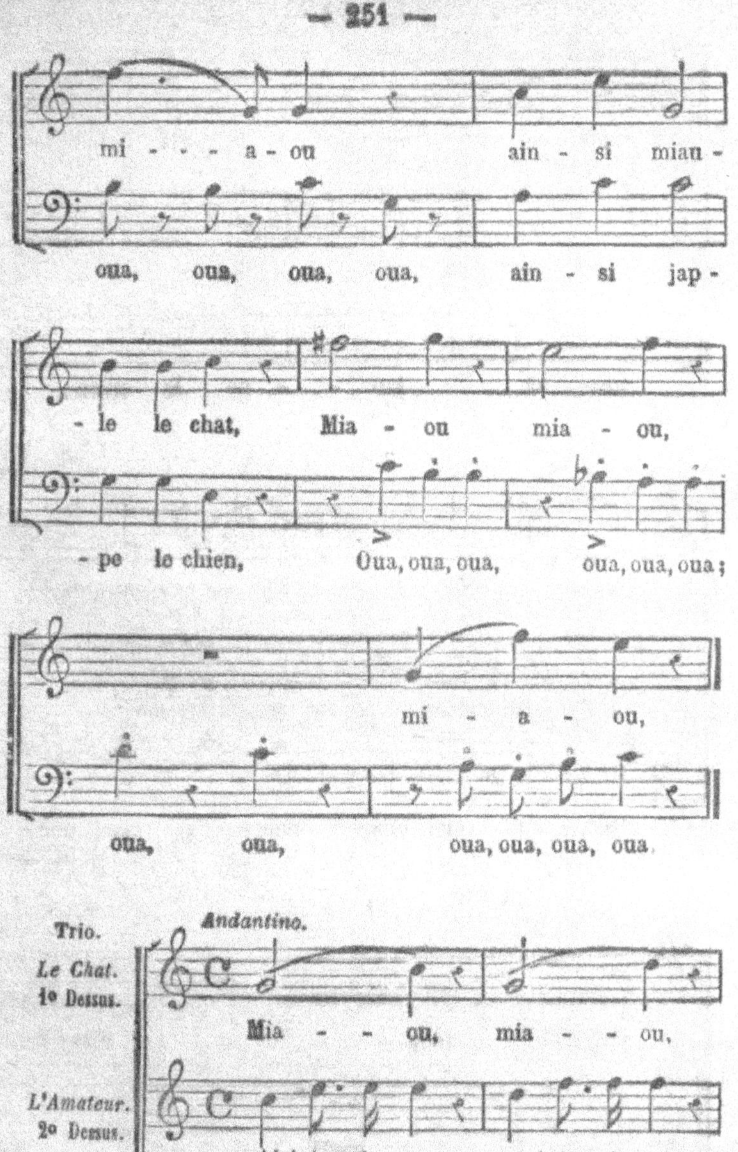
mi - - a - ou ain - si mian -
oua, oua, oua, oua, ain - si jap -
- le le chat, Mia - ou mia - ou,
- pe le chien, Oua, oua, oua, oua, oua, oua;
mi - a - ou,
oua, oua, oua, oua, oua, oua.
Trio.
Le Chat.
1o Dessus.
Andantino.
Mia - - ou, mia - - ou,
L'Amateur.
2o Dessus.
Ah ! c'est charmant, ah ! c'est charmant,
Le Chien.
Basse.
Oua, oua, oua, oua, oua, oua, oua, oua, oua, oua,

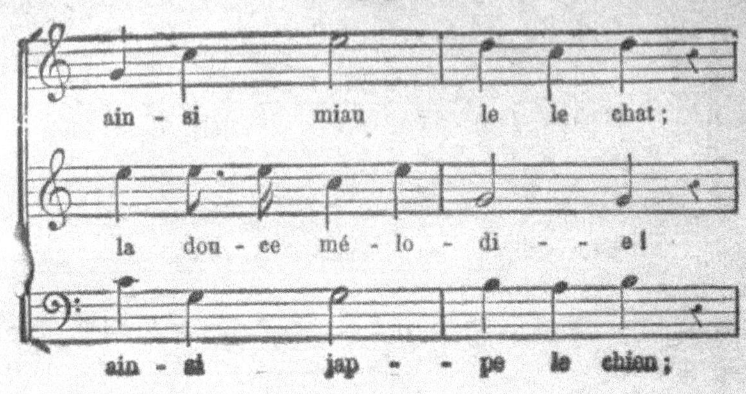
ain - si miau le le chat;
la dou - ce mé - lo - di - - el
ain - si jap - - pe le chien;

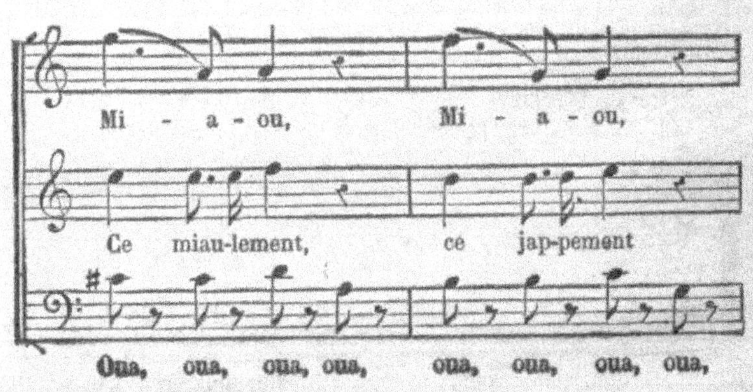
Mi - a - ou, Mi - a - ou,
Ce miau-lement, ce jap-pement
Oua, oua, oua, oua, oua, oua, oua, oua,

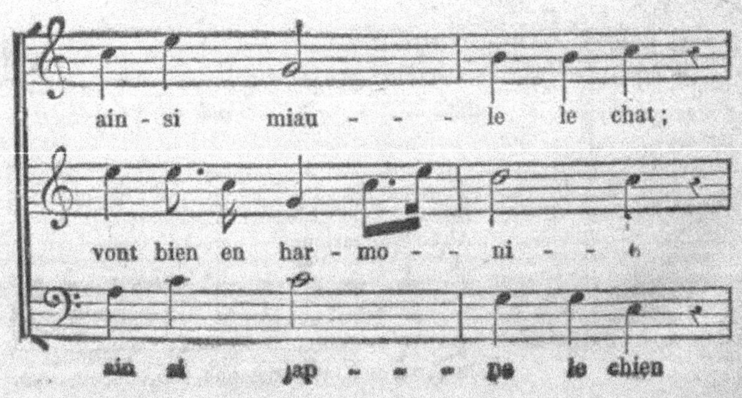
ain - si miau - - - le le chat;
vont bien en har - mo - - ni - - e,
ain si jap - - - pe le chien

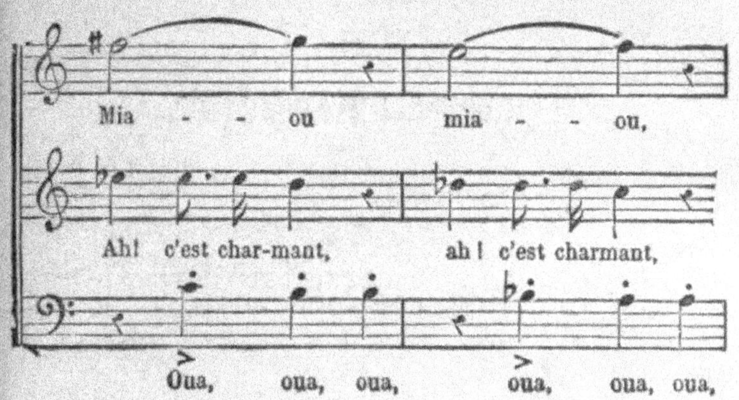
Mia - - ou mia - - ou,
Ah! c'est char-mant, ah! c'est charmant,
Oua, oua, oua, oua, oua, oua,

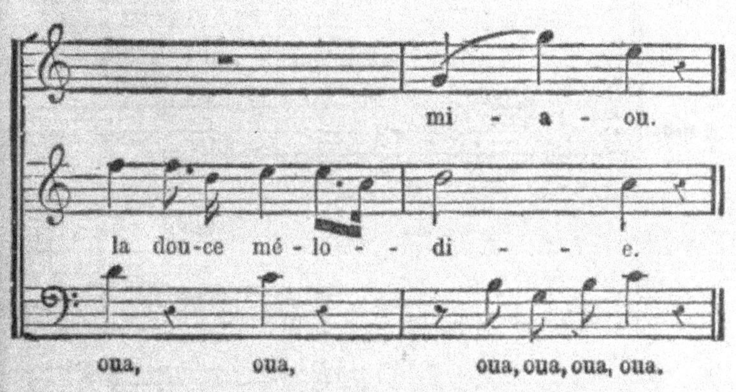
mi - a - ou.
la dou-ce mé - lo - - di - - e.
oua, oua, oua, oua, oua, oua.

Nᵒ 57.

HYMNE A L'HARMONIE.

Paroles de RACINE

Musique de WEBER.

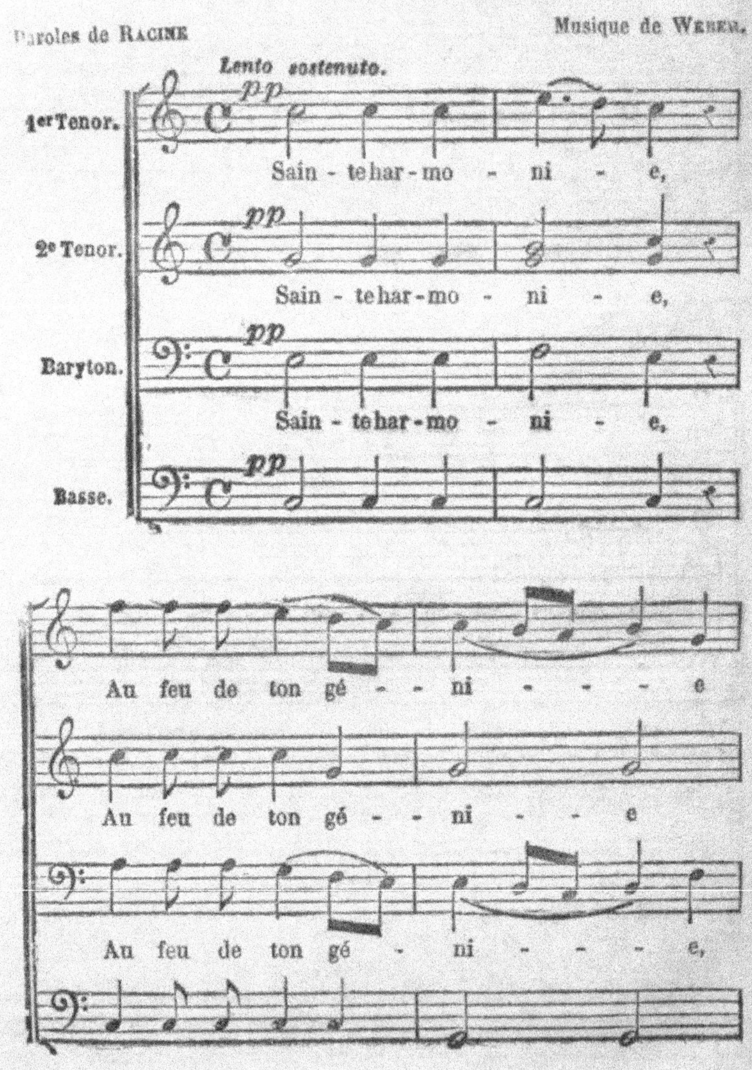

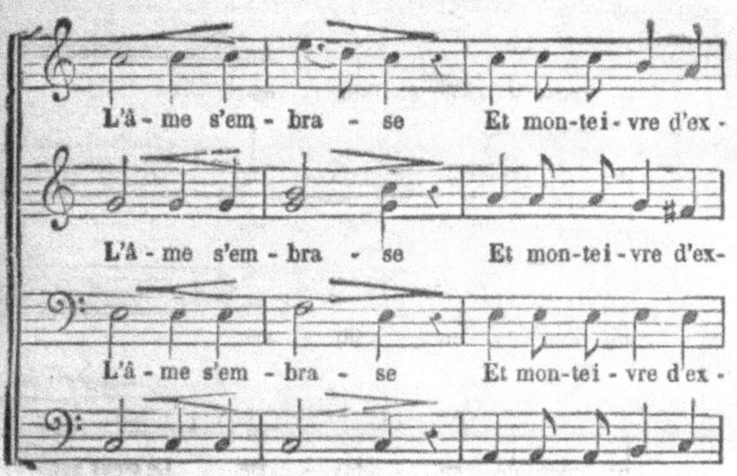

L'â - me s'em - bra - se Et mon-tei - vre d'ex -
L'Â - me s'em - bra - se Et mon-tei - vre d'ex -
L'â - me s'em - bra - se Et mon-tei - vre d'ex -

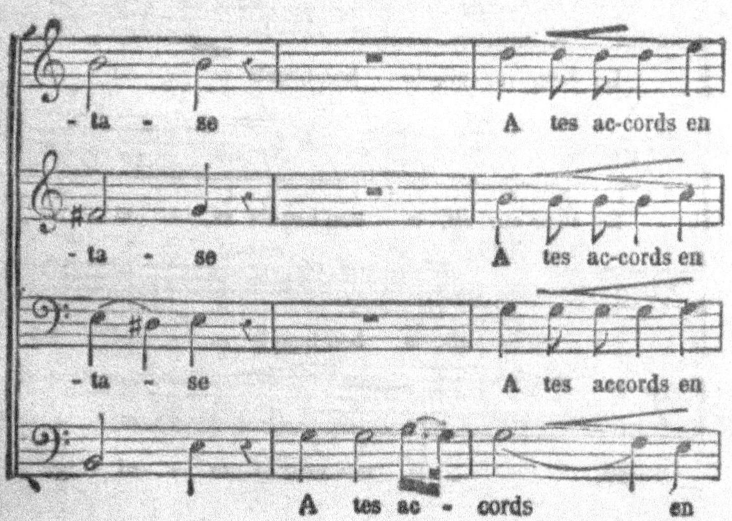

- ta - se A tes ac-cords en
- ta - se A tes ac-cords en
- ta - se A tes accords en
A tes ac - cords en

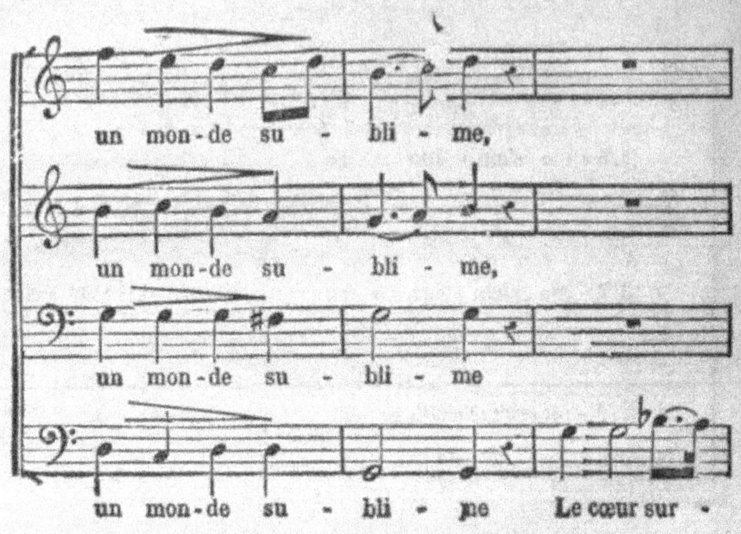
un mon-de su - bli - me,
un mon-de su - bli - me,
un mon-de su - bli - me
un mon-de su - bli - me   Le cœur sur -

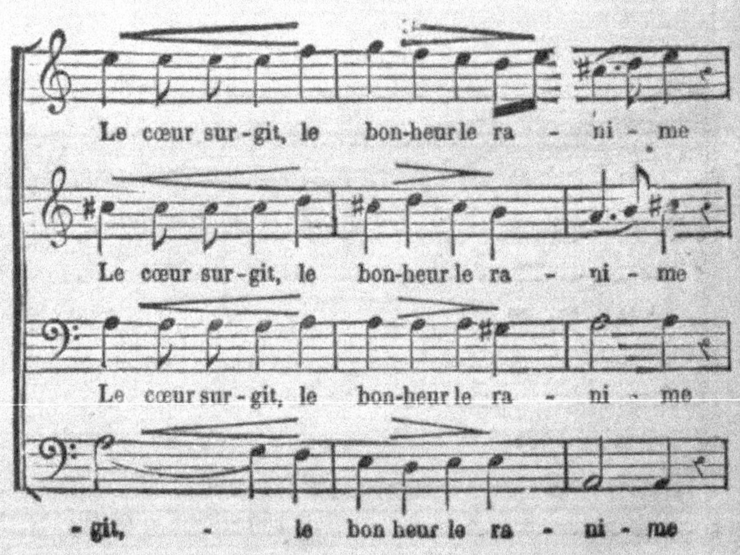
Le cœur sur -git, le   bon-heur le ra - ni - me
Le cœur sur -git, le   bon-heur le ra - ni - me
Le cœur sur -git, le   bon-heur le ra - ni - me
- git,   -   le bon heur le ra - ni - me

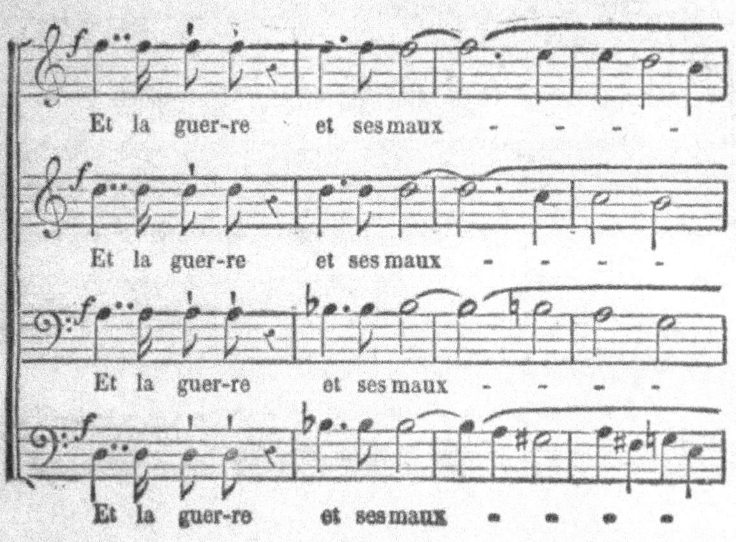

Et la guer-re et ses maux - - - -
Et la guer-re et ses maux - - - -
Et la guer-re et ses maux - - - -
Et la guer-re et ses maux - - - -

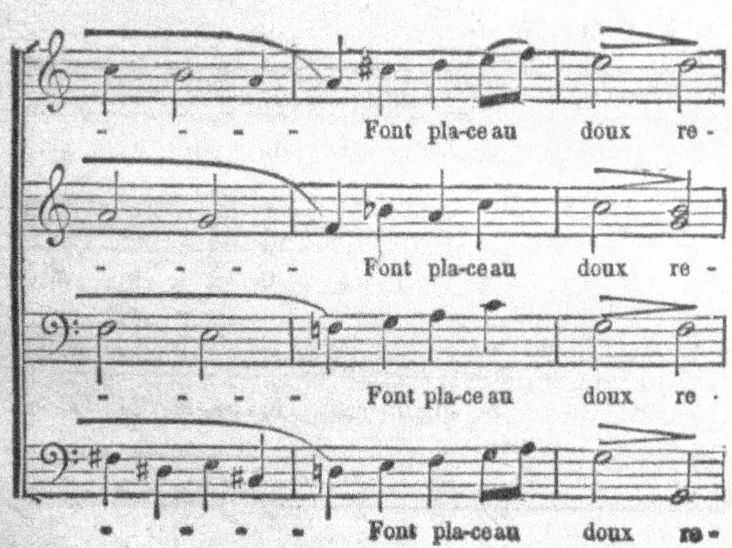

- - - - Font pla-ce au doux re -
- - - - Font pla-ce au doux re -
- - - - Font pla-ce au doux re -
- - - - Font pla-ce au doux re -

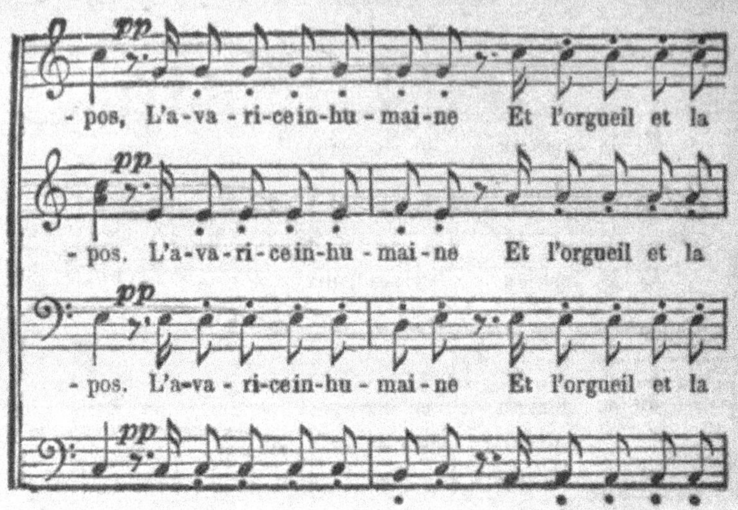
- pos, L'a - va - ri - ce in - hu - mai - ne Et l'orgueil et la
- pos, L'a - va - ri - ce in - hu - mai - ne Et l'orgueil et la
- pos, L'a - va - ri - ce in - hu - mai - ne Et l'orgueil et la

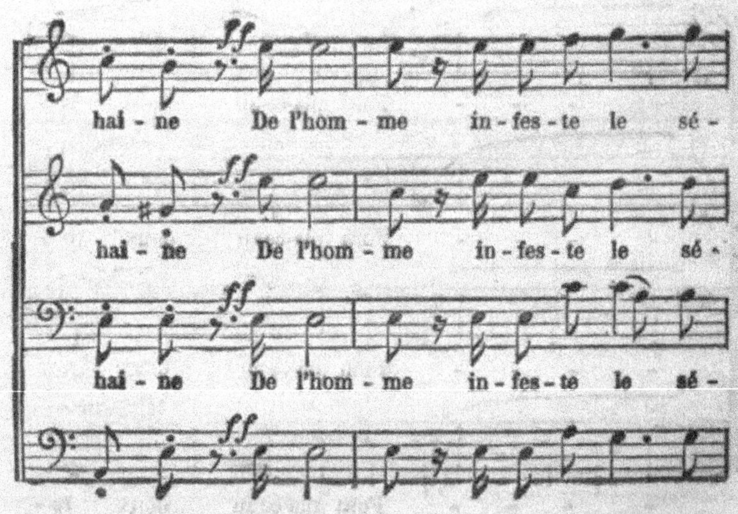
hai - ne De l'hom - me in - fes - te le sé -
hai - ne De l'hom - me in - fes - te le sé -
hai - ne De l'hom - me in - fes - te le sé -

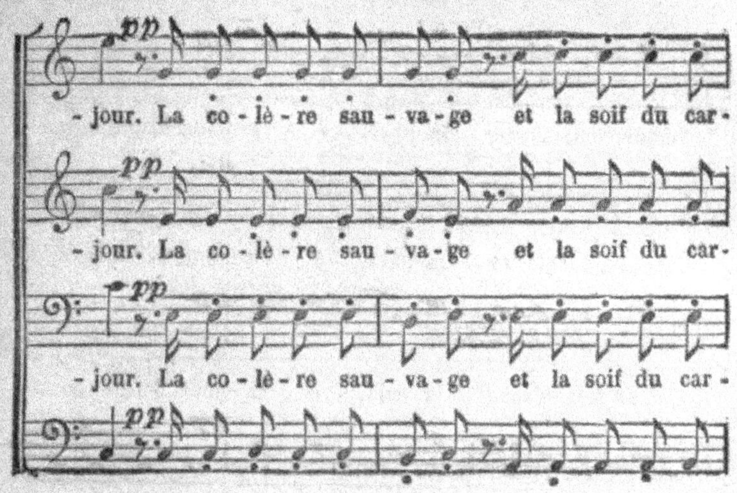
- jour. La co - lè - re sau - va - ge et la soif du car-
- jour. La co - lè - re sau - va - ge et la soif du car-
- jour. La co - lè - re sau - va - ge et la soif du car-

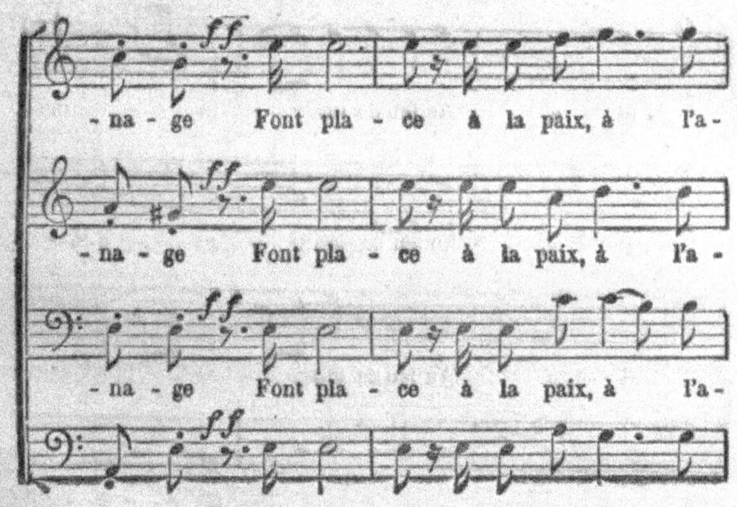
- na - ge Font pla - ce à la paix, à l'a-
- na - ge Font pla - ce à la paix, à l'a-
- na - ge Font pla - ce à la paix, à l'a-

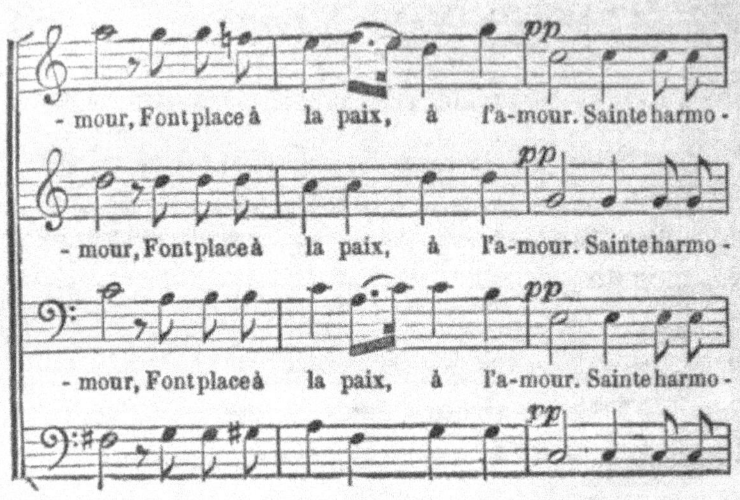
pp
- mour, Font place à la paix, à l'a-mour. Sainte harmo -
pp
- mour, Font place à la paix, à l'a-mour. Sainte harmo -
pp
- mour, Font place à la paix, à l'a-mour. Sainte harmo -
pp

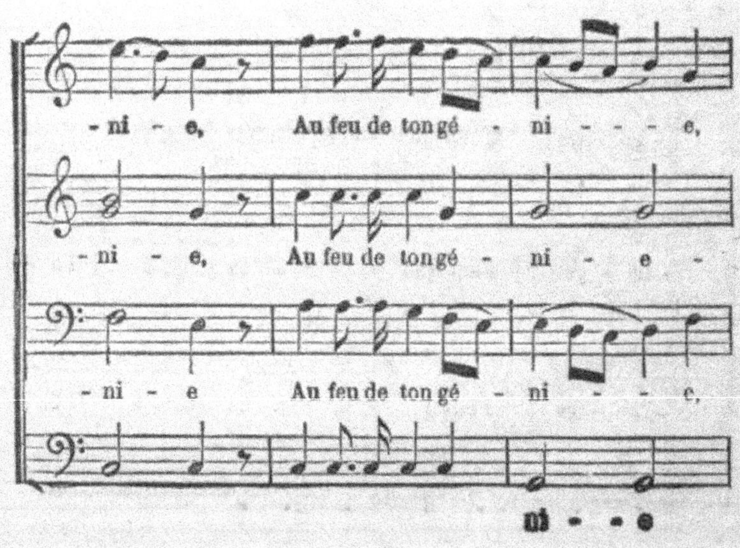
- ni - e, Au feu de ton gé - ni - - - e,
- ni - e, Au feu de ton gé - ni - e -
- ni - e Au feu de ton gé - ni - - e,
ni - - e

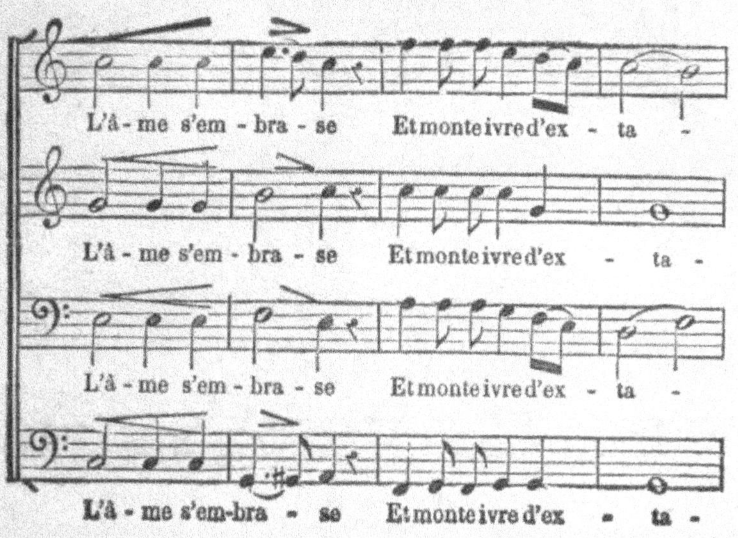
L'â - me s'em - bra - se   Et monte ivre d'ex - ta -
L'â - me s'em - bra - se   Et monte ivre d'ex - ta -
L'â - me s'em - bra - se   Et monte ivre d'ex - ta -
L'â - me s'em - bra - se   Et monte ivre d'ex - ta -

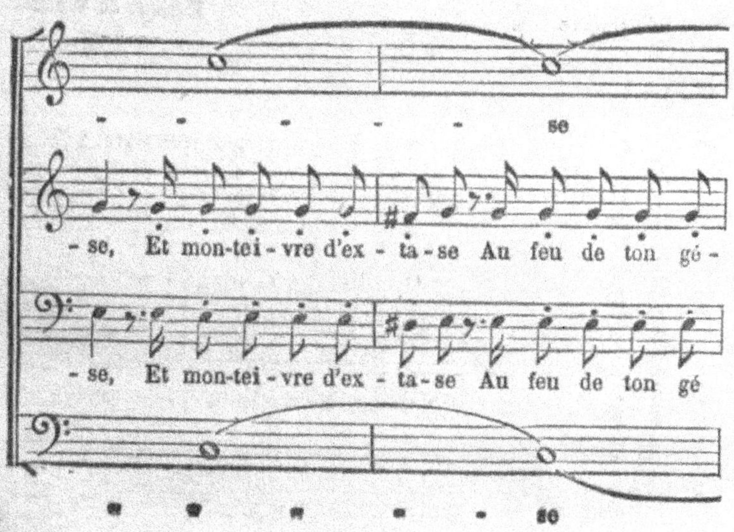
- se
- se,   Et mon-tei - vre d'ex - ta - se   Au feu de ton gé -
- se,   Et mon-tei - vre d'ex - ta - se   Au feu de ton gé
- se

15.

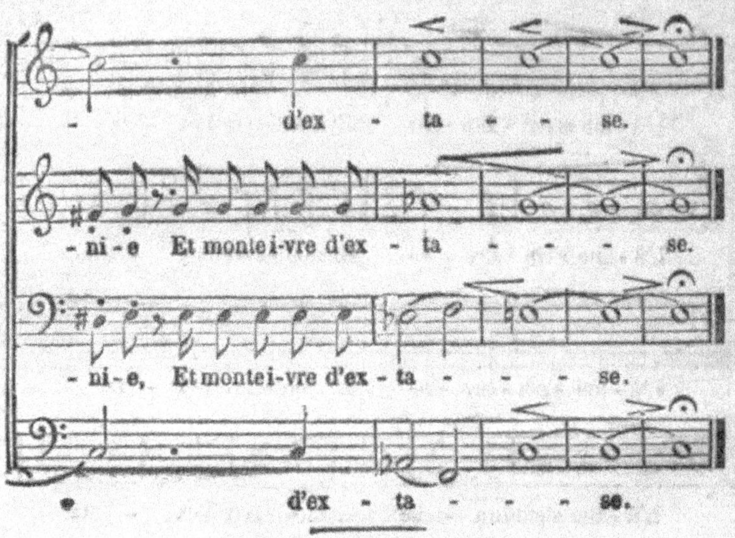

N° 58.

CHANT PATRIOTIQUE.

Paroles de RACINE

Musique de WENRA.

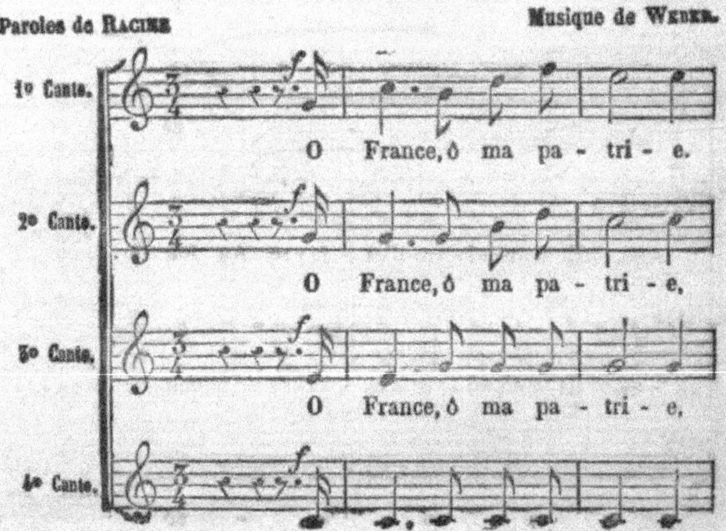

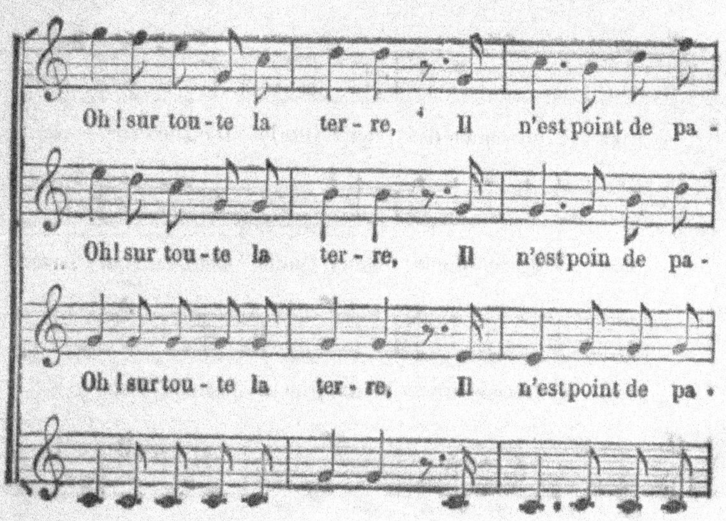

Oh ! sur tou - te la ter - re, Il n'est point de pa -
Oh ! sur tou - te la ter - re, Il n'est poin de pa -
Oh ! sur tou - te la ter - re, Il n'est point de pa -

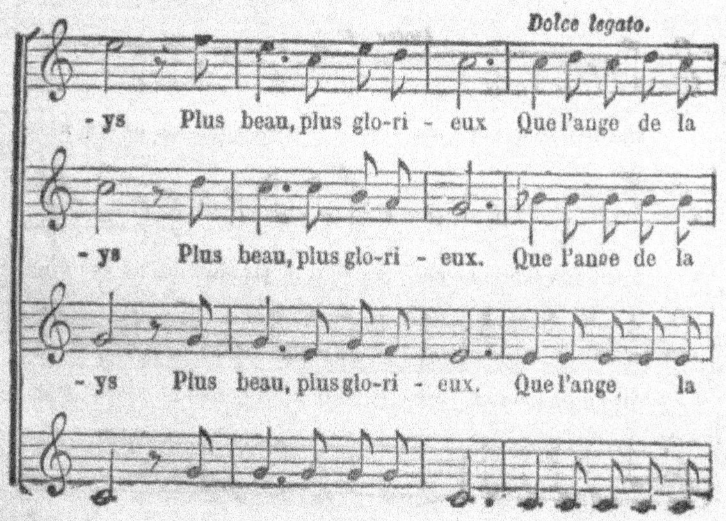

Dolce legato.
- ys Plus beau, plus glo-ri - eux Que l'ange de la
- ys Plus beau, plus glo-ri - eux. Que l'ange de la
- ys Plus beau, plus glo-ri - eux. Que l'ange la

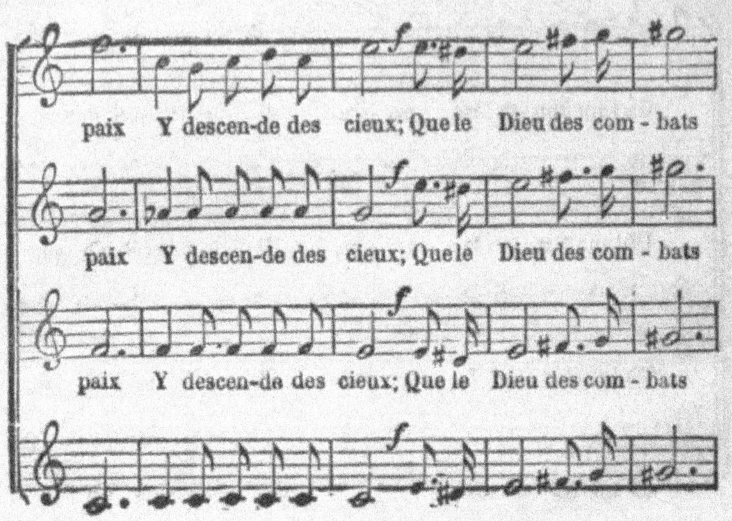
paix   Y descen-de des   cieux; Que le   Dieu des com - bats
paix   Y descen-de des   cieux; Que le   Dieu des com - bats
paix   Y descen-de des   cieux; Que le   Dieu des com - bats

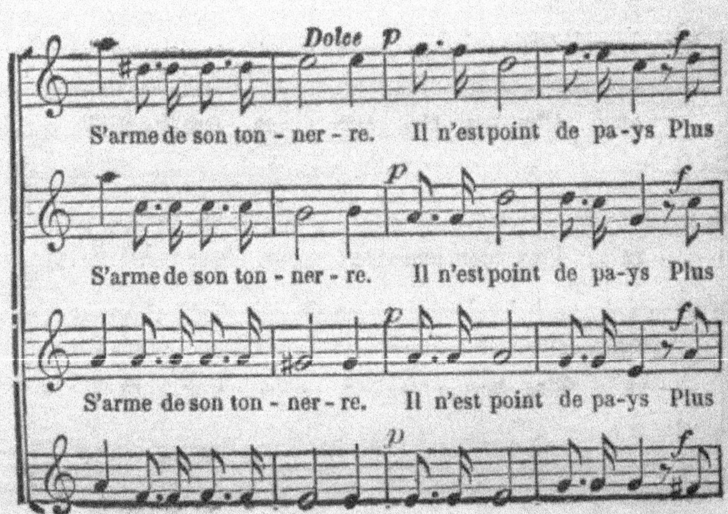
Dolce
S'arme de son ton - ner - re.   Il n'est point de pa-ys Plus
S'arme de son ton - ner - re.   Il n'est point de pa-ys Plus
S'arme de son ton - ner - re.   Il n'est point de pa-ys Plus

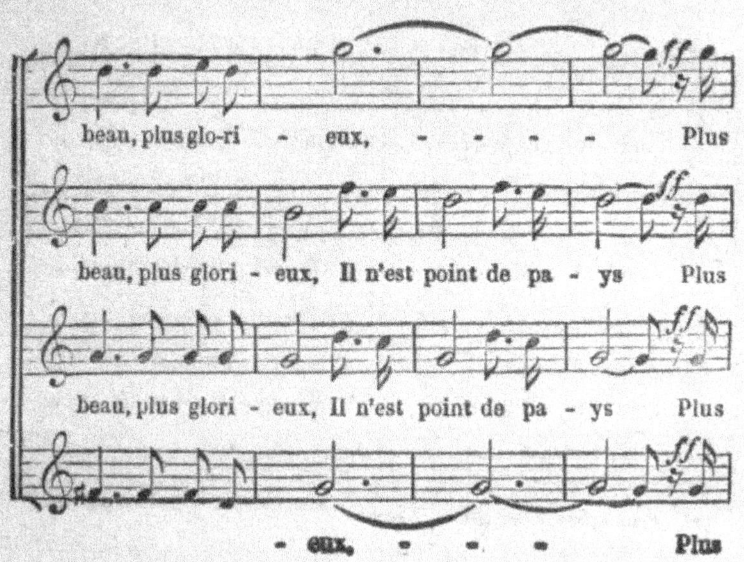

beau, plus glo-ri - eux, - - - - Plus
beau, plus glori - eux, Il n'est point de pa - ys Plus
beau, plus glori - eux, Il n'est point de pa - ys Plus
- eux, - - - Plus

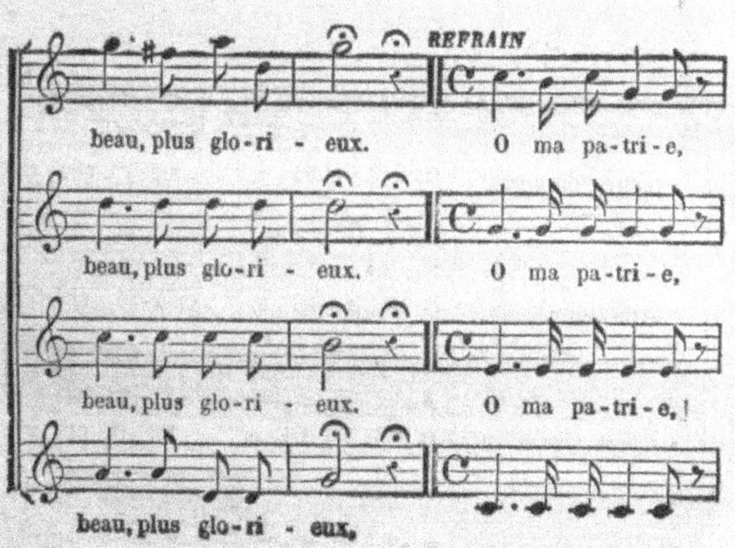

REFRAIN
beau, plus glo-ri - eux. O ma pa-tri-e,
beau, plus glo-ri - eux. O ma pa-tri-e,
beau, plus glo-ri - eux. O ma pa-tri-e,!
beau, plus glo-ri - eux,

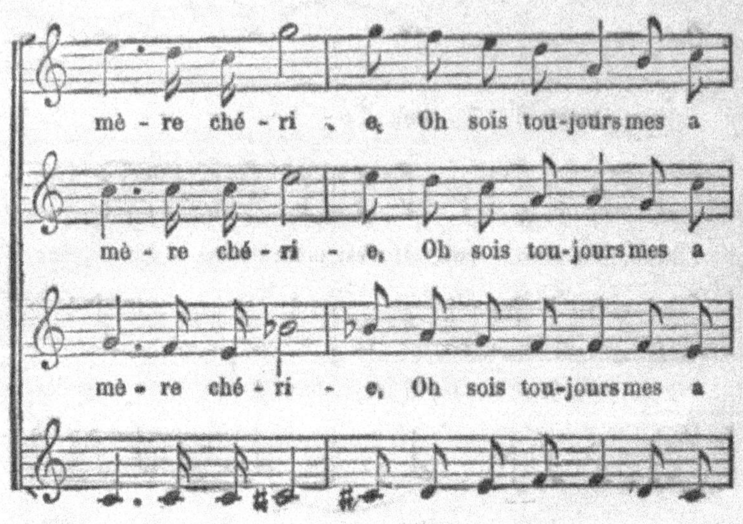
mè - re ché - ri - e, Oh sois tou-jours mes a
mè - re ché - ri - e, Oh sois tou-jours mes a
mè - re ché - ri - e, Oh sois tou-jours mes a

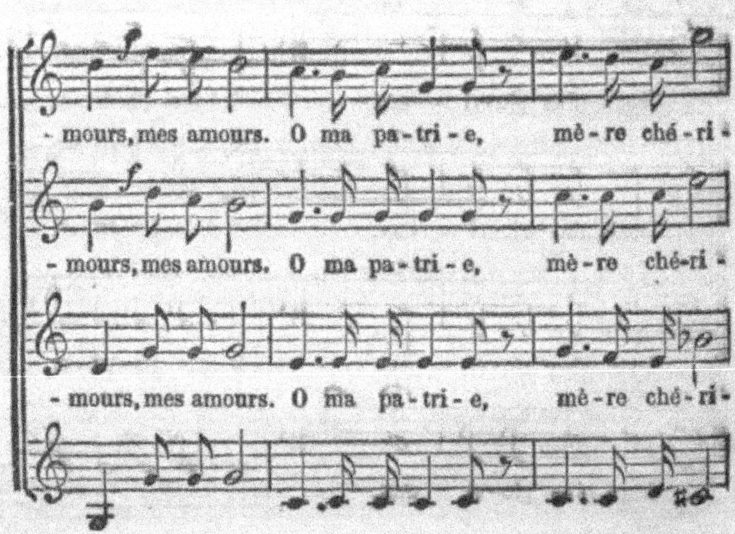
- mours, mes amours. O ma pa-tri-e, mè-re ché-ri -
- mours, mes amours. O ma pa-tri-e, mè-re ché-ri -
- mours, mes amours. O ma pa-tri-e, mè-re ché-ri-

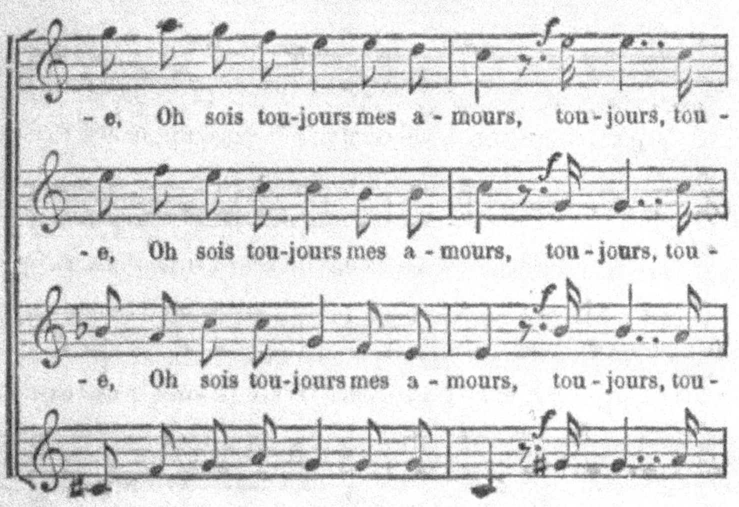
- e, Oh sois tou-jours mes a - mours, tou-jours, tou -
- e, Oh sois tou-jours mes a -mours, tou - jours, tou -
- e, Oh sois tou-jours mes a - mours, tou - jours, tou-

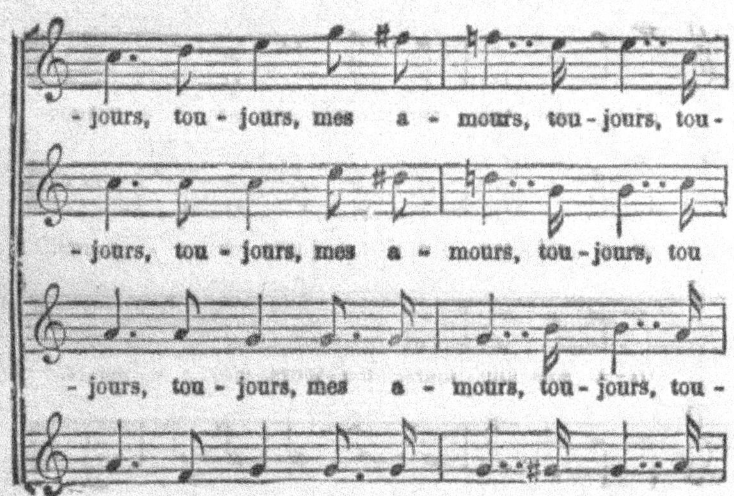
- jours, tou - jours, mes a - mours, tou-jours, tou -
- jours, tou - jours, mes a - mours, tou-jours, tou
- jours, tou - jours, mes a - mours, tou-jours, tou -

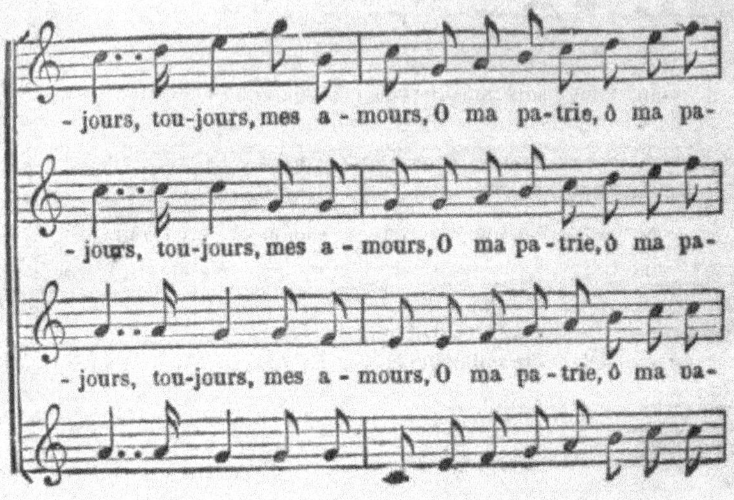

- jours, tou-jours, mes a - mours, O ma pa-trie, ô ma pa-
- jours, tou-jours, mes a - mours, O ma pa-trie, ô ma pa-
- jours, tou-jours, mes a - mours, O ma pa-trie, ô ma pa-

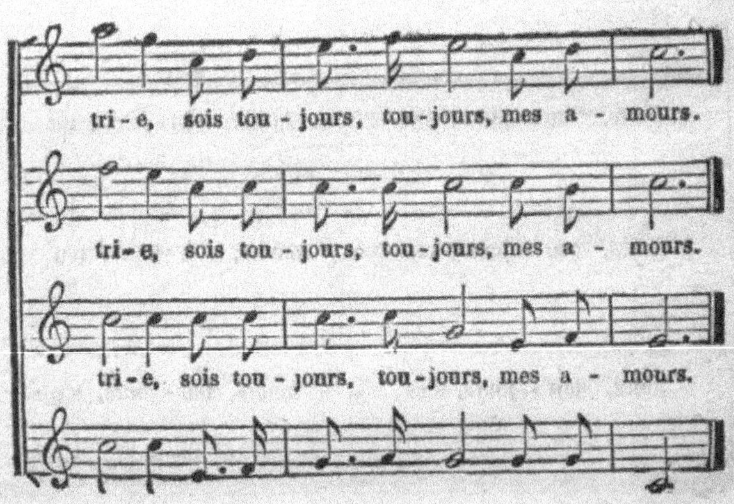

tri - e, sois tou - jours, tou-jours, mes a - mours.
tri - e, sois tou - jours, tou-jours, mes a - mours.
tri - e, sois tou - jours, tou-jours, mes a - mours.

DEUXIÈME COUPLET.

Oh ! non, France , il n'est point dans toute la nature
De pays dont mon cœur pourrait être jaloux,
Où la fleur soit plus belle, où le fruit soit plus doux,
Et d'un plus beau soleil la lumière plus pure.
Il n'est point de pays dont mon cœur soit jaloux,
    O ma patrie, etc.

TROISIÈME COUPLET.

Instruits par ton bonheur, éblouis de ta gloire,
Qu'à tes nobles vertus tous les peuples soumis,
Rivaux de ta grandeur, soient toujours amis,
Et que de tes bienfaits ils gardent la mémoire.
A tes nobles vertus, peuples, soyez soumis.
    O ma patrie, etc.

QUATRIEME COUPLET.

Mais si tes ennemis, ô fatale démence !
Foulant ton sol sacré.... qu'ils soient tous renversés,
Et, comme la poussière, à l'instant dispersés,
Ou, tremblants dans les fers, implorent ta clémence ;
Par tes braves enfants qu'ils soient tous renversés.
    O ma patrie, etc.

CINQUIÈME COUPLET.

O Dieu de ma patrie, ô source d'espérance,
Accorde à ses enfants gloire, paix et bonheur
Qu'ils soient de l'univers et l'exemple et l'honneur ;
Seigneur, entends la voix d'un enfant de la France,
Accorde à mon pays gloire, paix et bonheur.
    O ma patrie, etc.

N° 59.

CHANT GUERRIER.

Paroles de KŒRNER traduites par X.....   Musique de J. MAINZER.

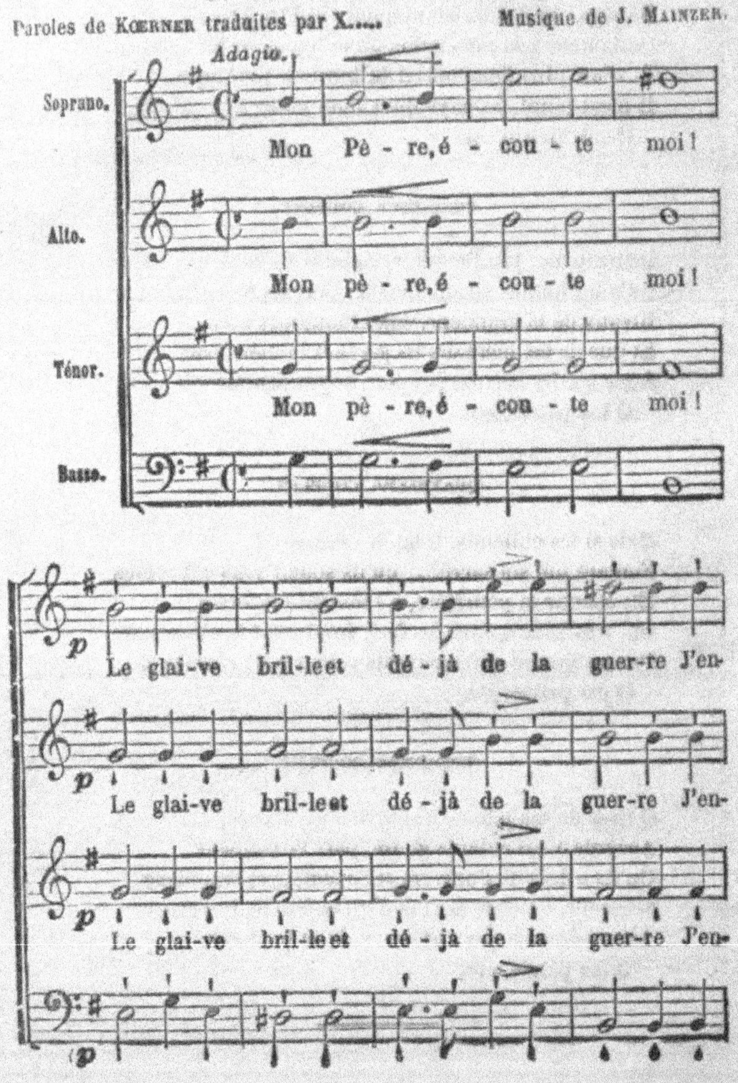

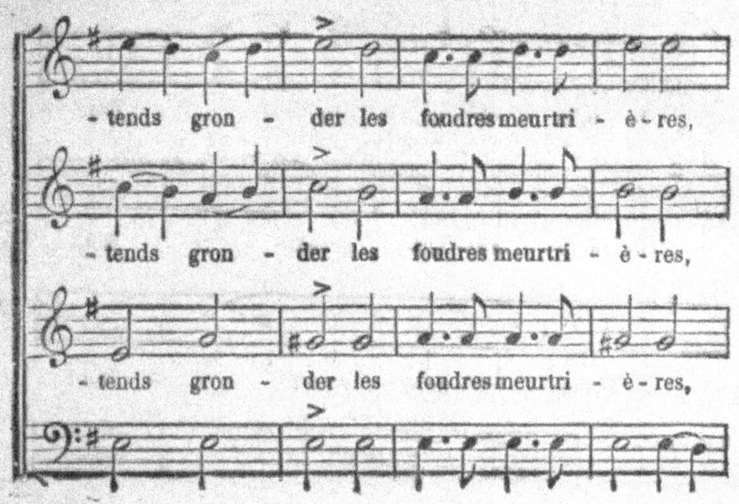

- tends gron - der les foudres meurtri - è - res,
- tends gron - der les foudres meurtri - è - res,
- tends gron - der les foudres meurtri - è - res,

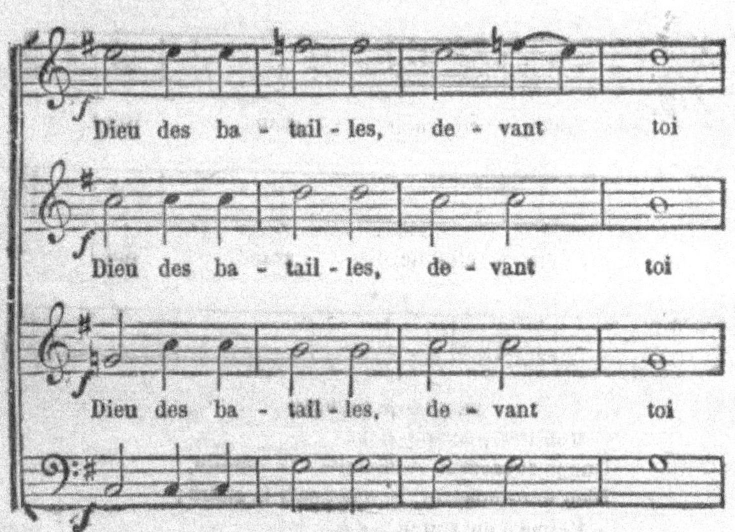

Dieu des ba - tail - les, de - vant toi
Dieu des ba - tail - les, de - vant toi
Dieu des ba - tail - les, de - vant toi

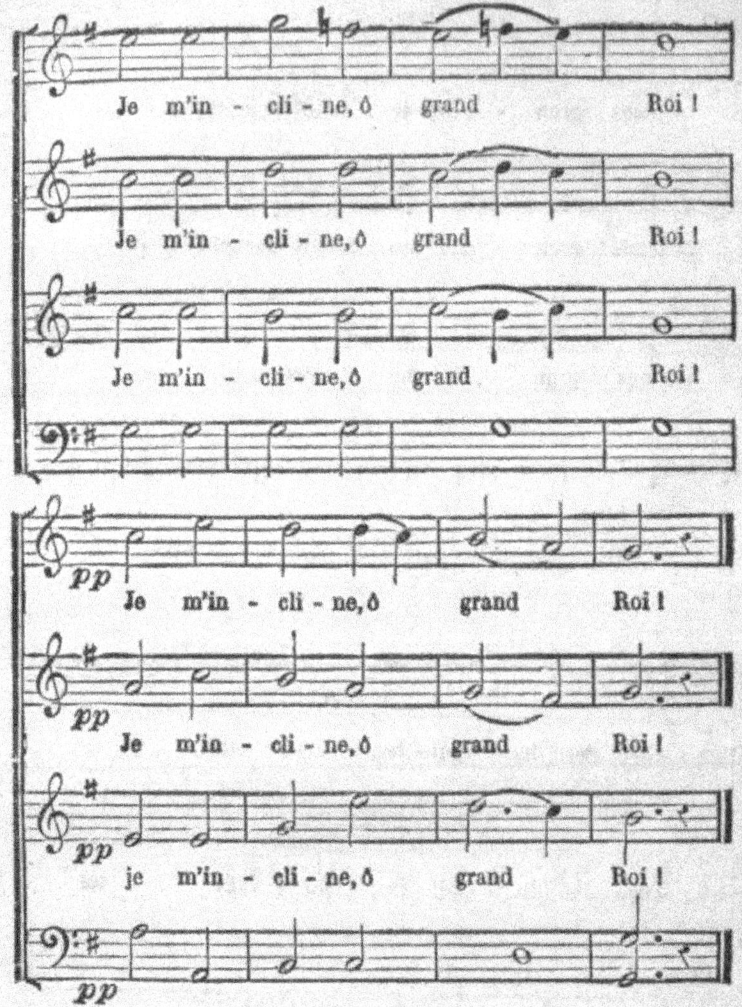

DEUXIÈME COUPLET.

Mon Père, écoute-moi !
Que je succombe ou marche à la victoire,
Dieu tout-puissant, je reconnais ta gloire ;
J'aime à me soumettre à ta loi.
Mon Père, guide-moi. (bis.)

TROISIÈME COUPLET.

Mon Père, guide-moi !
Tout l'univers est plein de ta présence,
Et de ton bras atteste la puissance.
    Grand Dieu, tout subsiste pour toi.
        Mon Père, défends-moi ! (bis.)

QUATRIÈME COUPLET.

Mon Père, défends-moi !
Qu'un vent d'automne agite le feuillage
Que des combats se déchaîne la rage,
    Partout je ne veux voir que toi.
        Mon Père, bénis-moi ! (bis.)

CINQUIÈME COUPLET.

Mon Père, bénis-moi !
Ma vie est en tes mains, tu peux la prendre;
Je te la dois, je suis prêt à la rendre;
    Faible, je me confie en toi.
        Mon Père, soutiens-moi ! (bis.)

SIXIÈME COUPLET

Mon Père, soutiens-moi !
Qu'ai-je besoin des biens de ce bas monde ?
C'est en toi seul que mon espoir se fonde ;
    Mon but et mon appui, c'est toi.
        Mon Père, conduis-moi ! (bis.)

SEPTIÈME COUPLET.

Mon Père, conduis-moi !
Si je péris, que ton bras tutélaire
Daigne veiller sur mon heure dernière;
    Ta grâce soutiendra ma foi.
        Mon Père, bénis-moi ! (bis.)

N° 60.

ADIEUX D'UN JEUNE POÈTE.

Paroles de GILBERT.   Musique de L. LANGLET.

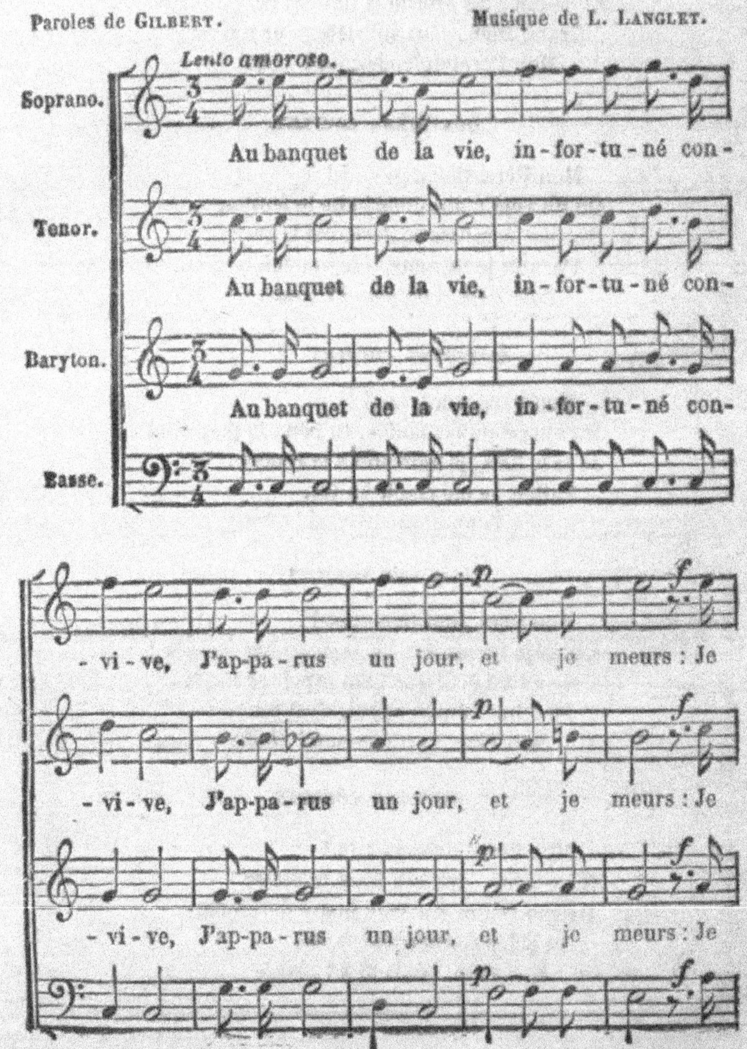

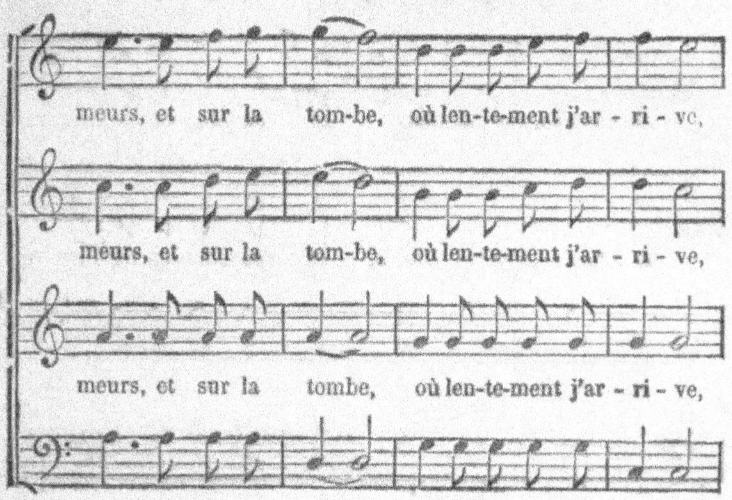

meurs, et sur la tom-be, où len-te-ment j'ar - ri - ve,
meurs, et sur la tom-be, où len-te-ment j'ar - ri - ve,
meurs, et sur la tombe, où len-te-ment j'ar - ri - ve,

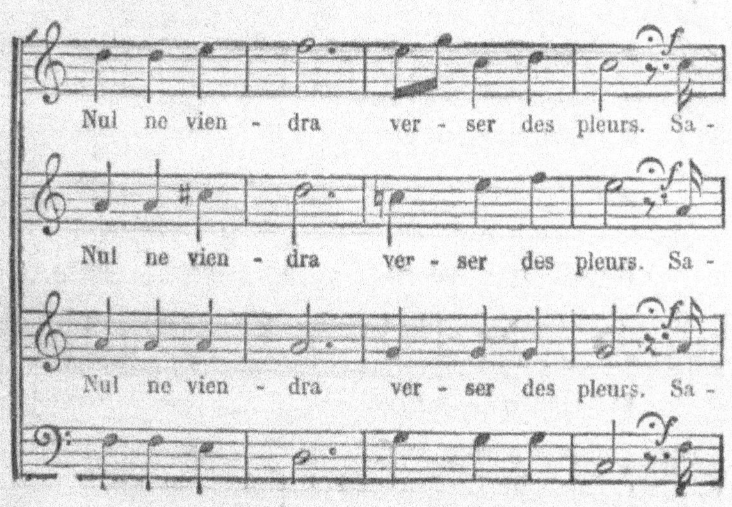

Nul ne vien - dra ver - ser des pleurs. Sa -
Nul ne vien - dra ver - ser des pleurs. Sa -
Nul ne vien - dra ver - ser des pleurs. Sa -

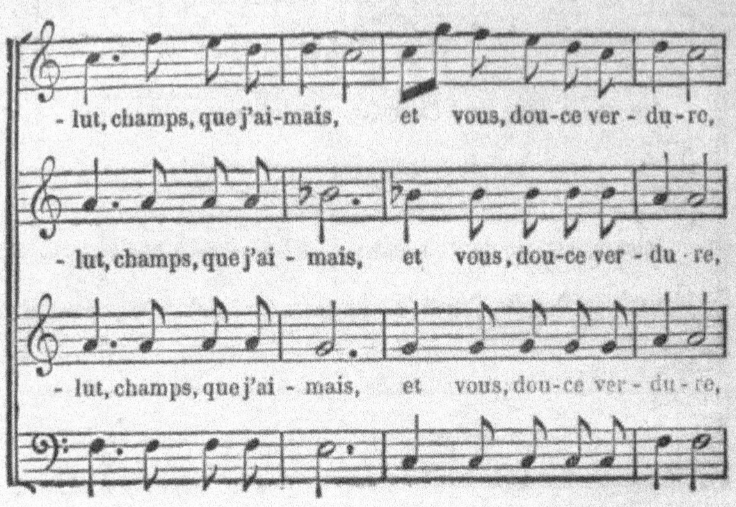
- lut, champs, que j'ai-mais, et vous, dou-ce ver - du - re,
- lut, champs, que j'ai - mais, et vous, dou-ce ver - du - re,
- lut, champs, que j'ai - mais, et vous, dou-ce ver - du - re,

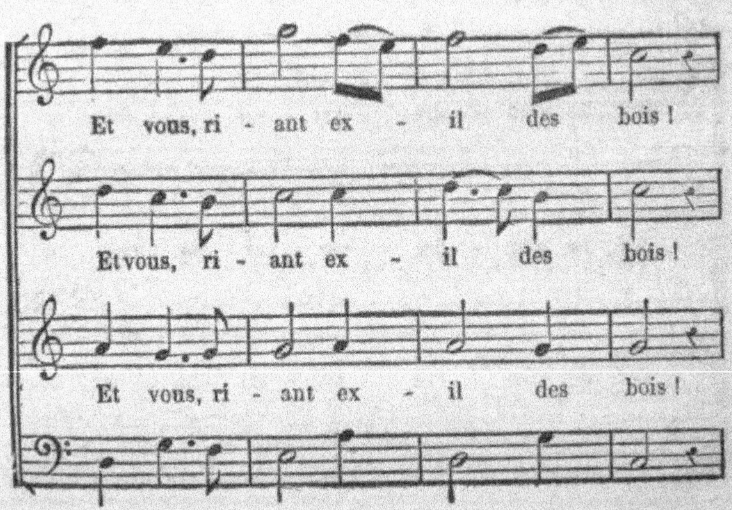
Et vous, ri - ant ex - il des bois !
Et vous, ri - ant ex - il des bois !
Et vous, ri - ant ex - il des bois !

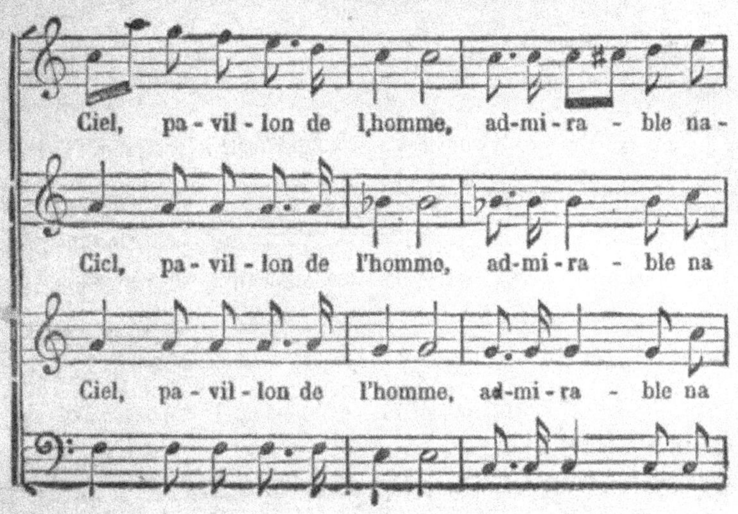
Ciel, pa - vil - lon de l'homme, ad-mi - ra - ble na-
Ciel, pa - vil - lon de l'homme, ad-mi - ra - ble na
Ciel, pa - vil - lon de l'homme, ad-mi - ra - ble na

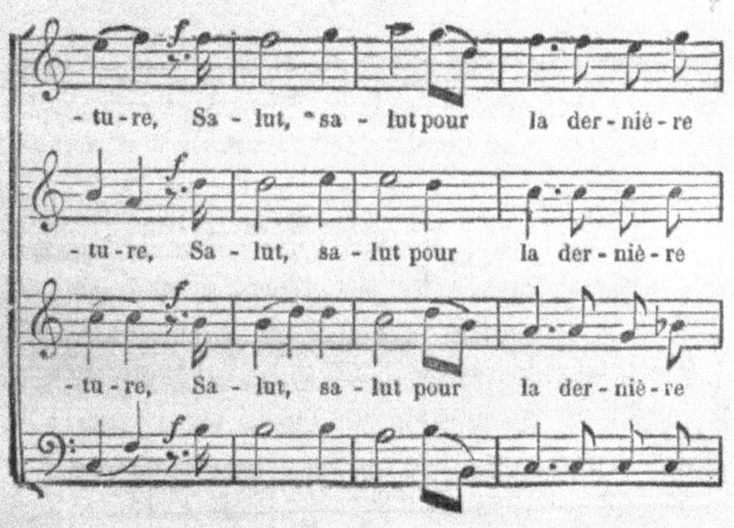
- tu - re, Sa - lut, sa - lut pour la der - niè - re
- tu - re, Sa - lut, sa - lut pour la der - niè - re
- tu - re, Sa - lut, sa - lut pour la der - niè - re

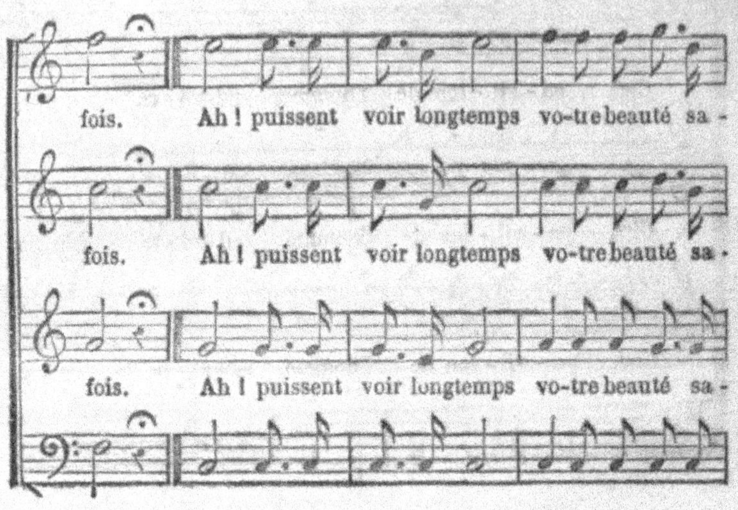

fois.   Ah ! puissent   voir longtemps   vo-tre beauté sa -
fois.   Ah ! puissent   voir longtemps   vo-tre beauté sa -
fois.   Ah ! puissent   voir longtemps   vo-tre beauté   sa -

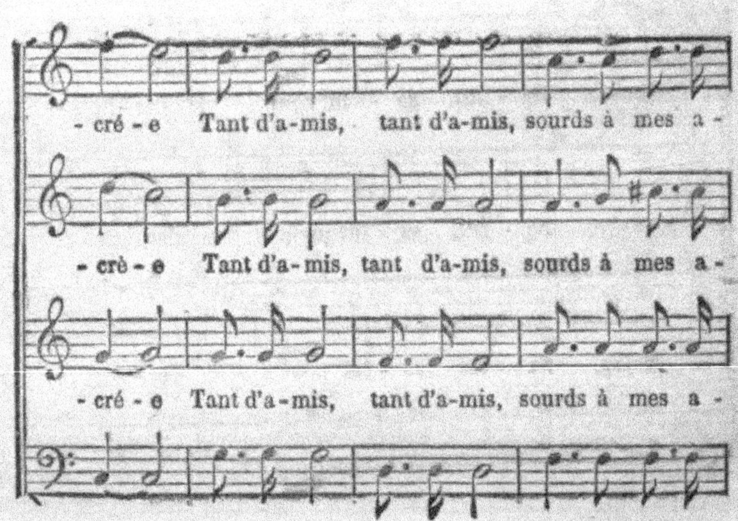

- cré - e   Tant d'a-mis,   tant d'a-mis, sourds à   mes a -
- crè - e   Tant d'a-mis, tant d'a-mis, sourds à   mes a -
- cré - e   Tant d'a-mis,   tant d'a-mis, sourds à   mes a -

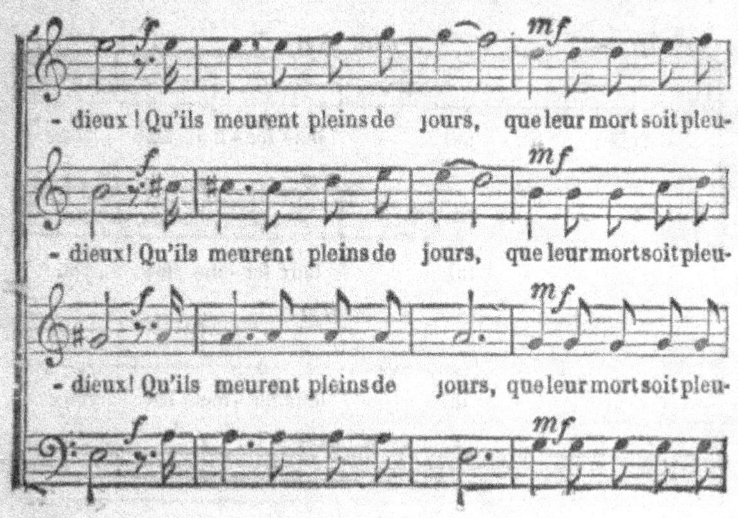
- dieux ! Qu'ils meurent pleins de jours, que leur mort soit pleu-
- dieux ! Qu'ils meurent pleins de jours, que leur mort soit pleu-
- dieux ! Qu'ils meurent pleins de jours, que leur mort soit pleu-
- dieux ! Qu'ils meurent pleins de jours, que leur mort soit pleu-

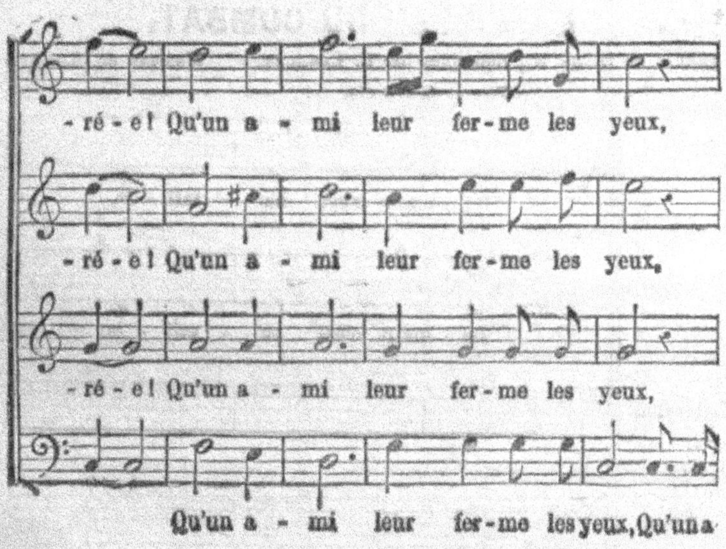
- ré - e ! Qu'un a - mi leur fer - me les yeux,
- ré - e ! Qu'un a - mi leur fer - me les yeux,
- ré - e ! Qu'un a - mi leur fer - me les yeux,
Qu'un a - mi leur fer - me les yeux, Qu'un a

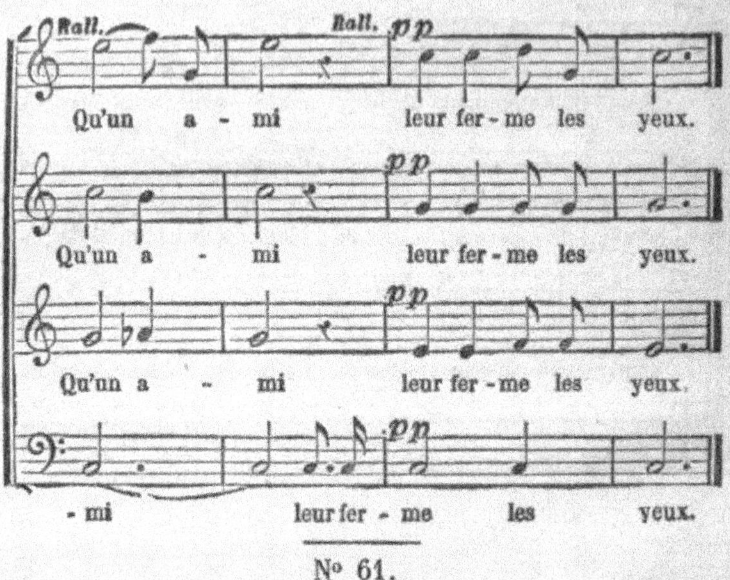

N⁰ 61.

LA VEILLE DU COMBAT.

Paroles de H. de R., refondues par L. LANGLET.　　Musique de SCHLETZ.

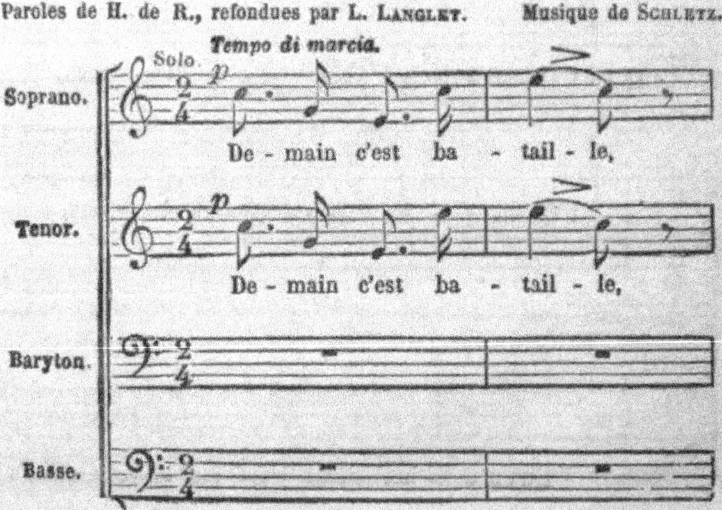

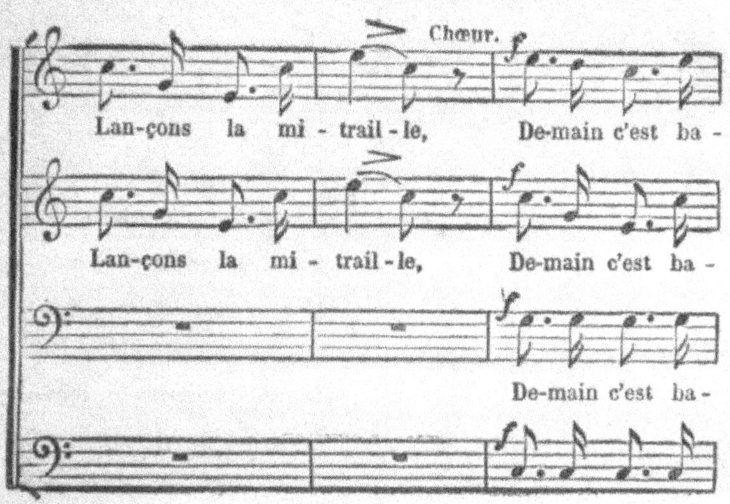
Chœur.
Lan-çons la mi - trail - le, De-main c'est ba -
Lan-çons la mi - trail - le, De-main c'est ba -
De-main c'est ba -

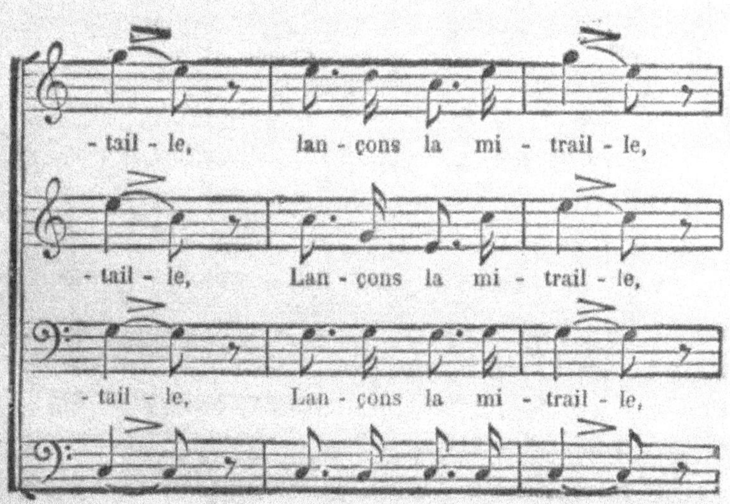
- tail - le, lan - çons la mi - trail - le,
- tail - le, Lan - çons la mi - trail - le,
- tail - le, Lan - çons la mi - trail - le,

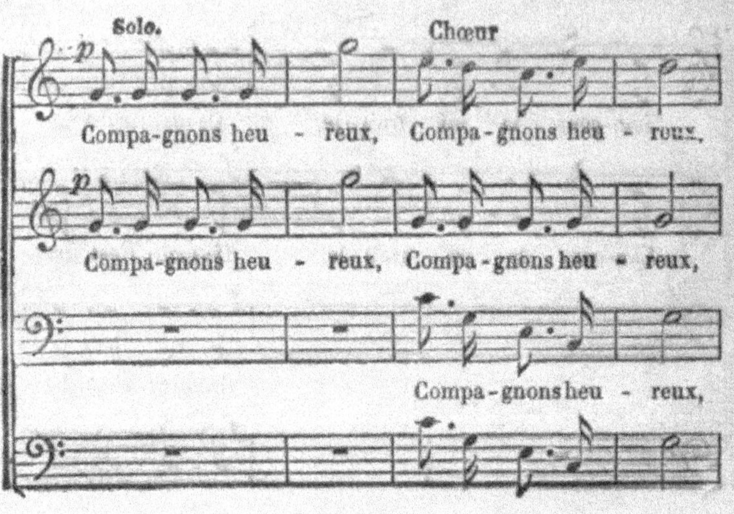

Solo.
Chœur
Compa-gnons heu - reux, Compa-gnons heu - reux,
Compa-gnons heu - reux, Compa-gnons heu - reux,
Compa-gnons heu - reux,

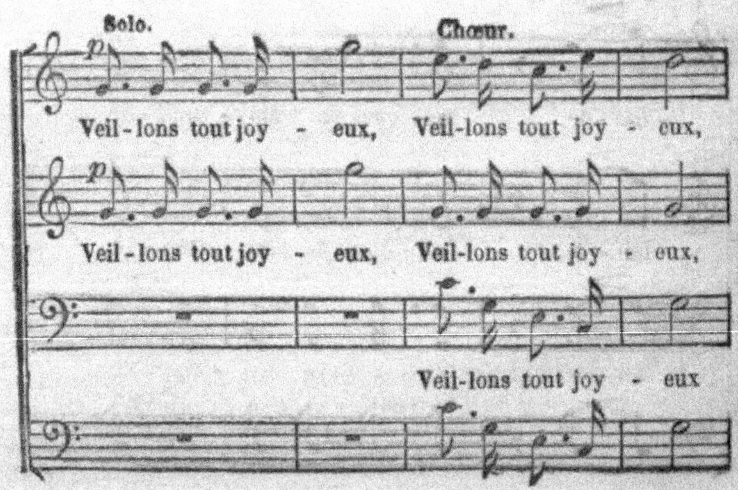

Solo.
Chœur.
Veil-lons tout joy - eux, Veil-lons tout joy - eux,
Veil-lons tout joy - eux, Veil-lons tout joy - eux,
Veil-lons tout joy - eux

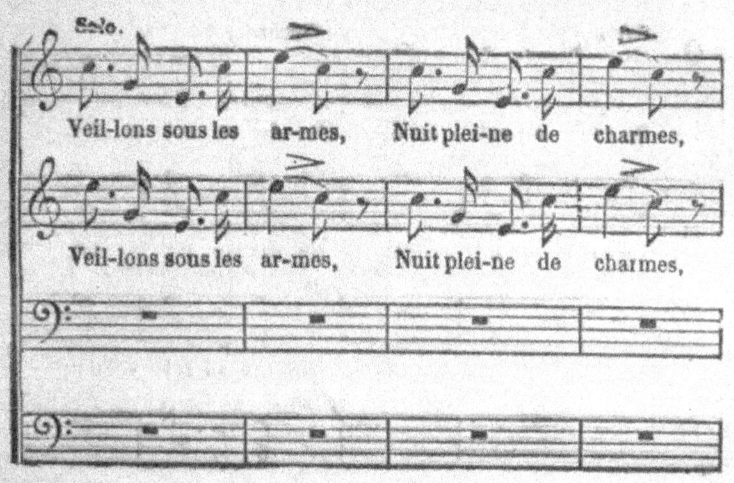
Solo.
Veil-lons sous les ar-mes, Nuit plei-ne de charmes,
Veil-lons sous les ar-mes, Nuit plei-ne de charmes,

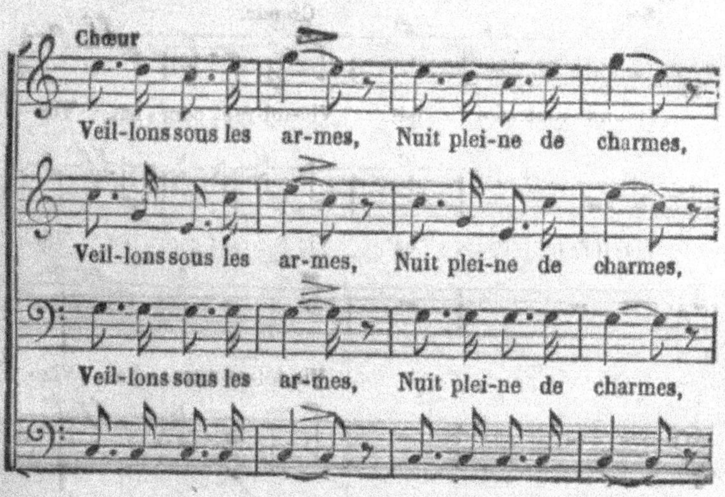
Chœur
Veil-lons sous les ar-mes, Nuit plei-ne de charmes,
Veil-lons sous les ar-mes, Nuit plei-ne de charmes,
Veil-lons sous les ar-mes, Nuit plei-ne de charmes,

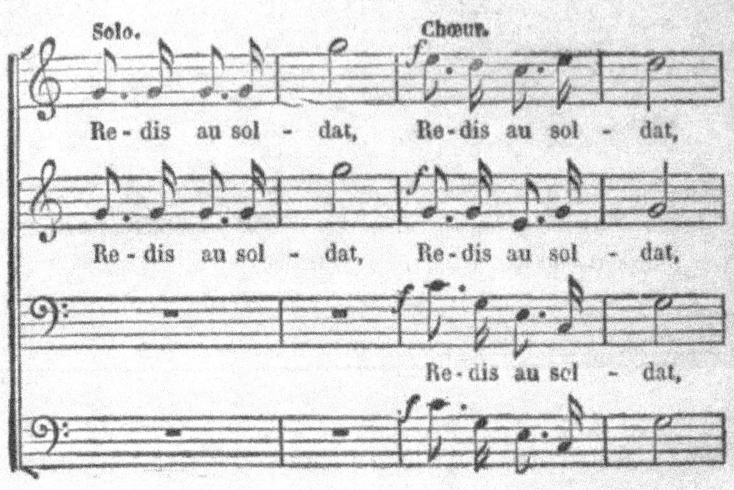
Solo.
Chœur.
Re - dis au sol - dat,
Re - dis au sol - dat,
Re - dis au sol - dat,
Re - dis au sol - dat,
Re - dis au sol - dat,

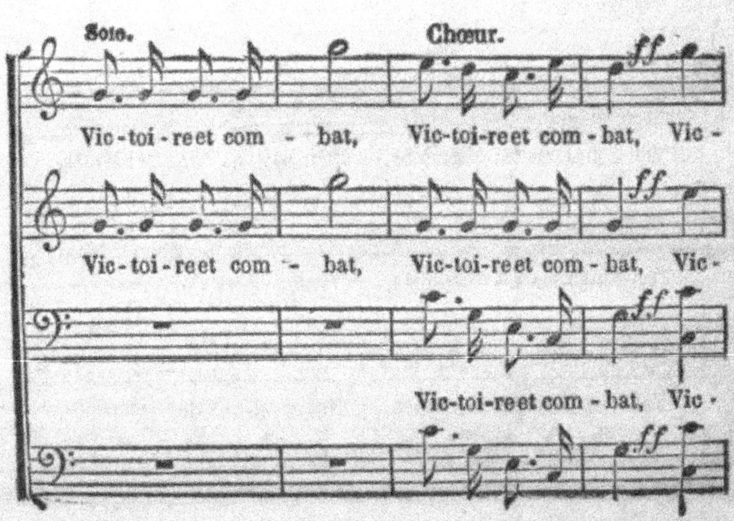
Solo.
Chœur.
Vic - toi - re et com - bat,
Vic - toi - re et com - bat, Vic -
Vic - toi - re et com - bat,
Vic - toi - re et com - bat, Vic -
Vic - toi - re et com - bat, Vic -

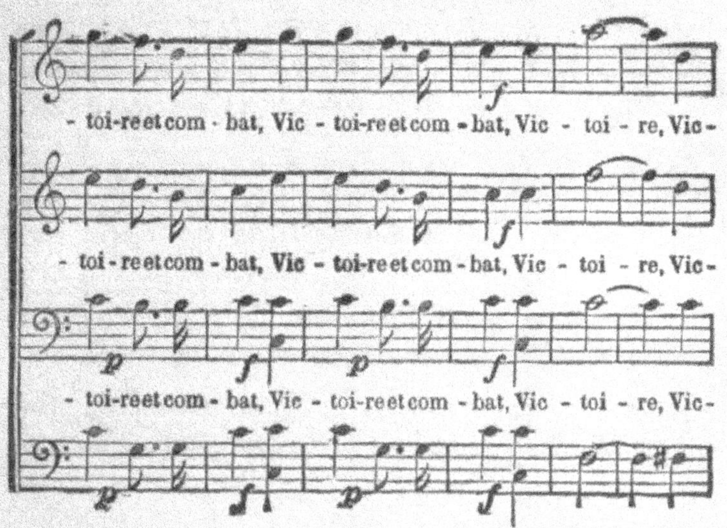
- toi-re et com - bat, Vic - toi-re et com - bat, Vic - toi - re, Vic -
- toi-re et com - bat, Vic - toi-re et com - bat, Vic - toi - re, Vic -
- toi-re et com - bat, Vic - toi-re et com - bat, Vic - toi - re, Vic -
f
p f p f
p f p f

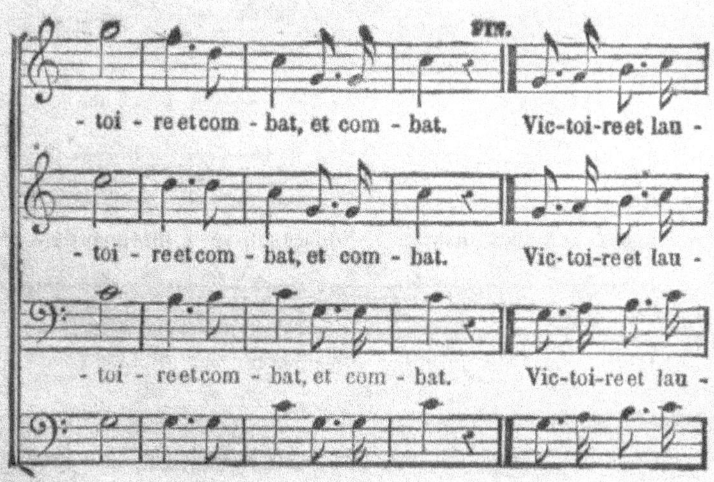
FIN.
- toi - re et com - bat, et com - bat. Vic-toi-re et lau -
- toi - re et com - bat, et com - bat. Vic-toi-re et lau -
- toi - re et com - bat, et com - bat. Vic-toi-re et lau -

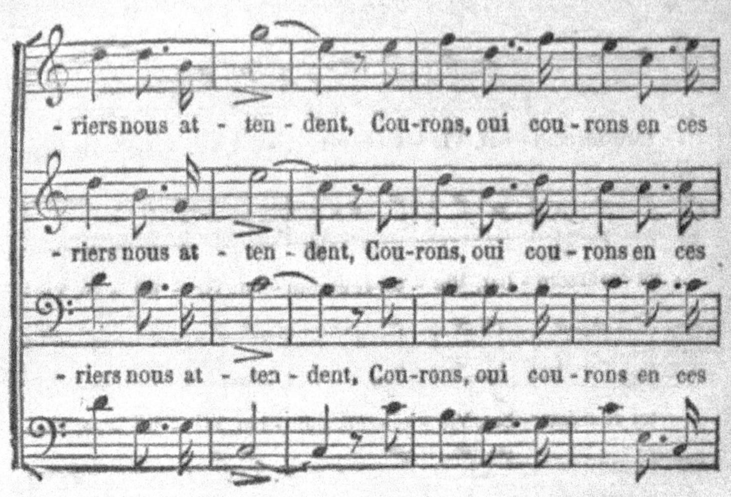
- riers nous at - ten - dent, Cou-rons, oui cou - rons en ces
- riers nous at - ten - dent, Cou-rons, oui cou - rons en ces
- riers nous at - ten - dent, Cou-rons, oui cou - rons en ces

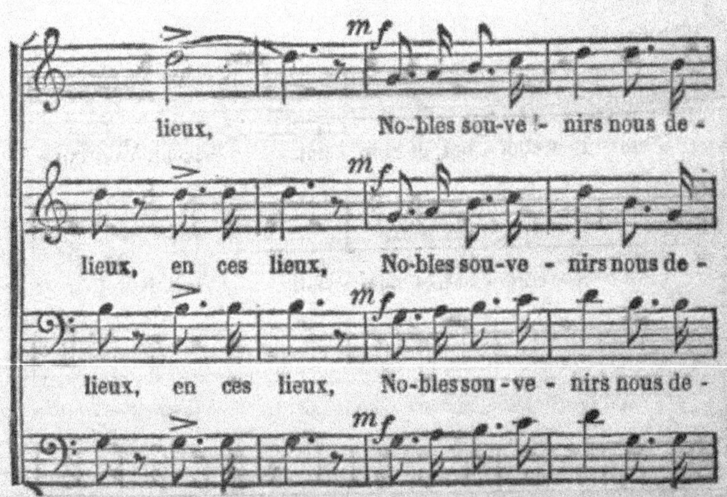
lieux, No-bles sou-ve !- nirs nous de -
lieux, en ces lieux, No-bles sou-ve - nirs nous de -
lieux, en ces lieux, No-bles sou-ve - nirs nous de -

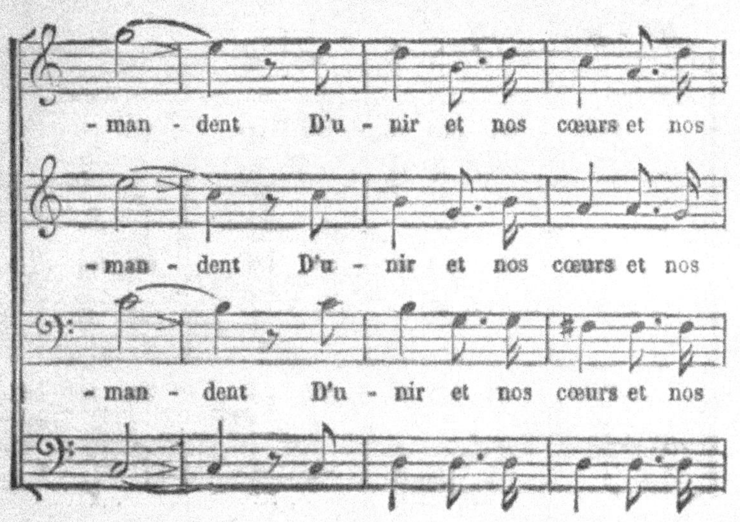

- man - dent D'u - nir et nos cœurs et nos
- man - dent D'u - nir et nos cœurs et nos
- man - dent D'u - nir et nos cœurs et nos

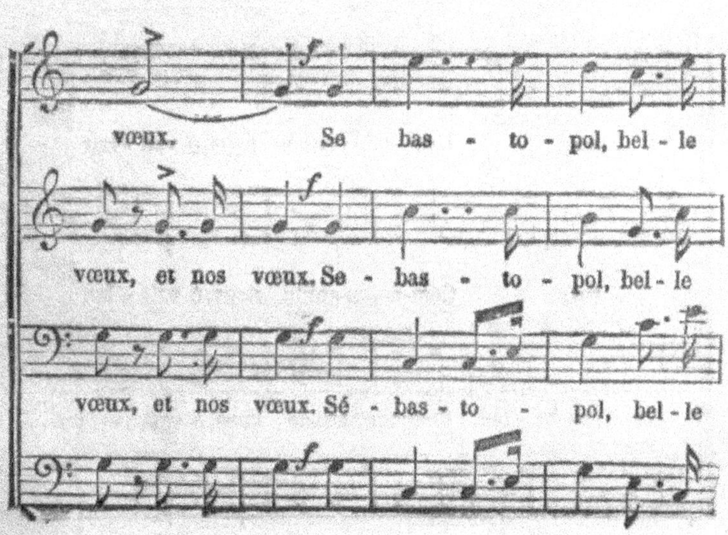

vœux. Se bas - to - pol, bel - le
vœux, et nos vœux. Se bas - to - pol, bel - le
vœux, et nos vœux. Sé - bas - to - pol, bel - le

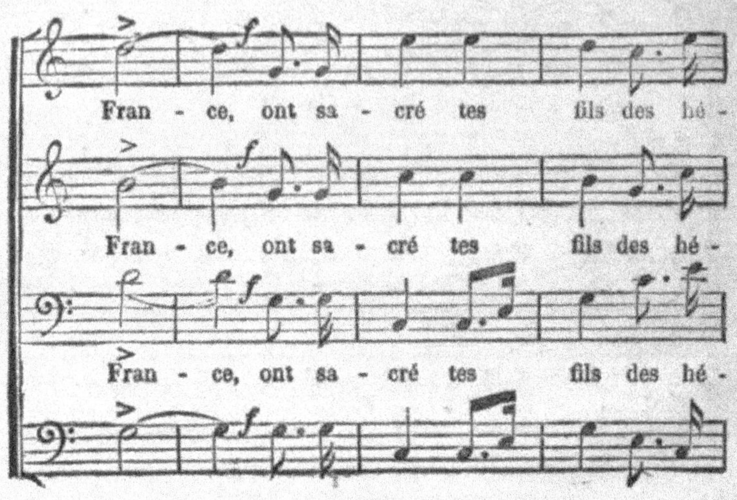

Fran - ce, ont sa - cré tes fils des hé -
Fran - ce, ont sa - cré tes fils des hé -
Fran - ce, ont sa - cré tes fils des hé -

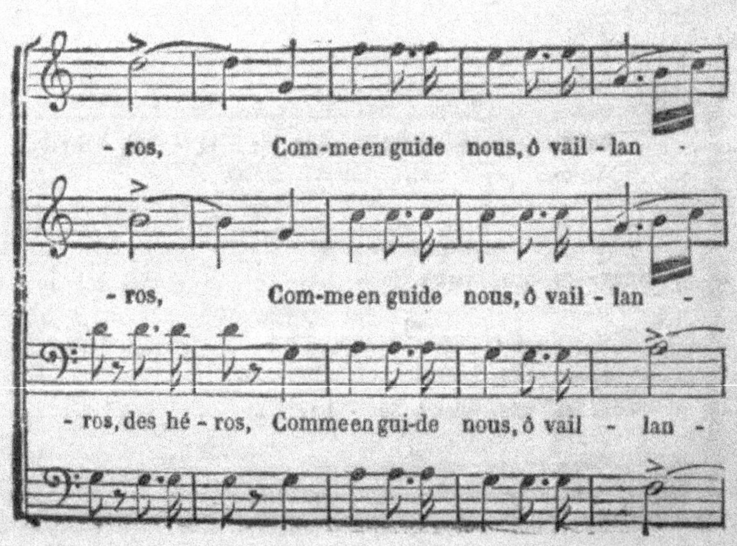

- ros, Com-me en guide nous, ô vail - lan -
- ros, Com-me en guide nous, ô vail - lan -
- ros, des hé - ros, Comme en gui-de nous, ô vail - lan -

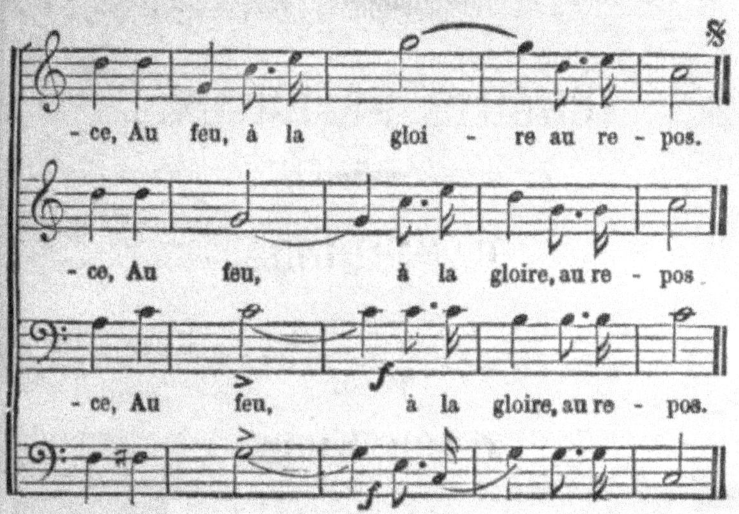

DEUXIÈME COUPLET.

Ces beaux souvenirs sur nos armes
Verseront demain leurs lauriers,
Demain, compagnons pleins d'alarmes,
Demain, gloire, honneur aux guerriers.
Odessa, Alma, c'est la gloire,
Couronnant le front des vainqueurs,
Kinburn, Solferino, ô victoire,
Animent leurs vœux et leurs cœurs.

TROISIÈME COUPLET.

Mais déjà le jour sur nos armes
Verse ses rayons; levez-vous?
Levez-vous, soldats, plus d'alarmes;
A la gloire, au feu, volons tous,
Turin et Milan vous attendent.
Courons, oui, courons en ces lieux,
Nobles souvenirs vous demandent
D'animer vos cœurs et vos vœux.

—————

CHANTS RELIGIEUX.

CANTIQUES.

N° 62.

O MON ANGE.

Paroles de X.....　　　　　　　　　Musique connue.

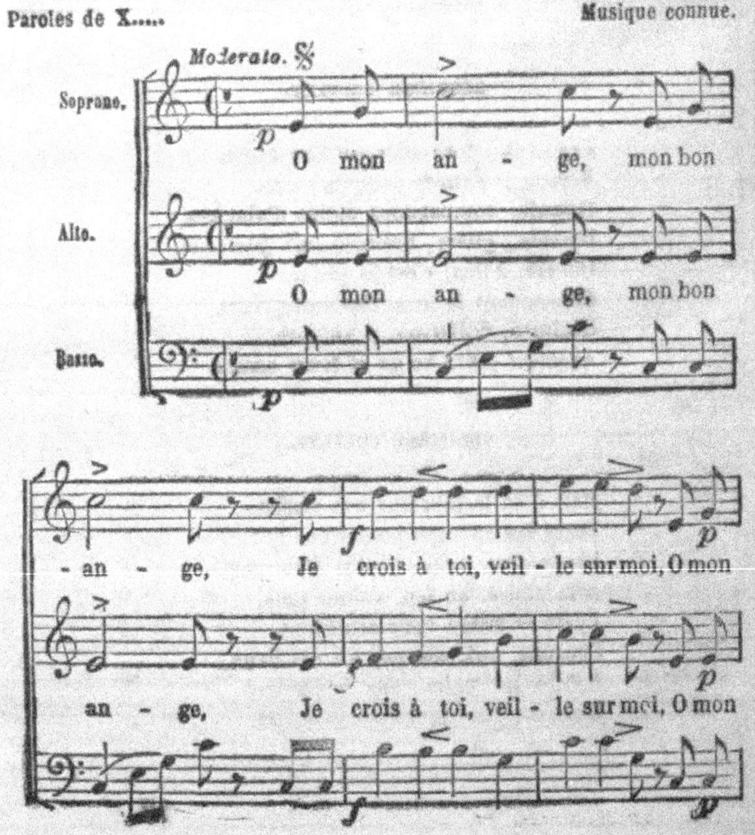

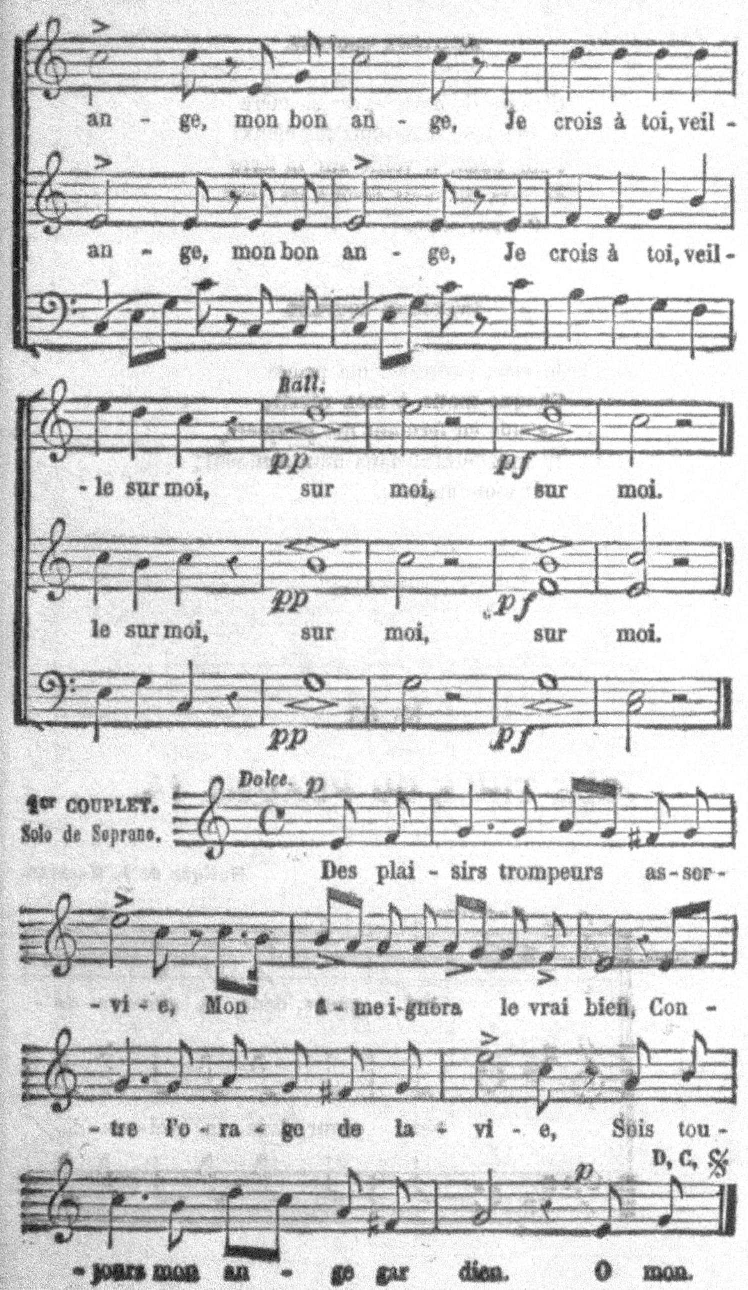
an - ge, mon bon an - ge, Je crois à toi, veil -
an - ge, mon bon an - ge, Je crois à toi, veil -
Rall.
pp   pf
- le sur moi,   sur   moi,   sur   moi.
pp   pf
le sur moi,   sur   moi,   sur   moi.
pp   pf
1er COUPLET.
Solo de Soprano.
Dolce. p
Des plai - sirs trompeurs   as - sor -
- vi - e, Mon   Âme i - gnora   le vrai bien, Con -
- tre l'o - ra - ge de la - vi - e,   Sois tou -
p
D. C. ℅
- jours mon an - ge gar dien.   O mon.

DEUXIÈME COUPLET.

Chacun de nous après sa mère
A son bon ange dans les cieux;
Pour nous, il veille sur la terre
Et vers lui nous levons les yeux.
   O mon ange.

TROISIÈME COUPLET.

Je veux t'adresser ma prière
Chaque matin à mon réveil,
Le soir en fermant ma paupière,
Et murmurant dans mon sommeil:
   O mon ange.

N° 63.

ODE TIRÉE DU PSAUME 14.

Paroles de J. B. ROUSSEAU.   Musique de J. MAINZER.

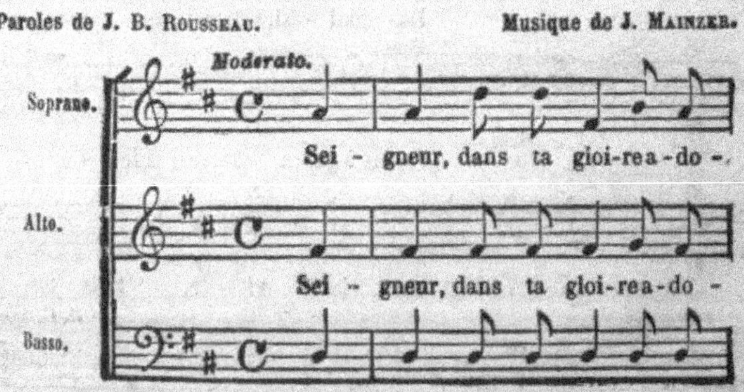

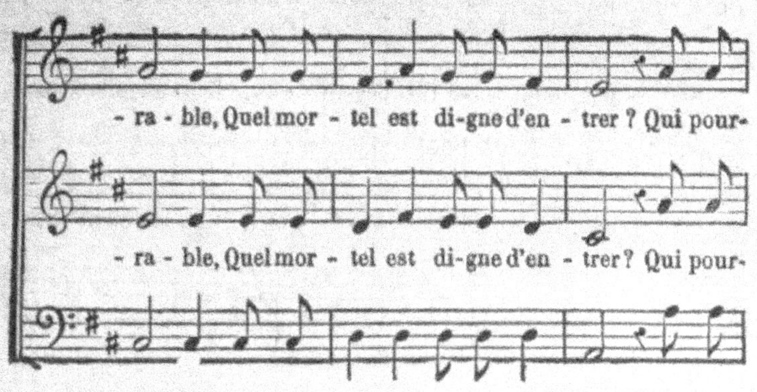
- ra - ble, Quel mor - tel est di - gne d'en - trer ? Qui pour-
- ra - ble, Quel mor - tel est di - gne d'en - trer ? Qui pour-

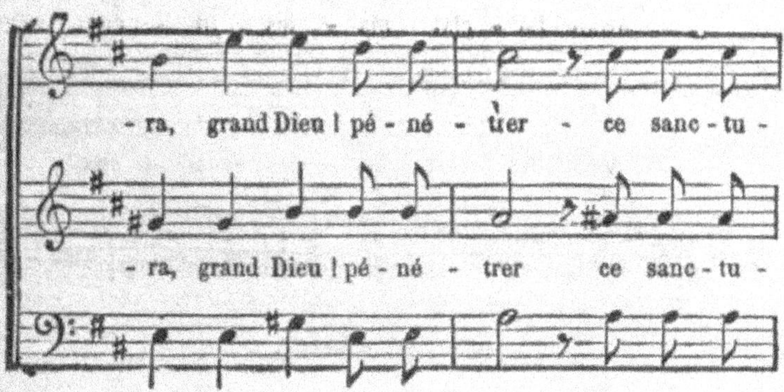
- ra, grand Dieu ! pé - né - trer - ce sanc - tu -
- ra, grand Dieu ! pé - né - trer ce sanc - tu -

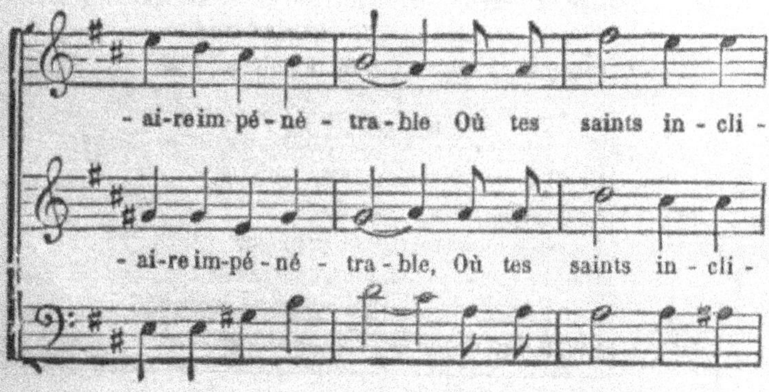
- ai - re im - pé - né - tra - ble Où tes saints in - cli -
- ai - re im - pé - né - tra - ble, Où tes saints in - cli -

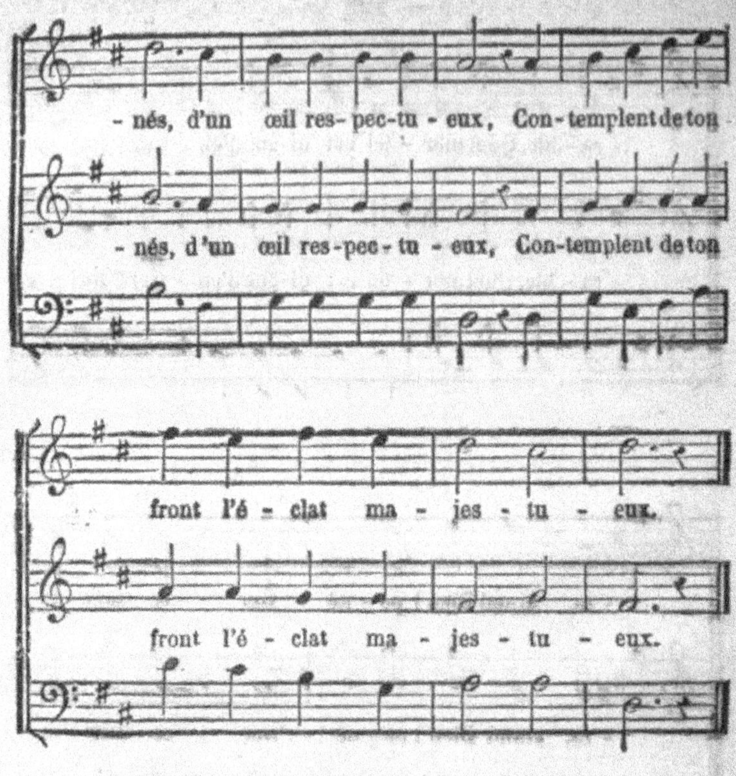

DEUXIÈME COUPLET.

Ce sera celui qui du vice
Évite le sentier impur,
Qui marche d'un pas ferme et sûr
Dans le chemin de la justice :
Attentif et fidèle à distinguer sa voix,
Intrépide et sincère à maintenir ses lois.

TROISIÈME COUPLET.

Celui pour qui le superbe,
Enflé d'une vaine splendeur,
Paraît plus bas dans sa grandeur
Que l'insecte caché sous l'herbe;
Qui bravant du méchant le faste couronné,
Honore la vertu du juste infortuné.

QUATRIÈME COUPLET.

Qui marchera dans cette voie,
Comblé d'un éternel bonheur,
Au jour des élus du Seigneur
Partagera la sainte joie.
Et les frémissements de l'enfer irrité
Ne pourront faire obstacle à sa félicité.

Nᵒ 64.

TOUT PASSE.

Paroles de VICTOR HUGO.   Musique de J. MAINZER.

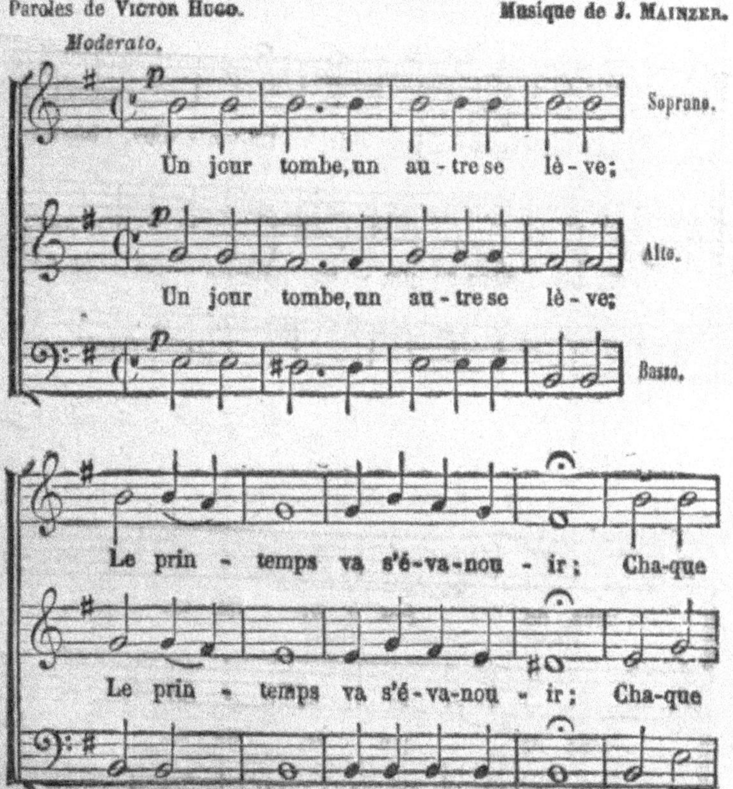

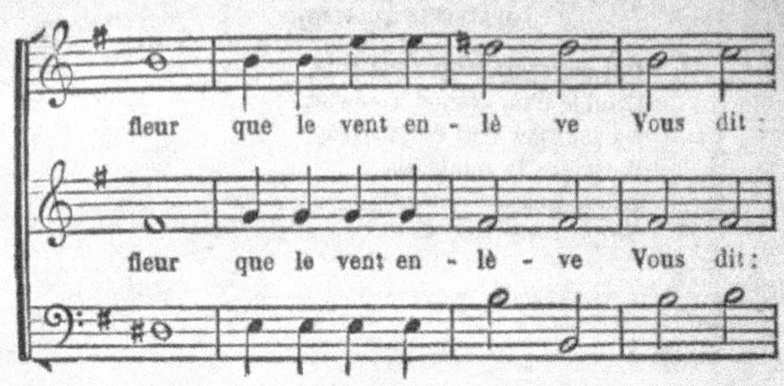
fleur que le vent en - lè - ve Vous dit :
fleur que le vent en - lè - ve Vous dit :

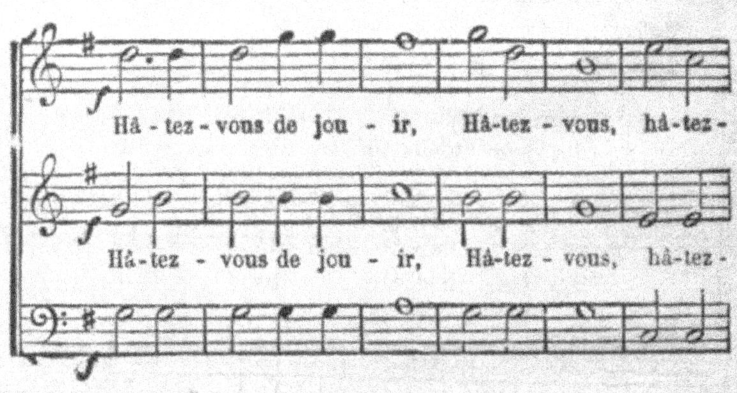
Hâ - tez - vous de jou - ir, Hâ - tez - vous, hâ - tez -
Hâ - tez - vous de jou - ir, Hâ - tez - vous, hâ - tez -

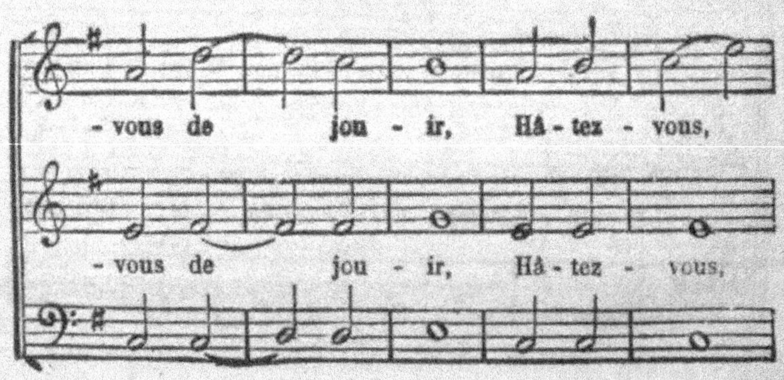
- vous de jou - ir, Hâ - tez - vous,
- vous de jou - ir, Hâ - tez - vous,

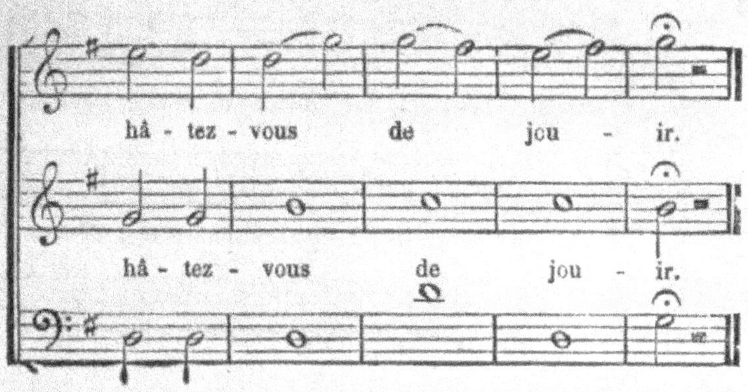

Nᵒ 65.

NÉANT DES GRANDEURS.

Paroles de Victor Hugo.

Musique de J. Mainzer.

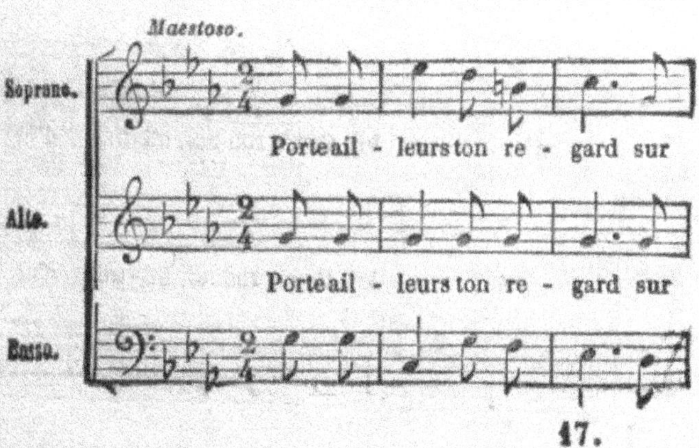

17.

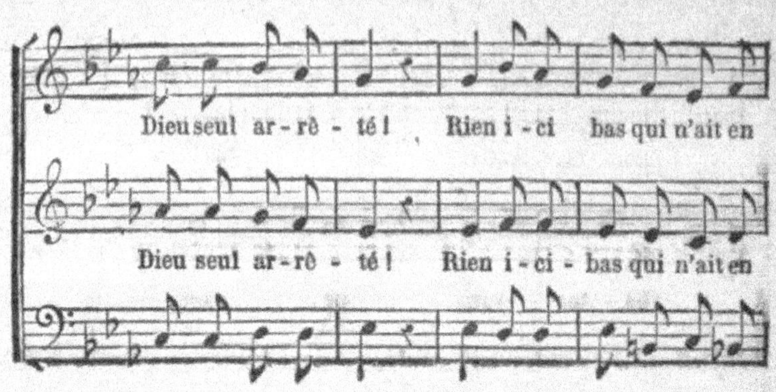

Dieu seul ar - rê - té ! Rien i - ci bas qui n'ait en
Dieu seul ar - rê - té ! Rien i - ci - bas qui n'ait en

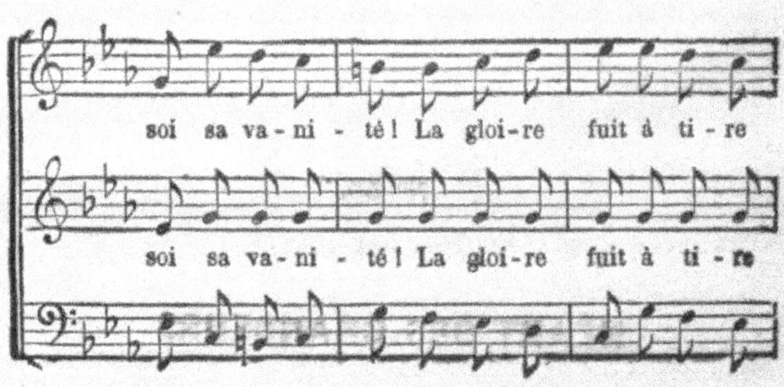

soi sa va - ni - té ! La gloi - re fuit à ti - re
soi sa va - ni - té ! La gloi - re fuit à ti - re

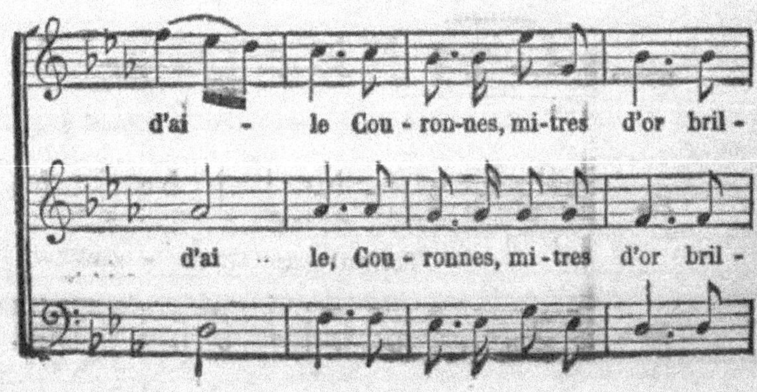

d'ai - le Cou - ron-nes, mi-tres d'or bril -
d'ai - le, Cou - ronnes, mi-tres d'or bril -

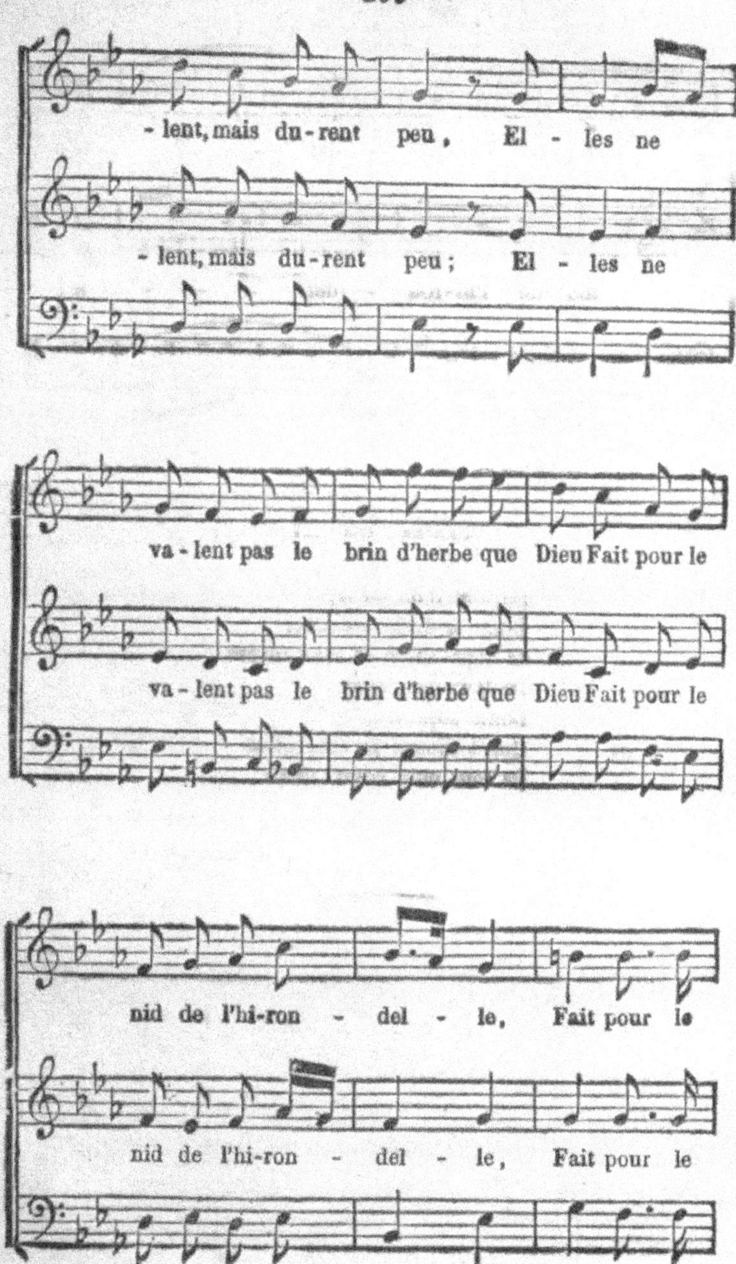
- lent, mais du - rent peu, El - les ne
- lent, mais du - rent peu ; El - les ne
va - lent pas le brin d'herbe que Dieu Fait pour le
va - lent pas le brin d'herbe que Dieu Fait pour le
nid de l'hi - ron - del - le, Fait pour le
nid de l'hi - ron - del - le, Fait pour le

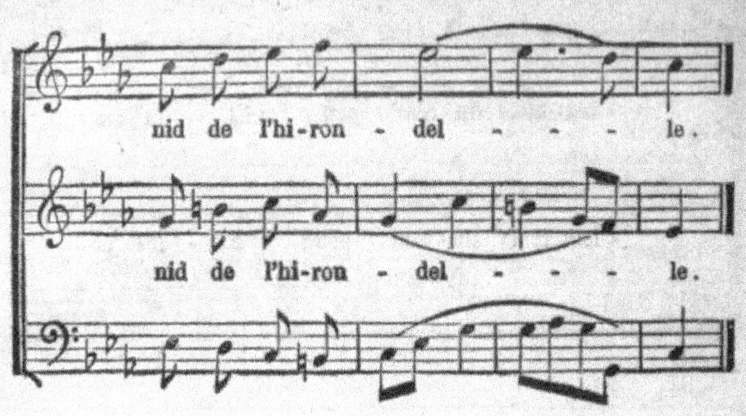

DEUXIÈME COUPLET.

De tout mon cœur,
Dans ce divin mystère,
Je vous adore et vous révère
De tout mon cœur,
Bonté suprême,
Que toujours je vous aime.
De tout mon cœur. (*bis.*)

N° 66.

CANTIQUE.

Paroles du P. Lefèvre.   Musique de Th. Denizet.

Th. Denizet.

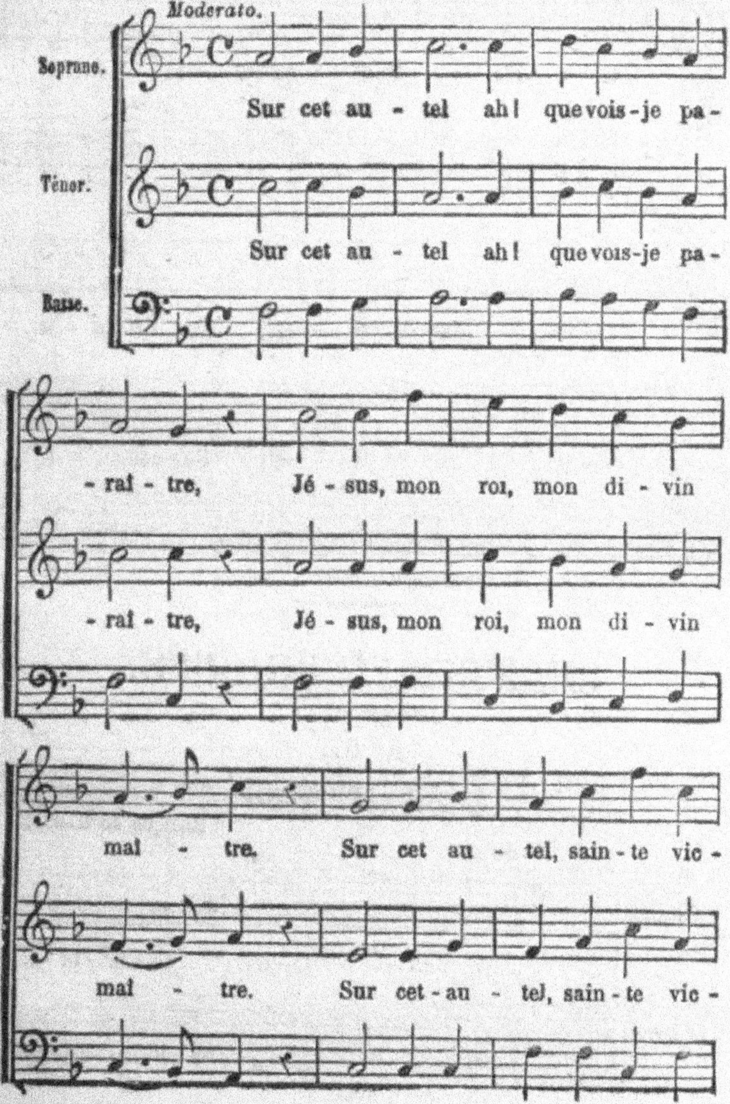

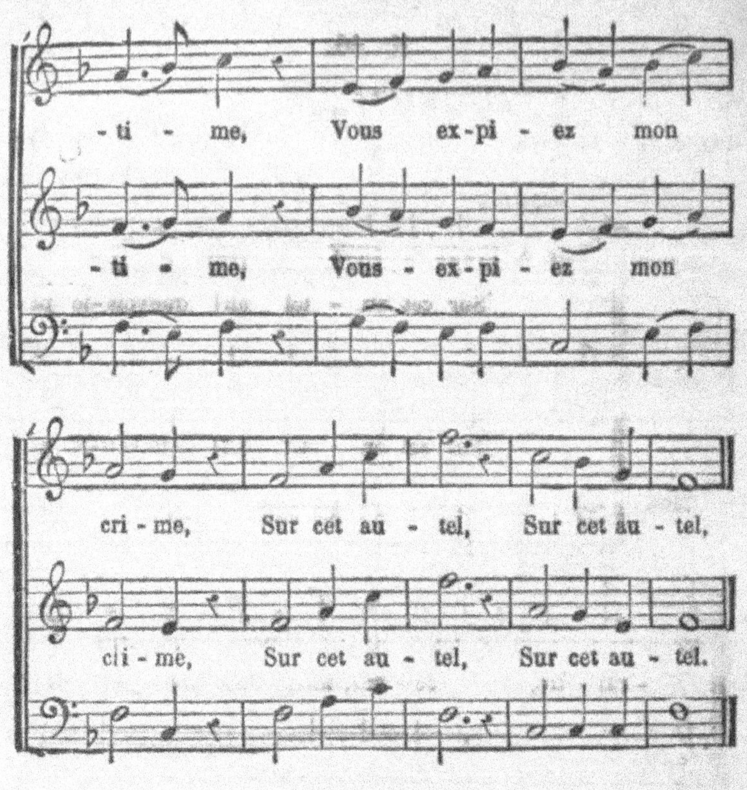

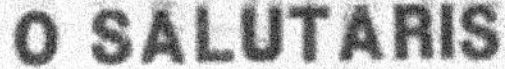

CHANTS LITURGIQUES.

N° 67.

O SALUTARIS.

Musique de HAENDEL.

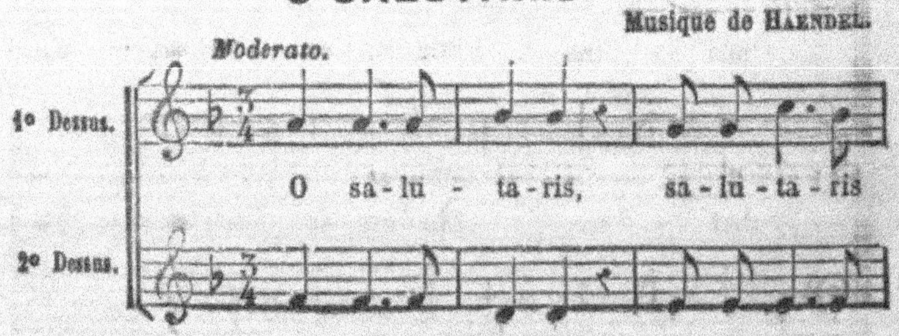

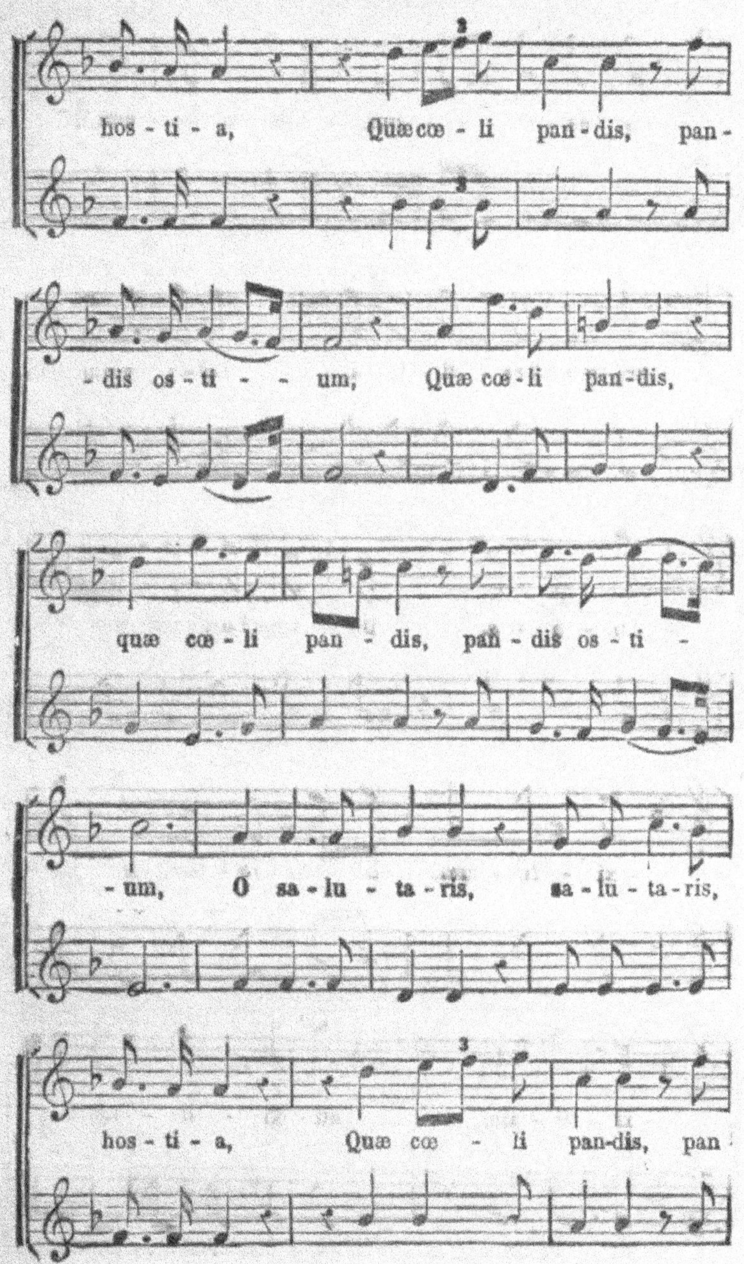
hos - ti - a, Quæ cœ - li pan - dis, pan -
- dis os - ti - - um, Quæ cœ - li pan - dis,
quæ cœ - li pan - dis, pan - dis os - ti -
- um, O sa - lu - ta - ris, sa - lu - ta - ris,
hos - ti - a, Quæ cœ - li pan - dis, pan -

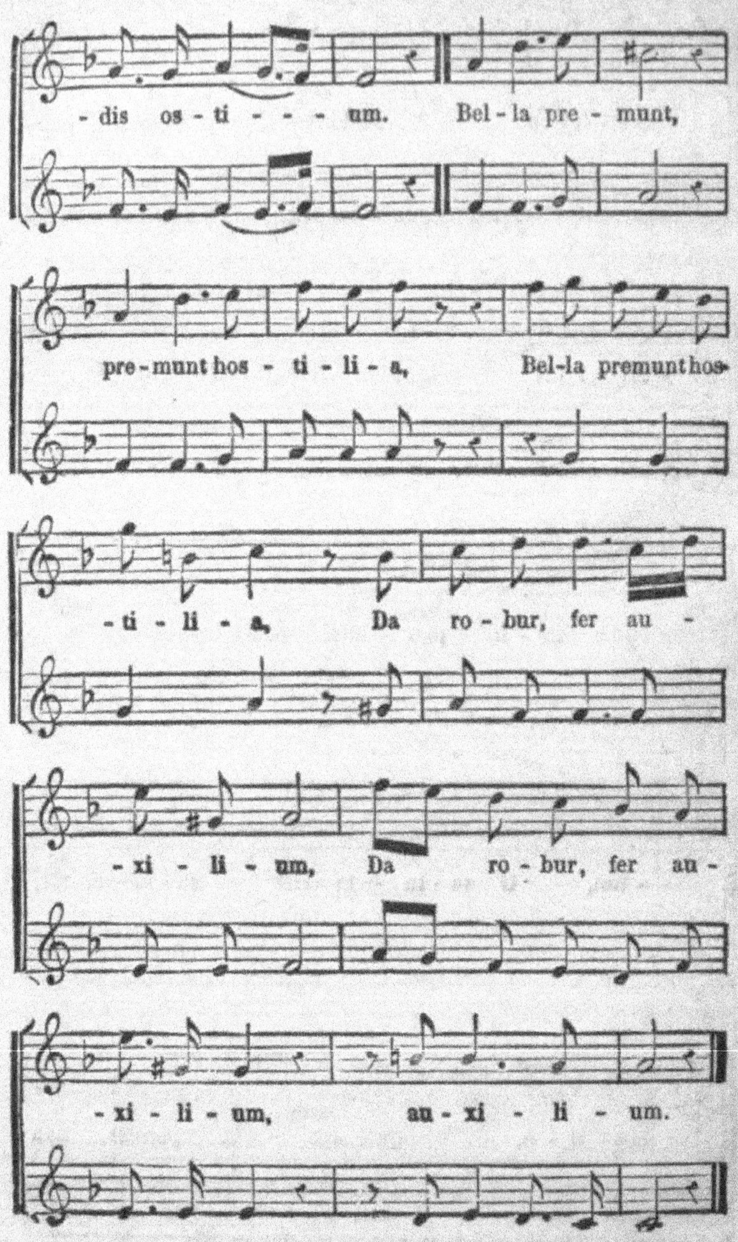
- dis os - ti - - - um.   Bel - la pre - munt,
pre - munt hos - ti - li - a,   Bel-la premunthos-
- ti - li - a,   Da   ro - bur, fer au -
- xi - li - um,   Da   ro - bur, fer au -
- xi - li - um,   au - xi - li - um.

N° 68.

TANTUM ERGO.

Musique de L. LANGLEY.

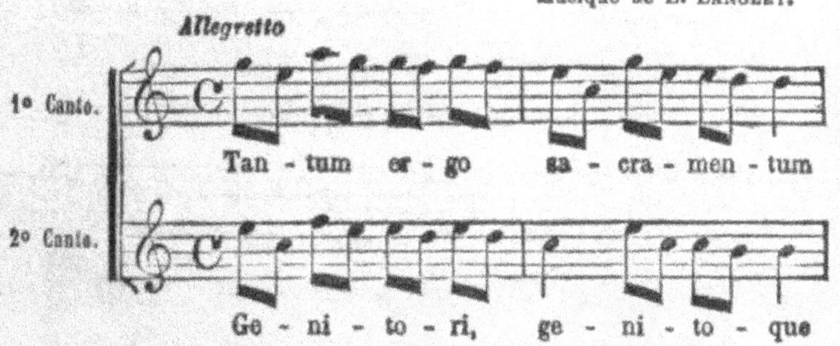

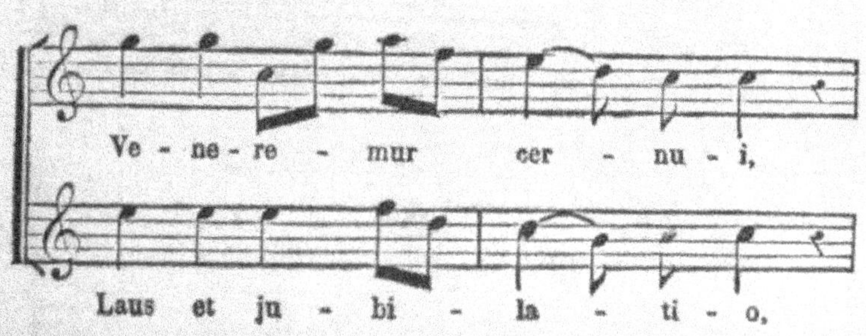

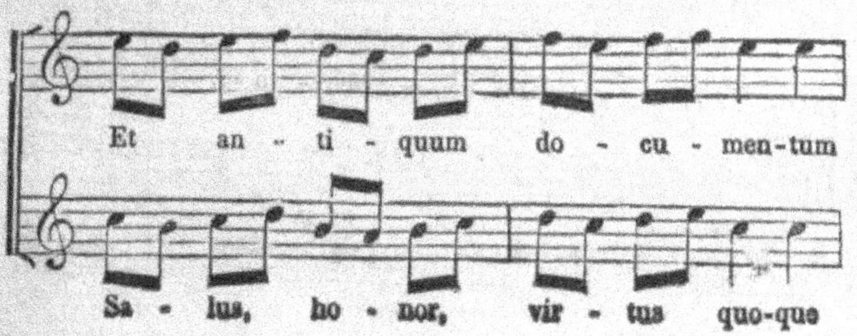

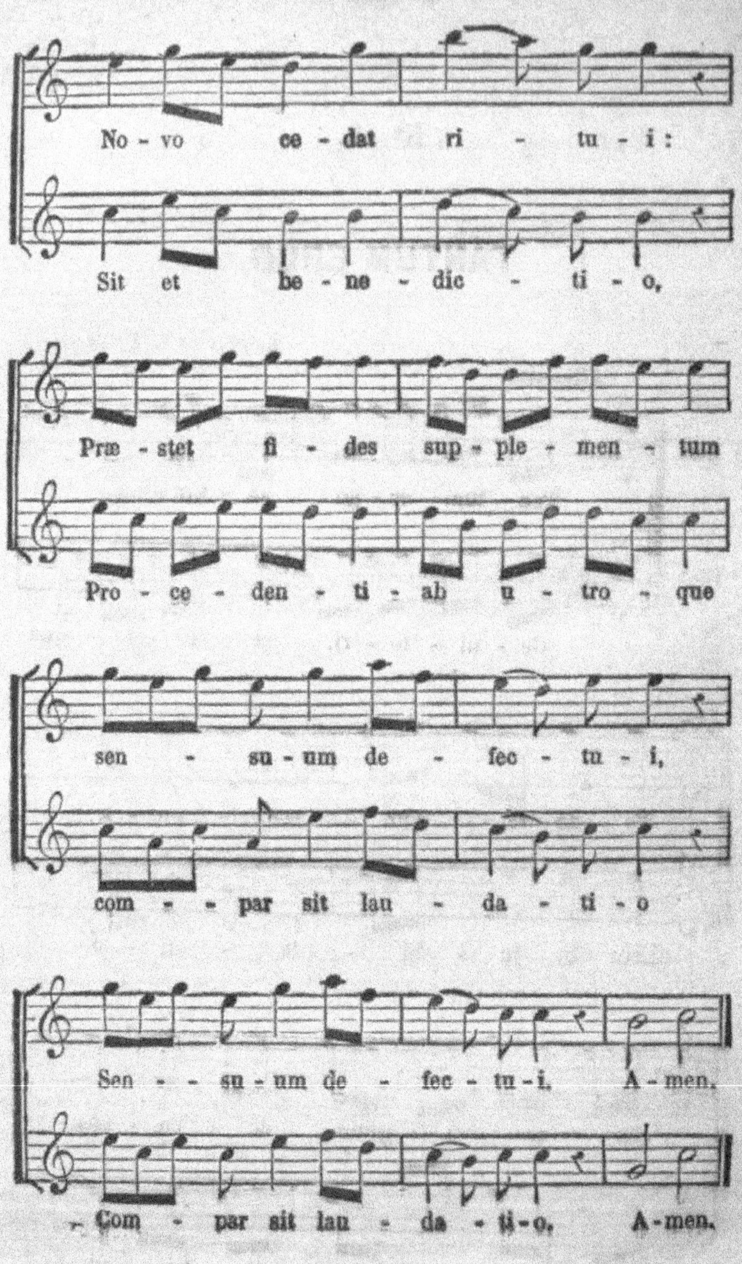
No - vo ce - dat ri - tu - i:
Sit et be - ne - dic - ti - o,
Præ - stet fi - des sup - ple - men - tum
Pro - ce - den - ti - ab u - tro - que
sen - su - um de - fec - tu - i,
com - par sit lau - da - ti - o
Sen - su - um de - fec - tu - i, A - men.
Com - par sit lau - da - ti - o, A - men.

N° 69.

QUIS MIHI.

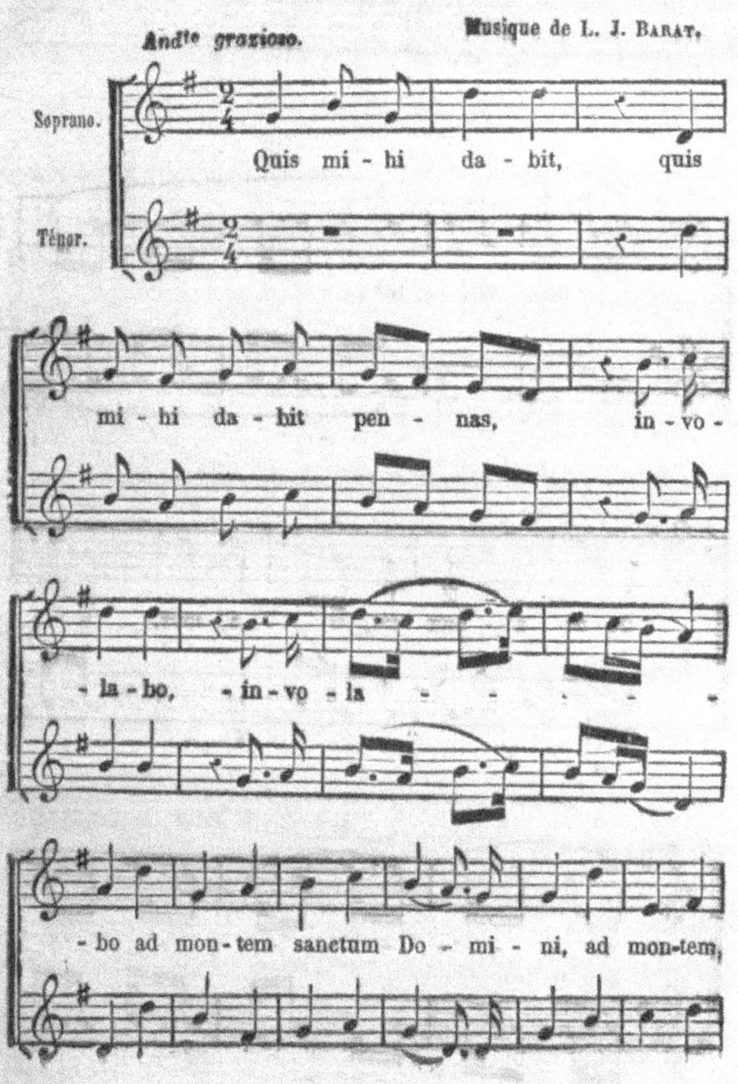

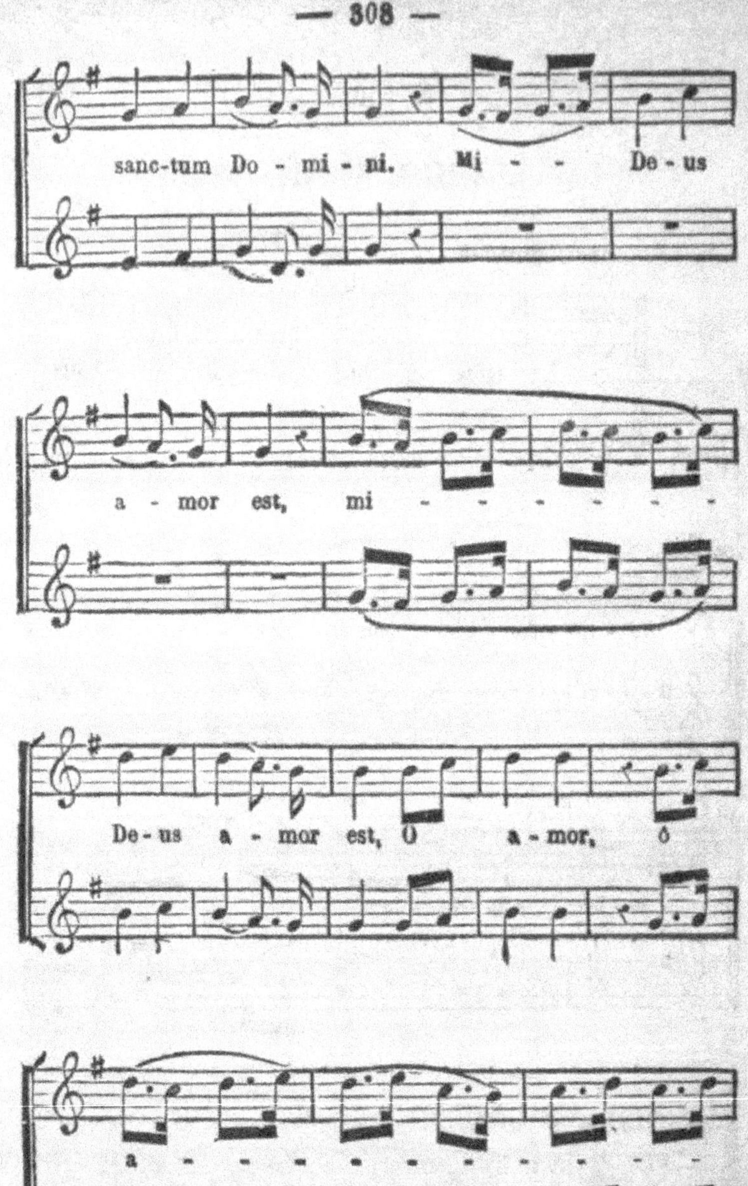
sanc-tum Do - mi - ni. Mi - - De - us
a - mor est, mi - - - - -
De-us a - mor est, O a - mor, ó
a - - - - - - -

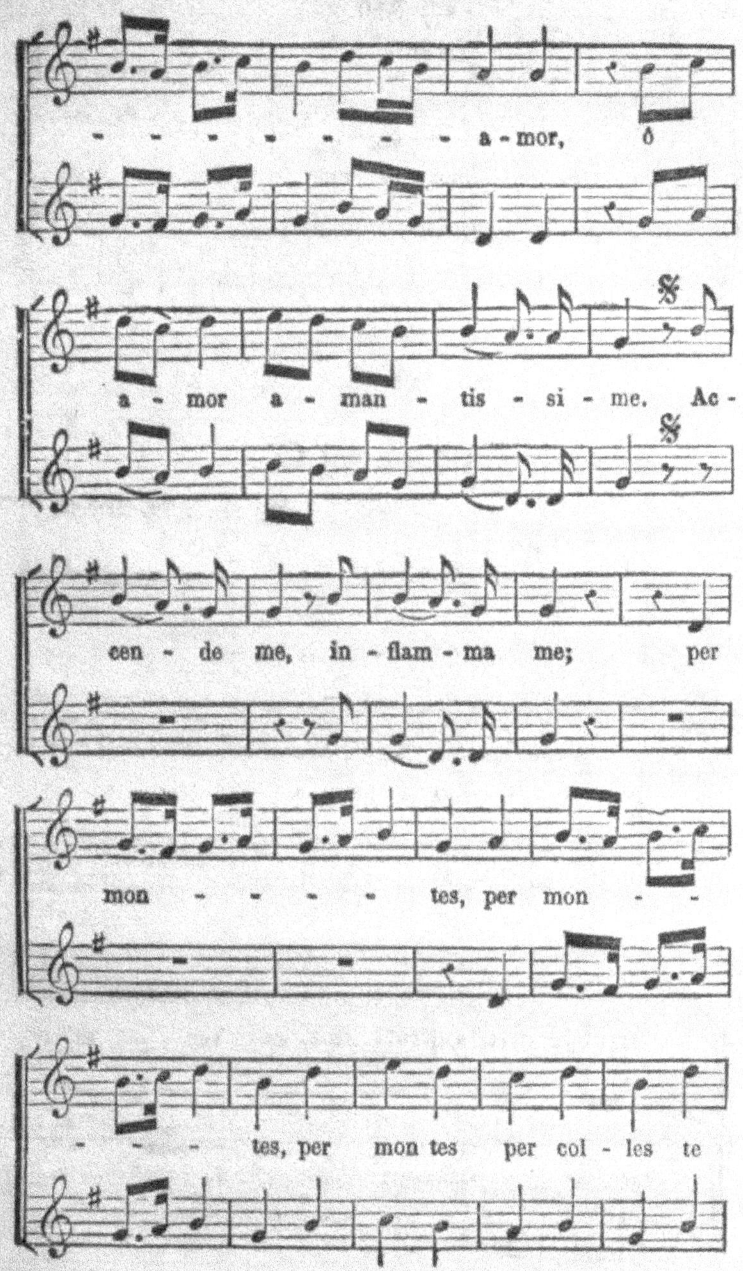

a - mor, ô
a - mor a - man - tis - si - me. Ac-
cen - de me, in - flam - ma me; per
mon - - - tes, per mon - -
- - tes, per mon tes per col - les te

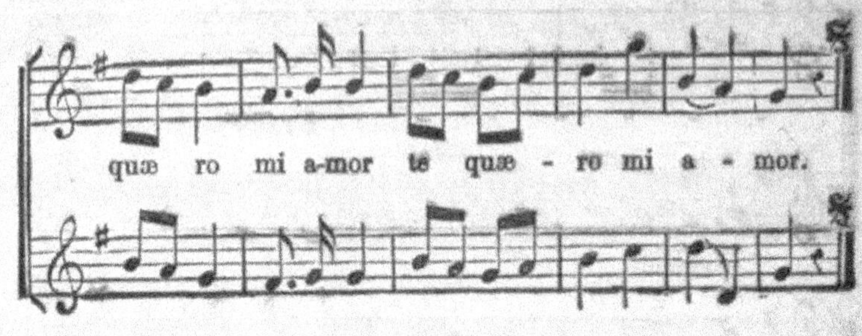

N° 70.

CARO MEA.

Musique de Th. MULLER.

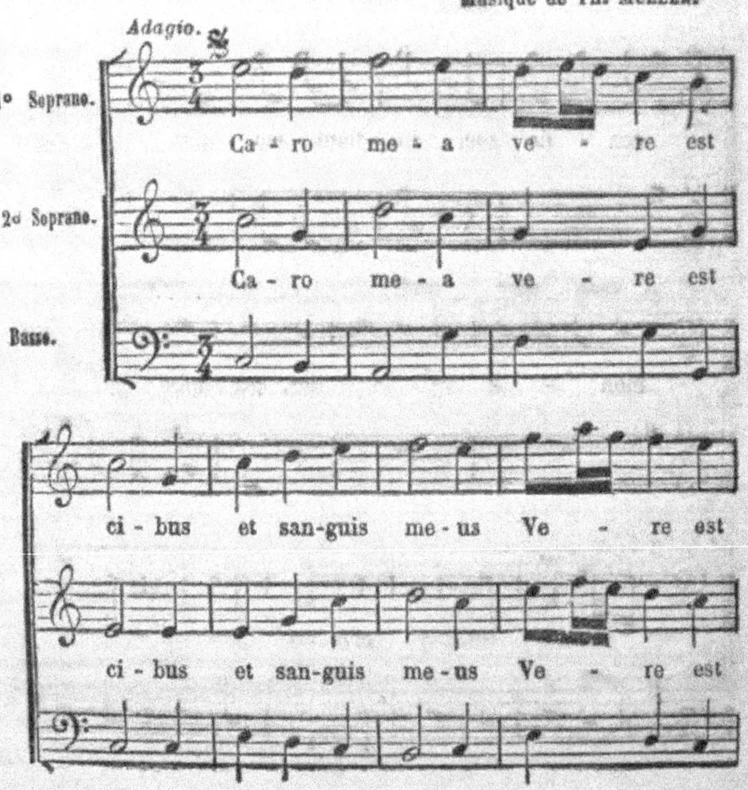

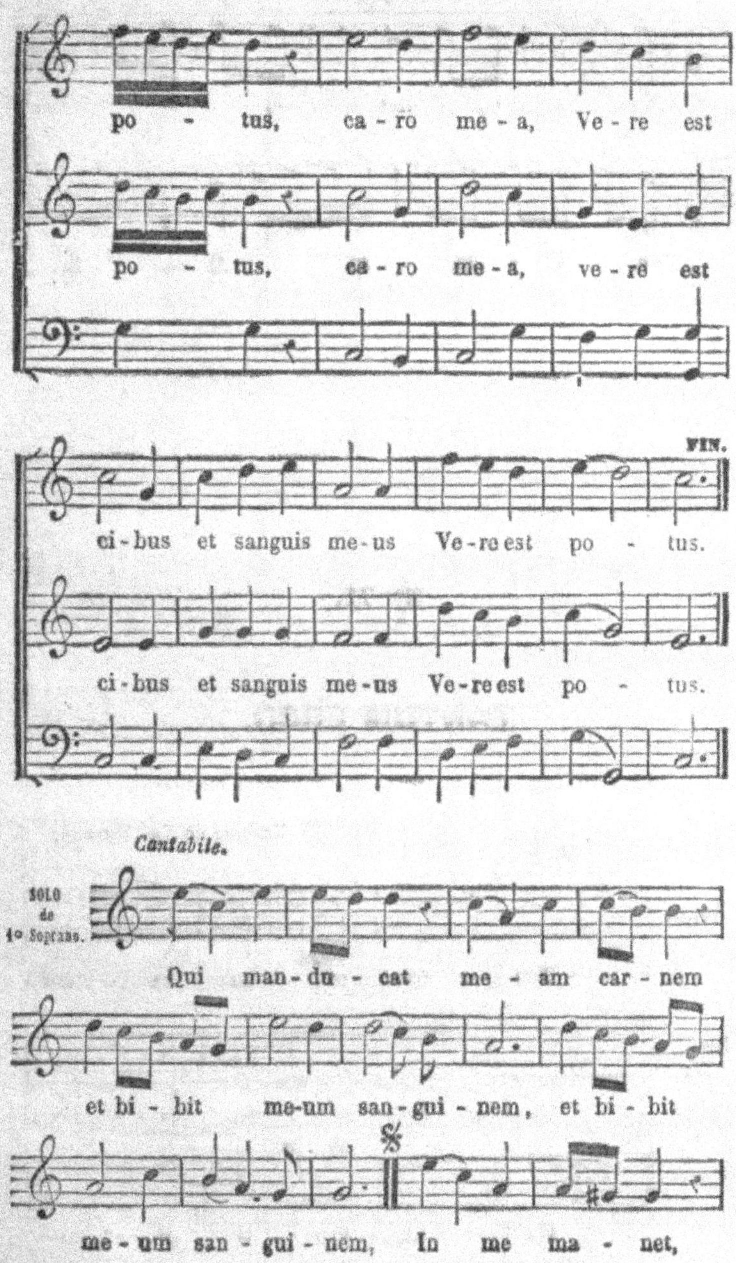
po - tus, ca - ro me - a, Ve - re est
po - tus, ca - ro me - a, ve - re est
FIN.
ci - bus et sanguis me - us Ve - re est po - tus.
ci - bus et sanguis me - us Ve - re est po - tus.
Cantabile.
SOLO de 1º Soprano.
Qui man - du - cat me - am car - nem
et bi - bit me - um san - gui - nem, et bi - bit
me - um san - gui - nem, In me ma - net,

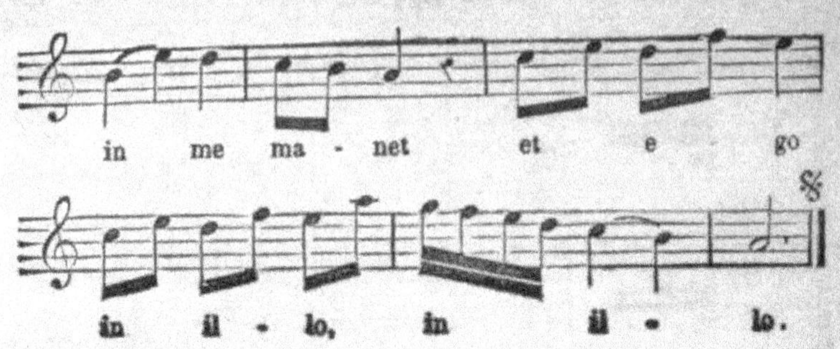

N° 71.

TANTUM ERGO.

Musique de Th. Muller.

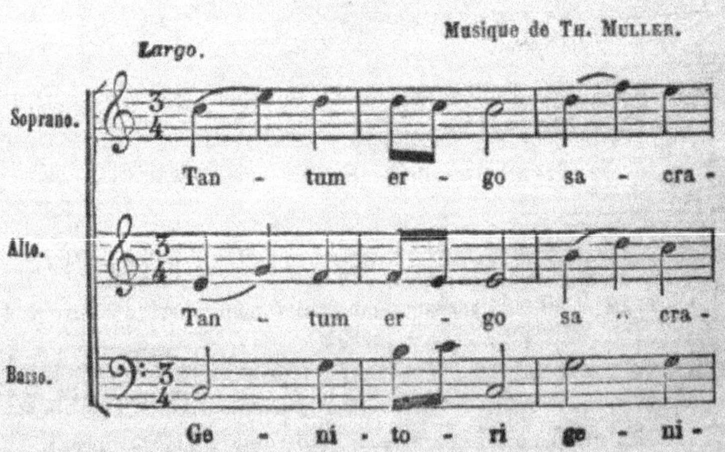

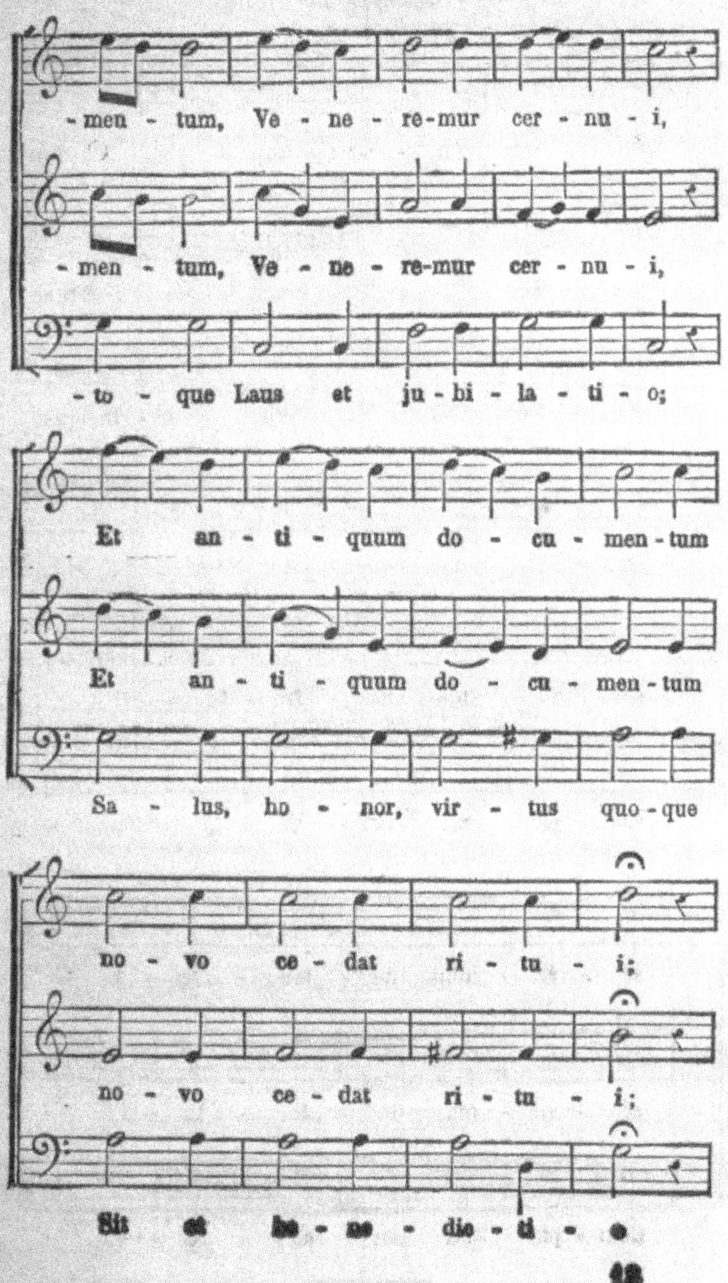
- men - tum, Ve - ne - re-mur cer - nu - i,
- men - tum, Ve - ne - re-mur cer - nu - i,
- to - que Laus et ju - bi - la - ti - o;
Et an - ti - quum do - cu - men - tum
Et an - ti - quum do - cu - men - tum
Sa - lus, ho - nor, vir - tus quo - que
no - vo ce - dat ri - tu - i;
no - vo ce - dat ri - tu - i;
Sit et be - ne - dic - ti - o.

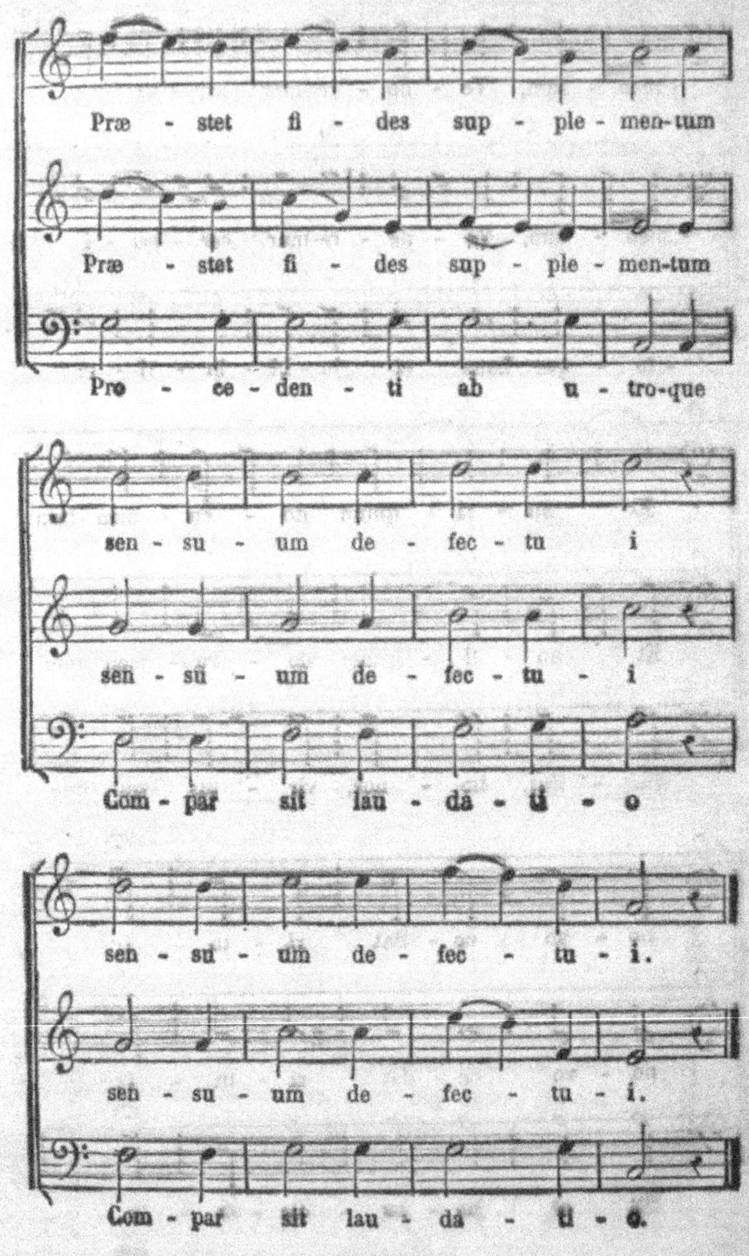

Præ - stet fi - des sup - ple - men-tum
Præ - stet fi - des sup - ple - men-tum
Pro - ce - den - ti ab u - tro-que
sen - su - um de - fec - tu i
sen - su - um de - fec - tu - i
Com - par sit lau - da - ti - o
sen - su - um de - fec - tu - i.
sen - su - um de - fec - tu - i.
Com - par sit lau - da - ti - o.

Nº 72.

SACRIS SOLEMNIIS.

Musique de Louis Feltz.

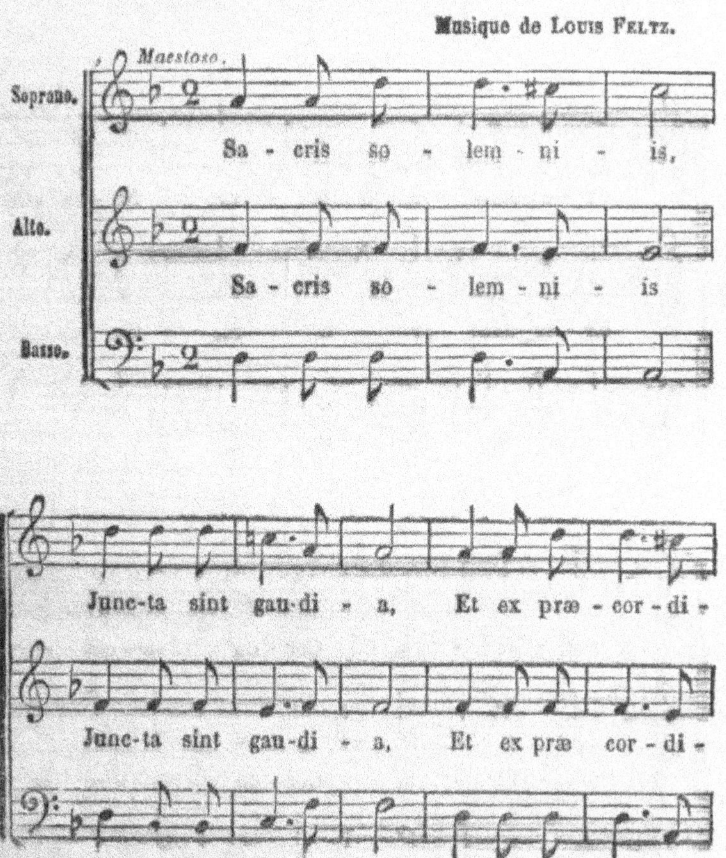

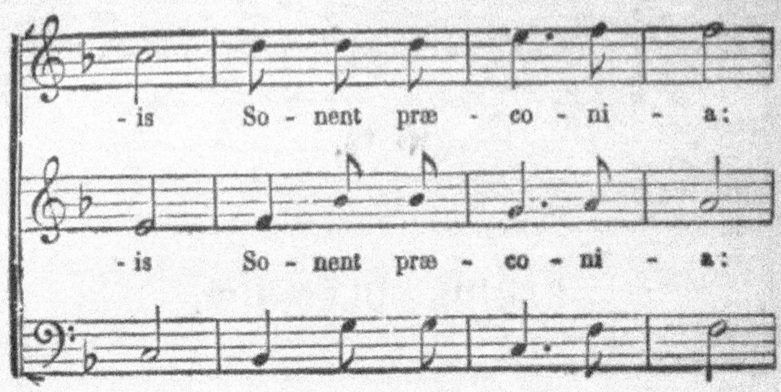
- is   So - nent præ - co - ni - a:
- is   So - nent præ - co - ni - a:

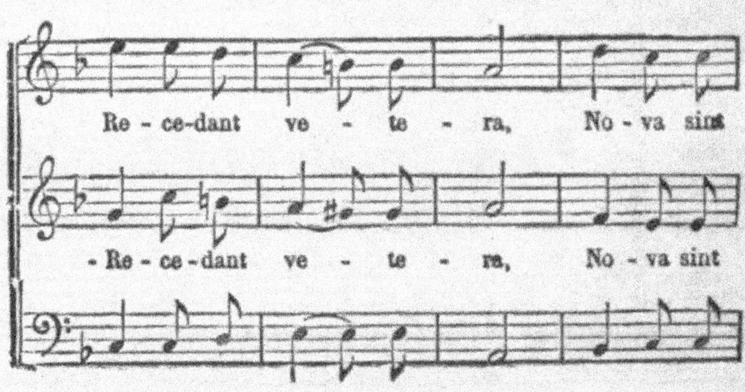
Re - ce-dant   ve - te - ra,   No - va sint
- Re - ce-dant   ve - te - ra,   No - va sint

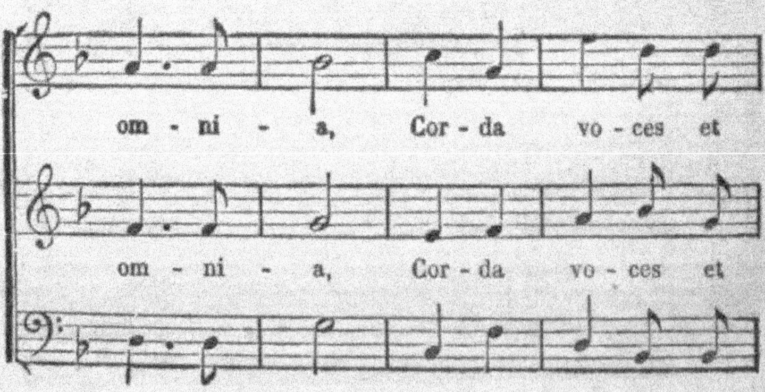
om - ni - a,   Cor - da   vo - ces et
om - ni - a,   Cor - da   vo - ces et

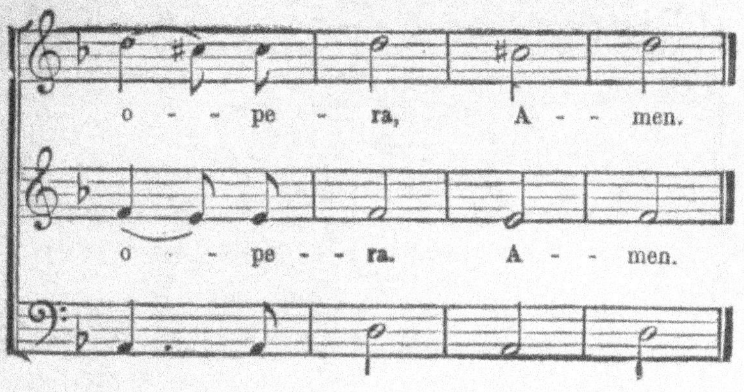

N° 73.

VERBUM SUPERNUM PRODIENS.

Musique de Louis FELTZ.

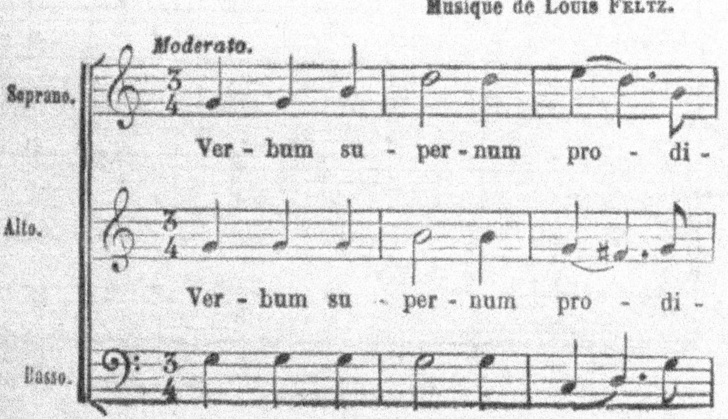

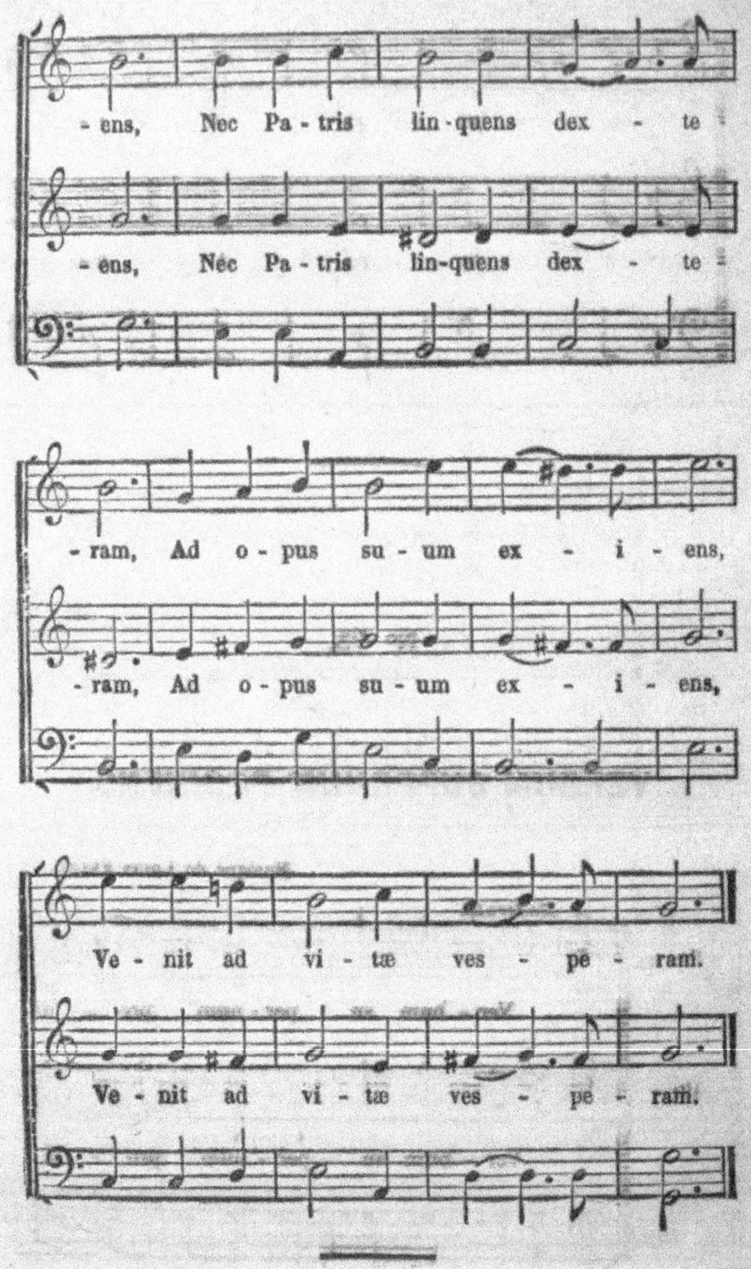
- ens, Nec Pa - tris lin - quens dex - te -
- ens, Nec Pa - tris lin-quens dex - te -
- ram, Ad o - pus su - um ex - i - ens,
- ram, Ad o - pus su - um ex - i - ens,
Ve - nit ad vi - tæ ves - pe - ram.
Ve - nit ad vi - tæ ves - pe - ram.

N⁰ 74.

O SACRUM CONVIVIUM.

Musique de Louis FELTZ.

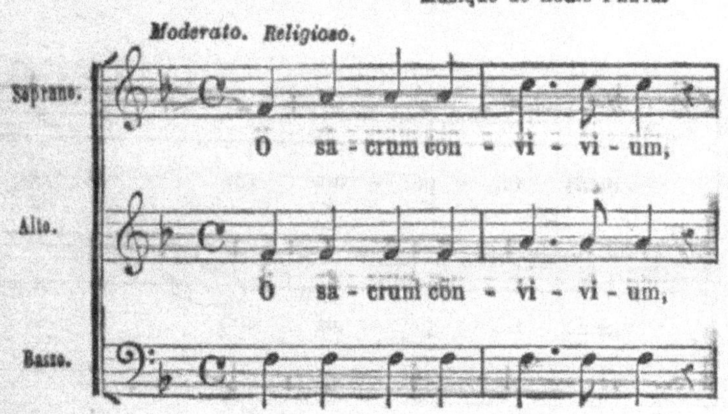

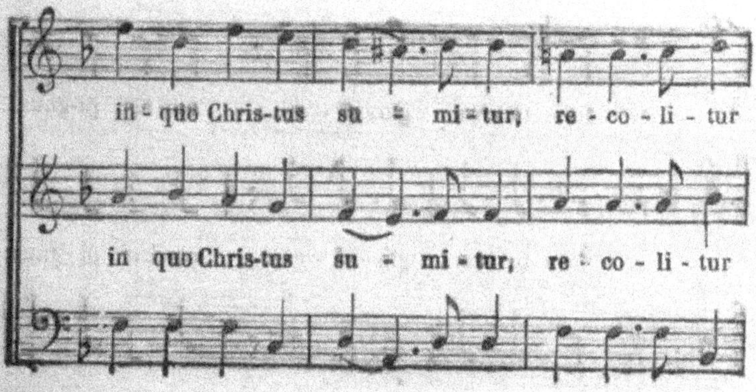

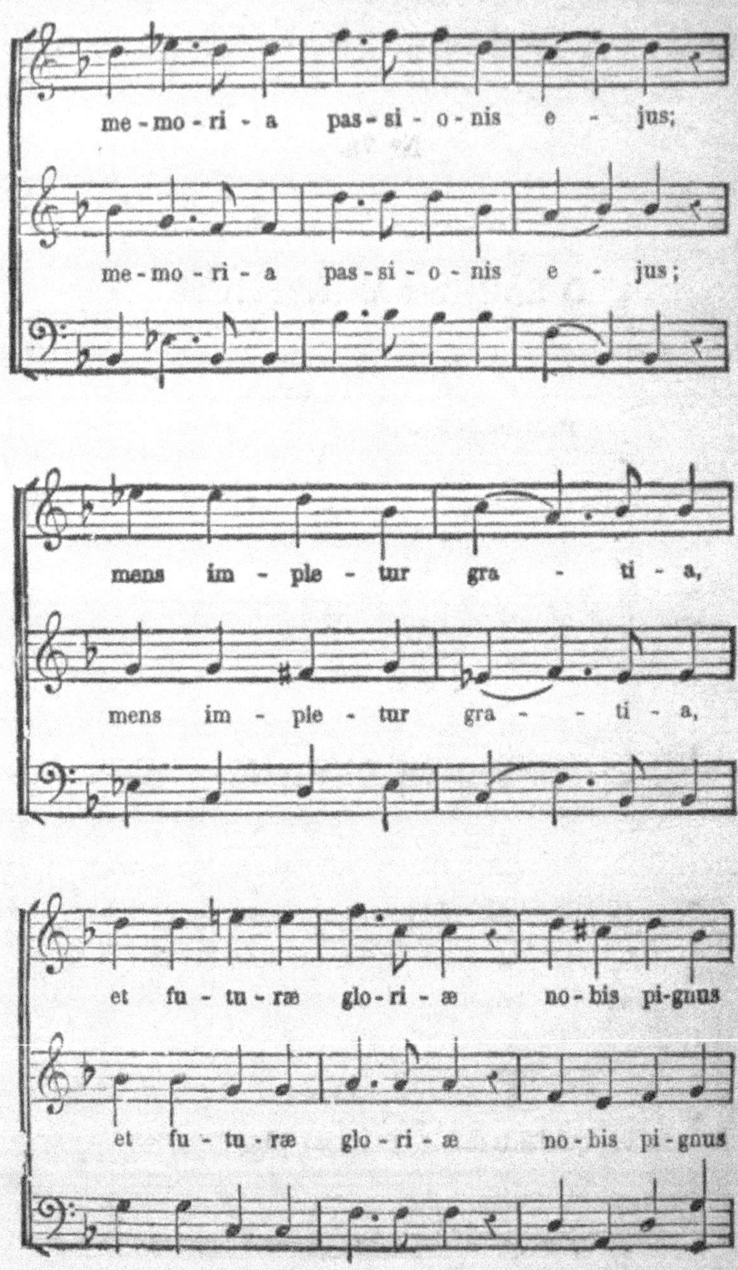
me - mo - ri - a   pas - si - o - nis   e - jus;
me - mo - ri - a   pas - si - o - nis   e - jus;
mens   im - ple - tur   gra - ti - a,
mens   im - ple - tur   gra - ti - a,
et   fu - tu - ræ   glo - ri - æ   no - bis pi - gnus
et   fu - tu - ræ   glo - ri - æ   no - bis pi - gnus

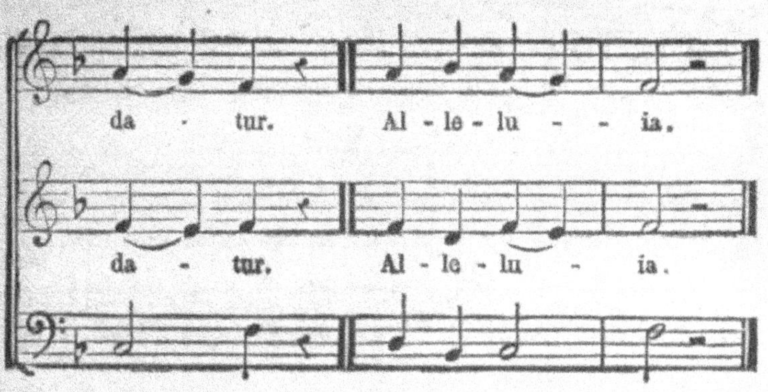

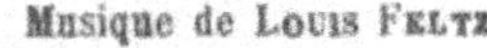

N° 75.

ADORO TE DEVOTE.

Musique de LOUIS FELTZ.

Moderato religioso.

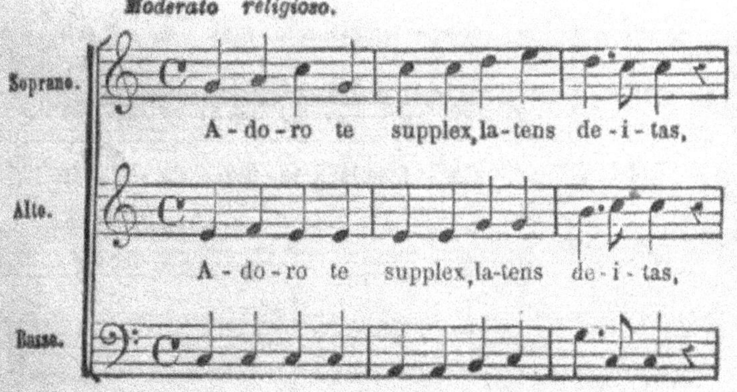

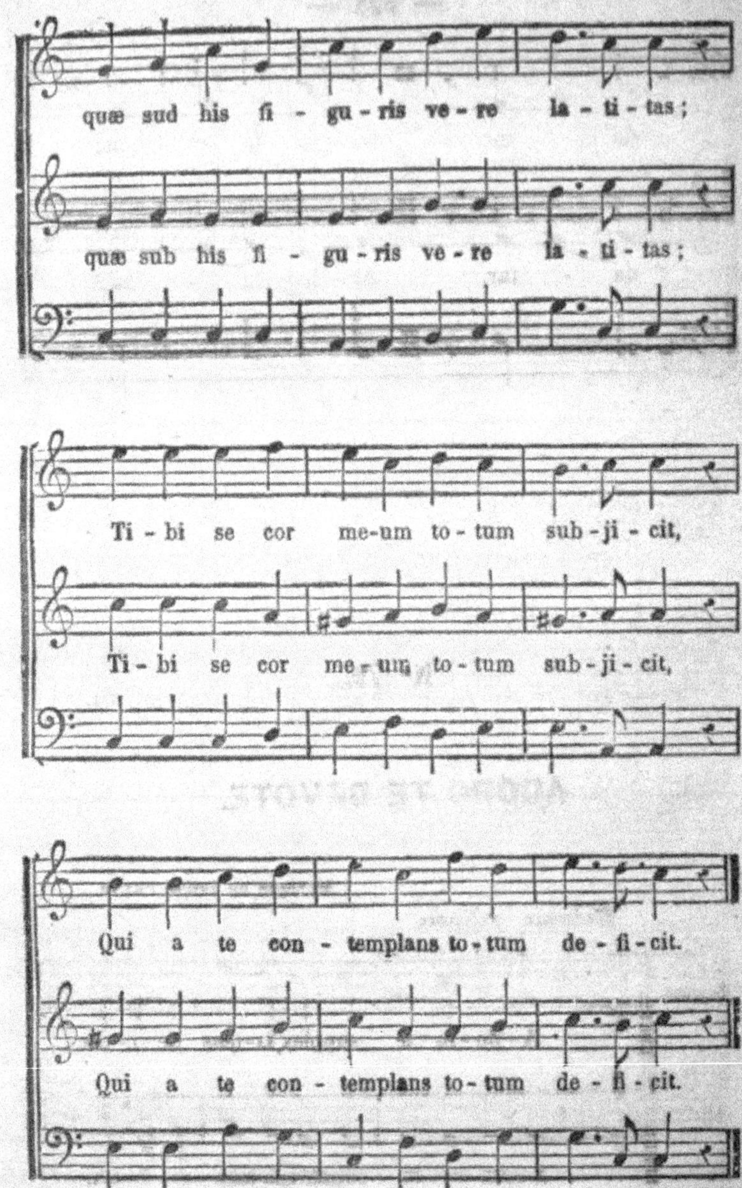
quæ sud his fi - gu - ris ve - re la - ti - tas;
quæ sub his fi - gu - ris ve - re la - ti - tas;
Ti - bi se cor me-um to - tum sub - ji - cit,
Ti - bi se cor me - um to - tum sub - ji - cit,
Qui a te con - templans to - tum de - fi - cit.
Qui a te con - templans to - tum de - fi - cit.

N° 76.

O QUAM SUAVIS.

Musique de Louis Feltz.

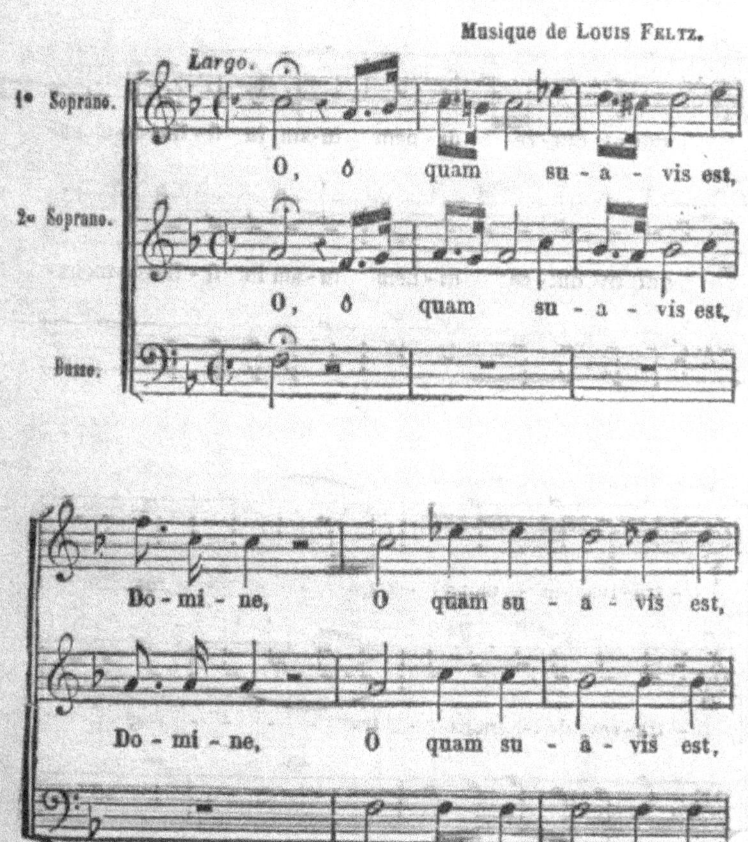

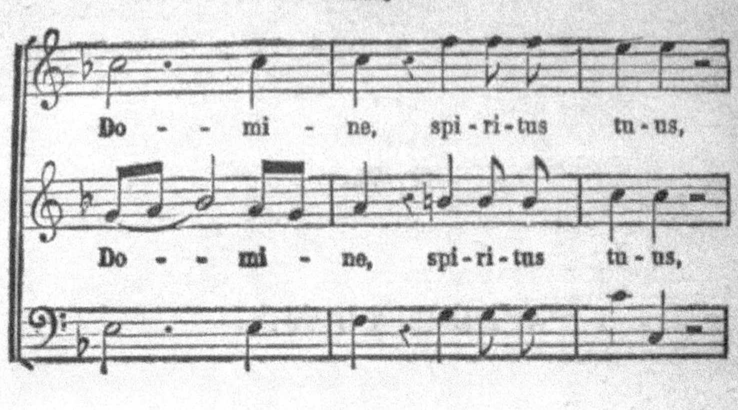
Do - - mi - ne, spi - ri - tus tu - us,
Do - - mi - ne, spi - ri - tus tu - us,

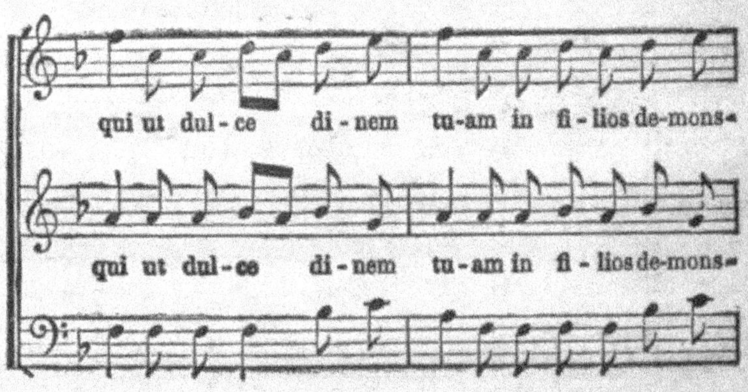
qui ut dul - ce di - nem tu - am in fi - lios de - mons -
qui ut dul - ce di - nem tu - am in fi - lios de - mons -

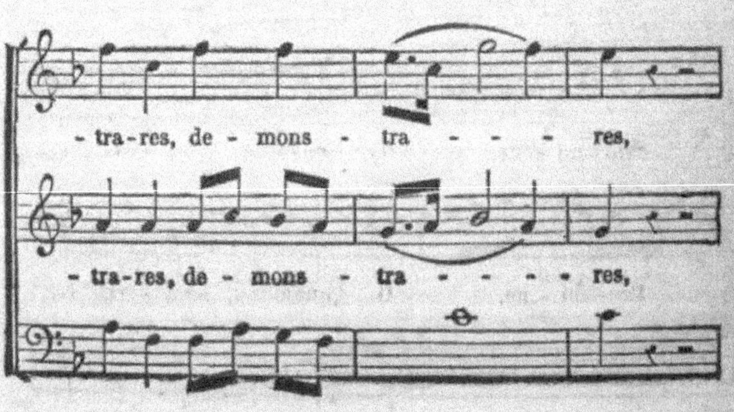
- tra - res, de - mons - tra - - - - res,
- tra - res, de - mons - tra - - - - res,

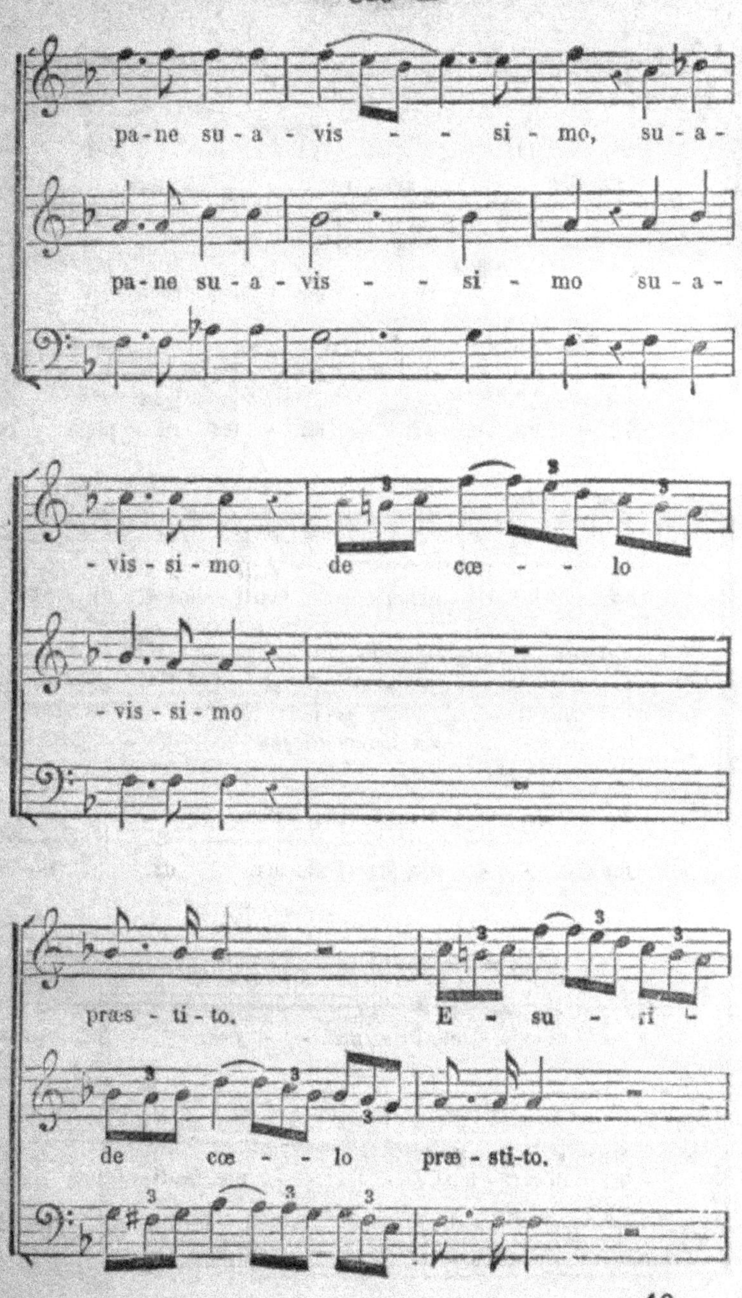
pa - ne su - a - vis - - si - mo, su - a -
pa - ne su - a - vis - - si - mo su - a -
- vis - si - mo de cœ - - lo
- vis - si - mo
præs - ti - to. E - su - ri -
de cœ - - lo præ - sti-to.

19.

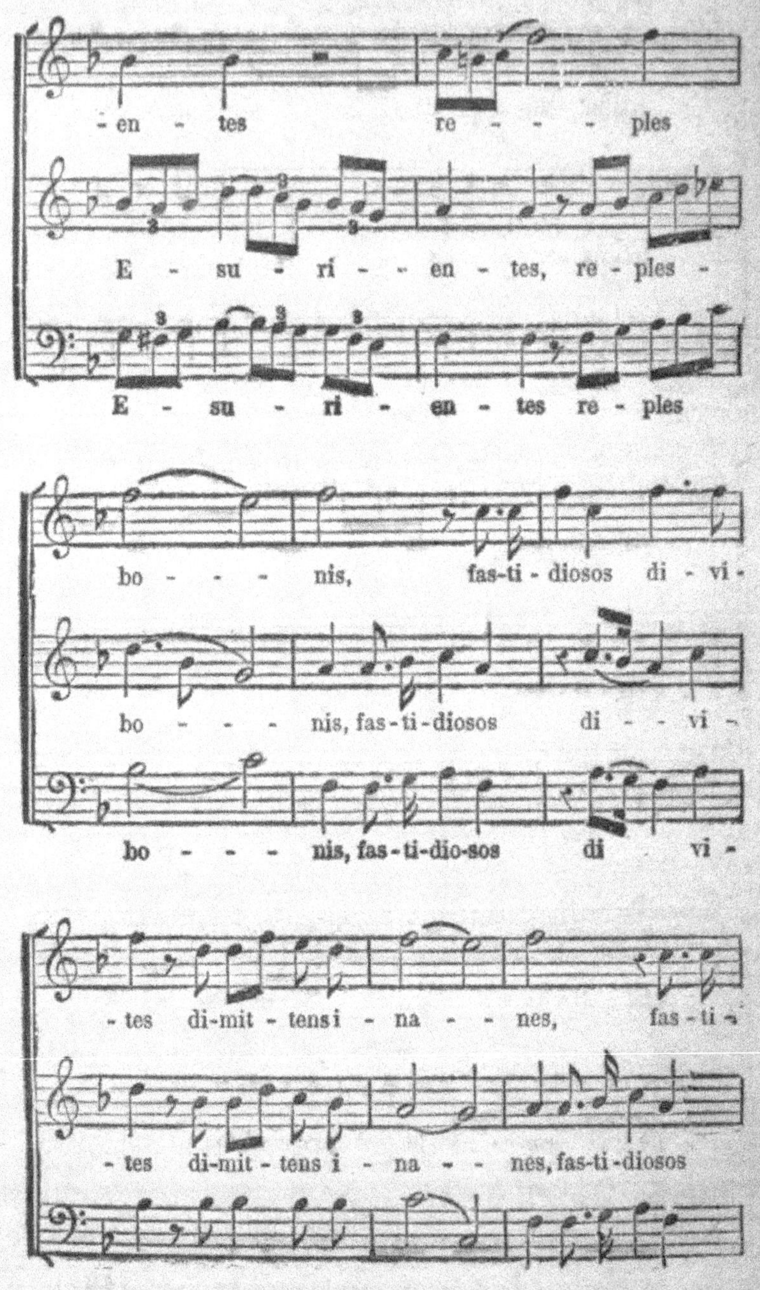
-en - tes re - - - ples
E - su - rí - - en - tes, re - ples -
E - su - ri - en - tes re - ples
bo - - - nis, fas-ti - diosos di - vi -
bo - - - nis, fas-ti-diosos di - - vi -
bo - - - nis, fas-ti-dio-sos di vi -
-tes di-mit - tens i - na - - nes, fas-ti -
-tes di-mit - tens i - na - - nes, fas-ti-diosos

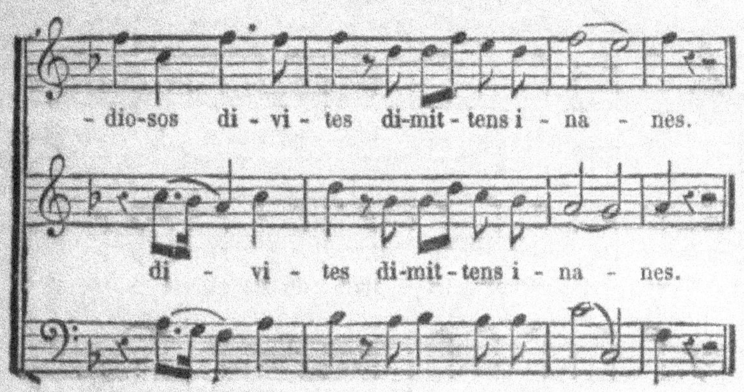

—

Nº 77.

AVE VERUM.

Musique de L. J. BARAT.

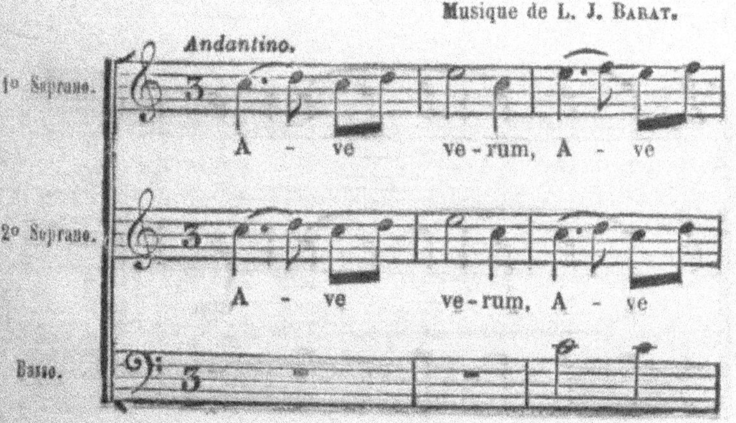

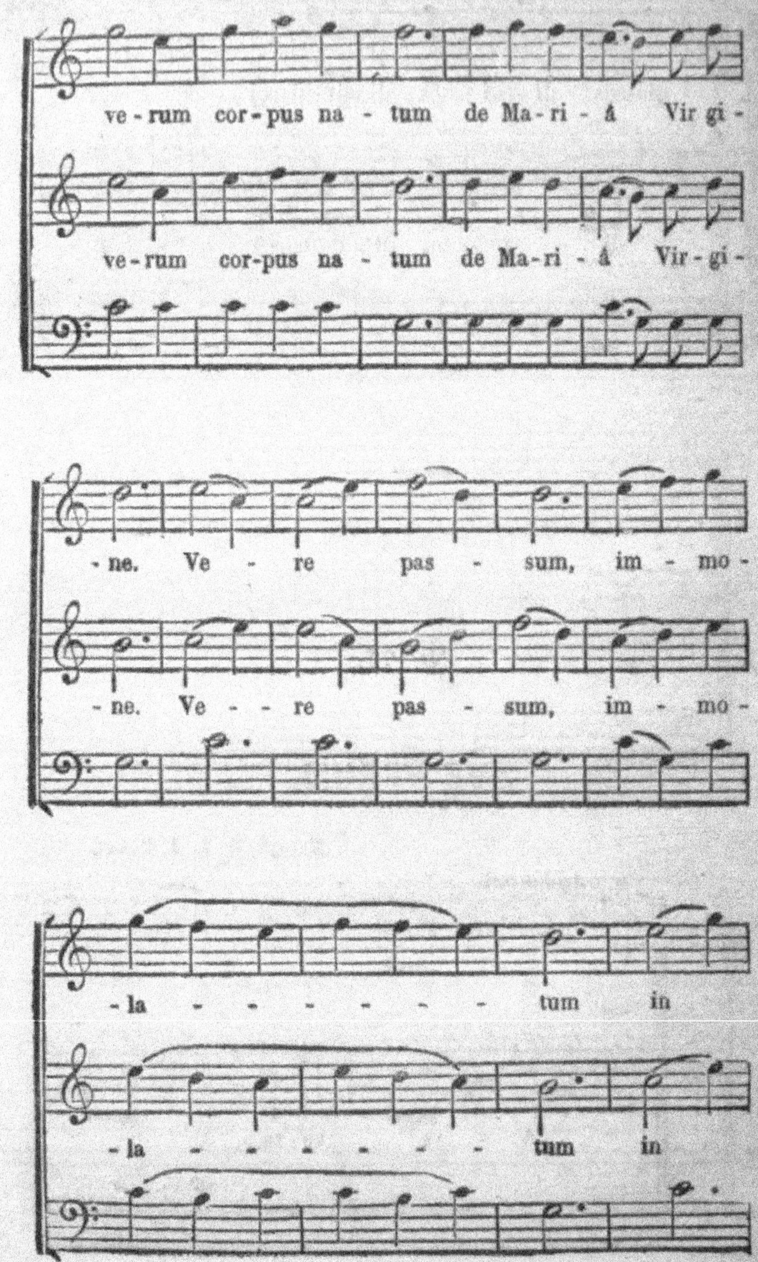
ve - rum cor - pus na - tum de Ma - ri - á Vir gi -
ve - rum cor - pus na - tum de Ma - ri - á Vir - gi -
- ne. Ve - re pas - sum, im - mo -
- ne. Ve - re pas - sum, im - mo -
- la - tum in
- la - tum in

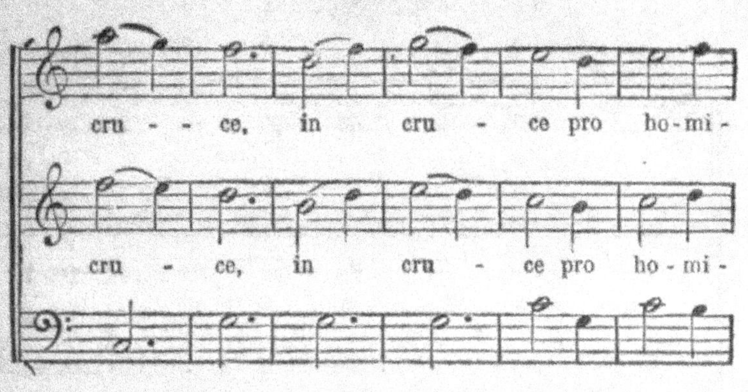
cru - ce, in cru - ce pro ho - mi -
cru - ce, in cru - ce pro ho - mi -

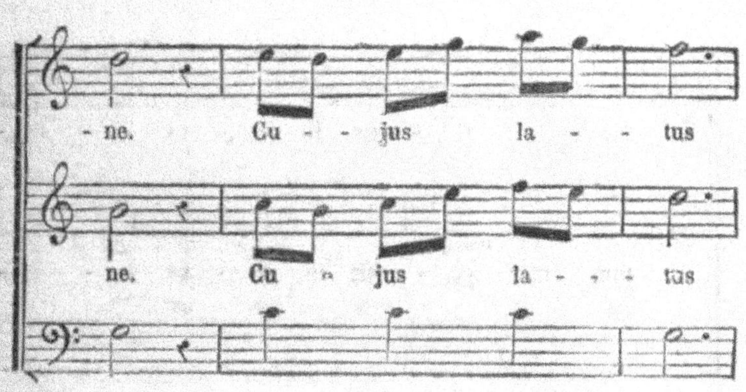
- ne. Cu - jus la - tus
- ne. Cu - jus la - tus

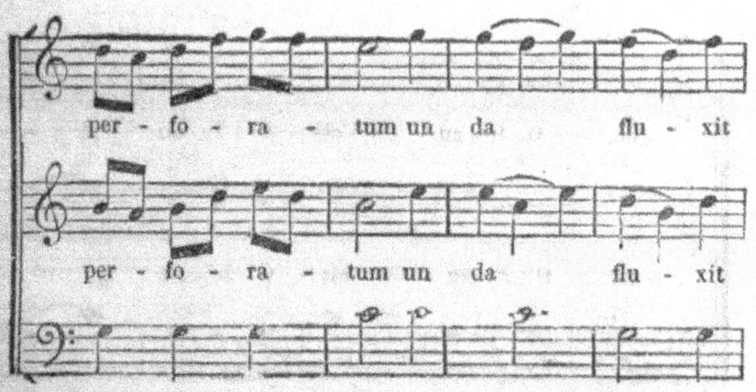
per - fo - ra - tum un da flu - xit
per - fo - ra - tum un da flu - xit

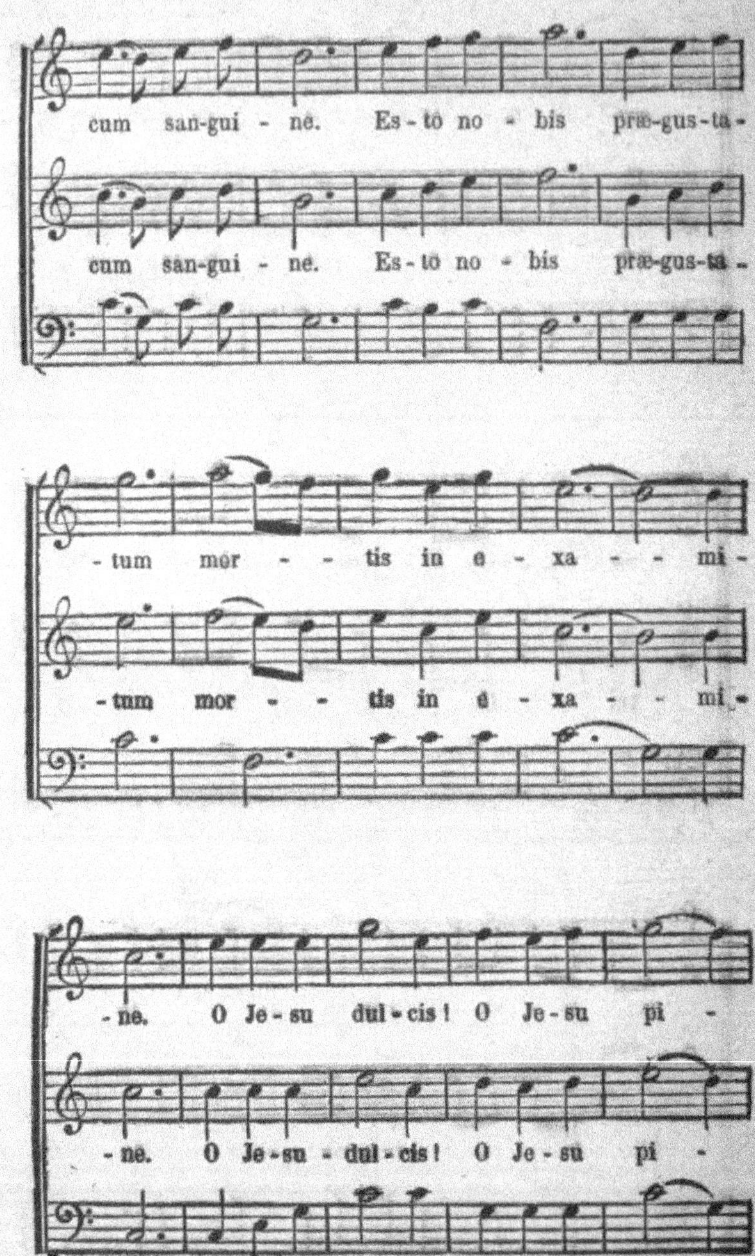
cum san-gui - ne. Es-tō no - bis præ-gus-ta -
cum san-gui - ne. Es-tō no - bis præ-gus-ta -
- tum mor - - tis in e - xa - - mi -
- tum mor - - tis in e - xa - - mi -
- ne. O Je-su dul - cis! O Je-su pi -
- ne. O Je-su - dul - cis! O Je-su pi -

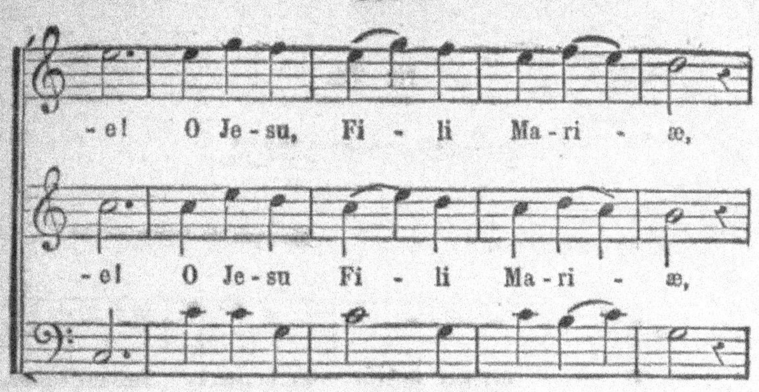
- el   O Je - su,   Fi - li   Ma - ri - æ,
- el   O Je - su   Fi - li   Ma - ri - æ,

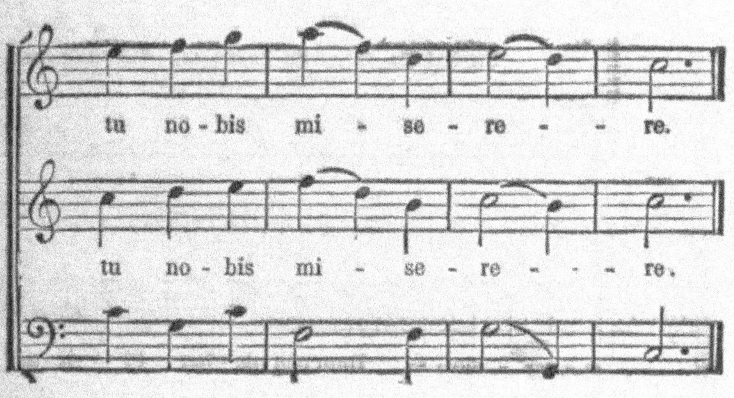
tu   no - bis   mi - se - re - re.
tu   no - bis   mi - se - re - re.

Nº 78.

STABAT MATER.

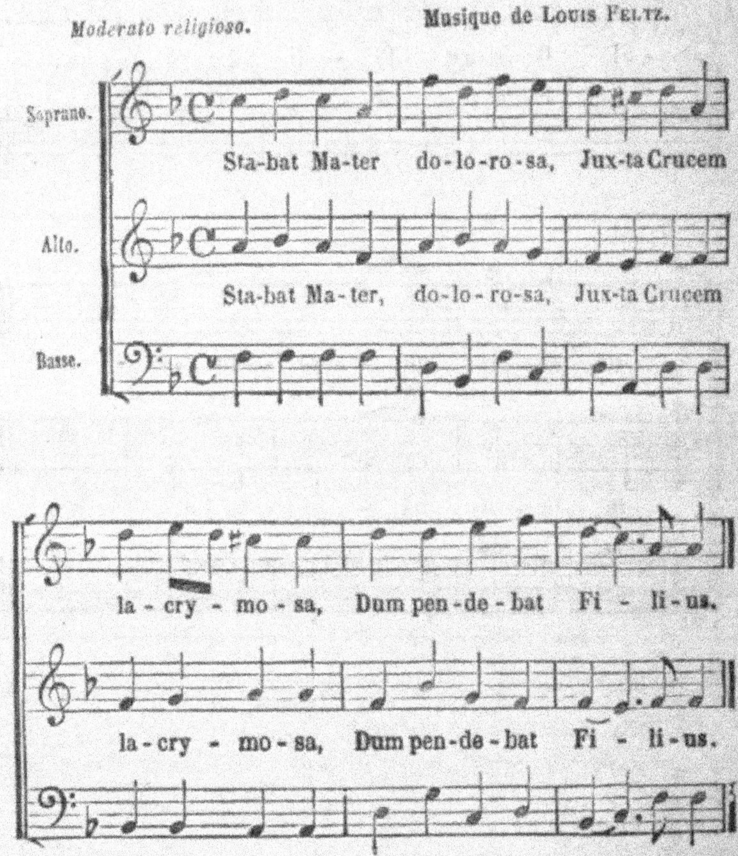

N° 79

REGINA CŒLI

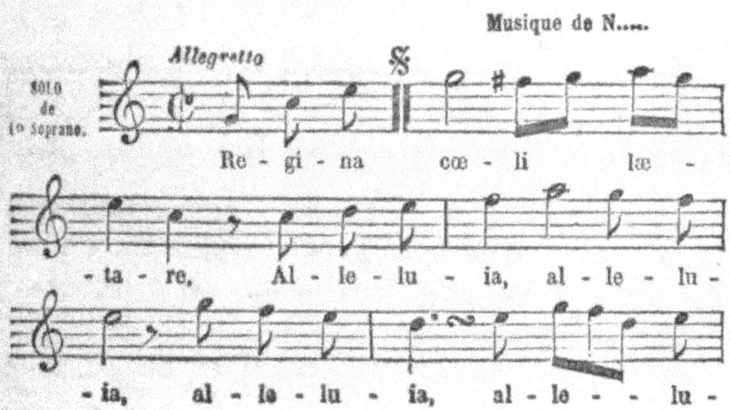

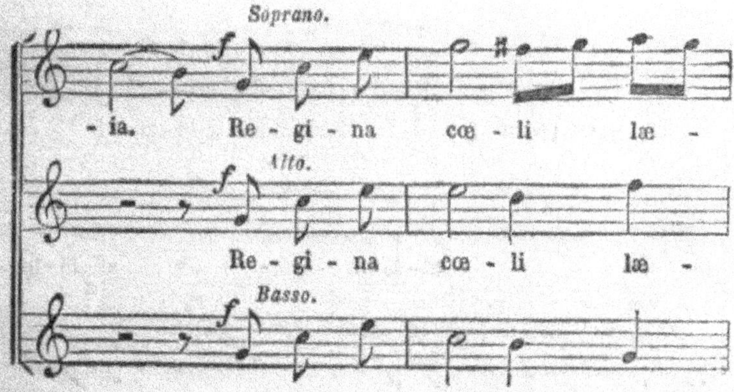

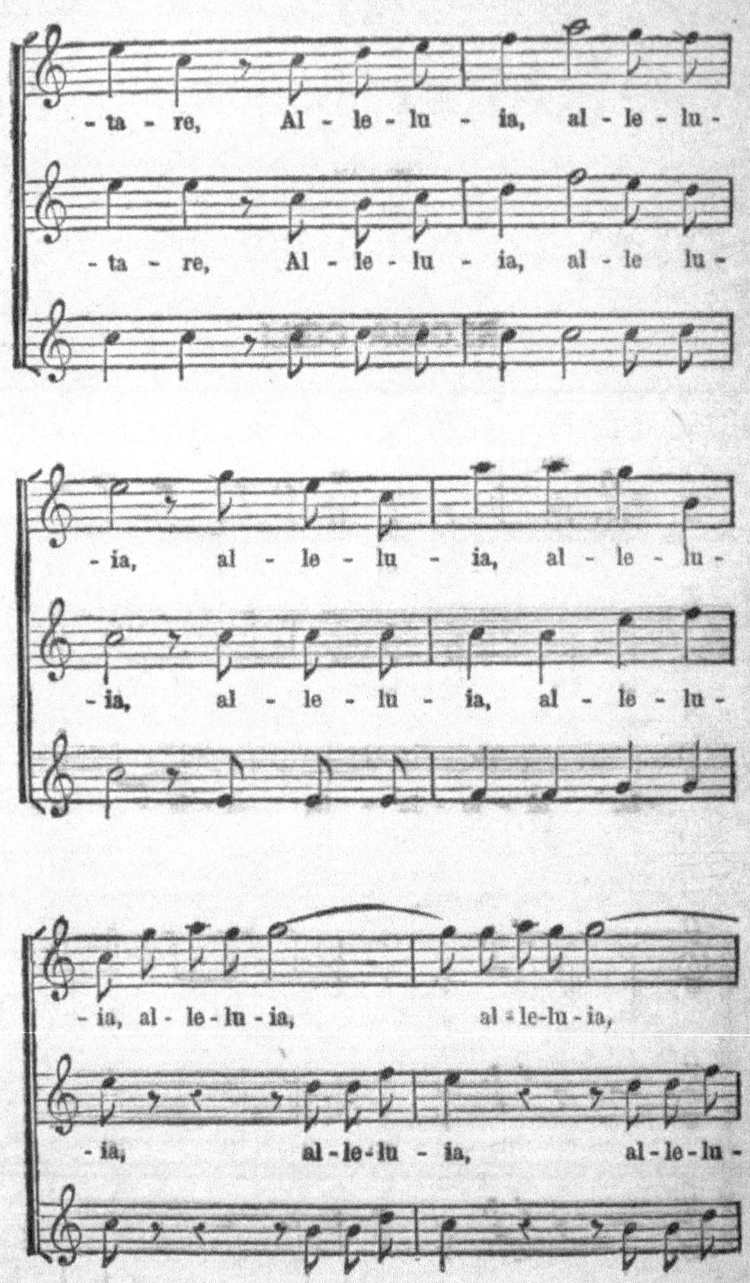

- ta - re, Al - le - lu - ia, al - le - lu -
- ta - re, Al - le - lu - ia, al - le lu -
- ia, al - le - lu - ia, al - le - lu -
- ia, al - le - lu - ia, al - le - lu -
- ia, al - le - lu - ia, al - le - lu - ia,
- ia, al - le - lu - ia, al - le - lu -

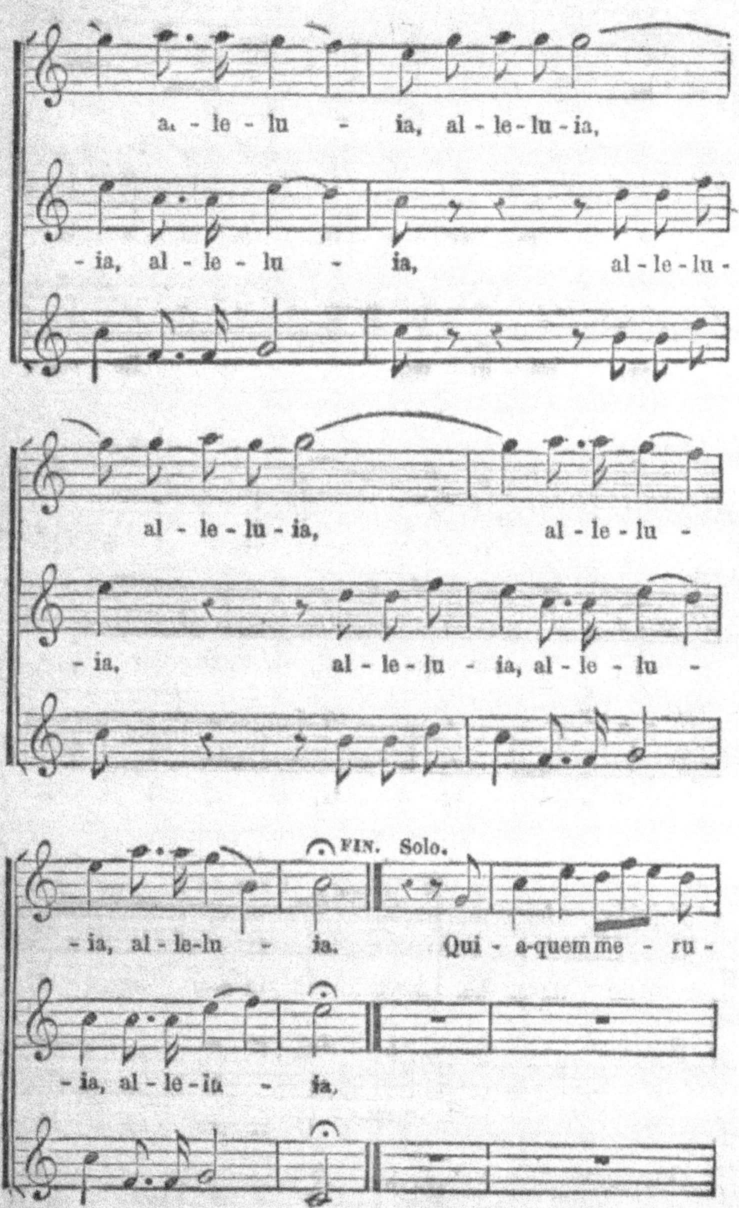
a - le - lu - ia, al - le - lu - ia,
- ia, al - le - lu - ia, al - le - lu -
al - le - lu - ia, al - le - lu -
- ia, al - le - lu - ia, al - le - lu -
FIN. Solo.
- ia, al - le - lu - ia. Qui - a - quem me - ru -
- ia, al - le - lu - ia,

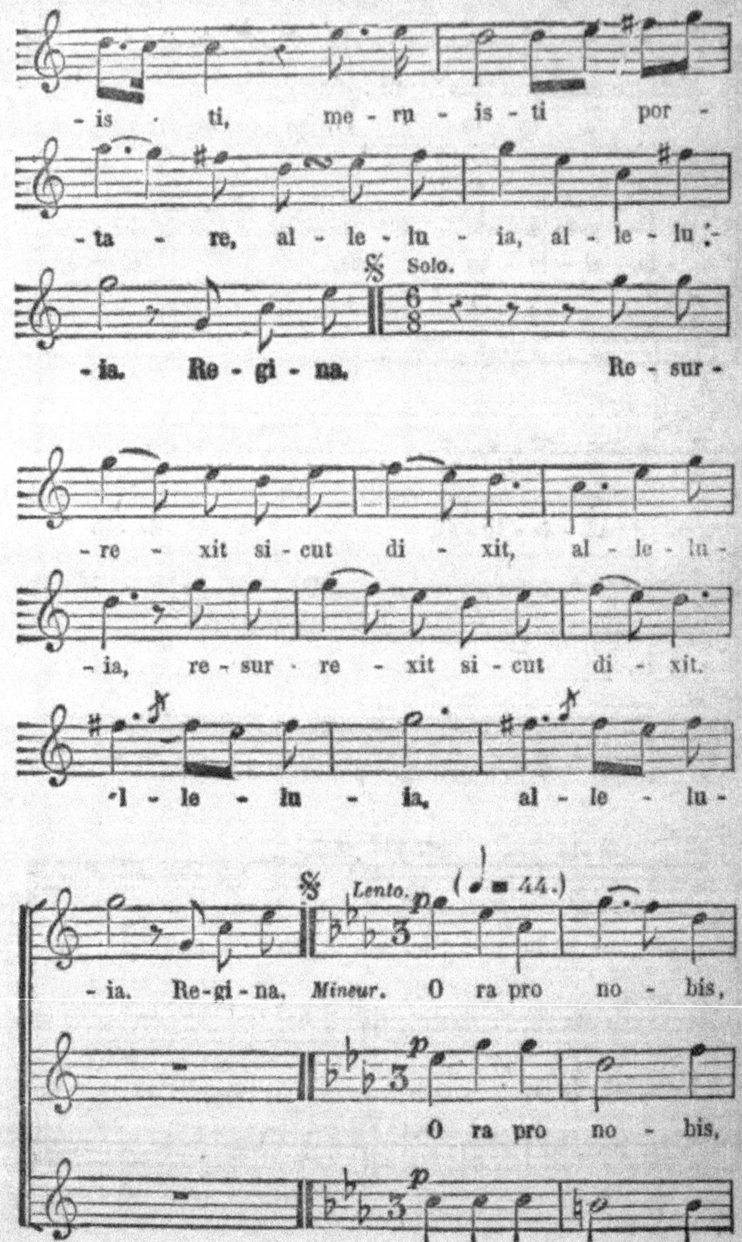
- is - ti, me - ru - is - ti por -
- ta - re, al - le - lu - ia, al - le - lu -
- ia. Re - gi - na. Solo. Re - sur -
- re - xit si - cut di - xit, al - le - lu -
- ia, re - sur - re - xit si - cut di - xit.
- l - le - lu - ia, al - le - lu -
- ia. Re - gi - na. Mineur. O ra pro no - bis,
O ra pro no - bis,
Lento. p

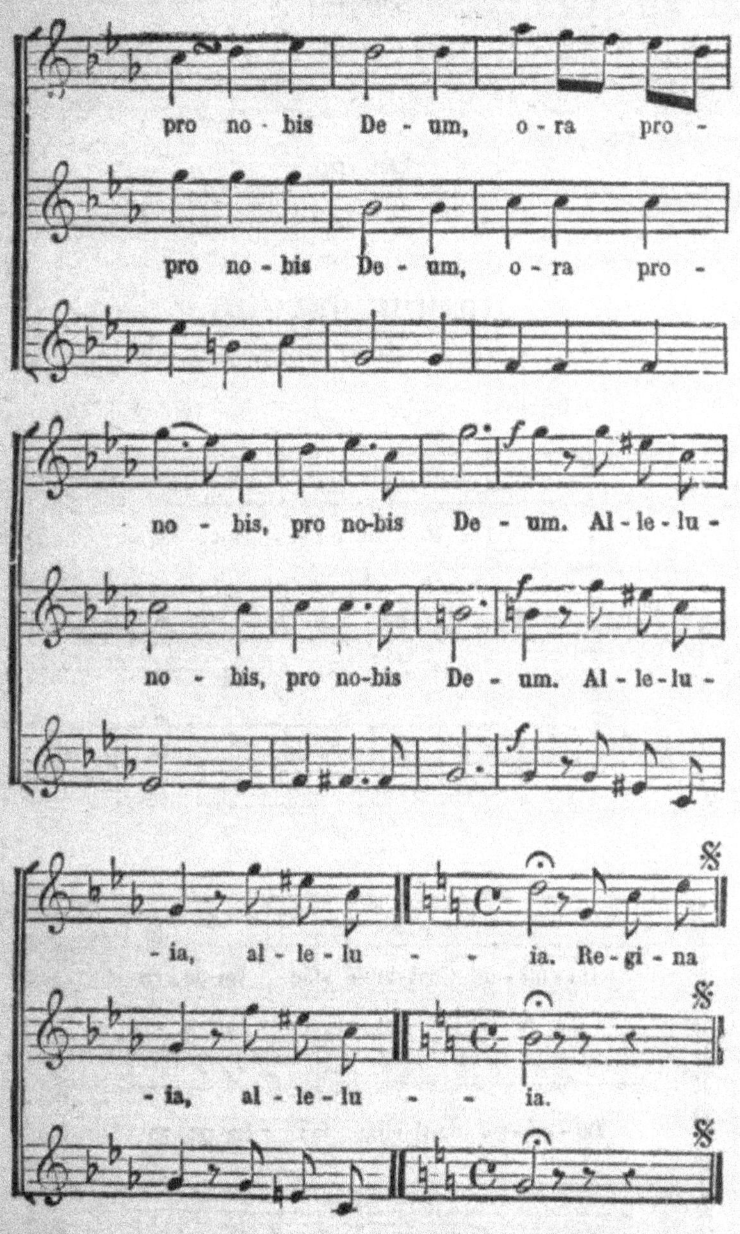
pro no - bis De - um, o - ra pro -
pro no - bis De - um, o - ra pro -
no - bis, pro no - bis De - um. Al - le - lu -
no - bis, pro no - bis De - um. Al - le - lu -
- ia, al - le - lu - - ia. Re - gi - na
- ia, al - le - lu - - ia.

19.

N⁰ 80.

DOMINE SALVUM.

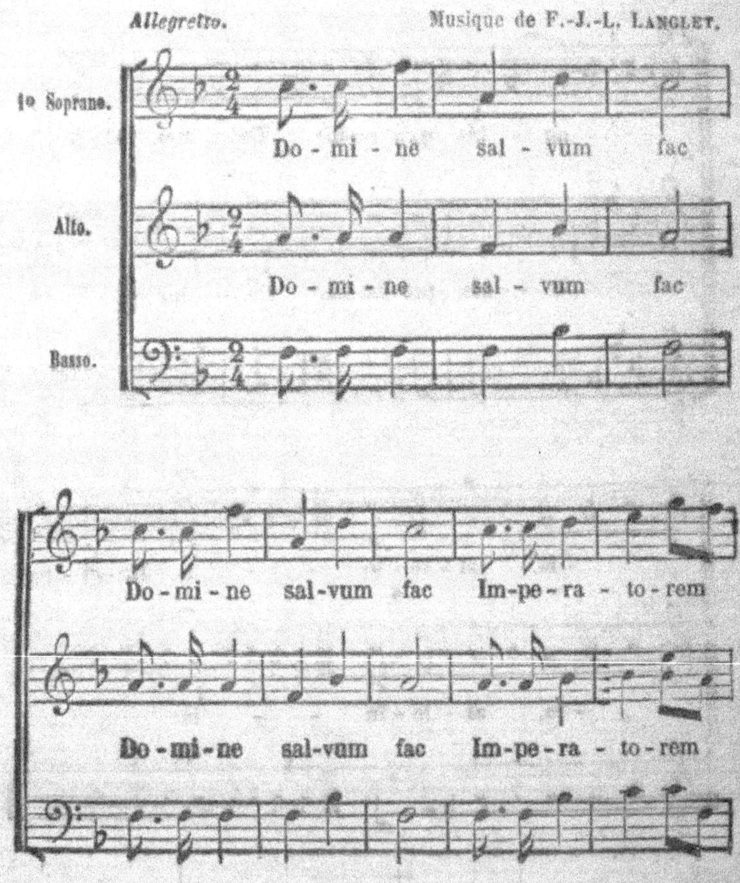

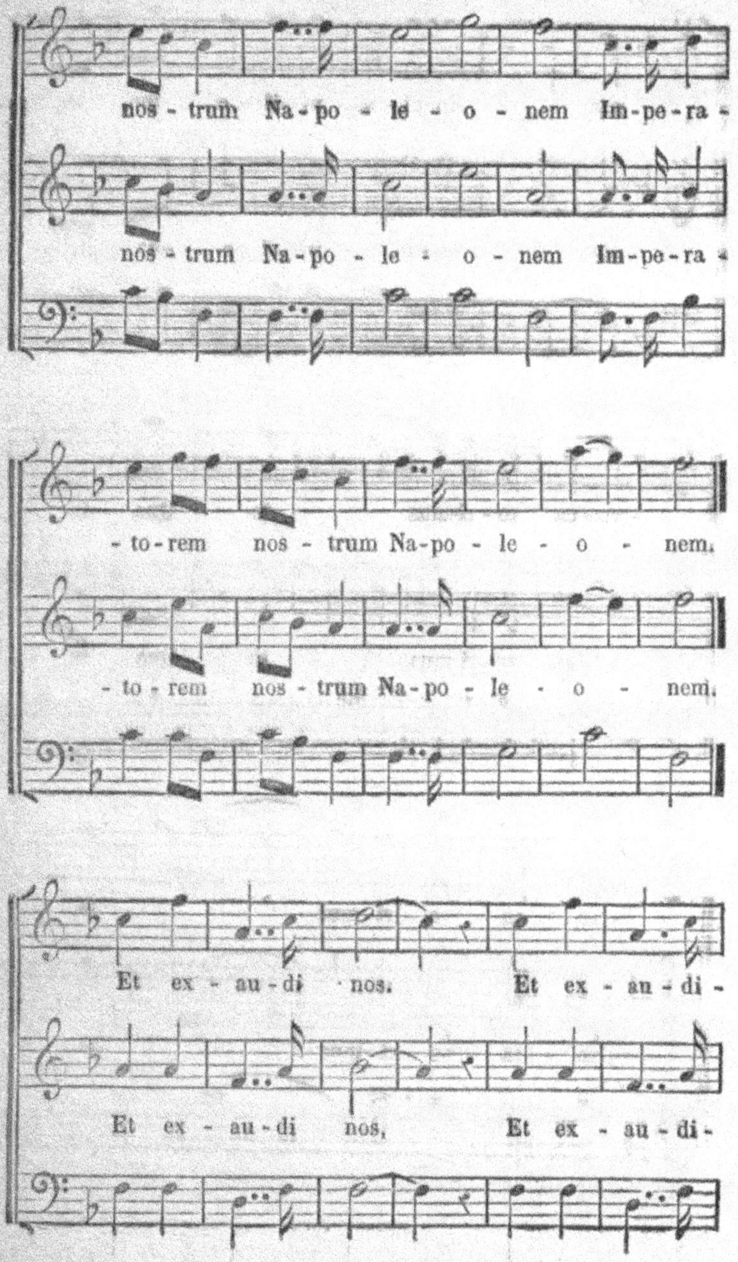
nos - trum Na - po - le - o - nem Im - pe - ra -
nos - trum Na - po - le - o - nem Im - pe - ra -
- to - rem nos - trum Na - po - le - o - nem.
- to - rem nos - trum Na - po - le - o - nem.
Et ex - au - di nos. Et ex - au - di -
Et ex - au - di nos, Et ex - au - di-

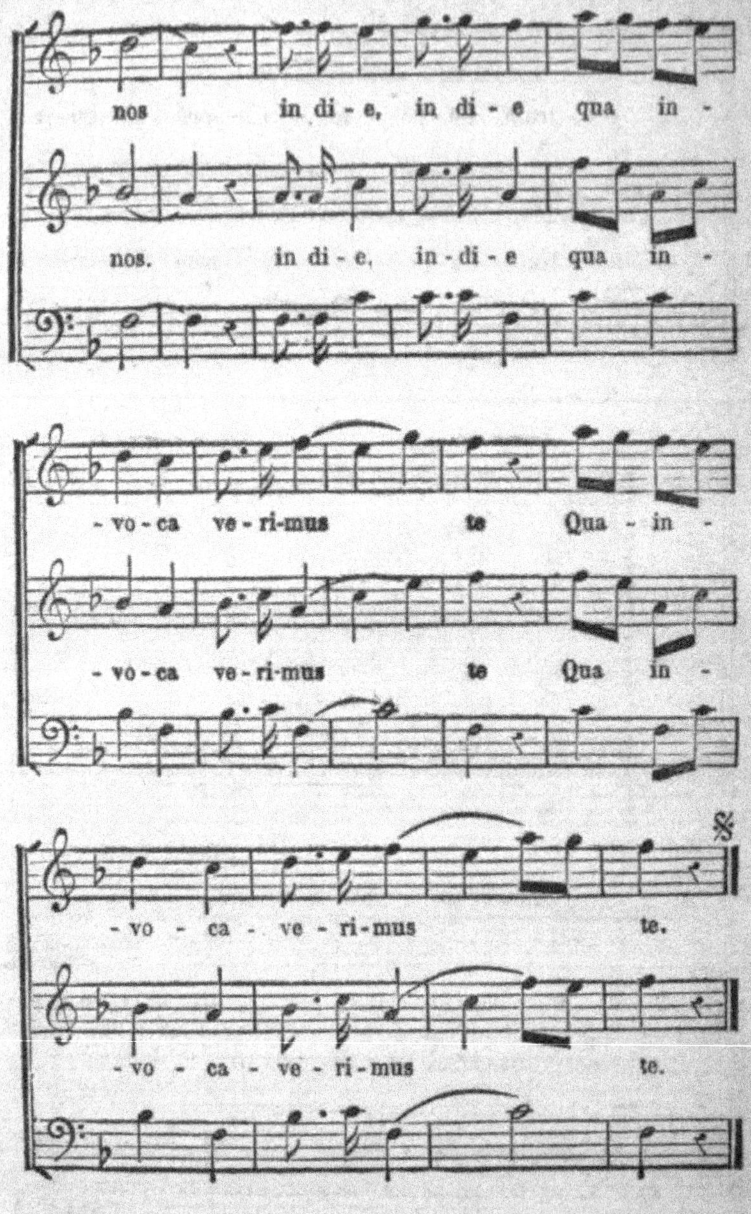

nos in di - e, in di - e qua in -
nos. in di - e, in - di - e qua in -
- vo - ca ve - ri-mus te Qua - in -
- vo - ca ve - ri-mus te Qua in -
- vo - ca - ve - ri-mus te.
- vo - ca - ve - ri-mus te.

N° 81.

QUAM DILECTA.

Musique de DEDLER et L. LANGLET

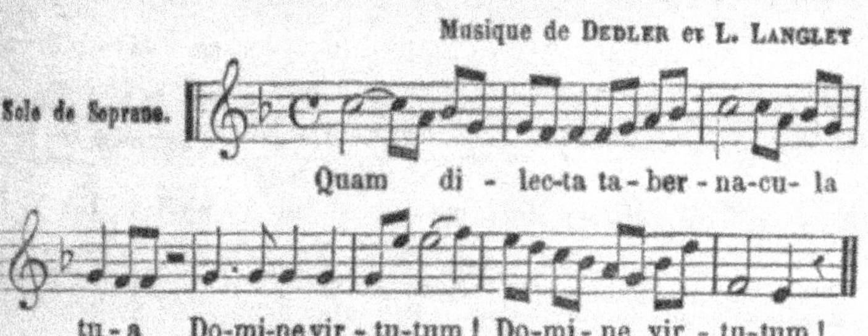

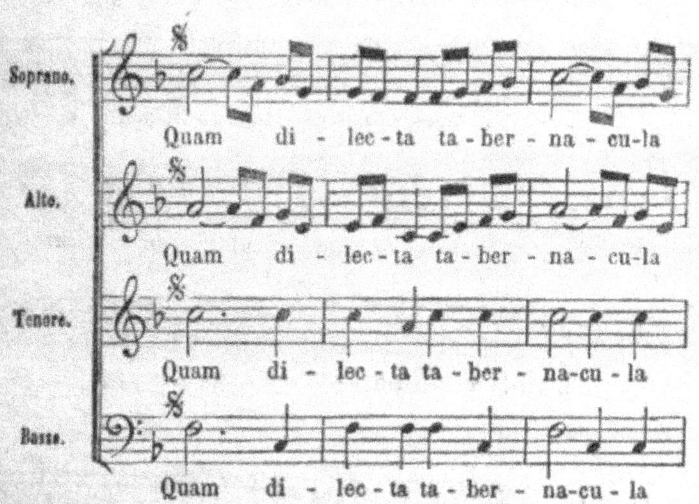

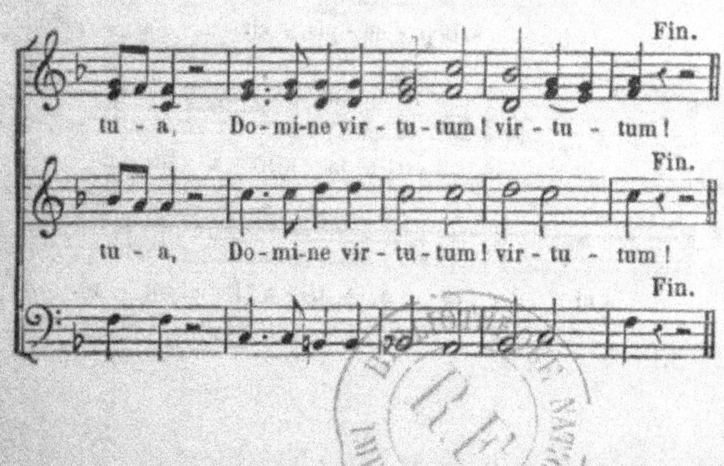

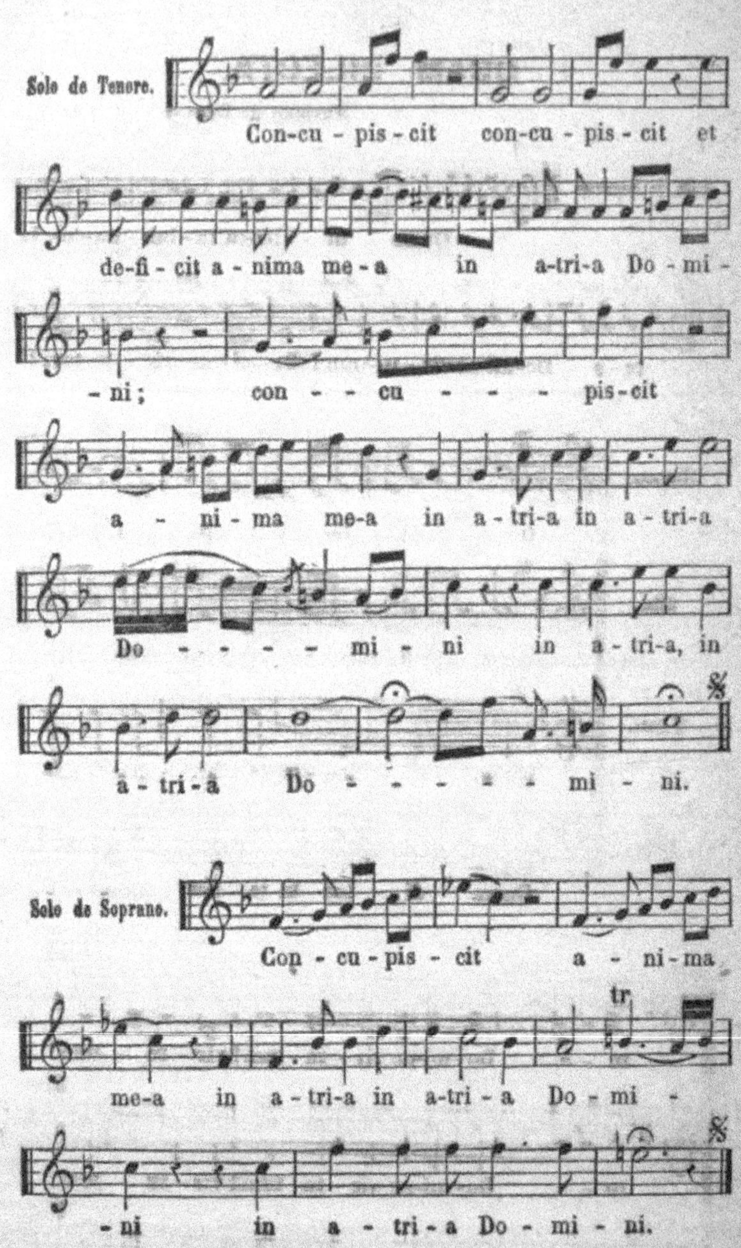
Solo de Tenore.
Con-cu - pis - cit con-cu - pis - cit et
de-fi - cit a - nima me - a in a-tri-a Do - mi -
- ni ; con - - cu - - - pis-cit
a - ni - ma me-a in a - tri-a in a - tri-a
Do - - - - mi - ni in a - tri-a, in
a - tri - a Do - - - - mi - ni.
Solo de Soprano.
Con - cu - pis - cit a - ni - ma
me-a in a - tri-a in a-tri - a Do - mi -
- ni in a - tri - a Do - mi - ni.

TABLES

TABLE DES MATIÈRES.

THÉORIE.

LEÇON SUPPLÉMENTAIRE

Sujets moraux et récréatifs.

—

Chants religieux.

CANTIQUES.

—

Chants liturgiques.

Paris. — Sec. d'imp. PAUL DUPONT, 41, rue J.-J.-Rousseau (Cl.)

9 782329 260532